U0077388

【臺灣現當代作家
研究資料彙編】50

楊　牧

國立台灣文學館
出版

部長序

　　文學既是社會縮影也是靈魂核心，累積研究論述及文獻史料，不僅可厚實文學發展根基，觀照當代人文的思想脈絡，更能指引未來的社會發展。臺灣文學歷經數百年的綿延與沉澱，蓄積豐沛的能量，也呈現生氣盎然的多元創作面貌。近一甲子的臺灣現當代文學發展，就是華文世界人文心靈最溫暖的寫照。

　　緣此，國立臺灣文學館自 2010 年啟動《臺灣現當代作家研究資料彙編》，鉅細靡遺進行珍貴的文學史料蒐集研究，意義深遠。這項計畫歷時三年多，由文學館結合學界、出版社、作家一同參與，組成陣容浩大的編輯群與顧問團隊，梳理臺灣文學長河裡的各方涓流，共匯集 50 位臺灣現當代重要作家的生平、年表與作品評論資料，選錄其代表性的評論文章，彙編成冊，完整呈現作家的人文映記、文學成就及相關研究，成果豐碩。

　　由於內容浩瀚、需多所佐證，本套叢書共分三階段陸續出版，先是 2011 年推出以臺灣新文學之父賴和為首的 15 位作家研究資料彙編，接著於 2012 年完成張我軍、潘人木等 12 位作家的研究資料彙編；及至 2013 年 12 月，適逢國立臺灣文學館十周年館慶之際，更纂輯了姜貴、張秀亞、陳秀喜、艾雯、王鼎鈞、洛夫、余光中、羅門、商禽、瘂弦、司馬中原、林文月、鄭愁予、陳冠學、黃春明、白先勇、白萩、陳若曦、郭松棻、七等生、王文興、王禎和、楊牧共 23 位作家的研究資料，皇皇巨著，為臺灣文學之巍巍巨觀留下具里程碑的文字見證。這套選粹體現了臺灣文學研究總體成果中，極為優質的論述著作，有助於臺灣文學發展的擴展化與深刻化，質量兼具。在此，特別對參與編輯、撰寫、諮詢的文學界朋友們表達謝意，也向全世界愛好文學的讀者，推介此一深具人文啟發且實用的臺灣現當代文學工具書，彼此激勵，為更美好的臺灣人文環境共同努力。

文化部部長　龍應台

館長序

　　所有一切有關文學的討論，最終都得回歸到創作主體（作家）及其創作文本（作品）。文本以文字書寫，刊載在媒體上（報紙、雜誌、網站等），或以印刷方式形成紙本圖書；從接受端來看，當然以後者為要，原因是經過編輯過程，作者或其代理人以最佳的方式選編，常會考慮讀者的接受狀況，亦以美術方式集中呈現，其形貌也必然會有可觀者。

　　從研究的角度來看，它正是核心文獻。研究生在寫論文的時候，每在緒論中以一節篇幅作「文獻探討」，一般都只探討研究文獻，仍在周邊，而非核心。所以作家之研究資料，包括他這個人和他所寫的作品，如何鉅細靡遺彙編一處，是研究最基礎的工作；其次才是他作品的活動場域以及別人如何看待他的相關資料。前者指的是發表他作品的報刊及其他再傳播的方式或媒介，後者指的是有關作家及其作品的訪問、報導、著作目錄、年表、文評、書評、專論、綜述、專書、選編等，有系統蒐輯、編目，擇其要者結集，從中發現作家及其作品被接受的狀況，清理其發展，這其實是文學經典化真正的過程；也必須在這種情況下，作家研究才有可能進一步開展。

　　針對個別作家所進行的資料工作隨時都在發生，但那是屬於個人的事，做得好或不好，關鍵在他的資料能力；將一群有資料能力的學者組織起來，通過某種有效的制度性運作，想必能完成有關作家研究資料彙編的人文工程，可以全面展示某個歷史時期有關作家研究的集體成就，這是國立臺灣文學館從 2010 年啟動「臺灣現當代

作家研究資料彙編」（50 冊）的一些基本想法，和另外兩個大計畫：「臺灣文學史長編」（33 冊）、「臺灣古典作家精選集」（38 冊），相互呼應，期能將臺灣文學的豐富性展示出來，將「臺灣文學」這個學科挖深識廣；作為文化部的附屬機構，我們在國家文化建設的整體工程中，在「文學」作為一個公共事務的理念之下，我們紮紮實實做了有利文化發展的事，這是我們所能提供給社會大眾的另類服務，也是我們朝向臺灣文學研究中心理想前進的努力。

　　我們在四年間分三批出版的這 50 本臺灣現當代作家研究資料彙編，從賴和（1894～1943）到楊牧（1940～），從割臺之際出生、活躍於日據下的作家，到日據之末出生、活躍於戰後臺灣文壇的作家；當然也包含 1949 年左右離開大陸，而在臺灣文壇發光發熱的作家。他們只是臺灣作家的一小部分，由承辦單位組成的專業顧問群多次會商議決；這個計畫，我們希望能夠在精細檢討之後，持續推動下去。

　　顧問群基本上是臺灣文學史專業的組合，每位作家重要評論文章選刊及研究綜述的撰寫者，都是對於該作家有長期研究的專家。這是學界人力的大動員，承辦本計畫的臺灣文學發展基金會長期致力臺灣文學史料的蒐輯整理，具有強大的學術及社會力量，本計畫能夠順利推動且如期完成，必須感謝他們組成的編輯團隊，以及眾多參與其事的學界朋友。

國立臺灣文學館館長　**李瑞騰**

編序

◎封德屏

緣起

1995 年 10 月 25 日，在臺灣師範大學教育大樓的 201 室，一場以「面對臺灣文學」爲題的座談會，在座諸位學者分別就臺灣文學的定義、發展、研究，以及文學史的寫法等，提出宏文高論，而時任國家圖書館編纂張錦郎的「臺灣文學需要什麼樣的工具書」，輕鬆幽默的言詞，鞭辟入裡的思維，更贏得在座者的共鳴。

張先生以一個圖書館工作人員自謙，認真專業地爲臺灣這幾十年來究竟出版了多少有關臺灣文學的工具書，做地毯式的調查和多方面的訪問。同時條理分明地針對研究者、學生，列出了十項工具書的類型，哪些是現在亟需的，哪些是現在就可以做的，哪些是未來一步一步累積可以達成的，分別做了專業的建議及討論。

當時的文建會二處科長游淑靜，參與了整個座談會，會後她劍及履及的開始了文學工具書的委託工作，從 1996 年的《臺灣文學年鑑》起始，一年一本的編下去，一直到現在，保存延續了臺灣文學發展的基本樣貌。接著是《中華民國作家作品目錄》的新編，《臺灣文壇大事紀要》的續編，補助國家圖書館「當代文學史料影像全文系統」的建置，這些工具書、資料庫的接續完成，至少在當時對臺灣文學的研究，做到一些輔助的功能。

2003 年 10 月，籌備多年的「台灣文學館」正式開幕運轉。同年五月《文訊》改隸「財團法人台灣文學發展基金會」，爲了發揮更大的動能，開

始更積極、更有效率地將過去累積至今持續在做的文學史料整理出來，讓豐厚的文藝資源與更多人共享。

於是再次的請教張錦郎先生，張先生認爲文學書目、作家作品目錄、文學年鑑、文學辭典皆已完成或正在進行，現在重點應該放在有關「臺灣現當代作家評論資料目錄」的編輯工作上。

很幸運的，這個計畫的發想得到當時臺灣文學館林瑞明館長的支持，於是緊鑼密鼓的展開一切準備工作：籌組編輯團隊、召開顧問會議、擬定工作手冊、撰寫計畫書等等。

張錦郎先生花了許多時間編訂工作手冊，每一位作家的評論資料目錄分爲：

（一）生平資料：可分作者自述，旁人論述及訪談，文學獎的紀錄。

（二）作品評論資料：可分作品綜論，單行本作品評論，其他作品（包括單篇作品）評論，與其他作家比較等。

此外，對重要評論加以摘要解說，譬如專書、專輯、學術會議論文集或學位論文等，凡臺灣以外地區之報刊及出版社，於書名或報刊後加註，如中國大陸、香港、新加坡等。此外，資料蒐集範圍除臺灣外，也兼及中國大陸、香港、新加坡、日本、韓國及歐美等地資料，除利用國內蒐集管道外，同時委託當地學者或研究者，擔任資料蒐集工作。

清楚記得，時任顧問的學者專家們，都十分高興這個專案的啓動，但確定收錄哪些作家名單時，也有不同的思考及看法。經過充分的討論後，終於取得基本的共識：除以一般的「文學成就」爲觀察及考量作家的標準外，並以研究的迫切性與資料獲得之難易度爲綜合考量。譬如說，在第一階段時，作家的選擇除文學成就外，先考量迫切性及研究性，迫切性是指已故又是日治時期臺籍作家爲優先，研究性是指作品已出土或已譯成中文爲優先。若是作品不少而評論少，或作品評論皆少，可暫時不考慮。此外，還要稍微顧及文類的均衡等等。基本的共識達成後，顧問群共同挑選出 310 位作家，從鄭坤五、賴和、陳虛谷以降，一直到吳錦發、陳黎、蘇

偉貞，共分三個階段進行。

　　張錦郎先生修訂的編輯體例，從事學術研究的顧問們，一方面讚嘆「此目錄必然能成爲類似文獻工作的範例」，但又深恐「費力耗時，恐拖延了結案時間」，要如何克服「有限時間，高度理想」的編輯方式，對工作團隊確實是一大挑戰。於是顧問們群策群力，除了每人依研究領域、研究專長認領部分作家外（可交叉認領），每個顧問亦推薦或召集研究生襄助，以期能在教學研究工作外，爲此目錄盡一份心力。

　　「臺灣現當代作家評論資料目錄」專案計畫，自 2004 年 4 月開始，至 2009 年 10 月結束，分三個階段歷時五年六個月，共發現、搜尋、記錄了十餘萬筆作家評論資料。共經歷了三位專職研究助理，近三十位兼任研究助理。這些研究助理從開始熟悉體例，到學習如何尋找資料，是一條漫長卻實用的學習過程。

接續

　　「臺灣現當代作家評論資料目錄」的專案完成，當代重要作家的研究，更可以在這個基礎上，開出亮麗的花朵。於是就有了「臺灣現當代作家研究資料彙編暨資料庫建置計畫」的誕生。爲了便於查詢與應用，資料庫的完成勢在必行，而除了資料庫的建置外，這個計畫再從 310 位作家中精選 50 位，每人彙編一本研究資料，內容有作家圖片集，包括生平重要影像、文學活動照片、手稿及文物，小傳、作品目錄及提要、文學年表。另外每本書分別聘請一位最適當的學者或研究者負責編選，除了負責撰寫八千至一萬字的作家研究綜述外，再從龐雜的評論資料中挑選具有代表性的評論文章，平均 12～14 萬字，最後再附該作家的評論資料目錄，以期完整呈現該作家的生平、創作、研究概況，其歷史地位與影響。

　　由於經費及時間因素，除了資料庫的建置，資料彙編方面，50 位作家分三個階段完成。第一階段出版了 15 位作家，第二階段出版了 12 位作家，此次第三階段則出版了 23 位作家資料彙編。雖然已有過前兩階段的實

務經驗，但相較於前兩階段，此次幾乎多出版將近一倍的數量，使工作小組在編輯過程中，仍然面臨了相當大的困難與挑戰。

　　首先，必須掌握每位編選者進度這件事，就是極大的挑戰。於是編輯小組在等待編選者閱讀選文的同時，開始蒐集整理作家生平照片、手稿，重編作家年表，重寫作家小傳，尋找作家出版品的正確版本、版次，重新撰寫提要。這是一個極其複雜的工程。還好有認真負責的雅嫻、崟婷、欣怡，以及編輯老手秀卿幫忙，讓整個專案延續了一貫的品質及進度。

　　在智慧權威、老練成熟的學者專家面前，這些初生之犢的年輕助理展現了大無畏的精神，施展了編輯教戰手冊中的第一招——緊迫盯人。看他們如此生吞活剝地貫徹我所傳授的編輯要法，心裡確實七上八下，但礙於工作繁雜，實在無法事必躬親，也只好讓他們各顯身手了。

　　縱使這些新手使出了全部力氣，無奈工作的難度指數仍然偏高，雖有前兩階段的經驗，但面對不同的編選者，不同的編選風格，進度仍然不很順利，再加上此次同時進行 23 位作家的編纂作業，在與各編選者及各冊傳主往來聯繫的過程中，更是有許多龐雜而繁瑣的細節。此時就得靠意志力及精神鼓舞了。我對著年輕的同仁曉以大義，告訴他們正在光榮地參與一個重要的文學工程，絕對不可輕言放棄。

成果

　　雖然過程是如此艱辛，如此一言難盡，可是終究看到豐美的成果。每位編選者雖然忙碌，但面對自己負責的作家資料彙編，卻是一貫地認真堅持。他們每人必須面對上千或數百筆作家評論資料，挑選重要或關鍵性的評論文章，全面閱讀，然後依照編選原則，挑選評論文章。助理們此時不僅提供老師們所需要的支援，統計字數，最重要的是得找到各篇選文作者，取得同意轉載的授權。在第一階段進度流程初估時，我們錯估了此項工作的難度，因為許多評論文章，發表至今已有數十年的光景，部分作者行蹤難查，還得輾轉透過出版社、學校、服務單位，尋得蛛絲馬跡，再鍥

而不捨地追蹤。有了第一階段的血淚教訓，第二階段關於授權方面，我們更是如臨深淵、如履薄冰，希望不要重蹈覆轍，第三階段也遵循前兩階段的經驗，在面對授權作業時更是戰戰兢兢，不敢懈怠。

除了挑選評論文章煞費苦心外，每個作家生平重要照片，我們也是採高標準的方式去蒐集，過世作家家屬、友人、研究者或是當初出版著作的出版社，都是我們徵詢的對象。認真誠懇而禮貌的態度，讓我們獲得許多從未出土的資料及照片，也贏得了許多珍貴的友誼。許多作家都協助提供照片手稿等相關資料，如王鼎鈞、洛夫、余光中、羅門、瘂弦、司馬中原、林文月、鄭愁予、黃春明及其子黃國珍、白先勇及與其合作多年的攝影師許培鴻、白萩及其夫人、陳若曦、七等生、王文興、楊牧及其夫人夏盈盈。已不在世的作家，其家屬及友人在編輯過程中，也給予我們許多協助及鼓勵，如姜貴的長子王為鎌、張秀亞的女兒于德蘭、艾雯的女兒朱恬恬、陳秀喜的女兒張瑛瑛、商禽的女兒羅珊珊、陳冠學的後輩友人陳文銓與郭漢辰、郭松棻的夫人李渝、王禎和的夫人林碧燕，藉由這個機會，與他們一起回憶、欣賞他們親人或父祖、前輩，可敬可愛的文學人生。此外，還有張默、岩上、閻純德、李高雄、丘彥明、朱雙一、吳姍姍、鄭穎、舊香居書店吳雅慧等作家及研究者，熱心地幫忙我們尋找難以聯繫的授權者，辨識因年代久遠而難以記錄年代、地點、事件的作家照片，釐清文學年表資料及作家作品的版本問題，我們從他們身上學習到更多史料研究可貴的精神及經驗。

但如何在規定的時間內，完成第三階段 23 本資料彙編的編輯出版工作，對工作小組來說，確實是一大考驗。每一冊的主編老師，都是目前國內現當代台灣文學教學及研究的重要人物，因此每位主編都十分忙碌。有鑑於前兩階段的經驗，以及現有工作小組的人力，決定分批完稿，每個人負責 2～4 本，三位組長的責任額甚至超過 4～5 本。每一本的責任編輯，必須在這一年多的時間內，與他們所負責資料彙編的主角——傳主及主編老師，共生共榮。從作家作品的收集及整理開始，必須要掌握該作家一生

作品的每一次的出版，以及盡量收集不同的版本；整理作家年表，除了作家、研究者已撰述好的年表外，也必須再從訪談、自傳、評論目錄，從作品出版等線索，再做比對及增刪。再來就是緊盯每位把「研究綜述」放在所有進度最後一關的主編們，每隔一段時間提醒他們，或順便把新增的評論目錄寄給他們（每隔一段時間就有新的相關論文或學位論文出現），讓他們隨時與他們所主編的這本書，產生聯想，希望有助於「研究綜述」撰寫的進度。

以上的工作說起來，好像並不十分困難，身為總策劃的我起初心裡也十分篤定的認為，事情儘管艱困，最後還是應該順利完成。然而，這句雲淡風輕的話，聽在此次身歷其境參與工作的同仁耳中，一定會恨得牙癢癢的。「夜長夢多」這個形容詞拿來形容這件工作，真是太恰當也沒有了。因為整個工作期程超過一年，在這段漫長的歲月中，因等待、因其他人力無法抗拒的因素，衍伸出來的問題，層出不窮，更有許多是始料未及的。譬如，每本書的的選文，主編老師本來已經選好了，也經過授權了，為了抓緊時間，負責編輯的助理們甚至連順序、頁碼都排好了，就等主編老師的大作了，這時主編突然發現有新的文章、新的資料產生：再增加兩三篇選文吧！為了達到更好更完備的目標，工作小組當然全力以赴，聯絡，授權，打字，校對，重編順序等等工作，再度展開。

此次第三階段共需完成 23 位作家研究資料彙編，年齡層較上兩個階段已年輕許多，因此到最後的疑難雜症，還有連主編或研究者都不太清楚的部分，譬如年表中的某一件事、某一個年代、某一篇文章、某一個得獎記錄，作家本人絕對是一個最好的諮詢對象，於是幾乎我們每本書都找到了作家本人，對解決某些問題來說，這是一個好的線索，但既然看了，關心了，參與了，就可能有不同的看法，選文、年表、照片，甚至是我們整本書的體例。於是又是一場翻天覆地的大更動，對整本書的品質來說，應該是好的，但對經過一年多琢磨、修改已近入完稿階段的編輯團隊來說，這不啻是一大挑戰。

　　1990 年開始,各地縣市文化中心(文化局),對在地作家作品集的整理出版,以及台灣文學館成立後對日治時期作家以迄當代重要作家全集的編纂,對臺灣文學之作家研究,也有了很好的促進作用。如《楊逵全集》、《林亨泰全集》、《鍾肇政全集》、《張文環全集》、《呂赫若日記》、《張秀亞全集》、《葉石濤全集》、《龍瑛宗全集》、《葉笛全集》、《鍾理和全集》、《錦連全集》、《楊雲萍全集》、《鍾鐵民全集》等,如雨後春筍般持續展開。

　　經過近二十年的努力,臺灣文學的研究與出版,也到了可以驗收或檢討成果的階段。這個說法,當然不是要停下腳步,而是可以從「臺灣現當代作家評論資料目錄」所呈現的 310 位作家、10 萬筆資料中去檢視。檢視的標的,除了從作家作品的質量、時代意義及代表性去衡量外、也可以從作家的世代、性別、文類中,去挖掘還有待開墾及努力之處。因此在這樣的堅實基礎上,這套「臺灣現當代作家研究資料彙編」,每位編選者除了概述作家的研究面向外,均有些觀察與建議。希望就已然的研究成果中,去發現不足與缺憾,研究者可以在這些不足與缺憾之處下功夫,而盡量避免在相同議題上重複。當然這都需要經過一段時間去發現、去彌補、去重建,因此,有關臺灣文學研究的調查與研究,就格外顯得重要了。

期待

　　感謝臺灣文學館持續支持推動這兩個專案的進行。「臺灣現當代作家評論資料目錄」的完成,呈現的是臺灣文學研究的總體成果;「臺灣現當代作家研究資料彙編」套書的出版,則是呈現成果中最精華最優質的一面,同時對未來的研究面向與路徑,做最好的建議。我們可以很清楚的體會,這是一條綿長優美的臺灣文學接力賽,我們十分榮幸能參與其中,我們更珍惜在傳承接力的過程,與我們相遇的每一個人,每一件讓我們真心感動的事。我們更期待這個接力賽,能有更多人加入。誠如張恆豪所說「從高音獨唱到多元交響」,這是每一個人所期待的。

編輯體例

一、本書編選之目的，為呈現楊牧生平、著作及研究成果，以作為臺灣文
學相關研究、教學之參考資料。

二、全書共五輯，各輯內容及體例說明如下：

輯一：圖片集。選刊作家各個時期的生活或參與文學活動的照片、著
作書影、手稿（包括創作、日記、書信）、文物。

輯二：生平及作品，包括三部分：

1.小傳：主要內容包括作家本名、重要筆名，生卒年月日，籍
貫，及創作風格、文學成就等。

2.作品目錄及提要：依照作品文類（論述、詩、散文、小說、
劇本、報導文學、傳記、日記、書信、兒童文學、合集）及
出版順序，並撰寫提要。不收錄作家翻譯或編選之作品。

3.文學年表：考訂作家生平所進行的文學創作、文學活動相關
之記要，依年月順序繫之。

輯三：研究綜述。綜論作家作品研究的概況，並展現研究成果與價值
的論文。

輯四：重要文章選刊。選收國內外具代表性的相關研究論文及報導。

輯五：研究評論資料目錄。收錄至 2013 年 6 月底止，有關研究、論述
臺灣現當代作家生平和作品評論文獻。語文以中文為主，兼及
日文和英文資料。所收文獻資料，以臺灣出版為主，酌收中國
大陸、香港、日本和歐美國家的出版品。內容包含三部分：

1.「作家生平、作品評論專書與學位論文」下分為專書與學位
論文。

2.「作家生平資料篇目」下分為「自述」、「他述」、「訪談」、
「年表」、「其他」。

3.「作品評論篇目」下分為「綜論」、「分論」、「作品評論目
錄、索引」、「其他」。

目次

輯一◎圖片集

影像◎手稿◎文物

1957年，時年17歲的年輕詩人葉珊。（楊牧提供）

1958年末，於南遊途中與「創世紀」詩人合影於左營海福照相館。左起：瘂弦、葉珊、洛夫（創世紀詩雜誌社提供）

1964年，攝於赴愛荷華大學前。（楊牧提供）

1959年，就讀東海大學歷史系的葉珊。（楊牧提供）

1969年，就讀加州大學柏克萊分校比較
文學博士班時期的葉珊。（楊牧提供）

1970年1月，楊牧與陳世驤（左）、陳世驤妻子（中）合
影。（楊牧提供）

1971年春，楊牧獲加州大學柏克萊比較文學博士，時年
30歲。（楊牧提供）

1971年，與眾文友合影。前排左起：彭邦楨、羊令野、楊牧、商禽；後排左起：洛夫、羅門、張默、葉維廉、瘂弦、碧果、辛鬱。（文訊文藝資料中心）

1973年，楊牧與弟、妹們。左起：楊牧、二弟楊維中、妹妹楊瑛美、小弟楊維適、三弟楊維邦、大妹楊璞。（楊維邦提供）

1975年，時任臺灣大學客座教授的楊牧。
（楊牧提供）

1976年，洪範書店創辦群合影，取《尚書‧洪範》為名；「天地大法」之意，為當時臺灣出版社「五小」之一。前排左起：葉步榮、瘂弦；後排左起：楊牧、沈燕士。（文訊文藝資料中心）

1978年8月17日，《文學評論》編輯委員合影。前排左起：葉慶炳、姚一葦、侯健；後排左起：楊牧、葉維廉。（楊牧提供）

1979年，楊牧與妻子夏盈盈（左）、梁實秋（右）合影於西雅圖。（楊牧提供）

約1970年代，楊牧與王文興夫婦（左一、左二）合影於林海音家中。（文訊文藝資料中心）

約1970年代，楊牧與羅門（右）攝於羅門寓所「燈屋」。（羅門提供）

1981年，楊牧與妻子夏盈盈、兒子王常名攝於西雅圖鄉居木屋。（楊牧提供）

1981年，楊牧攝於中國成都「杜甫草堂」。
（楊牧提供）

1982年，楊牧與妻子夏盈盈（左）、林文月（右）合
影於西雅圖寓所。（楊牧提供）

1983年，楊牧與妻子夏盈盈、兒子王常
名攝於太魯閣。（楊牧提供）

1983年，楊牧與陳義芝（右）攝於太魯閣。（楊牧提供）

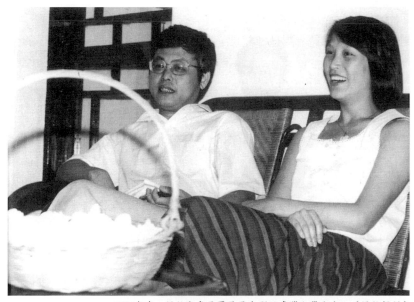

1984年春，楊牧與妻子夏盈盈合影於臺灣大學宿舍。（楊牧提供）

1984年5月,楊牧出席於東京舉辦的第47屆國際筆會會議。(楊牧提供)

1984年,楊牧與齊邦媛(左)、臺靜農(右)合影於林文月家中。(楊牧提供)

1985年,楊牧與兒子王常名合影於美國華盛頓大學。(楊牧提供)

1991年，楊牧攝於香港大
學舉辦的研討會。（楊牧
提供）

1991年，楊牧與妻子夏盈
盈合影於日本京都。（楊
牧提供）

1992年，楊牧與美國漢學
家普林斯頓大學歷史教
授牟復禮（Frederick W.
Mote）夫妻（左一、左
二）合影於香港科技大
學。（楊牧提供）

1992年，楊牧與香港科技大學中文系教授黃麗明
（右）合影於香港。（楊牧提供）

1994年，楊牧攝於《現代詩》四十週年專題演講。
（楊牧提供）

約1995年4月，楊牧攝於由文訊雜誌社於佛光山
臺北道場舉辦的「臺灣現代詩史研討會」。（文
訊文藝資料中心）

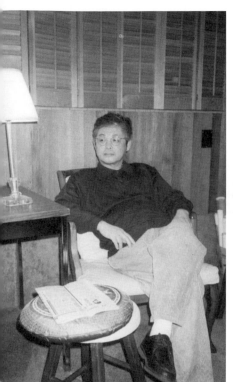

1998年，楊牧攝於花蓮富源。（楊牧提供）

1998年，楊牧攝於西雅圖寓所的書房。（楊牧提供）

楊牧與妻子夏盈盈攝於美國西雅圖。（楊牧提供）

1990年代，楊牧與夏祖麗（左）、莊因（中）合影於美國加州。
（楊牧提供）

1990年代末，楊牧攝於花蓮佛興寺。
（楊牧提供）

2000年，楊牧獲第四屆國家文藝獎文學類，攝於頒獎會場。左
起：葉步榮、瘂弦、楊牧、鄭樹森。（楊牧提供）

2000年夏，楊牧（前右）與兒子王常名（前左）、妻子夏盈盈（中）攝於美國西雅圖自宅。（楊牧提供）

2001年4月3日，攝於香港城市大學「華文寫作與中國文化前景」研討會。左起：楊牧、馬悅然、劉再復、瘂弦、轟華苓。（創世紀詩雜誌社提供）

2010年9月25日，攝於政治大學舉辦的「一首詩的完成──楊牧七十大壽國際學術研討會」。左起：吳思華、楊牧、陳芳明。（政治大學提供）

2010年，楊牧攝於西雅圖自宅。（楊牧提供）

2011年，行人出版社拍攝「他們在島嶼寫作」紀錄片，楊牧部分為《朝向一首詩的完成》。（目宿媒體公司提供）

2011年4月6日，楊牧攝於「他們在島嶼寫作——文學大師系列電影」聯合發表會。（文訊文藝資料中心）

2012年夏，楊牧與《和棋》德譯者汪玨（左）、Susanne Hornfeck（右）合影於西雅圖，由鄭志良攝影。（楊牧提供）

2013年3月8日，楊牧獲頒第三屆「紐曼華語文學獎」，由奚密擔任得獎人介紹，攝於俄克拉荷馬大學。（楊牧提供）

2013年9月21日，楊牧與陳育虹（左）合影於紀州庵文學森林舉辦的「狼之獨步——紀弦追思會暨文學展」開幕儀式。（文訊文藝資料中心）

2013年9月27日，楊牧與妻子夏盈盈（中）及童子賢（右）合影於臺北寓所。由《朝向一首詩的完成》導演溫知儀拍攝。（楊牧提供）

楊牧幼時住家。（國立臺灣文學館提供）

楊牧西雅圖寓所。
（楊牧提供）

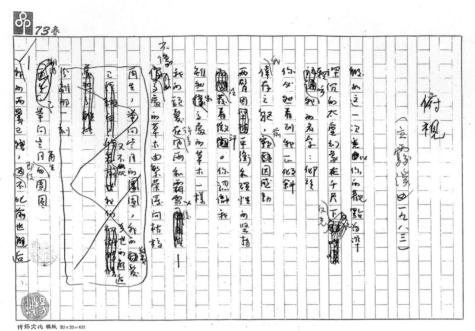

詩鄉文化 稿紙 20×20=400

楊牧〈俯視——立霧溪1983〉手稿。（楊牧提供）

楊牧〈秋探〉手稿，寫於1985年9月。（創世紀詩雜誌社提供）

洪範書店
台北市廈門街113巷17-1號二樓（台北郵局6-53號信箱）

西西：

今天才收到大作飛鴿白象北寄到，這些天忙的完全地
静候，想安定看精采刻之作。

剛收到，還不住就先看光前之序，對你之應持一件乎
凡事，說得詞二見遠，興味盎然，實覺十分欽佩，圈
罷能，你引劫多此「歌我壁衣花罷能」，推斷這麼處處地
推定在壁上，〔圖〕川杜甫「遙憶為春龍」，推劫它見樂春
物（不見掛在壁上）。這番終沒有氣閣。惟坦究玄安石
「明妃曲」有的：「家人萬里傳消息，好在氈城莫相憶」用的
或毫係邊塞胡地方氈龍。
卻見瑟字乃見氈也。掛件安石用典出漢書「西域傳」。

楊牧致西西書信，寫於1996年6月。（楊牧提供）

主　題

不要閉到那見甚麼，岩石
隙縫裏迸生的地衣風信子
或許見春天的假象，我也能說
牆腳下濃密的薊芒無比潮濕

最近池塘
窗裏那水缸一夜間解凍
藝猶持原來玄度，水位降低
斜一條到處聲音，了卻之不滿

不如閣也吹動浮萍的是甚麼風

約1998年，楊牧〈主題〉手稿。（楊牧提供）

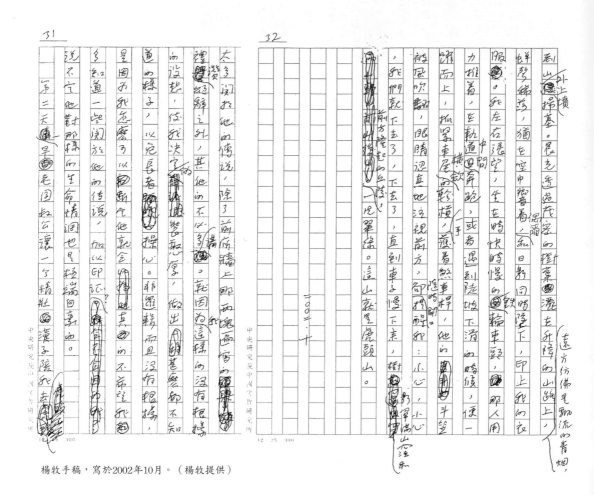

楊牧手稿，寫於2002年10月。（楊牧提供）

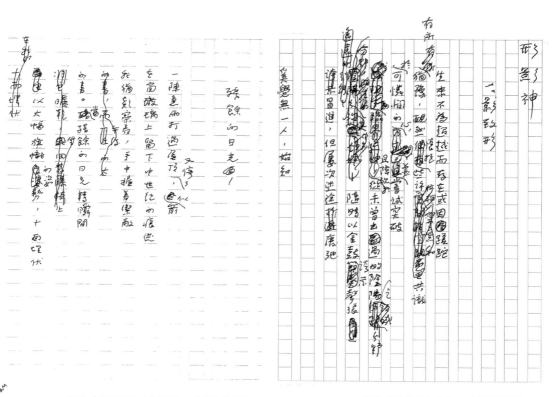

楊牧〈殘餘的日光〉手稿。（楊牧提供）　　楊牧〈形影神〉手稿。（楊牧提供）

楊牧〈禁忌的遊戲〉手稿。（楊牧提供）

楊牧〈子夜徒歌〉部分手稿。（楊牧提供）

輯二◎生平及作品
小傳◎作品◎年表

小傳

楊牧（1940～）

　　楊牧，本名王靖獻，籍貫臺灣花蓮，1940 年 9 月 6 日生。

　　東海大學外文系畢業、美國愛荷華大學英文系藝術碩士、加州大學柏克萊分校比較文學碩士、博士。曾任麻薩諸塞大學、普林斯頓大學及華盛頓大學助理教授、副教授、教授等職。1975 年及 1983 年返臺，任臺灣大學比較文學研究所客座教授，並曾寓香港，爲香港科技大學人文學科創校人之一、講座教授。曾任中央研究院文哲所特聘研究員兼所長、東華大學人文社會科學學院教授兼院長，與政治大學臺灣文學研究所講座教授。現爲華盛頓大學榮譽教授、東華大學特聘榮譽教授。早年參與《東臺日報》「海鷗」詩週刊、東海大學校刊《東風》、《現代文學》等刊物編務，並曾獲青年文藝獎、國家文化藝術基金會文藝獎、國家文藝獎、吳魯芹散文獎、時報文學獎、詩宗社詩創作獎、吳三連文藝獎、中山文藝創作獎、花蹤文學獎，與紐曼文學獎。詩作與散文隨筆被譯爲英、韓、德、法、日、瑞典、荷蘭等文。

　　楊牧的創作文類以詩、散文爲主，另有論述、翻譯等。15 歲起活躍於《現代詩》、《藍星》、《創世紀》、《今日新詩》等詩刊，16 歲即主編《東臺日報》「海鷗詩刊」。前期詩作重視聽覺意象的大量使用，內容顯示浪漫主義的影響。1960 年詩集《水之湄》出版，奠定了當時使用筆名「葉珊」的詩人在臺灣詩壇的地位。張默曾於《當代十大詩人選集》評其詩：「楊牧是

『無上的美』的服膺者，古典的驚悸、自然的律動，常使我們興起對古代寧靜純樸的眷戀。」1964 年赴美留學後，敘事與神話取代了浪漫抒情，詩風漸趨雄健渾厚。

　　而與詩作並列齊名的散文，前期風格與詩作相同，1966 年出版的《葉珊散文集》呼應了同期詩作的傾向。自 1972 年改用筆名「楊牧」後，整體創作風格就此轉為人文視界，楊牧更加有意識地介入社會關懷與歷史探問。自傳型散文《山風海雨》、《方向歸零》、《昔我往矣》，透過虛擬與真實的結合，對故鄉花蓮的歷史與記憶進行「再詮釋」、「再創造」，代表了楊牧對散文寫作的試驗，亦堪稱其散文創作之巔峰。

　　2000 年，第四屆國家文藝獎讚其「詩意的追求，以浪漫主義為基調，構築生命的大象徵。散文的經營，兼顧修辭與造境，豐富臺灣的抒情傳統，評論的建構，融匯美學涵養與人文關懷。楊牧先生創作風格與實俱進，不追逐流行，不依附權力，特立獨行，批判精神未嘗稍減，允為臺灣文學的重鎮。」身兼詩人、散文家、翻譯家與學者四種身分，楊牧多年筆耕不輟，其鎔鑄中國古典文學與西洋文學藝術技巧的文風，在臺灣文學史上劃下遒勁有力的一筆。

作品目錄及提要

【論述】

志文出版社 1974

洪範書店 1979

傳統的與現代的

臺北：志文出版社
1974 年 3 月，32 開，239 頁
新潮叢書 21

臺北：洪範書店
1979 年 9 月，32 開，236 頁
洪範文學叢書 52

本書分「第一部分：傳統的」、「第二部分：現代的」兩輯，收錄〈驚識杜秋娘〉、〈詩經國風的草木〉、〈王文興小說裡的悲劇情調〉等 15 篇。正文前有楊牧〈自序〉，正文後有楊牧〈後記〉。
1979 年洪範版：作者針對內文觀念與資料修訂改作，並於正文前新增楊牧〈洪範版自序〉。

University of Ca-
liforNia Press
1974

The Bell and the Drum——Shih Ching as Formulaic Poetry in an Oral Tradition

Berkeley：University of California Press
1974 年 11 月，22 開，153 頁

四川：人民文學出版社
1990 年 12 月，40 開，218 頁
謝謙譯

本書以《詩經》為研究場域，使用口頭套語創作（ oral-formulaic composition）分析各詩篇形式，藉此了解套語對於口

人民出版社 1990

述創作詩歌的重要性，並自研究文本中反覆出現的套語與主題，說明《詩經》的創作過程。全書共五部分：1.Introduction；2.The Formila：Ⅰ；3. The Formila：Ⅱ；4.The Theme；5.Conclusionm。正文後有"Appendix A Whole-verse Formulas Particular to a Group"，"Appendix B Another Way of Presenting the Poems as Formulaic"，"Selected Bibliography"，"Index of Poems from Shih Ching"，"Index of Subjects"。

人民文學版：譯爲《鐘與鼓：詩經的套語及其創作方式》。

文學知識

臺北：洪範書店
1979 年 9 月，32 開，244 頁
洪範文學叢書 53

本書分三輯，作者主張文學爲人生恆存常在的知識之一，須通過專精篤實的創作賦予文學最初的面貌與固有的精神型態。全書收錄〈現代詩二十年〉、〈文學的辯護〉、〈七等生小說中的幻與真〉等 19 篇。正文前有楊牧〈自序〉。

文學的源流

臺北：洪範書店
1984 年 1 月，32 開，222 頁
洪範文學叢書 107

本書自歷史源流的角度出發，以古典傳統爲嚮導，分析討論現代詩、現代散文及近代學術人物，以勾勒三百年來臺灣詩源流與當代文學的關係脈絡文章。全書收錄〈現代詩的臺灣源流〉、〈走向洛陽的路〉、〈宗白華的美學與歌德〉等 16 篇。正文前有楊牧〈自序〉。

陸機文賦校釋

臺北：洪範書店
1985 年 4 月，25 開，116 頁

本書爲作者以陳世驤英譯《文賦》（*Literature as Light Against Darkness*）與徐復觀《陸機文賦疏釋初稿》爲基礎，參考唐代以降至當代所撰各種注疏，斟酌中西文學批評觀念進行校勘闡釋。正文前有楊牧〈自序〉、楊牧〈文史哲學報刊本前言〉。

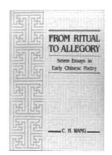

From Ritual to Allegory: Seven Essays in Early Chinese Poetry
Hong Kong：The Chinese Universuty Press
1988 年 1 月，23.6×16 公分，210 頁

本書內容爲作者於 1970 年代針對《詩經》與《楚辭》進行研究的論文。《詩經》與《楚辭》做爲最古老的中國文學；傳統詩歌的重要基底與發軔，作者以比較文學與語言學爲研究方法，文雅且忠實地探討中國古代詩歌。全書收錄"Rital"、"Drama"、"Heroism"、"Symbol"、"Allegory"等七篇，正文前有 William Tay "Foreword"、"Preface"，正文後有"Index"。

隱喻與實現
臺北：洪範書店
2001 年 3 月，25 開，334 頁
洪範文學叢書 292

本書爲作者對文學批評與文化觀察的凝聚，透過歷史認知與美學，結合理論與實踐切入文本。全書收錄〈新詩的傳統取向〉、〈葉慈的愛爾蘭與愛爾蘭的葉慈〉、〈雪滿前川〉等 22 篇。正文前有楊牧〈序〉，正文後附錄楊牧譯；恩斯特・羅貝德・庫爾提烏思〈庫爾提烏思論歐洲與歐洲文學〉。

失去的樂土
臺北：洪範書店
2002 年 8 月，25 開，380 頁
洪範文學叢書 300

本書爲《傳統的與現代的》、《文學知識》、《文學的源流》三書合輯。全書收錄〈現代詩的臺灣源流〉、〈七等生小說的幻與真〉、〈公無渡河〉等 28 篇。正文前有楊牧〈失去的樂土：代序〉，正文後有楊牧〈後記〉。

掠影急流

臺北：洪範書店
2005 年 12 月，25 開，247 頁
洪範文學叢書 323

本書摘選自作者 1970 至 1980 年代所撰的《傳統的與現代的》、
《文學知識》、《文學的源流》，內容為懷憶舊友與讀書心得，並
略做刪修。全書收錄〈柏克萊：陳世驤先生〉、〈霜滿天〉、〈王
文興小說的悲劇意識〉等 19 篇。正文後有楊牧〈後記〉。

譯事

香港：天地圖書公司
2007 年 5 月，25 開，120 頁
香港科技大學人文社會學學院包玉剛講座系列

本書為作者 2006 年出任香港科技大學包玉剛傑出訪問講座教
授時所演講的講章與前此撰著的翻譯論文。全書收錄〈詩關涉
與翻譯問題〉、〈葉慈的愛爾蘭與愛爾蘭的葉慈〉等六篇。正文
後有楊牧〈後記〉。

【詩】

水之湄

臺北：藍星詩社
1960 年 5 月，30 開，95 頁
藍星詩叢

本書為詩人第一本出版詩集，封面由楊英風設計。全書分三
輯，收錄〈二次虹〉、〈秋的離去〉、〈月季花開〉、〈星是唯一的
嚮導〉、〈風之掠過〉等 50 首。正文後有葉珊〈後記〉。

花季

臺北：藍星詩社
1963 年 1 月，30 開，135 頁
藍星詩叢

全書收錄〈我的子夜歌〉、〈行過一座桃花林〉、〈星問〉、〈花落時節〉等 43 首。正文後有葉珊〈後記〉。

文星書店 1966　　　愛眉出版社 1970

燈船

臺北：文星書店
1966 年 11 月，40 開，157 頁
文星叢刊 230

臺北：愛眉出版社
1970 年，40 開，157 頁
愛眉文庫 4

本書分「歌贈哀綠依」、「佳人期」、「斷片」、「河之右岸」四輯，收錄〈夏天的草莓場〉、〈江南風的雙眉〉、〈給時間〉、〈俠隱市・懷俄明州〉等 47 首。正文前有葉珊〈自序〉。
愛眉版：內容與文星版同。

晨鐘出版社 1972

仙人掌出版社
1969

非渡集

臺北：仙人掌出版社
1969 年 8 月，40 開，206 頁
仙人掌文庫 18

臺北：晨鐘出版社
1972 年 4 月，32 開，222 頁
晨鐘文叢 11

本書為詩人 1966 至 1976 年間作品。全書分「水之湄」、「花季」、「燈船」三輯，收錄〈浪人和他的懷念〉、〈當晚霞滿天〉、〈夏天的草莓場〉、〈落在肩上的小花〉、〈過踏荷湖〉等 74 首。正文前有葉珊〈序〉。
晨鐘版：內容與仙人掌版同。

傳說

臺北：志文出版社
1971 年 3 月，32 開，134 頁
新潮叢書 10

本書內容多爲詩人於柏克萊時期寫就，受中國古典文學影響明顯。全書分「掛劍之什」、「屏風之什」、「十二星象練習曲」、「山洪」四輯，收錄〈延陵季子掛劍〉、〈方向 1：紐約市〉、〈四月二日與光中在密歇根同看殘雪〉等 27 首。正文前有葉珊〈前記〉，正文後有葉維廉〈跋〉。

瓶中稿

臺北：志文出版社
1975 年 8 月，25 開，168 頁
新潮叢書 24

本書收錄詩人 1970 至 1974 年間長短詩作品。全書分「追趕」、「十四行詩」、「穿梭」、「航向」、「林沖夜奔」五輯，收錄〈風在雪林裡追趕〉、〈四月是一片纏綿迎拒的〉、〈猝不及防的花〉、〈幾乎之一：一九七一年七月七日在東京著陸〉、〈林沖夜奔〉等 51 首。正文前有楊牧〈自序〉，正文後有楊牧〈後記〉。

北斗行

臺北：洪範書店
1978 年 3 月，32 開，217 頁
洪範文學叢書 28

本書爲詩人 1974 至 1976 年間詩作。全書分「古琴」、「雪止」、「淒涼三犯」、「吳鳳」、「北斗行」五輯，收錄〈聽陶筑生處士彈古琴〉、〈懷黃用〉、〈水神幾何〉、〈帶你回花蓮〉等 47 首。正文前有王文興〈《北斗行》序〉，正文後有楊牧〈後記〉。

楊牧詩集 壹：一九五六──一九七四

臺北：洪範書店
1978 年 9 月，32 開，645 頁
洪範文學叢書 31・楊牧詩集 1

本書爲詩人 1956 至 1974 年間全部詩作之總彙。全書分「水之
湄」、「花季」、「燈船」、「傳說」、「瓶中稿」五卷，收錄〈月季
花開〉、〈在旋轉旋轉之中〉、〈江南風的雙眉〉、〈暗香十行〉、
〈林沖夜奔〉等 209 首。正文前有楊牧〈序〉，正文後附有
「序跋彙編」：〈《水之湄》後記〉、〈《花季》後記〉、〈《燈船》
自序〉、〈《傳說》前記〉、〈《瓶中稿》自序〉、〈《瓶中稿》後
記〉；「題目索引」：〈一年代序〉、〈二筆劃序〉。

吳鳳

臺北：洪範書店
1980 年 4 月，32 開，167 頁
洪範文學叢書 45

本書爲四幕詩劇，以吳鳳「犧牲自己以求革除原住民出草習
俗」的角度迻寫，全詩長達兩千餘行。正文前有楊牧〈前
言〉，正文後附有楊牧〈偉大的吳鳳〉。

禁忌的遊戲

臺北：洪範書店
1980 年 10 月，32 開，170 頁
洪範文學叢書 65

本書爲詩人 1975 至 1979 年間作品。全書分「南陔」、「全
錄」、「諸宮調」、「九辯」四輯，收錄〈西班牙・一九三六〉、
〈完整的手藝〉、〈華府雨中落櫻〉、〈馬羅飲酒〉等 36 首。正
文後附有楊牧〈詩的自由與限制〉。

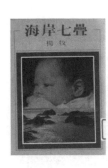

海岸七疊
臺北：洪範書店
1980 年 10 月，32 開，134 頁
洪範文學叢書 66

本書爲詩人 1978 至 1980 年間作品。全書分「會話」、「草木疏」、「出發」、「子午協奏曲」四輯，收錄〈那不是氾濫的災害〉、〈辛夷〉、〈我們比你自己性急的〉、〈我想以這樣的音色〉等 44 首。正文後有楊牧〈詩餘〉。

有人
臺北：洪範書店
1986 年 4 月，32 開，181 頁
洪範文學叢書 159

本書爲 1980 年秋至 1985 年秋間作品。全書分「有人問我」、「學院之樹」、「俯視」、「新樂府」、「禪」五輯，收錄〈有人問我公理和正義的問題〉、〈霜夜作〉、〈貓住在開滿荼蘼花的巷子裡〉、〈大子夜歌〉等 33 首。正文後有楊牧〈詩爲人而作〉。

完整的寓言
臺北：洪範書店
1991 年 9 月，32 開，161 頁
洪範文學叢書 228

本書爲 1985 至 1991 年間作品。全書分「代牋」、「新陽」、「寓言」三輯，收錄〈春月即事〉、〈蛇的練習三種〉、〈十二月十七與小名對霧〉、〈寓言一：黃雀〉等 30 首。正文後有楊牧〈後記〉。

楊牧詩集 II：一九七四——一九八五

臺北：洪範書店
1995 年 9 月，25 開，546 頁
洪範文學叢書 31

本書爲詩人 1974 至 1985 年間所有抒情詩作品彙集，依寫作年
代編排。全書分「北斗行」、「禁忌的遊戲」、「海岸七疊」、「有
人」四卷，收錄〈帶你回花蓮〉、〈輓歌一百二十行〉、〈華府雨
中落櫻〉、〈盈盈草木疏〉、〈人間飛行〉等 108 首。正文前有楊
牧〈自序〉，正文後附有「序跋彙編」：〈《北斗行》後記〉、
〈《禁忌的遊戲》後記：詩的自由與限制〉、〈《海岸七疊》詩
餘〉、〈《有人》後記：詩爲人而作〉；「題目索引」：〈一年代
序〉、〈二筆劃序〉。

時光命題

臺北：洪範書店
1997 年 12 月，25 開，156 頁
洪範文學叢書 280

本書爲詩人 1992 年至 1996 年間作品。全書分「變奏」、「拾
起」、「孤寂」、「構成」四輯，收錄〈客心變奏〉、〈連續性無伴
奏隨想曲〉、〈她預知大難〉、〈七星潭〉等 44 首。正文後有楊
牧〈後記〉。

No Trace of the Gardener／Lawrence R. Smith、Michelle Yeh 譯

New Haven and London：Yale University Press
1998 年 9 月，14.73×24.89 公分，239 頁

本書分「Part One. 1958—1970」、「Part Two. 1971—1977」、
「Part Three. 1978—1985」、「Part Four. 1986—1991」四部分，
收錄"The Woman in Black"、"Nocturne Number Two: Melting
Snow"、"Seven Turns of the Coast"、"Dance A Duo"、"Fable
Number 3: Salmon"等 132 首。正文前有"Acknowledgments"、奚
密"Introduction"、"Yang Mu Chronology"、"A Note on the
Translations"，正文後有"Notes to the Poems"、"Index to
Title"。

涉事

臺北：洪範書店
2001 年 6 月，25 開，138 頁
洪範文學叢書 295

本書爲詩人 1997 至 2001 年間將精神與心靈的探索轉嫁於詩創
作的呈現。全書分「雙簧管」、「亂針刺繡」、「指環」三輯，收
錄〈水妖〉、〈獅和蝌蚪和蟬的辯證〉、〈近端午讀 Eisenstein〉、
〈失落的指環〉等 30 首。正文後有楊牧〈後記〉。

Patt Beim Go／Susanne Hornfeck、Wang Jue 譯

München：Al Verlag
2002 年 10 月，20.5×22.8 公分，212 頁

本書爲詩人詩選德譯，中德對照，內容選自《涉事》、《時光命
題》、《完整的寓言》、《有人》、《海岸七疊》、《北斗行》、《傳
說》等書，封面題字由楚戈題自楊牧同名詩〈和棋〉。全書分
「Einmischung 2000—1998」、「Lehrsatz der Zeit 1996—1992」、
「Vollkommene Fabel 1991—1987」、「Jemand 1985—1981」、
「Die sieben Falten der küste」、「Lieder vom Groben Bären 1976
—1975」、「Legenden 1969」七部分，收錄"Patt beim Go"、
"Unter der Kiefer"、"Der Zeisig-eine Fabel"、"Erkundungen des
Herbstes"等 41 首。正文後有 Susanne Hornfeck、Wang Jue（汪
珏）"Nachwort"。

Quelqu'un m'interroge à propos de la vérité et de la justice／Angel Pino、Isabelle Rabut 譯

Paris：Librairie You Feng
2004 年，25 開，124 頁

本書爲《楊牧詩集》（Ⅰ、Ⅱ）、《完整的寓言》、《時光命題》、
《涉事》中作品合輯。全書收錄"Les pas"、"Le campement de
nuit du roi Wu: une suite"、"Sept virages sur la côte"、"À un
ange"、"Retour"等 64 首。正文後有 Angel Pino、Isabelle
Rabut"Yang Mu, repères bio-bibliographiques"。

カッコウアザミの歌——楊牧詩集／上田哲二編譯

東京：思潮社
2006 年 3 月，新 25 開，254 頁

本書爲詩人作品日譯。全書分「Ⅰ リリシズムの光芒」、「Ⅱ 歷史の彼方」、「Ⅲ 公理と正義」、「Ⅳ 旅の記憶」、「Ⅴ 抒情のオーボエ」五部分，收錄〈夏のいちご畑〉、〈韓愈の七言古詩「山石」に續けて〉、〈ある人が公理と正義について私に 訊ねた〉、〈十年〉、〈却いて坐る〉等 70 首。正文後有〈詩の 端緒〉、上田哲二〈詩人楊牧の世界——訳者解説〉。

介殼蟲

臺北：洪範書店
2006 年 4 月，25 開，155 頁
洪範文學叢書 325

本書分「招展」、「心兵之什」、「逆流而上」、「斥堠」四輯，收錄〈閏四月〉、〈子夜徒歌〉、〈佐倉：薩孤肋〉、〈松園〉等 34 首。正文後有楊牧〈後序〉。

楊牧詩集Ⅲ：一九八六—二○○六

臺北：洪範書店
2010 年 9 月，25 開，534 頁
洪範文學叢書 31

本書爲詩人 1986 至 2006 年間作品。全書分「完整的寓言」、「時光命題」、「涉事」、「介殼蟲」四卷，收錄〈劫後的歌〉、〈戲爲六絕句〉、〈却坐〉、〈侵曉作〉、〈老式的辯證〉等 138 首。正文前有楊牧〈自序〉，正文後附有楊牧「序跋彙編」：〈《完整的寓言》後記〉、〈《時光命題》後記〉、〈《涉事》後記〉、〈《介殼蟲》後序〉；「題目索引」：〈一年代序〉、〈二筆劃序〉。

Den gröne riddaren／馬悅然譯

Stockholm：Bokförlaget Tranan
2011 年 9 月，25 開，500 頁

本書爲詩人 1958 至 2010 年詩作的瑞典文版，中瑞典文對照，由馬悅然翻譯。曾獲 2011 年瑞典最美麗書籍獎（書籍藝術獎），並代表瑞典年度出版品，參加巴黎書展及法蘭克福書展。全書收錄"Vid Flodstranden"、"En Indier"、"Förbjuden Lek 1"、"Någon Frågade Mig Om Sanning Och Rättvisa（1984）"、"Havsnymfen（1999）"等 116 首。正文前有"Översättarens Inledning"，正文後有"Noter"、 "Litteraturlista"。

長短歌行

臺北：洪範書店
2013 年 8 月，25 開，139 頁
洪範文學叢書 346

本書分「葵花」、「有會而作」、「琴操變奏九首」、「欒樹」四輯，收錄〈風一樣循環〉、〈九日閒居〉、〈形影神〉、〈歲末觀但丁〉等 41 首。正文後有楊牧〈跋〉。

【散文】

葉珊散文集

臺北：文星書店
1966 年 8 月，40 開，206 頁
文星叢刊 219

臺北：大林出版社
1970 年 6 月，40 開，206 頁
大林文庫 5

臺北：洪範書店
1977 年 5 月，32 開，226 頁
洪範文學叢書 12

文星書店 1966　　　大林出版社 1970

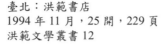

洪範書店 1977

臺北：洪範書店
1994 年 11 月，25 開，229 頁
洪範文學叢書 12

本書收錄作者 1956 至 1965 年作品，涵蓋大學時期、金門服役與愛荷華留學階段。全書分「陽光海岸」、「給濟慈的信」、「陌生的平原」三輯，收錄〈But Love me for Love's Sake〉、〈向虛無沉沒〉、〈給東碇島的夥伴們〉、〈八月的濃霜〉等 44 篇。正文前有聶華苓〈序〉，正文後有楊牧〈後記〉。

大林版：內容與文星版同。

1977 年洪範版：於正文前刪去聶華苓〈序〉，新增葉珊〈右外野的浪漫主義者——洪範版葉珊散文集自序〉，正文「陽光海岸」新增〈殘餘的晚霞〉、「給濟慈的信」新增〈第十二信〉，正文後刪去葉珊〈後記〉，新增葉珊〈校訂後記〉。

1994 年洪範版：於正文後新增〈二十五開本後記〉。

洪範書店 1994

楊牧自選集

臺北：黎明文化公司
1975 年 5 月，32 開，304 頁
中國新文學叢刊 32

本書以《葉珊散文集》爲基礎，重新增補新編。全書分「陽光海岸」、「給濟慈的信」、「陌生的平原」、「七月誌」四輯，收錄〈雁字回時〉、〈綠湖的風暴〉、〈第十二信〉、〈那個潮濕而遙遠的夜〉、〈從下大雨寫起〉等 54 篇。正文前有「素描」、「生活照片」、「手跡」、〈年表〉、楊牧〈自序一〉、〈自序二〉，正文後有〈作品書目〉。

年輪

臺北：四季出版公司
1976 年 1 月，32 開，222 頁
四季文萃 1

臺北：洪範書店
1982 年 1 月，32 開，182 頁
洪範文學叢書 82

四季出版公司 1976

本書為作者以抽象為藝術鵠的時期之作，以寓言和象徵為基礎格調，並大量穿插詩句。全書分「柏克萊」、「一九七一至一九七二」、「北西北」三部分，不分篇，正文後有楊牧〈後記〉。洪範版：於正文前新增〈洪範版「年輪」序〉。

洪範書店 1982

柏克萊精神
臺北：洪範書店
1977 年 2 月，32 開，184 頁
洪範文學叢書 10

本書為 1975 年秋至 1976 年作者於臺大任教時期的觀察與感懷，多出自《中國時報》「人間」副刊專欄「結廬隨筆」，書中直筆對於現代社會、文化、教育的觀察，探討知識分子的社會良知。全書收錄〈瑞穗舊稱水尾〉、〈夜宿大肚山〉、〈外文系是幹什麼的？〉等 20 篇。正文前有顏元叔〈致楊牧——代序〉，正文後有楊牧〈後記〉、桂文亞〈詩話——楊牧訪問記〉。

搜索者
臺北：洪範書店
1982 年 5 月，32 開，200 頁
洪範文學叢書 85

本書收錄作者 1976 至 1982 年文章，內容多為抒情散文和隨筆感悟。全書收錄〈科學與夜鶯〉、〈山坡定位〉、〈花蓮白燈塔〉等 20 篇。正文前有楊牧〈前記〉。

交流道
臺北：洪範書店
1985 年 7 月，32 開，196 頁
洪範文學叢書 141

本書為作者在《聯合報》副刊專欄「交流道」的第一本文章結集，時間範圍自 1984 年 4 月起至 1985 年，內容涉及臺灣政治社會和文化等敏感切身的題目，強調知識分子的參預和介入，以文學的風格評論是非，筆調理性而不辭感情。全書收錄〈大

學之內與外〉、〈禁書〉、〈文學與文學批評〉、〈一個大學校長之
自殺〉、〈榮譽學位及其他〉等 50 篇。正文前有楊牧〈自序〉，
正文後有楊牧〈路上一年〉。

飛過火山
臺北：洪範書店
1987 年 1 月，32 開，199 頁
洪範文學叢書 168

本書為作者在《聯合報》副刊專欄「交流道」的第二本文章結
集，內容包含憶往追昔、讀書旅行的記述與專欄文章結集。全
書收錄〈吉卜林的陰魂〉、〈紀念一位紳士醫生〉、〈留美學生的
文化危機〉、〈一種令人發瘋的人生條件〉等 39 篇。正文前有
沈君山〈序〉，正文後有楊牧〈跋〉。

山風海雨
臺北：洪範書店
1987 月 5 月，32 開，174 頁
洪範文學叢書 176

本書為作者 1984 年秋至 1986 年秋間作品，採自傳體式散文，
以孩童思緒，回歸於太平洋戰爭時期的花蓮，對故鄉花蓮的歷
史與回憶進行「再詮釋」、「再創造」，藉此敘述社會風氣的變
遷、新舊秩序的價值觀念的轉易。全書收錄〈接近了秀姑巒〉、
〈一些假的和真的禁忌〉等七篇。

一首詩的完成
臺北：洪範書店
1989 年 2 月，32 開，222 頁
洪範文學叢書 198

本書為作者對詩的理念思考之整體展現，採書信體，內容論及
詩的定義和方法，並分析詩的形式和內容，指出意象、色彩、
音樂的藝術要求。全書收錄〈歷史意識〉、〈形式與內容〉、〈音
樂性〉等 18 篇。正文後有楊牧〈又及〉。

方向歸零
臺北：洪範書店
1991 年 5 月，32 開，179 頁
洪範文學叢書 222

本書為作者 1989 至 1990 年秋間作品之集結，可視為《山風海雨》的延伸，借書寫回溯、追憶個人成長經驗與島嶼歷史的交會。全書收錄〈野橄欖樹〉、〈她說我的追尋是一種逃避〉等六篇。

疑神
臺北：洪範書店
1993 年 2 月，25 開，304 頁
洪範文學叢書 245

本書為作者以身為詩人與知識分子的敏銳與求知精神，叩問於未知的神祕與詩，並以詩的節奏揭示作者的認識。全書不分篇，正文前有〈前記〉。

星圖
臺北：洪範書店
1995 年 2 月，25 開，170 頁
洪範文學叢書 265

本書為作者 1993 年秋至 1994 年春的作品，以文字試探生育與死亡的本質、過程及其美學效應。通過抒情散文的筆調、虛擬敘事的情節與迂迴的指涉，構築作者心中嚮往的詩境界。全書不分篇。

亭午之鷹
臺北：洪範書店
1996 年 4 月，25 開，207 頁
洪範文學叢書 272

本書彙集作者 1986 至 1996 年間散文作品，心神的體會與領悟、自然和人文世界的交感。全書收錄〈在借來的空間裡〉、〈那盲目執迷的心〉、〈去夏在一海島的小木屋〉、〈下一次假如你去舊金山〉等 15 篇。正文後有楊牧〈瑤光星散為鷹〉。

下一次假如你去舊金山

臺北：洪範書店
1996 年 9 月，50 開，56 頁
隨身讀 18

本書收錄〈下一次假如你去舊金山（反遊記）〉、〈來自雙溪〉
兩篇。

昔我往矣

臺北：洪範書店
1997 年 12 月，32 開，181 頁
洪範文學叢書 281

本書承《山風海雨》、《方向歸零》筆觸延伸而出，爲楊牧 1992
至 1997 年間作品，內容追溯少年時期的體會與境遇。全書收
錄〈那一個年代〉、〈Juvenilia〉等七篇。

洪範書店 2003

奇萊前書

臺北：洪範書店
2003 年 1 月，25 開，430 頁
洪範文學叢書 313

東京：思潮社
2008 年 1 月，20 公分，368 頁
上田哲二譯

本書由《山風海雨》、《方向歸零》、《昔我往矣》合併而成，內
容探索山林鄉野、海洋聲籟與形而上的神祕主義。全書收錄
〈戰火在天外燃燒〉、〈她說我的追尋是一種逃避〉、〈來自雙
溪〉等 20 篇。正文前有楊牧〈奇萊前書序〉。
思潮社版：日譯爲《奇萊前書——ある台湾詩人の回想》，正文
後有上田哲二〈遙かなる花蓮——『奇萊前書』について〉。

思潮社 2008

人文踪跡

臺北：洪範書店
2005 年 8 月，25 開，180 頁
洪範文學叢書 320

全書收錄〈歌詩之不足〉、〈無與有的詩〉、〈一種很平常的知識〉等 15 篇。正文前有楊牧〈自序〉。

奇萊後書

臺北：洪範書店
2009 年 4 月，25 開，403 頁
洪範文學叢書 336

本書上接《奇萊前書》，擺脫線性時序，捕捉瑣碎靈光，重新走入生命關鍵之處，思索詩的理念。全書收錄〈詩人穿燈草絨的衣服〉、〈加爾各答黑洞的文字檔〉、〈翻譯的事〉等 19 篇。正文後有楊牧〈奇萊後書跋〉。

Die Spinne, das Silberfischchen und ich—Pinseln-otizen　Susanne Hornfeck、Wang Jue 譯

München：Al Verlag
2013 年 3 月，21.8×14.6 公分，206 頁

本書取《奇萊後書》中〈蜘蛛‧蠹魚‧與我〉做為書名，為作者 1976 至 2009 年間隨筆散文德譯。全書收錄"Der Ursprung der Poesie"、"Aufzeichnungen über ein Tal"、"Das Auf und Ab des vergangenen Jahres"等 12 篇。正文後有 Susanne Hornfeck、Wang Jue "Nachwort"、"Danksagung"、"Glossar"、"Chronologie"。

文學年表

1940 年　　9 月　　6 日，生於臺灣花蓮，原名王靖獻。
（昭和 15 年）

1946 年　　本年　　入明義國民學校，爲戰後第一屆國民小學生。

1951 年　　本年　　開始接觸神話故事與通俗小說。

1952 年　　本年　　畢業於明義國小，就讀花蓮中學初級部。

1955 年　　本年　　畢業於花蓮中學初級部，就讀花蓮中學高級部。

　　　　　　　　　受國文老師胡楚卿鼓勵，致力於新詩寫作。

　　　　　　　　　協助陳錦標共同爲花蓮《東臺日報》編輯「詩週刊」，後專欄取名「海鷗」。

　　　　　　　　　於《東臺日報》及《更生報》開辦「文藝週刊」，間以筆名發表詩與散文習作。

1956 年　　10 月　　以「幻及其他」爲題，發表詩作〈幻〉、〈花〉、〈過程〉於《現代詩》第 15 期。

1957 年　　4 月　　以筆名「葉珊」發表以「春雨外一章」爲題的詩作〈春雨〉、〈遠了〉、〈那是往事〉於《藍星週刊》第 146 期。

　　　　　　5 月　　發表組詩「海上及其他」：〈海上〉、〈遠了〉、〈汀〉、〈感受之什〉、〈悲戚的季節〉、〈遲來的春天〉、〈舟上〉於《今日新詩》第 5 期。

　　　　　　6 月　　發表詩作〈畫像〉於《創世紀》第 9 期。

　　　　　　　　　發表詩作〈除夕夜〉於《現代詩》第 18 期。

1958 年　　3 月　　發表詩作〈番石榴〉於《現代詩》第 21 期。

　　　　　　4 月　　發表組詩「牽涉四題」：〈那阿拉伯人蹲在火爐邊〉、

〈DOME〉、〈駝峰・謊言〉、〈夜譚〉於《創世紀》第 10
期。

6 月　畢業於花蓮中學高級部。

8 月　赴臺北，開始與臺灣詩壇文人往來。得識黃用、楚戈、
洛夫、瘂弦、敻虹等好友。

1959 年　4 月　《創世紀》改版，首次列名為編輯委員。發表詩作〈一
月之醒〉於《創世紀》第 11 期。

7 月　發表詩作〈夾蝴蝶的書〉於《創世紀》第 12 期。

9 月　就讀東海大學歷史學系。

10 月　發表組詩「給愛麗斯」：〈腳步〉、〈給愛麗斯〉於《創世
紀》第 13 期。

1960 年　1 月　發表詩作〈落拓棄〉於《幼獅文藝》第 12 卷第 1 期。

5 月　詩集《水之湄》由臺北藍星詩社出版。
發表〈《水之湄》題記〉與詩作〈心中閃著你的名字及其
他〉於《創世紀》第 15 期。

6 月　發表詩作〈無質的黑水晶〉於《現代詩》第 24、25、26
期合刊。

8 月　發表詩作〈綠色的六月〉於《幼獅文藝》第 13 卷第 2
期。

9 月　轉入東海大學外國語文學系。

12 月　應邀出席美駐華大使莊萊德慶祝余光中編《中國新詩
集》英譯本出版酒會，與會詩人另有胡適、夏菁、羅家
倫、鍾鼎文、覃子豪、鄭愁予、紀弦、羅門、余光中、
蓉子、周夢蝶、洛夫等。

本年　於東海大學主編《東風》雜誌。

1961 年　1 月　發表詩作〈在旋轉旋轉之中〉於《創世紀》第 16 期。
發表詩作〈當晚霞滿天〉於《幼獅文藝》第 14 卷第 1 期。

1962 年	8 月	發表詩作〈異鄉〉於《創世紀》第 17 期。
	本年	於東海大學與各系友人合組「原人學會」，每週固定小組討論，討論題材有禪宗發展至莎士比亞十四行詩等。
		從方師鐸讀《詩經》；從徐復觀讀老莊哲學、韓柳文；從蕭繼宗讀《楚辭》。
1963 年	1 月	詩集《花季》由臺北藍星詩社出版。
	6 月	畢業於東海大學外國語文學系。
		發表詩作〈給命運〉於《創世紀》第 18 期。
	10 月	赴金門服役。
1964 年	6 月	發表組詩「歌贈哀綠依又兩章」：〈入山〉、〈荣花黃的野地〉、〈歌贈哀綠依〉於《創世紀》第 20 期。
	7 月	退伍返臺。
		發表〈寒雨心〉於《幼獅文藝》第 21 卷第 1 期。
	9 月	赴美，經舊金山入愛荷華大學詩創作班，開始從麥加里習古英文；從魏爾斯選修比較文學；從李鑄晉治中國藝術史。
1965 年	1 月	發表〈自然的悸動〉於《幼獅文藝》第 133 期。
	2 月	發表〈殘餘的夕陽〉於《幼獅文藝》第 134 期。
	3 月	發表〈山中書〉於《幼獅文藝》第 135 期。
	4 月	發表〈給濟慈的信：綠湖的風暴〉於《幼獅文藝》第 136 期。
	6 月	發表〈爐邊〉於《幼獅文藝》第 138 期。
	8 月	發表詩作〈馬纓花〉於《幼獅文藝》第 140 期。
	9 月	開始為《幼獅文藝》撰寫專欄「愛荷華札記」，發表〈愛荷華札記（之一）〉於《幼獅文藝》第 141 期。
	10 月	發表〈愛荷華札記（之二）〉於《幼獅文藝》第 142 期。
	11 月	發表〈范布侖的古屋〉於《幼獅文藝》第 143 期。

12 月　發表詩作〈詩三首（愛荷華札記）〉於《幼獅文藝》第 144 期。

本年　列名《現代文學》編輯委員。

1966 年　1 月　發表〈最後的狩獵〉於《幼獅文藝》第 145 期。

2 月　以 *The Lotus Superstition and Other Poems* 詩創作獲藝術碩士學位，同時取得柏克萊大學與哈佛大學比較文學博士班入學資格。

發表〈城裡〉於《幼獅文藝》第 146 期。

3 月　發表〈雁字回時〉於《幼獅文藝》第 147 期。

4 月　發表〈兩片瓊瓦〉於《幼獅文藝》第 148 期。

7 月　赴加州柏克萊，入柏克萊加州大學比較文學研究所。

發表〈作別〉於《幼獅文藝》第 151 期。

8 月　《葉珊散文集》由臺北文星書店出版。

中譯費德里戈・嘉西亞・洛爾卡（Federico García Lorca）作品《西班牙浪人吟》，由臺北現代文學社出版。

9 月　發表詩作〈山後的小部落〉於《幼獅文藝》第 153 期。

10 月　就讀加州大學比較文學博士班，協助整理夏濟安遺稿手札。隨陳世驤重讀《詩經》、《楚辭》與六朝文學。

發表〈兩片瓊瓦〉於《幼獅文藝》第 154 期。

11 月　詩集《燈船》由臺北文星書店出版。

1967 年　3 月　發表〈從下大雨寫起〉於《幼獅文藝》第 159 期。

7 月　發表詩作〈輓歌〉於《幼獅文藝》第 163 期。

10 月　發表翻譯詩作〈惠洛克詩四首〉於《幼獅文藝》第 166 期。

12 月　發表翻譯詩作〈惠洛克詩選第二〉於《幼獅文藝》第 168 期。

本年　在柏克萊學習希臘文，從邁爾斯治英國詩學；雷諾阿治

古代英國文學；戴門治中世紀歐洲文學。

1968 年	1 月	發表詩作〈井話〉於《幼獅文藝》第 169 期。
	2 月	發表詩作〈傳說〉於《幼獅文藝》第 170 期。
	3 月	發表詩作〈續韓愈七言古詩「山石」〉於《幼獅文藝》第 171 期。
	5 月	發表組詩「方向二題」:〈方向 1:紐約市〉、〈方向 2:記載一個想望的野營〉與英譯詩"The Lotus Superstition"、"In the Cornfield at Midnight"、"Variations on the Theme of Bergman's the Seventh Seal"、"On Seeing A Nineteenth Century British Wheel"於《創世紀》第 28 期。
		在柏克萊始自修日文。從卜弼德治訓詁學;柏區治元明戲曲;里察茲治喬叟敘事詩。
	7 月	發表〈帝俊是誰〉於《幼獅文藝》第 175 期。
1969 年	2 月	通過柏克萊比較文學碩士資格考試。
	4 月	發表詩作〈第二次的空門〉於《幼獅文藝》第 185 期。
	5 月	通過比較文學博士資格筆試及口試。
		發表〈氣概與真理〉於《幼獅文藝》第 185 期。
	6 月	發表詩作〈延陵季子掛劍〉於《幼獅文藝》第 186 期。
		《葉珊散文集》由臺北大林出版社出版。
	8 月	詩集《非渡集》由臺北仙人掌出版社出版。
1970 年	4 月	發表〈第十二信〉於《幼獅文藝》第 196 期。
	8 月	離開加州,赴麻塞諸塞州任麻州大學中國文學及比較文學講師。
		與林衡哲醫師合編新潮叢書,「新潮」意為「新的勇敢介入的態度」,先後出版共 24 本。
	本年	詩集《燈船》由臺北愛眉出版社出版。
1971 年	1 月	完成博士論文 Shih Ching: Formulaic Language and Mode

		of Creation。
	3 月	獲加州大學柏克萊本校比較文學博士,升任麻州大學中國文學及比較文學助理教授。
		詩作〈十二星象練習曲〉獲第一屆詩宗獎。
		詩集《傳說》由臺北志文出版社出版。
	7 月	去國七年,首次返臺,參加於淡江文理學院(今淡江大學)舉辦的「第一屆國際比較文學會議」。
	9 月	發表詩作〈幾乎二首〉於《幼獅文藝》第 213 期。
	11 月	遷西雅圖,改任華盛頓大學中國文學及比較文學助理教授。
1972 年	3 月	主編《現代文學》現代詩回顧專號。
		以筆名「楊牧」發表〈流轉〉、〈燔祭〉於《純文學》第 62 期。從此沿用至今。
		返臺。
	4 月	發表詩作〈猝不及防的花又一題〉於《幼獅文藝》第 220 期。
		《非渡集》由臺北晨鐘出版社出版。
	8 月	發表詩作〈經學〉於《幼獅文藝》第 224 期。
	9 月	發表詩作〈北上〉於《創世紀》第 30 期。
1973 年	2 月	發表詩作〈玄學之什〉於《幼獅文藝》第 230 期。
		發表〈鄭愁予傳奇〉與〈中國現代詩譯〉於《幼獅文藝》第 237 期。
	6 月	赴歐洲。
	9 月	主編《臺灣現代詩選集》,由美國麻州大學出版,為 Micromegas 專輯一種。
	11 月	發表詩作〈四季的十行詩〉於《創世紀》第 35 期。
1974 年	3 月	《傳統的與現代的》由臺北志文出版社出版。

6 月　與余光中合編《中外文學》「詩專號」（第 3 卷第 1 期）出版。

發表詩作〈波昂一九七三及其他〉於《幼獅文藝》第 243 期。

7 月　以本名發表"Recognition and Anticipation in Wang Kuo-wei's Criticism of Hung-lou Meng"於《清華學報》第 10 卷第 2 期。

9 月　升任華盛頓大學中國文學及比較文學副教授。

10 月　發表詩作〈情歌及輓歌〉於《創世紀》第 38 期。

列名爲《中外文學》「美西代表」。

11 月　*The Bell and the Drum——Shih Ching as Formulaic Poetry in an Oral Tradition* 由 Berkeley：University of California Press 出版。

12 月　以本名發表"The Countenance of the Chou: Shih Ching 266-296"於《香港中文大學中國文化研究所學報》第 7 卷第 2 期。

1975 年　4 月　發表詩作〈背手看雪〉於《創世紀》第 40 期。

5 月　《楊牧自選集》由臺北黎明文化公司出版。

8 月　詩集《瓶中稿》由臺北志文出版社出版。

發表〈《瓶中稿》後記〉於《幼獅文藝》第 260 期。

9 月　發表〈熱蘭遮城〉於《幼獅文藝》第 261 期。

本年　應顏元叔邀請，赴臺灣大學外國語文學系任客座教授一年。於博士班開設「中西比較文學」；大學部開設「莎士比亞」。

與葉維廉、姚一葦、侯健、葉慶炳、柯慶明創辦《文學評論》期刊。

1976 年　1 月　《年輪》由臺北四季出版公司出版。

	3 月	發表〈現代的中國詩〉、〈英國詩人史班德〉與翻譯史班德詩作〈史班德詩抄〉於《創世紀》第 43 期。
	4 月	發表〈論一種英雄主義〉於《中外文學》第 4 卷第 11 期，由單德興翻譯。
	6 月	發表〈人文教育即大學教育〉於《中國論壇》第 2 卷第 5 期。
	本年	與葉步榮、瘂弦、沈燕士成立洪範書店。 參與主編《文學評論》與「洪範文學叢書」。
1977 年	1 月	發表〈《柏克萊精神》後記〉於《中外文學》第 5 卷第 8 期。
	2 月	《柏克萊精神》由臺北洪範書店出版。
	5 月	《葉珊散文集》由臺北洪範書店出版。
	6 月	發表翻譯 Ernst Robert Curtius〈歐洲文學〉於《中外文學》第 8 卷第 9 期。
	7 月	當選由「創世紀」成員推舉選出的「中國當代十大詩人」，詩作〈在旋轉旋轉之中〉、〈十二星象練習曲〉、〈第二次的空門〉等 11 首選入《中國當代十大詩人選集》，由臺北源成文化圖書供應社出版。
1978 年	3 月	詩集《北斗行》由臺北洪範書店出版。
	9 月	詩集《楊牧詩集 壹：一九五六──一九七四》由臺北洪範書店出版。
	本年	以本名發表"The Bird as Messenger of Love in Allegorical Poetry"於《新亞學術集刊》第 1 期。 赴普林斯頓大學東亞系任客座副教授一年。
1979 年	5 月	發表"Naming the Reality of Chinese Criticism"於 *The Journal of Asian Studies* 第 38 卷第 3 期。
	9 月	《傳統的與現代的》、《文學知識》由臺北洪範書店出版。

	10 月	與夏盈盈結婚。
1980 年	2 月	發表〈為中國文學批評命名〉（"Naming the Reality of Chinese Criticism"）於《中外文學》第 8 卷第 9 期。（楊澤翻譯）
	3 月	長子王常名出生。
	4 月	詩劇《吳鳳》由臺北洪範書店出版。
	10 月	詩集《禁忌的遊戲》、《海岸七疊》由臺北洪範書店出版。
1981 年	9 月	編選《中國近代散文選》，由臺北洪範書店出版。
	本年	在華盛頓大學升任教授。
		與學界同仁赴中國參加作家協會座談，途經北京、西安、成都、重慶等都市。
1982 年	1 月	《年輪》由臺北洪範書店出版。
		擔任編輯的《豐子愷文選》（Ⅰ、Ⅱ）由臺北洪範書店出版。
	5 月	《搜索者》由臺北洪範書店出版。
		主編《豐子愷文選Ⅲ》由臺北洪範書店出版。
	9 月	主編《豐子愷文選Ⅳ》由臺北洪範書店出版。
	本年	獲選為《陽光小集》詩刊舉辦「青年詩人心目中的十大詩人」票選之一。
1983 年	5 月	詩劇《吳鳳》收錄於 Edward M. Gunn 編 *Twentieth-Century Chinese Drama: An Anthology*，由美國印第安納大學出版社出版。（郭懿言譯）
	7 月	主編《周作人文選》（Ⅰ、Ⅱ）由臺北洪範書店出版。
	8 月	赴臺灣大學外國語文學系任客座教授一年。
	12 月	以本名發表〈陸機文賦校釋〉於《國立臺灣大學文史哲學報》第 32 期。

1984 年	1 月	《文學的源流》由臺北洪範書店出版。
	2 月	發表〈新詩的傳統取向——沈故教授剛伯八八誕辰紀念會演講〉於《中外文學》第 12 卷第 9 期。
	4 月	開始於《聯合報》連載專欄「交流道」，至 1985 年 11 月。
	5 月	訪問文章〈談臺灣現代詩三十年〉發表於《中國論壇》第 207 期。
		發表〈多來之小簡〉於《幼獅少年》第 91 期。
		兼任清華大學中國文學系教授。
		主編《許地山小說選》，由臺北洪範書店出版。
		赴日本東京出席國際筆會會議，並遊京都。
	8 月	自臺大外文系客座教授卸任，返回西雅圖，遷居華盛頓湖畔。
	11 月	發表〈接近了秀姑巒〉於《聯合文學》第 1 期。
1985 年	1 月	主編《許地山散文選》由臺北洪範書店出版。
	4 月	《陸機文賦校釋》由臺北洪範書店出版。
	7 月	發表〈古者出師：詩經裡的戰爭〉於《聯合文學》第 9 期。
		《交流道》由臺北洪範書店出版。
1986 年	4 月	詩集《有人》由臺北洪範書店出版。
1987 年	1 月	《飛過火山》由臺北洪範書店出版。
	5 月	《山風海雨》由臺北洪範書店出版，為文學自傳「奇萊書」首部曲。該書並獲「時報文學獎推薦獎」。
	8 月	赴香港參加戲劇會議。會後返回臺灣擔任時報文學獎新詩獎評審，並於耕莘文教院演講。
	11 月	主編《徐志摩詩選》由臺北洪範書店出版。
1988 年	1 月	*From Ritual to Allegory: Seven Essays in Early Chinese*

　　　　　　　　　　Poetry 由香港中文大學出版。

6 月　　發表〈山櫻〉於《光華》第 13 卷第 6 期。

秋　　　擔任華盛頓大學比較文學系代理系主任。

1989 年　　2 月　　《一首詩的完成》由臺北洪範書店出版。

與鄭樹森合編《現代中國詩選》二冊，由臺北洪範書店出版。

1990 年　　12 月　《鐘與鼓：詩經的套語及其創作方式》（*The Bell and the Drum——Shih Ching as Formulaic Poetry in an Oral Tradition*）由四川人民文學出版社出版。（何謙譯）

本年　　獲頒「吳三連文藝獎」，爲文學類得主。

1991 年　　5 月　　《方向歸零》由臺北洪範書店出版。

9 月　　詩集《完整的寓言》由臺北洪範書店出版。

成爲香港科技大學創校教授群之一，以香港科技大學人文學部「文學教授」名義赴香港至 1994 年 12 月中旬止。

11 月　擔任香港政府中文文學創作獎評審。

本年　　發表〈離騷風格探索〉於柏克萊加州大學「東方學會年會」。

1992 年　　1 月　　24 日，以《方向歸零》入選聯合文學出版社主辦「八十年度十大文學好書」作家票選部分。

5 月　　返臺，出席於中央研究院舉辦的「國際朱子會議」，並發表論文〈朱子九歌創意〉。

6 月　　出席於東海大學舉辦的「徐復觀先生紀念學術研討會」。

9 月　　以本名發表〈詩關涉與翻譯問題〉於《中外文學》第 21 卷第 4 期。

1993 年　　2 月　　《疑神》由臺北洪範書店出版。

主編《唐詩選集》由臺北洪範書店出版。

	3 月	應中央研究院文哲所籌備處邀請，返臺演講。
	4 月	發表〈論唐詩〉於《中外文學》第 21 卷第 11 期。
	5 月	於香港參加「十七世紀中國學術會議」。
	8 月	返臺參加「現代詩社」40 週年慶祝活動。
	9 月	擔任香港政府中文文學創作獎評審。
1994 年	春	赴爾灣加州大學參加學術會議。
	7 月	11 日，於花蓮縣立文化中心舉辦的「拜訪文學」系列講座中主講「山風海雨詩故鄉」。

13 日，出席由《幼獅文藝》安排的「懷疑‧探索」座談會，自述文學創作理念。

於臺北參加外國文學中譯會議，發表論文〈英詩中譯及葉慈〉。

擔任《中華日報》、《聯合報》、《中國時報》三報文學獎評審。

	10 月	以本名發表〈英詩中譯及葉慈〉於《中外文學》第 23 卷第 5 期。
	11 月	《葉珊散文集》由臺北洪範書店重排出版。
	12 月	結束香港科技大學教職。
1995 年	2 月	《星圖》由臺北洪範書店出版。
	3 月	發表翻譯葉慈詩作〈葉慈早年詩選〉於《幼獅文藝》第 495 期。
	5 月	發表〈子孫的文采：讀「蓮花瓦厝」〉於《幼獅文藝》第 497 期。
	8 月	發表翻譯葉慈詩作〈從白鳥到釣者〉於《幼獅文藝》第 500 期。
	9 月	9 日，出席美西華人學會人文政治組主辦「中國現代詩歌朗誦晚會」，並於會中朗誦詩作。

詩集《楊牧詩集II：一九七四——一九八五》由臺北洪範書店出版。

1996 年   1 月   發表詩作〈論詩詩〉於《聯合文學》第 135 期。

2 月   13 日，發表〈瑤光星散爲鷹〉於《自由時報》第 34 版。

3 月   發表〈來自雙溪〉於《中外文學》第 24 卷第 10 期。

4 月   22～25 日，〈來自雙溪〉連載於《聯合報》第 37 版。

《亭午之鷹》由臺北洪範書店出版。

5 月   11 日，出席中正大學語言與文學研究中心、中文系所主辦「臺灣文學與生態環境」研討會，並發表演講。

6 月   22 日，發表〈歌詩之不足〉於《中華日報》第 14 版。

8 月   16 日，擔任第 18 屆聯合報文學獎新詩類決審委員。

應東華大學之邀，正式返臺，擔任東華大學人文社會科學院院長。

9 月   《下一次假如你去舊金山》由臺北洪範書店出版。

發表〈鶴〉於《幼獅文藝》第 513 期。

10 月   3 日，發表〈還有一種不被遺忘的文體——「珊瑚戀」讀後〉（杜虹著）於《中國時報》第 19 版。

獲中研院「傑出人才獎」，爲該獎項中少數以人文學科身分獲獎者。

11 月   24 日，發表詩作〈細雪〉於《聯合報》第 37 版。

發表〈自然與人文的參與〉於《東海岸評論》第 100 期。

本年   《亭午之鷹》獲選爲《聯合報》「一九九六讀書人最佳書獎」之一。

1997 年   4 月   27 日，發表詩作〈七星潭〉於《聯合報》第 41 版。

5 月   8 日，發表詩作〈構成二首〉於《中國時報》「人間」副刊第 27 版。

《幼獅文藝》第 521 期以楊牧為主題人物，刊載其詩作〈裂痕〉。並有陳祖彥訪問文章〈「文學的代言人」或是「文學的預言者」──生命論述在花蓮轉折的楊牧〉。

9 月　14 日，發表詩作〈十年／象徵〉於《聯合報》第 41 版。

29 日，發表詩作〈新歌〉於《中國時報》「人間」副刊第 27 版。

翻譯洛爾卡（Federico García Lorca）作品《西班牙浪人吟》由臺北洪範書店重印出版。

翻譯但丁作品《新生》由臺北洪範書店重印出版。

12 月　13 日，出席「第一屆花蓮文學研討會：發現花蓮文學」，並擔任第五場主持人與「花蓮文學的特質·傳承與翻新」座談會引言人。

14 日，發表詩作〈生前〉於《聯合報》第 41 版。

27 日，出席聯合報系文化基金會主辦「跨世紀文化反省與展望」系列活動「百年中國文學的鉅變與不變」，並以「古典之現代效應」為題，發表演說。

詩集《時光命題》由臺北洪範書店出版。

文學自傳第三部《昔我往矣》由臺北洪範書店出版。

本年　辭卸美國華盛頓大學亞洲文學系，專任比較文學系教授。

編譯《葉慈詩選》，由臺北洪範書店出版。

編選《徐志摩散文選》，由臺北洪範書店出版。

1998 年　2 月　18 日，發表詩作〈搜索的日光〉於《聯合報》副刊第 41 版。

5 月　7 日，發表詩作〈主題〉於《聯合報》副刊第 37 版。

赴奧立岡大學參加「古代中國與古代希臘比較文化研討會」，並發表論文。

	7 月	2 日，發表詩作〈霍香薊之歌〉於《中國時報》「人間」副刊。
	8 月	25 日，發表〈奎澤石頭記〉於《聯合報》副刊第 41 版。
	9 月	詩集 *No Trace of the Gardener: Poems of Yang Mu* 由倫敦耶魯大學出版社出版（奚密、Lawrence R. Smith 英譯）。
	12 月	11 日，出席中興大學中國文學系舉辦「通俗文學與雅正文學研討會」，並以「詩與想像」為題，進行主題演講。

12 日，應《中國時報》與伯仲文教基金會合辦的「知識使你更有魅力」系列演講邀請，以「詩的發現與詩被發現」為題進行演講。

31 日，以《時光命題》獲得 1998 聯合報讀書人最佳書獎。

1999 年　2 月　詩集《傳說》，選入由《聯合報》副刊與文建會合辦的「臺灣文學經典」書目 30 種。其中詩集共有七種入圍，另六家為鄭愁予、瘂弦、余光中、周夢蝶、洛夫、商禽。

3 月　2 日，發表〈用電腦打字：張維中〈空間密碼〉〉於《中央日報》第 22 版。

29 日，發表〈劍之於詩〉於《聯合報》第 37 版。

7 月　發表〈詩與抵抗（1644—1664）〉於《東華人文學報》第 1 期。

12 月　18～23 日，訪問文章〈楊照專訪楊牧（1～6）連載於《中國時報》第 37 版。

本年　中譯莎士比亞劇本《暴風雨》，由臺北洪範書店出版。

獲中國詩歌藝術學會「第四屆詩歌藝術獎」，獲獎者有周夢蝶、余光中、洛夫、鄭愁予、瘂弦、商禽。

2000 年　1 月　17 日，發表詩作〈風球及其他〉於《聯合報》第 37 版。

3 月　發表〈時代與文學──永遠的現代詩〉於《聯合文學》第 185 期，由葉美瑤整理。

4 月　任捷克布拉格查爾斯大學東方文化研究所客座教授，主講比較文學。

5 月　7 日，出席花蓮縣政府主辦「第二屆花蓮文學研討會──地誌書寫與城鄉想像」，並擔任綜合座談主持人。
發表〈感官的文學〉於《中國時報》第 37 版。

6 月　2 日，發表詩作〈地震後八十一日在東勢〉於《聯合報》第 37 版。

7 月　發表〈莎士比亞《暴風雨》的外延與內涵〉於《東華人文學報》第 2 期。

10 月　獲「第四屆國家文化藝術基金會文藝獎」，為文學類得主。
發表詩作〈獅和蝌蚪和蟬的辯證〉、〈近端午讀 Eisenstein〉、〈隕蘀〉於《聯合文學》第 192 期，篇名為〈隕石和孢子──本屆國家文藝基金會文藝獎得主楊牧特輯：楊牧近作三首〉。

11 月　23～24 日，為越界舞團演出《蛇的練習三種》，作〈云誰之思──蛇的練習與去夏文類〉，發表於《聯合報》第 37 版。

12 月　3 日，應《中國時報》與時報育樂公司邀請，出席「面對大師──迎接千禧年文學講座」，並以「詩創作與人文關懷」為講題，進行演講。
赴馬來西亞遊覽，並於行中參加文學活動。

2001 年　1 月　發表「飛禽顯示二題」：〈雉〉、〈鷹〉於《聯合文學》第 195 期。

3 月　《隱喻與實現》由臺北洪範書店出版。

4 月　3 日，出席於香港城市大學舉辦的「華文寫作與中國文化前景」研討會，與會者有馬悅然、劉再復、瘂弦、聶華苓等。

5 月　2 日，發表詩作〈回歸（又二首）〉於《聯合報》第 37 版。

出席彰化師範大學國文系主辦「第五屆現代詩學研討會」，並於會中發表演講。

6 月　2 日，出席政治大學中國文學系主辦「現代主義與臺灣文學學術研討會」，並於會中以「永遠的現代詩」為題進行演講。

29 日，發表〈涉事〉於《聯合報》第 37 版。

詩集《涉事》由臺北洪範書店出版。

7 月　發表詩作〈蠹蝕〉於《中國時報》第 23 版。

8 月　卸任東華大學人文社會科學院院長。

9 月　15 日，發表〈臺南古榕，達悟（詩二首）〉於《聯合報》第 37 版。

12 月　發表〈詩──侵曉作〉於《聯合文學》第 206 期。

2002 年　1 月　7 日，發表詩作〈顏色〉於《中國時報》第 39 版。

16 日，發表〈以後的文學〉於《聯合報》第 37 版。

4 月　發表〈詩人穿燈草絨的衣服〉於《聯合文學》第 210 期。

7 月　18 日，發表詩作〈以撒斥堠〉於《聯合報》第 39 版。

擔任中研院中國文哲研究所特聘研究員兼首任所長。

8 月　6 日，發表詩作〈爽約（等三首）〉於《中國時報》第 39 版。

《失去的樂土》由臺北洪範書店出版。

10 月　詩集 *Patt Beim Go* 由德國慕尼黑 Al Verlag 出版。

（Susanne Hornfeck、汪玨德譯）

赴亞利桑那大學參加美國東方學會美西年會，並於會中作專題演講。

11 月　8 日，發表詩作〈夏之夜〉、〈戰爭（又一首）〉於《聯合報》第 39 版。

12 月　10 日，發表詩作〈招展〉、〈閏四月（自我二首之一）〉於《中國時報》第 39 版。

2003 年　1 月　28 日，發表〈青煙浮翠〉於《聯合報》第 39 版。

發表〈奇萊前書序〉於《中國時報》第 39 版。

發表詩作〈子夜徒歌〉於《中外文學》第 31 卷第 8 期。該期《中外文學》主題爲「離和：楊牧專輯」，以創作、評論、對談等形式呈現。

《奇萊前書》由臺北洪範書店出版，爲《山風海雨》、《方向歸零》、《昔我往矣》三部自傳散文合帙。

3 月　12 日，發表〈若即若離〉於《中國時報》第 39 版。

31 日，發表〈無與有的詩——讀楊佳嫻的詩〉於《聯合報》第 39 版。

5 月　7 日，發表詩作〈遺忘〉、〈七月〉、〈自君之出矣〉於《中國時報》E7 版。

6 月　7 日，發表詩作〈介殼蟲〉於《聯合報》E7 版。

7 月　18 日，發表〈一山重構〉於《中國時報》E7 版。

8 月　發表〈當避此人出一頭地——楊牧寫給本刊編輯的信札〉於《聯合文學》第 226 期。

10 月　27 日，發表〈雨在西班牙〉於《中國時報》E7 版。

赴柏克萊參加美國東方學會年會。

11 月　29 日，出席由東海大學中文系主辦「中華文化與文學學術研討系列——第九次會議：戰後初期臺灣文學與思潮

　　　　　　　　　　　國際學術研討會」，並做專題演講。

　　　　　　12 月　　發表詩作〈沙婆礑〉於《聯合報》E7 版。

　　　　　　　　　　　發表組詩「天鵝之什」：〈木魅〉、〈心動〉、〈替身〉於
　　　　　　　　　　　《聯合文學》第 230 期。

2004 年　　　4 月　　16 日，發表詩作〈無題〉於《中國時報》E7 版。

　　　　　　　5 月　　8 日，發表〈左營〉於《聯合報》E7 版。

　　　　　　　　　　　發表〈文藝復興時代的英詩——以抒情詩為主〉於《聯
　　　　　　　　　　　合文學》第 235 期。

　　　　　　　8 月　　15 日，發表〈沼地〉於《聯合報》E7 版。

　　　　　　　9 月　　30 日，出席「創世紀詩社 50 週年慶」活動。

　　　　　　　　　　　擔任《東華人文學報》校外編輯委員。

　　　　　　10 月　　19 日，發表〈時空以外〉於《中國時報》E7 版。

　　　　　　　　　　　赴日訪問，於東京大學演講「抽象疏離」。

　　　　　　11 月　　與中研院中國文哲研究所及文壇作家、學者出訪德、
　　　　　　　　　　　法，於法國波爾多第三大學參與臺灣文學研討會與座談
　　　　　　　　　　　會。

　　　　　　12 月　　20 日，詩作〈有人問我公理和正義的問題〉、〈十二星象
　　　　　　　　　　　練習曲〉、〈瓶中稿〉等 26 首由上田哲二翻譯，收錄於林
　　　　　　　　　　　水福、是永駿編《シリーズ台湾現代詩Ⅲ》，由東京日本
　　　　　　　　　　　株式会社国書刊行会出版。

　　　　　　　　　　　28 日，發表〈抽象疏離：那裡時間將把我們遺忘〉於
　　　　　　　　　　　《聯合報》E7 版。

　　　　　　本年　　辭卸中央研究院中國文哲研究所專任特聘研究員兼所長
　　　　　　　　　　　職位。

　　　　　　　　　　　詩集 *Quelqu'un m'interroge à propos de la vérité et de la
　　　　　　　　　　　justice* 由巴黎 Libraire You Feng 出版。（Angel Pino、
　　　　　　　　　　　Isabelle Rabut 譯）

2005 年　　3 月　14 日，發表詩作〈心兵四首〉於《聯合報》E7 版。

發表〈歲月的背後〉於《聯合文學》第 245 期。

27～29 日，〈複合式開啟〉連載於《中國時報》E7 版。

　　　　　5 月　25～26 日，發表〈翅膀的去向〉於《聯合報》E7 版。

　　　　　6 月　19 日，發表詩作〈蜻蜓〉於《中國時報》E7 版。

　　　　　8 月　28 日，發表詩作〈池南荖溪〉於《聯合報》E7 版。

發表詩作〈掌故二則〉於《聯合文學》第 250 期。

《人文踪跡》由臺北洪範書店出版。

　　　　　9 月　發表〈武宿夜前後〉於《聯合文學》第 251 期。

　　　　11 月　19 日，出席花蓮縣文化局主辦，東華大學中國語文學系承辦「第三屆花蓮文學研討會」，並發表〈設定一個起點〉；〈設定一個起點〉刊載於《聯合報》E7 版；

　　　　12 月　14 日，發表詩作〈松園〉於《中國時報》E7 版。

《掠影急流》由臺北洪範書店出版。

　　　　　本年　擔任第一屆林榮三文學獎新詩決審評審委員。

擔任第 28 屆時報文學獎新詩決審評審委員。

詩作〈瓶中稿〉由 John Balcom 等人英譯，收錄於 *Sailing to Formosa—A Poetic Companion to Taiwan*（《航向福爾摩莎——詩想臺灣》），由美國 University of Washington Press 出版。

獲選為臺北教育大學臺灣文學研究所（今臺灣文化研究所）與《當代詩學》舉辦「臺灣當代十大詩人」票選之一。《當代詩學》後於 2006 年 9 月出版「臺灣當代十大詩人專號」。

2006 年　　1 月　發表〈佐倉：薩孤肋〉於《聯合報》E7 版。

　　　　　2 月　自中研院退休。

　　　　　3 月　上田哲二編譯《カッコウアザミの歌——楊牧詩集》，由

東京思潮社出版。

4 月　18 日，發表〈介殼蟲後序〉於《中國時報》E7 版。

詩集《介殼蟲》由臺北洪範書店出版。

7 月　自華盛頓大學退休。

8 月　擔任東華大學講座教授。

9 月　發表〈英詩形而上舉例〉於《東華漢學》第 4 期。

11 月　3 日，出席「第一屆太平洋詩歌節」。

12 月　6～8 日，〈翻譯的事〉連載於《聯合報》E7 版。

2007 年　1 月　自東華大學講座教授職卸任。

2 月　發表翻譯爵若・霍普金斯詩作六首於《聯合文學》第 268 期。

5 月　《譯事》由香港天地圖書公司出版。

7 月　《英詩漢譯集》由臺北洪範書店出版。

8 月　擔任政治大學講座教授，並於政治大學臺灣文學研究所開課。

11 月　2 日，出席「第二屆太平洋詩歌節」。

12 月　14 日，於政治大學圖書館活動中以「記憶的圖書館——在柏克萊的日子」爲題進行演講。

本年　接受東華大學榮譽教授。

獲馬來西亞第九屆花蹤世界華文文學獎。

2008 年　1 月　《奇萊前書——ある台湾詩人の回想》由東京思潮社出版。（上田哲二譯）

8 月　續任政治大學講座教授，至 2011 年 7 月。

11 月　7 日，於東華大學「東華中文學術講座」演講，講題爲「古典與現代」。

8 日，出席「第三屆太平洋詩歌節」的「曼妙的詩之靈光—圓桌施慧：光影舞動」與「詩的祕境之旅：詩人吟

　　　　　　　　　　　詩」活動。

2009 年　　1 月　　發表〈中途〉於《印刻文學生活誌》第 65 期。

　　　　　　　　　　發表〈破缺的金三角〉於《聯合文學》第 291 期。

　　　　　　2 月　　24～28 日,〈蜘蛛蠹魚和我〉連載於《聯合報》E3 版。

　　　　　　　　　　21～23 日,〈神父〉連載於《聯合報》E3 版。

　　　　　　3 月　　發表〈楊牧序《迷走尋路》〉於《聯合文學》第 293 期。

　　　　　　4 月　　《奇萊後書》由臺北洪範書店出版。

　　　　　12 月　　18　日,擔任東華大學「國立東華大學英美語文學系創系
　　　　　　　　　　系主任吳潛誠教授逝世十周年紀念系列演講」講者,講
　　　　　　　　　　題爲「翻譯一個茫思駝（Translating A Monster）」。

　　　　　本年　　擔任第五屆林榮三文學獎新詩類決審委員。

2010 年　　1 月　　25 日,發表詩作〈希臘獨鶴〉於《自由時報》D11 版。

　　　　　　3 月　　發表詩作〈脫序〉、〈論孤獨〉於《聯合文學》第 305
　　　　　　　　　　期。

　　　　　　9 月　　22 日,發表詩作〈長短歌行〉於《自由時報》D13 版。

　　　　　　　　　　24～26 日,適逢 70 壽誕,出席由政治大學臺灣文學研究
　　　　　　　　　　所舉辦「一首詩的完成:楊牧手稿暨著作展」、慶生會、
　　　　　　　　　　「楊牧詩作外譯座談會與詩作朗誦會」等文學系列活
　　　　　　　　　　動。以及 25～26 日舉辦的「楊牧 70 大壽國際學術研討
　　　　　　　　　　會」。

　　　　　　　　　　詩集《楊牧詩集 III:一九八六—二〇〇六》由臺北洪範
　　　　　　　　　　書店出版。

　　　　　11 月　　19 日,出席第五屆太平洋詩歌節。

　　　　　　　　　　30 日,發表〈於平凡處翻新〉於《自由時報》D9 版。

　　　　　　　　　　擔任第六屆林榮三文學獎新詩類複審委員。

　　　　　12 月　　28～29 日,東華大學舉辦「仰望——楊牧歸來」系列活
　　　　　　　　　　動,有演講「詩的音響」以及「晚會」。以多媒體紀錄

片、音樂演奏、聲樂、吉他彈唱、室內管弦樂團、朗讀等呈現楊牧詩作。

本年　參與由目宿媒體企畫發行的「他們在島嶼寫作」紀錄片的拍製，歷時一年，由溫知儀導演，片名爲《朝向一首詩的完成》。

2011 年
1 月　18 日，發表詩作〈童話又三首〉於《聯合報》D3 版。

4 月　6 日，與周夢蝶、余光中、鄭愁予、王文興共同應邀出席「他們在島嶼寫作——文學大師系列電影」聯合發表會。

11 日，發表詩作〈和陶詩 3 首〉於《自由時報》D9 版。

5 月　27 日，發表詩作〈連雨阻風作〉於《中國時報》E4 版。

6 月　24 日，發表〈詩是借喻：陳育虹詩集序〉於《中國時報》E4 版。

發表〈序一：楊平《空山靈雨》〉、〈又重之以修能——楚戈和他的詩〉於《創世紀》第 167 期。

8 月　16 日，發表詩作〈歸鳥〉於《自由時報》D9 版。

9 月　瑞典文版詩集 *Den Gröne Riddaren*（《綠騎：楊牧詩選》）由 Stockholm：Bokförlaget Tranan 出版。（馬悅然譯）

10 月　2 日，發表詩作〈蕨歌〉於《聯合報》D3 版。

11 月　6 日，於香港 Kubrick 和《朝向一首詩的完成》導演溫知儀出席映後座談會。

12 月　結束政治大學任教課程。

本年　獲二魚文化 2011 年度詩獎。

2012 年
1 月　出席紀州庵文學森林舉辦的「《綠騎：楊牧詩選》朗誦會」，與會者有馬悅然、陳育虹、陳義芝等。

3 月　26 日，應陽明大學邀請，發表演講「我的文學道路」。

6 月　獲斐陶斐榮譽學會第 17 屆傑出成就獎。

2013 年　　3 月　8 日，出席於俄克拉荷馬大學舉辦之「第三屆紐曼華語文
學獎」頒獎典禮。
Die Spinne, das Silberfischchen und ich——Pinselnotizen
（《蜘蛛・蠹魚・與我——楊牧隨筆》）由慕尼黑 A1
Verlag 出版（Susanne Hornfeck、汪珏譯）。

8 月　詩集《長短歌行》由臺北洪範書店出版。

9 月　21 日，出席於紀州庵文學森林舉辦的「狼之獨步——紀
弦追思會暨文學展」開幕儀式。

參考資料：

・〈年表〉，《楊牧自選集》，臺北：黎明文化公司，1978 年 4 月，頁 1—5。

・《臺灣文學年鑑》（1996～2011），臺南：國立臺灣文學館，1997 年～2012 年。

・何雅雯，〈楊牧年表及作品繫年〉，《創作實踐與主體追尋的融攝：楊牧詩文研究》臺
灣大學中國文學系碩士論文，2001 年 5 月，頁 179～202。

輯三◎
研究綜述

楊牧評論與研究綜述

◎須文蔚

一、前言

　　楊牧本名王靖獻，1940 年 9 月 6 日出生於東臺灣的花蓮縣，奇萊山、太平洋與花東縱谷都成爲他詩文中的祕密武器。15 歲在花蓮中學高級部就讀時，就以「葉珊」筆名發表新詩於《現代詩》、《藍星》、《創世紀》、《野風》等刊物，協助陳錦標編輯詩周刊於花蓮《東臺日報》，展露創作與編輯的才華。東海大學外文系畢業後，先後取得美國愛荷華大學藝術碩士，以及柏克萊加州大學比較文學博士。曾任教於麻薩諸塞大學、普林斯頓大學、華盛頓大學以及香港科技大學。並曾回臺擔任臺灣大學比較文學研究所客座教授、東華大學文學院院長、中央研究院文哲所特聘研究員兼所長以及政治大學臺灣文學所講座教授，現任東華大學客座講座教授。

　　1972 年發表《年輪》時改用筆名「楊牧」，此後無論發表詩、散文與論評，一直沿用至今。曾參與《東臺日報》「海鷗」詩周刊、《創世紀》、東海大學校刊《東風》、《現代文學》、《文學評論》等刊物編務，並與林衡哲合編志文出版社之「新潮叢書」，其後接掌「洪範文學叢書」主編。曾獲青年文藝獎金、詩宗社詩創作獎、吳魯芹散文獎、時報文學獎推薦獎、中山文藝創作獎、吳三連文藝獎、國家文化藝術基金會文藝獎、花蹤世界華文文學獎與紐曼華語文學獎等。楊牧的文學創作已經翻譯爲英文、德文、法文、日文、瑞典文、荷蘭文等，是少數受到國際漢學界高度重視的臺灣作家。

國家文化藝術基金會文藝獎的讚詞相當扼要地點出楊牧的貢獻：

> 堅持文學創作四十餘年，詩、散文、評論、譯作均卓然成家。詩意的追
> 求，以浪漫主義為基調，構築生命的大象徵。散文的經營，兼顧修辭與
> 造境，豐富臺灣的抒情傳統，評論的建構，融匯美學涵養與人文關懷。
> 楊牧先生創作風格與時俱進，不追逐流行，不依附權力，特立獨行，批
> 判精神未嘗稍減，允為臺灣文學的重鎮。

本文考察文學評論界與研究者的評論，分為四個部分：楊牧的生平研究、
楊牧詩中浪漫主義精神研究、楊牧詩中抒情傳統展現與變革研究以及楊牧
散文研究等議題。分析楊牧如何以極致美的追求，繼受詩言志傳統，平衡
抒情與敘事，開創現代詩的典範，並討論楊牧如何以詩的美學融入散文
中，使得他的散文富有詩的韻味、入世的批判以及哲理的思辯，卓然成
家。

二、楊牧生平研究綜述

　　楊牧是華文文學場域中重要的詩人、散文家、評論家、翻譯家與編
輯，有關於其作品的研究與評論與日俱增，然而有關作家生平的研究卻稍
嫌不足。

　　花蓮是楊牧的故鄉，更是他寫作的祕密武器，花蓮山與海的顏色、雲
彩的變幻、部落的氣味與童年的回憶，從紀實到趨向歷史的批判，乃至抽
象的哲思，花蓮是研究楊牧不容忽略的主題。本書選擇陳錦標〈又見楊
牧〉[1]，藉由老友追憶往事，使讀者得以認識楊牧青年時的風采。卷末以陳
芳明《永恆的鄉愁》收束，也象徵著花蓮成為他文學中的一個重要隱喻
（metaphor）。誠如陳芳明強調：

---

[1]陳錦標，〈又見楊牧〉，《更生日報》，1994 年 8 月 13 日，11 版。

離鄉與懷鄉，在楊牧的詩裡，是一種微妙的辯證關係。由於離鄉，楊牧才漸漸把自己型塑成為疑神論者或無政府主義者。但也由於懷鄉，他才不致淪為流亡的虛無主義者。如果離鄉是一種肉體的流亡（physical exile），懷鄉則是屬於一種精神的回歸（mental return）。如此一去一返的流動，既承載著甜美的記憶，也攜帶了豐饒的想像。[2]

理解花蓮，才有可能進一步理解楊牧所俯視與仰望的故鄉山水，其中深寓的創生神話、情迷家國乃至壯志胸懷。[3]

　　楊牧生平研究中最為詳盡者，是在楊牧於 2000 年獲得國家文化藝術基金會文藝獎後，張惠菁受國家文藝基金會委託所出版的傳記《楊牧》。[4]張惠菁將楊牧的文學生涯與華文文學史並置，始於 1956 年紀弦在臺北發起現代派，青年楊牧開始在現代詩壇嶄露頭角之際，敘寫至 2001 年楊牧出版詩集《涉事》為止。張惠菁擇要呈現了楊牧作品與時代精神的互動，雖未鉅細靡遺記錄作家的生活、工作與出版的經歷，但努力呈現詩人心靈內在的軌跡[5]，就理解楊牧文學創作的理念與思考相當有參考價值。

　　其後楊牧於 2002 年接受奚密訪談，闡述文學創作與歷史、地方文化以及自身經驗的關係，他再一次表現出重視內在精神，不囿限於身處時空的創作觀。他特別強調在《有人》一書後記中所指陳：「詩，或者說我們整個有機的文化生命，若值得讓我們長久執著，就必須在實驗和突破的過程裡尋找定義。」並非重在形式與語言上的突破，重點是詩的本質的探詢，十分發人深省。[6]如欲探討楊牧對於人文教育的理念，不妨參看 2003 年接受

---

[2]陳芳明，〈永恆的鄉愁〉，《第一屆花蓮文學研討會論文集》（花蓮：花蓮縣立文化中心，1998年），頁 138

[3]賴芳伶，〈楊牧山水詩的深邃美──以〈俯視──立霧溪一九八三〉和〈仰望──木瓜山一九九五〉為例〉，《第五屆現代詩學研討會論文集──現代詩語言與教學》（彰化：彰化師範大學國文學系，1994 年），頁 355～392。

[4]張惠菁，《楊牧》（臺北：聯合文學出版社，2002 年）。

[5]李令儀，〈張惠菁用心寫「楊牧」：傳記出版 葉步榮憶往 少年楊牧會為苦悶請假〉，《聯合報》，2002 年 11 月 9 日，14 版。

[6]Yeh, Michelle & Sze, Arthur （2003）. Frontier Perspectives: Yang Mu, Ya Xian, and Luo Fu, *Manoa: A*

須文蔚的訪問[7]，楊牧暢談於東華大學進行人文教育改革的創意，他促成中文系的改革、設立創作研究所以及博雅的教育環境。而在 2009 年接受郝譽翔的訪談時，楊牧則剖析美國文學教育的發展，以華盛頓大學爲例證，說明「大學最重要的，就是人。一群有志趣的人聚在一起，有意無意之中，激勵出美好的思考。」而文學教育應當重視文學經典的閱讀、詮釋與辯證，經常保有對抽象的思維的敬重，才能穿透黑暗泥沼，引入一絲文藝復興的光芒。[8]

在眾多以楊牧爲主題的學位論文中，應以何雅雯專注於分析楊牧現代詩與散文創作，最爲可觀。何雅雯一反時下流行的文化研究式的批評模式，藉由詮釋與分析了大量楊牧的作品後發現：

> 就其詩而言，以反抗、拒斥爲抒情的出發點，繼而融入敘事技巧，以形式的鍛鍊進行主體的追尋，進一步進行自我的創造。就其散文而言，兼有『詩人散文』與『詩化散文』兩重意義，演變歷程大體與其詩作一致，然而又能爲現代散文達成體類的拓展和新變。[9]

何雅雯回到文學創作活動與作家自我追尋的主軸上，展現出一位浪漫詩人的作品是與外在世界辯證與融攝的產物。而謝旺霖則進一步從比較文學與文藝思潮的角度，從「浪漫主義」的理論與特徵，分析楊牧從西方的浪漫主義詩人身上承其神髓，繼而以豐富的中國古典文學與哲學的學養，轉化現代主義的前衛精神，深刻的臺灣意識與土地情懷，展現出具有臺灣性以

Pacific Journal of International Writing, Vol. 15, No.1. pp. 26～37. 中譯見奚密，葉佳怡譯，〈楊牧斥堠：戍守藝術的前線，尋找普世的抽象性──二○○二年奚密訪談楊牧〉，《新地文學》2009 年第 10 期。

[7] 須文蔚，〈回故鄉創生人文精神的詩人──訪前東華大學人文社會科學院院長楊牧〉，《文訊雜誌》第 216 期（2003 年 10 月），頁 54～56。

[8] 郝譽翔，〈因爲「破缺」，所以完美──訪問楊牧〉，《聯合文學》第 291 期（2009 年 1 月號），頁 19～23。

[9] 何雅雯，《創作實踐與主體追尋的融攝：楊牧詩文研究》，臺灣大學中國文學研究所碩士論文，2001 年。

及與世界文學對話的經典作品。[10]

　　青年詩人與評論家劉益州（筆名楊寒）的博士論文《意識的表述——楊牧詩作中的生命時間義涵》一文，則是以現象學的進路，以楊牧詩作《楊牧詩集Ⅰ》、《楊牧詩集Ⅱ》、《完整的寓言》、《時光命題》、《涉事》到《介殼蟲》，藉由分析與闡釋楊牧詩作中所呈現生命時間義涵，釐清生命主體和語言表述在文學作品中的具體關係。楊牧在文學創作上長期經營「生命時間意識」的表述，楊寒一方面以海德格「詩」與「思」的辯證關係，同時結合中國文學抒情傳統詩言志的精神，分析詩作爲楊牧生命主體意識的表現，在「時」與「處」的體驗中將自我存有的現象表現出來，形成楊牧自我意識的重要表述。[11]

三、騎士從中古世紀復返田園：浪漫主義至美詩藝展現

　　楊牧作爲浪漫主義詩學的傳人，在臺灣現代主義運動風起雲湧的 1950到 1960 年代，獨樹一幟，多數的評論者重視楊牧作品中追求無邊際的美的精神力量，也使得論者多把楊牧追尋中古世紀浪漫精神，聚焦在詩人的人性關照、生命情調、浪漫抒情與溫柔敦厚等特質分析上。[12]事實上，浪漫運動中不僅有回到中世紀的呼籲，同時還有回到自然與田園的憧憬，此處「回到自然」意指反對城市與工業文明，回到原始社會「自然狀態」與大自然的涵義[13]，因此詩人的生態觀與自然書寫，也就成爲新興的研究議題。另一方面，楊牧追求中世紀騎士精神，奮勇不懈地介入社會、真實與真理

---

[10]謝旺霖，《論楊牧的「浪漫」與「臺灣性」》，清華大學臺灣文學研究所碩士論文，2009 年。

[11]劉益州，《意識的表述——楊牧詩作中的生命時間義涵》，逢甲大學中國文學所博士論文，2011年。

[12]張芬齡、陳黎，〈楊牧詩藝備忘錄〉，《臺灣現代詩經緯》（臺北：聯合文學出版社，2000年），頁 239～240。本篇論文中歸納楊牧的詩歌藝術共有九大特色：（一）抒情功能的執著。（二）愛與死，時間與記憶。（三）中國古典文學的融入。（四）西方世界的探觸。（五）常用的詩的形式。（六）楊牧詩中的自然。（七）本土元素的運用。（八）家鄉的召喚。（九）現實的關照。綱舉目張，十分有參考價值。

[13]陳國恩，〈緒論〉，《浪漫主義與 20 世紀中國文學》（安徽合肥：安徽教育出版社，2000年），頁 1～17。

的探討，始終抱持叛逆懷疑、獨立思辯與正義公理的追求，應當是解讀浪漫詩人不可忽略的另一個重要面向。

　　楊牧在葉珊時期的詩作充滿浪漫主義的氣息，葉維廉在詮釋葉珊詩集《傳說》時就直指：「我們的詩人始終是這個『無上的美』的服膺者：古典的驚悸，自然的悸動，童稚眼中雲的倒影。」[14]點出了青年詩人葉珊從《花季》、《燈船》到《傳說》都酖於「美」的溢出與藝術的思慮之間。彰顯出美與抒情一直就是楊牧創作的主旋律，誠然楊牧在《有人》的後記中說過：「我對於詩的抒情功能絕不懷疑。我對於一個人的心緒和思想之主觀宣洩——透過冷靜嚴謹的方法——是絕對擁護的。」[15]彰顯楊牧浪漫精神的主題，陳黎與張芳齡以「愛與死，時間與記憶」爲註腳，一語中的：

> 戀人們所構築的小千世界，所建立的愛的信仰，無疑是對抗混亂、凶險、不安的外在世界的希望。愛情象徵某種再生的力量，讓戀人們有足夠的勇氣武裝自己，將自己提升到某種精神高度。[16]

顯然楊牧所追求的是一種理智和感情調和的作品，主題是愛、同情、死亡、時間、或記憶，起點或許是一方小小的世界，但是透過詩篇帶領讀者一起追尋、超越想像力難以企及的美學、精神甚至宗教的境界。於是抒情、美與愛得以重新界定，是詩人苦心爲脆弱的美與愛打造的盔甲。

　　楊牧在葉珊時期就善於藉大自然的景物來暗喻自身的感情，詩人放眼自然與田園，並非「自然文學」（"nature literature"）或「環境文學」（"environmental literature"）概念下，以自然爲主體的寫作。[17]晚近楊牧在

---

[14]葉維廉，〈葉珊的《傳說》〉，《從現象到表現：葉維廉早期文集》（臺北：東大圖書公司，1994 年 7 月），頁 339～340。
[15]楊牧，〈後記——詩爲人而作〉，《有人》（臺北：洪範書店，1986 年），頁 173～181。
[16]張芬齡、陳黎，〈楊牧詩藝備忘錄〉，《臺灣現代詩經緯》，頁 242
[17]吳明益，〈書寫自然的幽微天啓〉，收錄於吳明益主編《臺灣自然寫作選》（臺北：二魚文化公司，2003 年），頁 12～13。

《完整的寓言》中明確的說：「這是我的寓言，以鳥獸蟲魚爲象徵」[18]，清楚地說明了詩人歌頌自然與田園的真實，洞悉文明的虛僞不實，建構自身的創生神話，對抗當代荒蕪與空洞的現代文明，抒發異鄉遊子的離散心境，成爲楊牧浪漫精神展現的一個高峰。曾珍珍以「生態意象」梳理楊牧不同時期的詩文，清楚地指出：

> 楊牧喜歡以生態意象入詩，而隨其創作生命的成長，一些他情有獨鍾反覆使用的生態意象逐漸發展並衍生出特定的寓喻象徵，成為他具有高度原創性之詩歌世界不可或缺的構成因子。……折衝於生態具象物色與抽象指涉間，詩人的想像與文學傳統呼應成章，冥搜、直觀與文本互涉對位並行，特定的創作美學，包括對象徵與隱喻的信仰，使得楊牧詩中的生態模擬產生濃厚的人文義涵，自然與人文兼美因此成為楊牧詩歌的特色。[19]

藉由生態意象的批評方式，讀者可以理解楊牧不僅取法浪漫派詩人，自大自然擷取意象，藉以渲染情感，經營象徵，沉澱哲思，楊牧更運用生態象徵構築其「原初想像」[20]，追索生命、認同與詩藝的發生，展現他追懷故鄉田園的憧憬，進一步表達出生態本土主義（bioregionalism）的動人觀點，使楊牧的浪漫情懷既具有世界性，也更貼近臺灣的土地。

　　浪漫主義詩人的個人抒情未必代表與現實疏離，浪漫派作家不乏張揚自我，追求個性的解放和自由，面對社會的迫害、不義與罪惡，由衷發出

---

[18]楊牧，〈後記〉，《完整的寓言》（臺北：洪範書店，1986 年），頁 152。

[19]曾珍珍，〈生態楊牧——析論生態意象在楊牧詩歌中的運用〉，《中外文學》第 31 卷第 8 期（2003 年 1 月），頁 161。

[20]關於楊牧與原初神話的關係，向陽指出：「《傳說》出版後次年，葉珊從詩中消失，楊牧則巍然升起，原因應該在此。葉珊找到的這組神話結構，來自原初的生命，結合著生身的土地的召喚、記憶的糾纏、還有靈魂的探索，通過語言的符號，結構出繁複多彩的詩的世界，標誌了其後楊牧異於其他同代詩人的醇厚、拙重，以及晦澀、難解。」應當可以作爲重要的參考。參見向陽，〈《傳說》楊牧的詩：沿波討源，雖幽必顯〉，《認識臺灣作家的二十堂課》（桃園：中央大學，2005 年），頁 44～81。

憤怒、哀怨與控訴之情。[21]奚密在分析楊牧的《涉事》一書時，就說明了楊牧詩創作本身即是一種直接的介入，詩人過去嚮往中古傳奇中的英雄人物，化身為書中的英雄，去冒險犯難，和人世間的邪惡搏鬥，如今對浪漫主義有所保留，甚至抱持懷疑的態度，有所遲疑或悵惘。[22]然而青年評論家謝旺霖顯然採取的對立的看法，楊牧在回到中古世紀的旅程中，也獲取了騎士的英雄主義精神：

> 武士完成了一次次看似不可能的考驗，詩人努力發現或創造了詩，填補且彌縫一些美學和倫理的破綻，以銜接他與武士同樣直一貫徹的精神與意志，最後確認了，「旗幟與劍是他挺進的姿態，詩是我涉事的行為」。這是楊牧對文學的承諾，亦是見證。[23]

事實上，楊牧確實有著介入現實的熱情，但也老成地理解撞擊現實的挫敗與無奈。陳芳明就把楊牧介入與超越的雙重性，進行了相當細密的探索，從《涉事》回溯到詩集《有人》，不難發現楊牧對青年、正義、社會乃至政治的關切，基於了無政府主義的態度，採取了高明而中庸的態度，陳芳明指出：「特別是〈有人問我公理和正義的問題〉一詩的誕生，他以抒情的語氣，表達對世俗政治的態度。這首詩，頗有葉慈的風格，然而又不盡然。他刻意疏離激情，層層剖析自己的思考，並且對殘酷現實中的爭執與辯論寄以最大的同情。」[24]顯然崇尚浪漫主義的楊牧對社會、政治與人性都深深關切，他深信詩人是廣義的知識分子，應當以理性與冷靜的態度沉澱思

---

[21]陳思和，〈中國新文學發展中的浪漫主義〉，《中國新文學整體觀》（臺北：業強出版社，1990年），頁 117～134。

[22]奚密，〈抒情的雙簧管──讀楊牧近作《涉事》〉，《中外文學》第 31 卷第 8 期（2003 年 1 月），頁 210

[23]謝旺霖，《論楊牧的「浪漫」與「臺灣性」》，清華大學臺灣文學研究所碩士論文，2009 年，頁 31。

[24]陳芳明，〈孤獨深邃的浪漫象徵：楊牧的詩與散文〉，《中國時報》「人間」副刊，1999 年 12 月 17 日。

維，不以咆哮、激情與直白的語言寫作，以純淨詩質迎向永恆。

四、楊牧詩中抒情傳統的延續與開展

　　楊牧受業陳世驤，在漢學研究中，中國文學抒情傳統的理論建構始於陳世驤，他從比較文學的角度，直指中國文學以抒情詩為傳統，相對於西方以史詩和戲劇為主軸的敘事傳統，中國的詩人總透過抒情切身地反映自我影像，因之抒情體滲透於小說與戲曲中，成為一種超文類的概念。陳世驤並將「詩言志」傳統中，以言為不足，以志為心之全體精神視為抒情傳統的真諦。[25]楊牧回憶在陳世驤門下時：

　　　有一天我從學院的書堆裡抬起頭來，感受到舊文學加諸於我的莊嚴，沉
　　　重的壓力，一則以欣喜一則以憂慮，而且我的閱讀書單早在抒情傳統裡
　　　更增添了大量的敘事詩以及戲劇等西方古典，深知文學領域廣闊，繁
　　　複，不是瞑目枯坐就能想像的。[26]

於是青年楊牧希望自己能在中國的抒情傳統裡增添敘事詩的氣味，以及西方古典戲劇的元素，並尋求調和與保有抒情的表現方法。

　　葉維廉最早發現葉珊從以敘事見長的西洋文學傳統中，努力思辯引進以事件發展為骨幹的詩，兼顧抒情性的實驗。透過一連串的詩作剖析，葉維廉認為楊牧既能掌握中國古典詩「因物起興」的神韻，又能步入白朗寧的「獨白」、葉慈的「面具」（"mask"）及早期的龐德的人物角色（Persona）。在分析〈流螢〉一詩時，葉維廉指出：

　　　這是詩人自己的聲音（雖然他是透過獨白者的口），或者我們應該說，詩

---

[25]陳世驤，〈中國的抒情傳統〉，收錄於氏著《陳世驤文存》（臺北：志文出版社，1972 年），頁
　　31。
[26]楊牧，〈從抽象到疏離：那裡時間將把我們遺忘〉，《聯合報》，「聯合副刊」，2004 年 12 月 28～30
　　日）。

> 人和獨白者的身分已不可分，這正是抒情詩所具有的特色，這是一般敘
> 事詩所沒有的──因為敘事詩的詩人總是站在經驗的外面。葉珊卻是不
> 斷的往還於他刻畫的主角的經驗和他自己的經驗之間。[27]

顯現出評論者早已注意到，詩人重視敘事的「氣味」與聲調，核心是抒情
詩。向陽則提醒讀者，不妨把《傳說》中的〈山洪〉看成葉珊走向楊牧的
敘事詩濫觴之作，而〈十二星象練習曲〉則是葉珊走向楊牧之前抒情風的
深化與總結。[28]但是葉維廉與向陽的討論都並未以「中國抒情傳統」的理論
框架，分析與詮釋楊牧在鎔鑄中國古典文學抒情性的努力。

　　事實上，關於抒情傳統的討論一直多停留在古典文學溯源上，只有少
數詩評家運用在現代詩的評論上[29]，楊牧則是以創作的實踐，將中國古典文
學的抒情傳統延續並開展。誠如王文興的觀察，任何的一種藝術新形式，
無不是一邊創作，一邊摸索新秩序，最後聚積經驗，幾加修整，至抵於
成，如同扭纏力鬥之中的一匹巨獸。[30]楊牧的學術背景使他能夠駕輕就熟地
將中國古典傳統融入現代詩歌，舉凡〈鄭玄寤夢〉、〈向遠古〉、〈關山月〉、
〈續韓愈七言古詩「山石」〉、〈秋寄杜甫〉、〈鷓鴣天〉、〈延陵季子掛劍〉、
〈九辯〉、〈招魂〉、〈林沖夜奔〉、〈將進酒〉、〈水神幾何〉、〈妙玉坐禪〉等
詩，在選擇題材上，詩人尋求將自己的抒情與過去的詩歌典範聯繫在一起
[31]，且以無比繁複的實驗手法，鍛造他的文體、用字、聲韻與風格[32]，更重

---

[27]葉維廉，〈葉珊的《傳說》〉，《從現象到表現：葉維廉早期文集》（臺北：東大圖書公司，
　1994年7月），頁355。
[28]向陽，〈《傳說》楊牧的詩：沿波討源，雖幽必顯〉，《認識臺灣作家的二十堂課》（桃園：中
　央大學，2005年），頁44～81。
[29]翁文嫻嘗試以抒情傳統中「興」的涵義，找尋現代詩中抒情的聲音，由於「興」體式的嫵媚，全
　因為它說出了不同領域的「物」，擺在一起產生對應關係時的神奇性。詩到唐代，產生許多情景
　交融的傑作，但詩經裡「興」之妙，是妙在不必交融，而是對應，裡面沒有優劣美醜之分，差別
　在於甚麼物件擺在甚麼東西的旁邊，而令彼此有了意義。參見翁文嫻，〈「興」之涵義在現代詩
　創作上的思考〉，《臺灣詩學季刊》第7期（1994年）。
[30]王文興，〈北斗行序〉，《北斗行》（臺北：洪範書店，1980年），頁3。
[31]孫康宜，《抒情與描寫：六朝詩歌概論》（臺北，允晨出版社，2001年），頁8。
[32]張芬齡、陳黎，〈楊牧詩藝備忘錄〉，《臺灣現代詩經緯》，頁245。

要的是平衡敘事、戲劇與抒情的緊張關係。

　　賴芳伶是首位矚目楊牧創作與中國抒情傳統關係的學者，她指出：「豐厚累積的西方藝文訓練，很早就讓楊牧反思中國抒情傳統的寬廣、深邃、乃至密度，效用……等等問題。這些考量涉及，怎樣才能使詩人的主觀自我和詩篇的客觀表現結合對應，並蓄釀普遍，超越的美學和道德潛力。而他所找到的『戲劇的獨白體式』，（包括建立故事情節以促成其中的戲劇效果，以及無憚於細部的掌握……），適能滿足他在特定的時空語境裡抒情言志的動機。」[33]不僅如此，楊牧重視「抒情過程」，要掌握剎那、即時而又不能分割的經驗的全貌，在語言的結構與形式上，當語言文字不足以具體描繪、代表抒情美感經驗的全體，他善於轉而用種種的象徵間接來掌握、烘襯此一美感經驗。[34]

　　在建構抒情傳統的過程中，詩人為了能在極短的時間內產生動人的效果，其選取的題材必須是要相當熟悉而普遍的景致、人物、事件或典故。[35]楊牧在《一首詩的完成》中就明確道出他對用典的看法：

> 潛心古典以發現藝術的超越，未始不是詩人創作的必要條件……古典就是傳統文學裡的上乘作品，經過時間的風沙和水火，經過歷代理論尺度和風潮品味的檢驗，經過各種向度的照明，透視，甚至經過模仿者的摧殘，始終結實地存在的彷彿顛撲不破的真理，或者至少是解不開的謎，那樣莊嚴，美麗，教我們由衷地喜悅，有時是敬畏，害怕，覺得有些恐

---

[33]賴芳伶，〈孤傲深隱與曖昧激情──試論《紅樓夢》和楊牧的〈妙玉坐禪〉〉，《東華漢學》第 3 期（2005 年 5 月），頁 307～308

[34]鄭毓瑜指出，抒情詩「引譬援（連）類」的認識或推論模式，並不僅僅流行於先秦至於兩漢，而是中國人思維的一種根本型態，從互文性的角度思考，「引譬援（連）類」應當是華語現代詩創作與閱讀脈絡中，不容忽視的內涵之一。參看鄭毓瑜，〈詮釋的界域──從〈詩大序〉再探「抒情傳統」的建構〉，《中國文哲研究集刊》第 12 期（2003 年 9 月），臺北：中央研究院中國文哲研究所，頁 1～32。

[35]蔡英俊，〈抒情精神與抒情傳統〉，收錄於氏編《中國文化新論‧文學篇一：抒情的境界》，臺北：聯經出版公司，1982 年），頁 102～106。

懼，但又不是自卑，是一種滿足。[36]

　　楊牧認為，把握典故的莊嚴美麗，無異為創作者點出目標、高度與位置，也使得創作的過程充滿了緊張、焦慮與憂鬱，但同時伴隨著無窮的快樂。

　　陳黎與張芬齡注意到〈延陵季子掛劍〉一詩中，楊牧以第一人稱的手法將個人情感與歷史事件交融，所表述的並不僅止於春秋時代季札與徐國國君之間一段情誼與信義，其中抒發世事變遷與滄桑的感歎，以及孔門儒者迫於現實而與理想漸行漸遠的無奈與幻滅。[37]然而要能從抒情傳統與敘事間的交互影響角度，深入〈延陵季子掛劍〉一詩，恐怕還是要憑藉楊牧的夫子自道：

　　　　想到友情然諾的主題，自覺可以權且進入季子的位置，扮演他在人情命
　　　　運的關口想當然所以必然的角色，襲其聲音和形容，融會他的背景，經
　　　　驗，直接切入他即臨當下，發抒他的感慨，亦詩以言志之意。這個寫法
　　　　雖然未脫詩言志的古訓，卻因為所言實為我姑且設定乃是延陵季子之
　　　　志，就與平常我們創作抒情詩的路數有異，其發生的動力乃是以客體縝
　　　　密的觀察以一般邏輯為經，以掌握到主觀神態與聲色的綱要為緯，於是
　　　　在二者互動的情況下推展一個或簡或繁的故事情節，亦即是它富有動作
　　　　的戲劇事件。[38]

　　楊牧採取了詩言志的抒情傳統，又以敘事的氣味開展一則介於史實與虛構的故事，自此楊牧不斷推陳出新，挪用「典故」，有意續作、翻案、想像或曲折，不只是新奇的意象。

---

[36]參見楊牧，《一首詩的完成》（臺北：洪範書店，1989 年），頁 28。
[37]張芬齡、陳黎，〈楊牧詩藝備忘錄〉，《臺灣現代詩經緯》，頁 245。
[38]楊牧，〈從抽象到疏離：那裡時間將把我們遺忘〉，《聯合報》「聯合副刊」，2004 年 12 月 28～30 日。

　　賴芳伶整合紅樓夢研究、中國文學抒情傳統理論以及德勒茲（Deleuze, Gilles, 1925～1995）「游牧精神」的觀點，分析楊牧的〈妙玉坐禪〉一詩，應當是目前楊牧研究中最爲深刻、細膩與抒情義涵的論文。由於妙玉是《紅樓夢》的讀者並不陌生的小說人物，妙玉的「孤傲深隱」與「曖昧激情」形成了人格的二元性，看似矛盾，也成爲故事中最耐人尋味的衝突點。賴芳伶指出：

> 「妙玉坐禪」或可謂心思極小，但它所映現的宇宙，何嘗不廣袤幽深？楊牧說這首詩揭示了一個表面上冰清玉潔的女尼，終究不能壓抑內心洶湧的狂潮，爲愛慾雜念百般折磨，受苦，以至於不能安於禪修，走火入魔；而他回顧自己那許多年中的創作，確實是有這樣一種「傾向厄難的著眼」，不免愕然。他當然也探求過快樂和崇高的主題，迄今依舊強調：詩的功能就是以自覺、謹慎的文字，起悲劇事件於虛無絕決，賦與人莊嚴回生，洗滌之效。[39]

另一方面，當楊牧透過結合敘事、抒情詩的戲劇化處理，過濾掉小說中恐怖戰慄的質素，專注在事件的聲色描寫，以及矛盾情感的抒發，詩人精心經營的形式就顯得意義非凡。

　　在賴芳伶的分析中，楊牧的〈妙玉坐禪〉一方面可以包含理、勢的運用，另一方面，還用來敘事，和表現戲劇張力。楊牧再一次運用了「戲劇獨白體」，以第一人稱位置模擬妙玉的語氣與心情，逐步去揭發妙玉的心理層次，更爲她個別的動作找尋事件情節的依據，甚至暗中串連種種前因後果，使這些繁複的質素，得以交集在某一舞臺的當下。[40]換言之，楊牧的「戲劇獨白體」引入強而有力的敘事結構，彰顯了一種新穎的抒情，也就

---

[39]賴芳伶，〈孤傲深隱與曖昧激情——試論《紅樓夢》和楊牧的〈妙玉坐禪〉〉，《東華漢學》第 3 期（2005 年 5 月），頁 309。
[40]同前註。

是虛構的、新神話的乃至於心理分析式的情感抒發。

五、集詩言志與詩筆化雙重特質的散文書寫

　　楊牧鍾情於散文創作，結集出版者計有：《葉珊散文集》、《年輪》、《柏克萊精神》、《搜索者》、《交流道》、《飛過火山》、《山風海雨》、《一首詩的完成》、《方向歸零》、《疑神》、《星圖》、《亭午之鷹》、《昔我往矣》、《奇萊前書》、《人文蹤跡》與《奇萊後書》等 16 種。共可分為四類型，第一類，以抒情為其主旋律，主題廣博，或抒情，或寫景，或憶人，或詠物，例如《葉珊散文集》、《搜索者》、《亭午之鷹》。第二類，以論述見長，如《柏克萊精神》之評論現實，又如《交流道》、《飛過火山》等，為報刊專欄裁製的雜文系列，可望見楊牧的入世情懷。第三類，為自傳散文，以《山風海雨》、《方向歸零》、《昔我往矣》等三書為代表，後合輯為《奇萊前書》，與《奇萊後書》相輝映，是自傳體散文的傑作。第四類，從《年輪》、《疑神》到《星圖》等書，則充滿哲理的思辯，書寫內心世界的冥想，反覆叩問文學創作、生死、信仰與生命的諸般難題。[41]郝譽翔就大膽指出，第一、二大類不出傳統散文的範疇，但是第四類如《年輪》、《星圖》等，顯然是散文朝向詩體靠攏，而第三類自傳體散文，則融合小說的敘事技巧。顯示出楊牧不斷以創作與實驗來擴張散文的文體界線，證明散文確實具有無限的彈性。[42]

　　何寄澎給予楊牧散文相當高度的評價，認為其散文不僅止於「詩體的模仿」，如古典散文之「集合文筆兩種特徵」，散文直接向新詩援引技巧、改頭換面，以塑造新的散文。[43]更讚譽楊牧為「詩人散文家」，從詩言志的

---

[41]何寄澎，〈「詩人」散文的典範——論楊牧散文之特殊格調與地位〉，《臺大中文學報》第 10 期（1998 年 5 月），頁 115～134。以及陳芳明，〈孤獨深邃的浪漫象徵：楊牧的詩與散文〉，《中國時報》「人間」副刊，1999 年 12 月 17 日。

[42]郝譽翔，〈浪漫主義的交響詩：論楊牧《山風海雨》、《方向歸零》、《昔我往矣》〉，《臺大中文學報》第 13 期（2000 年 12 月），頁 184

[43]何寄澎，〈永遠的搜索者——論楊牧散文的求變與求新〉，《臺大中文學報》第 4 期（1991 年 6 月），頁 144～147。

身份論，到詩筆化入散文的形式論，其優點為：

> 楊牧一生自我追求之典範為西方文藝復興人、中國古代知識分子、西方
> 浪漫主義者、中國文學傳統中真正的「詩人」，這在現代散文各家中絕無
> 僅有。……其為現代文學中「詩人」散文之典範，固不僅在其技法形
> 式，更在其內涵、肌理、人格、精神。其文即其人，其人即其文，以跌
> 宕的聲韻、華美的意象、譎詭的比喻、錯綜的思維，詮釋生命、詮釋理
> 想和挫折、奮鬥和幻滅，並且不斷砥礪自我，提升自我；透過文字的描
> 摹轉化生命的真誠，有血有肉，這才是楊牧「詩人散文」之精義。[44]

何寄澎並以「以經解經」的方法，分析與詮釋楊牧《亭午之鷹》之前，40
年的散文創作，是研究楊牧散文不容錯過的經典批評文獻。[45]

　　就楊牧抒情散文的評論，陳芳明進行過精闢的分析，指出楊牧早期散
文，呈露纖細敏銳的情感，浪漫主義精神的影響下，似乎人間的任何事物
都可以引起無盡的感動。然而楊牧並不執著於表象的描述，而是在庸俗的
現實中不斷挖掘出深刻的意義。陳芳明強調：

> 收在《葉珊散文集》的〈給濟慈的十二信〉一輯，便是在生活經驗裡體
> 會人生真與美的存在。年少時期就有如此透視的能力，過早地預告了一
> 位青年作家的成熟。真與美的憧憬，在早年時期大約是屬於愛情的追
> 求。但是，他並不停止在情緒宣泄的層面。他已經學習到如何自我過
> 濾、自我沉澱，使靈魂的悸動化為一種生命的昇華。[46]

---

[44]何寄澎，〈「詩人」散文的典範──論楊牧散文之特殊格調與地位〉，《臺大中文學報》第 10 期
　（1998 年 5 月），頁 20。
[45]同前註，頁 115～132。
[46]陳芳明，〈孤獨深邃的浪漫象徵：楊牧的詩與散文〉，《中國時報》「人間」副刊，1999 年 12 月 17
　日。

　　求新求變的楊牧，在《年輪》中進行了散文形式的巨大實驗，在《柏克萊精神》中積極介入社會和人世的關懷，使葉珊轉型成爲楊牧，年少的浪漫情感得以沉潛和提升，進一步在《搜索者》一書中步向成熟，對世事的洞明和人情的體察都趨向成熟。鍾怡雯以相當周延的分析，提醒讀者：

> 《搜索者》裡實隱藏了多本散文的伏線：〈科學與夜鶯〉裡對宇宙的好奇，思索科學與文學二者之間如何可能，日後發展為《星圖》；《疑神》則是對神人關係的探詢，並摻雜了大量的議論和辯駁，其中掉書袋的現象在《搜索者》亦已發端；三本文學自傳《山風海雨》、《方向歸零》和《昔我往矣》則延續《搜索者》搜索的精神，去追尋自己的文學歷程，從文學傳記中探索一個文學心靈的長成。[47]

也啓發的散文研究者注意到，楊牧提倡「寫一篇很長很長的散文」，打破散文體式的限制，跨越小說、散文與詩的界限[48]，較爲成功嘗試的起點，當推《搜索者》一書。而在同期的散文中，屬於雜文性質的《交流道》與《飛過火山》，一向就比較缺乏評論者重視與評價。

　　楊牧的自傳體散文《奇萊前書》與《奇萊後書》是創作的高峰，備受研究者重視。郝譽翔認爲，藉由事件交織的繁複結構，反覆映現現實與歷史中令人「抑鬱和懷疑」的精神面向，使得這一系列自傳散文宛如一則寓言小說，涵融土地、種族、歷史、政治、詩等等的矛盾、對立與複雜的辯證。郝譽翔直指《奇萊前書》不僅止是詩人的自傳，而是楊牧指涉臺灣族群政治歷史的寓言之作。從寫作的形式上她強調：

---

[47]鍾怡雯，〈無盡的搜尋──論楊牧《搜索者》〉，《無盡的追尋：當代散文的詮釋與批評》（臺北：聯合文學出版社，2004 年），頁 98。
[48]楊牧在《年輪》〈後記〉中自述要採取「寓言和比喻」的形式，「寫一本完整的書，一篇長長的長長的散文，而不是許多篇短短的短短的散文」並欲借此探索人類「表裡差異的問題」。參見楊牧〈後記〉，《年輪》（臺北：洪範書店，1982 年），頁 177～182。

> 因為敘事觀點的特殊，《山風海雨》形同小說，更宛如普魯斯特《追憶似
> 水年華》，以文字穿越時空，構設出一個遠超乎孩童所能感受的縝密、精
> 緻、細緻的場景、氣味、聲音與色彩。[49]

凸顯出楊牧在散文寫作上的實驗性格與前衛手法。

　　鍾怡雯更進一步分析，在楊牧的自傳散文中，也包含了向前行作家致
意，甚或是將自己的創作與傳統以及經典相聯繫的義涵，其中最值得矚目
的是楊牧與沈從文的聯結。鍾怡雯發現：

> 或許，沈從文可視為文學啟蒙的來源之一。〈胡老師〉首先是對胡老師的
> 追憶，透過〈胡老師〉牽引出沈從文，然而〈胡老師〉並不止於記人。
> 此文放在《昔我往矣》，是楊牧隔著時間長河跟沈從文的對話，如此曲
> 折，如此繁複，那是楊牧的散文美學，「文章寫得簡潔不難，但要寫得意
> 思複雜，文采豐富則相當困難。」[50]

事實上，過去的評論者多指楊牧的浪漫主義精神繼受於英美文學，但從鍾
怡雯的發現中，啟迪了後續的研究者，楊牧與新文學浪漫派的大師沈從文
都重視田園抒情，但是在就書寫主題的世界性、介入現實以及哲理的思辯
上，仍存有一定的距離。不過透過作品，楊牧希望與沈從文遙遙對話，不
無在未來成為研究楊牧的新焦點。

　　楊牧哲理散文的書寫中，《一首詩的完成》深入詩創作的各個層面，展
現詩人創作論的深度與廣度。《疑神》與《星圖》則都傾向哲學與抽象概念
為討論的核心，《疑神》質疑宗教、權威乃至政治的結構體系，有以美學取

---

[49]郝譽翔，〈浪漫主義的交響詩：論楊牧《山風海雨》、《方向歸零》、《昔我往矣》〉，《臺大中文學報》第 13 期（2000 年 12 月），頁 170

[50]鍾怡雯，〈文學自傳與詮釋主體──論楊牧《奇萊前書》與《奇萊後書》〉，收錄於陳芳明編《詩人楊牧：練習曲的演奏與變奏》（臺北：聯合文學出版社，2012 年），頁 399～421。

代宗教的觀念與視野。《星圖》延續《年輪》對表裡差異的關注，以文字試探生育與死亡的本質，過程，及其美學效應。[51]李奭學從比較文學的角度出發，更能揭示楊牧在《星圖》一書底蘊的深刻：

> 全書伊始略如但丁《神曲》的開場，發話者向森林裡迷失的夢中情人坦承自己即將遠行。他要去的是慕念已久的一個「想像世界」，是蘊藏荷馬與維吉爾的西方古典，也是騎士雲集吶喊震天的中世紀戰場，更是涵蓋濟慈與葉慈等人心靈的現代浪漫。……發話者實則在借比詩人的過去，其細節甚至可以溯至料羅灣的年代，以及他穿越時空遙寄濟慈的〈綠湖的風暴〉。繞過半個地球，渡過數十年的時地後，發話者為詩人所作的生命續航居然像那尾雪虹鱒在回溯自己文學天地的濫觴源始。[52]

從這一系列的哲理思辯中，楊牧以作品抵抗後現代浪潮中解構真理與輕視語言的觀念，趨向創作的核心：抱負、生命、反抗與愛美，以書寫召喚讀者重新信任文字、語言與文學，進而使人們願意堅持追求真善美，使人們堅持懷疑權威與結構，以知識分子的良知與道德前行。

　　楊牧在散文創作之餘，也寫作大量的文學研究與評論文字，其中不乏建構散文理論的論述。沈謙在評楊牧《文學的源流》一書中，就特別注意到其中有大量的篇幅專注在散文的評析與探討，發現楊牧從歷史源流的角度考察 20 世紀的散文發展，其散文美學雖以現代文學為研究重心，卻明顯地以傳統古典與覆按和嚮導。[53]後續研究楊牧散文創作者，不妨先研究其散文理論，應能更理解楊牧創作的理論與美學理念。

---

[51]何雅雯，《創作實踐與主體追尋的融攝：楊牧詩文研究》，臺灣大學中國文學研究所碩士論文，2001 年，頁 101。

[52]李奭學，〈雪虹鱒的旅程——評楊牧著《星圖》〉，《書話臺灣：1991～2003 文學印象》（臺北：九歌出版社，2004 年），頁 222。

[53]沈謙，〈探索現代散文的源流：評楊牧《文學的源流》〉，《書本就像降落傘》（臺北：黎明文化公司，1992 年），頁 134。

六、楊牧研究與評論之展望

楊牧筆耕不輟，2013 年又出版詩集《長短歌行》，可見研究者與評論者又有更多曲折深邃的詩作，等待詮釋與解讀。

在眾多的評論中，多集中在楊牧浪漫詩人的特質上。誠然楊牧服膺雪萊，因其彰顯了挑戰權威、反抗苛政與暴力的革命精神；他推崇葉慈，因爲其得 19 世紀初葉所有浪漫詩人的神髓。然而楊牧崛起於現代主義興起的 1960 年代臺灣文壇，佘佳燕在詮釋其早期詩作《瓶中稿》時，就以現代主義美學的角度展現之。[54]其後，謝旺霖則是少數以「現代主義」美學，以系統的詮釋，分析楊牧創作中更多元的屬性和特質，也較能完整的指涉和觀照大師的創作。[55]事實上，曾珍珍在解讀楊牧〈論詩詩〉（1995 年）時，也力主：

> 透過肯定的聲音，楊牧說明了懂得讀詩的人如何透過詩的具象細節探入自然美學概念：「詩本身不僅發現特定的細節／果敢的心通過機伶的閱讀策略／將你的遭遇和思維一一擴大／渲染，與時間共同延續至永遠／展開無限，你終於警覺／唯詩真理是真理規範時間」。面對解構思潮的衝擊，楊牧選擇固守現代主義（high modernism）的美學信仰。[56]

尤其近來楊牧詩作中頗有表現主義的抽象美感，如何以更多元的美學觀點評論楊牧，應當是後續研究者可開展的道路。

楊牧在翻譯上也著有成績，舉凡早期翻譯西班牙詩人洛爾卡（Federico Garcia Lorca,1898～1936）的《西班牙浪人吟》，或在 1997 年以後陸續出版的《葉慈詩選》、《英詩漢譯集》等，都展現了楊牧精湛的翻譯與詩藝，然

---

[54]佘佳燕，〈每一片波浪都從花蓮開始——楊牧〈瓶中稿〉的現代主義美學〉，《創世紀》第 138 期（2004 年 3 月），頁 142～154。

[55]謝旺霖，《論楊牧的「浪漫」與「臺灣性」》，清華大學臺灣文學研究所碩士論文，2009 年。

[56]曾珍珍，〈生態楊牧——析論生態意象在楊牧詩歌中的運用〉，《中外文學》第 31 卷第 8 期（2003 年 1 月），頁 184

而研究者較少注目於此一領域。[57]吳潛誠評論：「楊譯《葉慈詩選》不但克服了忠實傳達原著之意義的困難，而且還散發出獨特的文字魅力。不遜於詩人自己創作的中文詩句。」[58]吳潛誠強調楊牧能以豐厚的中、英文學素養，掌握節奏、韻律與文義脈絡，可供讀者細心比對。此外，楊牧所翻譯詩歌，往往與其創作有互文關係，例如洛爾卡的詩作與詩人之死，直接影響了楊牧詩集《禁忌的遊戲》中的同名詩組，轉喻哀歎臺灣的白色恐怖與政治禁忌，還有待熟悉西班牙文學與臺灣文學的研究者加以比較與闡釋。

　　近年來研究者開始重視中國文學抒情傳統在現代文學創作的影響，也試圖分析抒情作為華文文學現代性，以及現代主體建構上的又一面向。[59]而目前除了賴芳伶以抒情傳統角度進行楊牧的詩篇詮釋，有關《詩經》對楊牧的影響，以及楊牧系列以古典為題材的長詩中，如何保有抒情的義涵，轉化敘事的元素，應當都是相當具有挑戰性的議題。

　　楊牧既是詩人、散文家、翻譯家與評論家，又兼擅編輯與出版，作為文壇典律化的守門人，楊牧在文學社會學上的影響力，還有待更進一步的發掘與探索。尤其他自詡為中國健全的知識分子，和歐洲文藝復興人（Renaissance　Man）傳下的典型，研究其繁華如星斗的文字，研究其真摯又獨立的人格，對每一個進入他浪漫世界的評論者而言，固然會迂迴在他孤獨而深刻的心靈旅程，也會隨著深入旅程，更體會到真與美的極致。

---

[57]曾經評論楊牧翻譯作品的文獻並不多，可參考：陳黎，〈有人問楊牧・翻譯的問題〔〈西班牙浪人吟〉、〈自我靈魂的對話〉〉，《聯合報》，1996 年 9 月 13 日，37 版。彭鏡禧，〈《中國時報》〈開卷周報〉拒／懼刊的投書──再談楊牧《葉慈詩選》的三處翻譯〉，《中外文學》第 26 卷第 2 期（1997 年 7 月），頁 164～168；曾珍珍，〈雕雕和鳴──楊牧談詩歌翻譯藝術〉，《人籟論辯月刊》第 57 期（2009 年 2 月），頁 40～46。

[58]吳潛誠，〈假面之魅惑──楊牧翻譯《葉慈詩選》〉（上、下），《中國時報》，1997 年 4 月 23 日，27 版。

[59]王德威，〈「有情」的歷史──抒情傳統與中國文學現代性〉，《中國文哲研究集刊》第 33 期（2008 年 9 月），頁 77～137。

輯四◎
重要評論文章選刊

葉珊的《傳說》

◎葉維廉[*]

　　青山自青山，白雲自白雲。論詩，依康節，以物觀物，不以身觀物；由是，此序：葉珊自葉珊，維廉自維廉，絕不以維廉觀葉珊，此為引。

錄音一：隱約的回聲

　　也不知是誰的聲音：行邁靡靡，中心搖搖，知我者，謂我心憂，不知我者，謂我何求，悠悠蒼天，此何人哉！（〈黍離〉，《詩經》）

　　或者應該先說些故事：

　　王子猷居山陰。夜大雪。眠覺。開室。命酌酒。四望皎然。……忽憶戴安道。時戴在剡。即便夜乘小船就之。經宿方至。造門不前而返。人問其故。王曰：「吾本乘興而行，興盡而返，何必見戴？」（《世說新語》，頁23）

　　而鄒湛每每登山，每登山則曰：自有宇宙。便有此山。由來賢達勝士登此遠望如我與卿者多矣。皆湮滅無聞。使人悲傷。（《晉書》，頁34）

　　據說衛洗馬渡江時，形神慘頓。語左右云。見此芒芒（茫茫）。不覺百端交集。苟未免有情亦復誰能遣此。（《世說新語》，頁2）

　　總是鬱鬱如此：情隨事遷。感既係之矣。向之所欣。俛仰之間。已為陳跡。猶不能以之興懷。以修短隨化。終期於盡。（〈蘭亭集序〉）

　　我們能不能如寒山：

---

[*]詩人，發表文章時為臺灣大學外國語文學系客座教授，現為美國加州大學聖地牙哥校區卓越教授。

　　粵自居寒山。曾經幾萬載。任運遯林泉。

　　棲遲觀自在。寒巖人不到。白雲常靉靆。

　　細草作臥褥。青天為被蓋。快活枕石頭。

　　天地任變改。

　　感情的傾瀉是美好的溢出（a fine excess）「《濟慈書信集》1818 年的信」！「我真嚮往那種深山古寺的寧靜，那種荒谷草莽的純樸……回到『恩迪密昂』（Endymion）的時代吧，否則回到高山去。」（〈山中書〉，《葉珊散文集》）

　　葉珊：「我的心靈不能適應這塵世，我所夢想的，我所遨遊的是中世紀的風景。我隨著一首長詩進入了古典的天地，我的旅程甚遠，所以我很疲乏。」

　　友人：「你卻不對了。」……

　　葉珊：「我沒有什麼不對……。」

　　友人：「你因為跟隨一個 19 世紀的浪漫派詩人進入了中世紀和古希臘而感到疲倦……。」

　　葉珊：「浪漫派是無辜的！」

——〈寒雨〉，《葉珊散文集》

　　隱約的詩人說：詠懷的阮籍，逸興的酒仙！

錄音二：O for a Life of Sensations rather than of Thoughts[1]

　　古典的驚悸，自然的悸動，童稚眼中雲的倒影，我們的詩人反覆的向濟慈傾訴著這些「美」的事物（俱見《葉珊散文集》中〈給濟慈的信〉）。濟慈的信上曾經說過：美是無上的，它克制、湮滅一切其他的應考慮的事物（1917 年 12 月的信）。我們的詩人始終是這個「無上的美」的服膺者：

---

[1]出自《濟慈書信集》1817 年 11 月的信。

古典的驚悸，自然的悸動，童稚眼中雲的倒影。

「那一次我一腳踩進一座荒涼的宗祠，從斑剝的黑漆大門和金匾上，我看到歷史的倏忽和曩昔的煙霧，蒙在我眼前的是時空隱退殘留的露水，我想到你（濟慈），一個半世紀以前的你，想到你詩中的中世紀，想到你憧憬的殘堡廢園。」（《葉珊散文集》，頁 59）

「是這樣一種自然的悸動，流過春來的大地；是這樣一種淡淡的悲哀充滿無言的樹林。我們同去吧……去接近自然，在默默中讓我們去體認它的奧祕。」（頁 67）

「童年時愛看雲，尤其愛看倒影在水中的雲，曾經幾次在河邊從中午坐到天黑，為的只是多看幾次雲朵如何在流動的水中變幻舒卷。那種幼稚的好奇真不能死，我但願可以永遠保有那種潔白的心靈。」（頁 72）

如是傾訴著他的感觸，「神祕的靈魂對生命喃喃的叩問」（頁 91），任山的沉重豐滿和神奇地「掩蓋所有的創痕」（頁 73）。喃喃的唸著濟慈的信：「我的寂寞是高貴莊麗的……風的呼吼是我的妻；而穿越窗櫺的星光便是我的子女。」然後對濟慈說：「你與自然的一切化而為一，我真不知道哪天也可以企及你那落拓的胸懷。」（頁 72）

而「文明離我多遙遠，書籍離我多遙遠──也許我可以把握到星斗運行的真諦，山崩水潰的意義……我血液裡奔流的原是番民的狂暴和憂鬱。」（頁 75）

〈雨意〉（Ars Poetica）

濕度在頸項

擴散，從腰際上升

髮是森林的

氣候──

積苔的洪荒

一鳥飛過

扇的

纖維，羽影

沒有可怖的浩瀚

你的袖

為春初的墳墓

斷落，暗示

某種誕生

起先它是新裱的潑墨

不久

變為憤怒後悲傷的

武士奔向我

自然的悖動：我血液裡奔流的番民的狂暴和憂鬱

啊！「我覺得已經蒼老了，我不配再讀濟慈；濟慈是屬於很年輕很年輕

的少年的！」……

then on the shore

Of the wide world I stand alone, and think, Till Love and Fame to nothingness

do sink.

「然後在亘廣的世界的涯岸獨立，思索直至愛與名俱向虛無沉沒。」（頁

97、99）

詩集《傳說》：它不是故事，是微顫的音響[2]

酣於「美」的溢出——古典的驚悸、自然的悖動以及雲、武士、異國
的花園的幻夢——難免也酣於鏗鏘：《花季》如此，《燈船》如此。服膺於
「無上的美」固是暢流和激盪的傾溢，一如濟慈，但服膺於「無上的美」

---

[2]原句為「它不是故事，是永遠震顫我心弦的音響」（見《葉珊散文集》中〈最後的狩獵〉一文）。

也必然服膺於藝術，一如濟慈的〈希臘皿頌〉。寫：

> 我們目睹美如死亡的
> 美如死亡的羊齒植物
>
> ——〈傳說〉

的詩人也寫了如下的深切的詩句：

> 在另一種時光裡
> 靜止比追蹤
> 更疲勞
>
> ——〈變奏〉

　　譬如「雨意」就不是乘興的「溢出」；在這首詩裡自然的波動和人的波動是不可分的、是一貫的。這首詩或說有跡可求，這反而說明了詩人並非酖於「乘興」，詩人並未曾（至少這首詩裡是如此）藉「無上之美」的名而逐去藝術的思慮。

　　在放與收之間，在乘興的「美」的溢出與藝術的思慮之間，在古典（以浪漫主義爲主）的酖愛與現代的激烈的情緒之間，葉珊如何發出他自己的聲音？

　　葉珊最近曾經說：「我們『短』的地方實在不少，例如史詩、悲劇之闕如……中國的敘事詩沒有成長。」（見〈新文學的舊困擾〉一文，《純文學》，1969 年 12 月號，頁 56、61）

　　當歐美現代詩自愛倫坡（E. A. Poe）以來，極力否定史詩之爲詩，極力放逐敘述的成分的時候（其間方法很多，在此不敘，詳見拙文 Formations and Transformations in Modern Chinese Poetry, Stony Brook 3/4, 1969 及我的 *Ezra Pound's Cathay* 一書的第 2 章），而欲在狂瀾中給敘事詩

以新的生命，當現代歐美詩（指其成功者）因力求物象的純粹呈露而漸漸和我國純粹經驗的境界冥合的時候，而欲以事件發展為骨幹的詩，無疑是接受一種最大的挑戰——因為如一失手（我們的詩人的詩難免也有失手的，不失手的詩人是不存在的），不但情緒的幅度不切現代的感受，表達亦易陷於太熟識的「已有」。

葉珊很早就迷事件的詩，如《水之湄》裡的〈消息〉：

> 回家的路上，許多鳥屍，
> 許多睜圓了的而又笑著的眼
> 執槍的人在茶肆裡擦汗，
> 看風景
> 我們用雲做話題已是第九次了，
> ………………………
>
> 一百零七次，用雲做話題，嗨！
> 她依然愛笑，依然美麗，
> 路上的鳥屍依然許多
> 執槍的人依然擦汗，在茶肆裡
> 看風景……

但這首詩雖以事件隱為骨幹，詩人只捕捉「敘事的意味」，他並不採用「敘事的程序」，「意味」這兩個字是很重要的。詩人曾經說：「它不是故事，是永遠震顫我心弦的低微的音響。」（〈最後的狩獵〉，《葉珊散文集》頁 77）葉珊的「敘事」形態畢竟與西方的敘事詩不同，西方的敘事詩如喬叟的 *The Canterbury Tales*，如中國的〈孔雀東南飛〉或變文裡的敘事詩，是以事件的發展為幹，先因一事（受時空限制的事——如某時某地有某人）發展到另一事，再引起另一事，其程序是直線追尋，其語法是以因果

律爲據的，敘述者常常站在正被陳述的經驗之外，把事件的前因後果一一縷述，敘述者自己並不陷入經驗裡，所以無法直接交感。但在抒情詩裡（包括狹義的以愛情爲主的抒情詩和廣義的和自然冥合的抒情詩），事件的輪廓是模糊的，前因後果是近乎不知——但並非不可感，起因可能很多，但其間關係非常曖昧，詩人往往在一刻的內裡縈迴，故不受此事引起彼事的邏輯限制，換言之，抒情詩往往不時單線追尋的；還有，詩人假想一個聽衆，而常常是自己對自己說話，所以其狀出神，其語態是獨白的自言自語，其旋律斷續如夢，依賴自由聯想，多以回憶爲線，其中和敘事詩最大的分別是：抒情詩人「陷入」自身的經驗之中，自歌自舞，以致忘形。所以最純粹的抒情詩根本沒有「敘述的程序」，只有情緒的本身，所有的「進行」全是內在的，其間事物雖有向外的投射，但無因果可循。

　　說〈消息〉這一首詩是有「敘述意味」的詩，正因爲它是介乎二者之間，看來好像是說敘述一件事，而我們得到的是詩人對一件輪廓模糊的事所產生的情緒，其語態仍是自言自語的獨白，因而均具上述的抒情詩的幾種特色。

　　葉珊顯然並不滿意這種表達的形態，是不是中世紀和古希臘的迷惑呢？《花季》與《燈船》裡居然以「敘述的程序」（當然不是完全喬叟式的，但敘述程序仍是很接近）代替了「敘述的意味」，雖然「燈船」裡我們仍然讀到：

　　　我向海濱，散步過去，昨天，是的
　　　直到友人的傍水碉堡
　　　讀畫報，午餐
　　　且聆聽美軍電臺報告新聞同氣象
　　　那女子在臺南發音，並介紹
　　　一組流行音樂……

我不回來，漫說歸去、歸去

走近菜花黃的野地

遂不復記憶，不復記憶溫柔的兩臂

水蛇，和葦花的夏衣

「是的，向海濱」他說：「散步過去」

或去植樹，看起伏的大麥田上

青青的陌生

美好的驚！

因為在許多「乘興」的「美」的「溢出」的詩裡，也遇著「青青的陌生／美好的驚」，這就足以證明葉珊未曾完全藉「無上的美」的名而逐去藝術的思慮。葉珊棄拗折激烈的感受而欲在凡俗的事物裡捕捉事件自然的悸動，〈四月二日與光中在密歇根同看殘雪〉雖然不是一首成功的詩，卻可看出詩人的心機：

雨中繞過柏樹林，道路如

早晨的河流。細小的礁石濺起

破碎的白浪，在卡拉瑪茱

一個圍著野煙的北方車站

純西洋的風景貼在

　　死寂的庭院裡

　　一列黑衣的修女

走到網球場邊，有人低聲說話

過去我在水溝外看到一叢雛菊

我的大姐說：羅莎玲，羅莎玲，你回來

動身了，我們到湖邊去露營：他這樣說

他們端莊地沿著公寓牆外行走
如廢墟邊線上的戰士

至於遠處，遠處只有紅磚的大樓
草場上埋葬去年的蟋蟀，去年的蟬
和知了聲裡紅裙的影子
砲聲驚起一城散步的灰鴿
宛若第一年的紅葉，玄學詩人的
　　詭異：
　　　　蕭然，那人的柑橘園
　　　　橙黃的燈籠啊
掛在綠色的夜裡

多少種水禽和雲朵深藏
在胸襟的一面湖泊上
安靜地汲水，乘著朔望佳日
沒有速度的速度
月影灰濛濛的大地
環湖三州的節辰，驅散了復活的靈魂
　　那是誰拘謹的聲音？
　　　　他說，羅莎玲，你不應該一個人
　　　　到蕎麥田去……

　　葉珊雖然提到了玄學詩人的詭異，甚至寫了幾行曲喻（conceit）的句子，但並沒有依賴玄學詩人的詭異的方法使詩前後內外密結完整（如此的詩當然會壞在有跡可求了），他要在事件進展的曲折裡抓住一個形象、一個聲音——可以覆射那一刻中的神態的形象或聲音，別的句子只是那一刻中的襯托而已。葉珊曾經說：

五年前黃用說光中是一個「因物起興」的詩人，寫完了人生的月臺，寫圓通寺，寫佛塔，寫愛奧華的雪地，寫蓮池，現在寫「鬼雨」──但你必須體會。一個沒有看過天地色彩的嬰兒，一個沒有名字的嬰兒，濕漉漉的山坡，沒有開始的結束，荒謬的旅程，在這種情形之下，神如何解釋？

詩人如何解釋？你問問雪萊吧，關於這教堂外的風景，詩人如何解釋？葉珊也不摒棄「因物起興」，但光中時有剖析心跡之象（語言裡太多分析的字眼），葉珊只把氣氛攪好，讓我們聽到「他說，羅莎玲，你不應該一個人到蕎麥田去……」時的確切的聲調和羅莎玲天真無邪的踩走入蕎麥田的神態。

葉珊要錘鍊的正是「聲音」（尤指聲調、語態）的把捉。他當然也有不少令人喜悅的意象，如〈傷痕之歌〉裡的：

因為那只是氣味和姿勢
某種奇異的滲和，透過塵埃的
鏡面　塵埃　鏡面　塵埃
將你在反射的悲哀裡焚燒。

第三行把許多次時間的變動凝縮到一種恐懼，而詩行竟如此之若無其事的淡然。這種頗具張力的句子雖然不乏，但我們必須要了解他主要地是一個「聲音」（由敘述意味通過獨白所給出的聲調和語態）的詩人（非以意象為主的詩人）才可能容許「乘興的『美』的溢出」，或者始可以容納「敘事」。

〈山洪〉這一首長詩就是要透過「聲音的姿式」構成的敘事詩。這首詩的故事出自詩人的散文集中的〈最後的狩獵〉，但正如他自己說的：「它不是故事，是永遠震顫我心弦的音響。」也就是 Mill 所說的 utterance overheard「隱約可聞的話語」。這些話語雖然指向一個故事為中心，但卻以這些話語的聲調和態度所激起的情緒為依歸。全詩因一椿死亡所引起的兩個親人的問、答、獨白、沉思、或共同追索。（因為本序目的所限，暫不論全面結構。）這首詩，雖然具有相當多的敘述程序和語態，但仍與一般敘事詩不同，譬如事件的輪廓、前因後果的模糊、說話者的自言自語及陷入出神的狀態、斷續如夢的旋律、回憶穿梭等都是一般敘事詩所不具的。

〈山洪〉裡引起一個更有趣的問題，我們雖然知道該詩中有兩個不同的說話者，但在語氣上卻是分不出來的，換言之，我們不能一口咬定該段為甲所有，該段為乙所說。我們覺得詩人自己不斷的篡奪甲和乙的聲音而混而為一，如果我們視〈山洪〉為「劇詩」，則聲音的混合便是缺憾；如果我們視〈山洪〉為一首不分角色的詩，則詩人只借甲、乙為面具，追索死亡所激起的情緒及思維。（身分不分，幾個不同聲音由詩人混淆演出是抒情詩常有的現象，詳見拙文"One case in the translation of a poem: Exterior or Interior Dialogue?" Delos/4, 1970。）

由是，我們的詩人不完全「乘興」傾出，他已步入白朗寧的「獨白」和葉慈的「面具」（"mask"）及早期的龐德的 Persona。（後期龐德仍用 Persona，但其苦心經營的結果加上許多別的因素和早期的 Persona 的詩大相逕庭。原則上龐德早期的 Persona 是介乎白朗寧及葉慈之間的產物。）

《傳說》這本詩集裡許多詩是應用了「面具」的。〈讀韓愈七言古詩〈山石〉〉、〈延陵季子掛劍〉和〈流螢〉都是通過「面具」發音的（而且是歷史的「面具」，可以同時保持詩人一向酖愛的「古典的驚悸」），現抄〈流螢〉的第一節以見其心：

> 蜈蚣的毒液，荊棘的
> 蔭涼布滿了退潮後的膚色
> 斷橋以東是攤開的黑髮
> 我偽裝成疲倦的歸人

打著雙槳
划進這彷彿陌生的河灣
懷裡揣著破舊的星圖
今夜風大
葉密如許我還能窺見
酒菜完畢坐著飲茶的仇家

　　白朗寧的朋友米士蘭（Misland）說白氏的「戲劇獨白」裡抒情意味和
戲劇意味協調，……他使我們「通過外在事物而見著內在意義」。「蜈蚣的
毒液，荊棘的／蔭涼布滿了退潮後的膚色／斷橋以東是攤開的黑髮」固是
外在物象的描述，但同時也覆射獨白者的心境及構成其現在的境遇的陰森
複雜的過去。龐德在 1908 年給威廉‧卡洛士‧威廉斯的信裡說：

　　對我來說，那些所謂戲劇的抒情詩──就是說我此刻正寫的那些東西─
　　─是一齣戲裡詩的部分（其餘的部分對我來說是屬於散文的，留待讀者
　　自己去想像……），我抓住一個角色裡我特別感興趣的一刻──通常是放
　　歌的一刻或是自我分析、頓悟、啟發的一刻。

〈流螢〉裡的故事的散文部分是在詩的外面，詩人只抓住他最感興趣的一
刻──一個丈夫的亡魂在窺視他謀殺死的妻的娘家（仇家）的一刻中思潮
的起伏。詩人是利用這一刻的刀攪的情緒來做藝術。詩人沒有完全讓主角
的獨特個性占有該詩，詩人自己的聲音──包括他自己對某些語字的酖
愛──往往篡奪詩中主角的聲音：

這橘花香的村子合當
焚落：煙霧要繞著古井
直到蛙鳴催響。我們從

灰爐上甦醒
鳥逸入雲。寂
靜

　　這是詩人自己的聲音（雖然他是透過獨白者的口），或者我們應該說，
詩人和獨白者的身分已不可分，這正是抒情詩所具有的特色，這是一般敘
事詩所沒有的——因爲敘事詩的詩人總是站在經驗的外面。葉珊卻是不斷
的往還於他刻畫的主角的經驗和他自己的經驗之間。由於「面具」所造成
的這種獨特的意識形態，葉珊可以同時酖愛「美」的溢出和藝術所要求的
克制。「山洪」就是這種意識形態的詩最顯著的代表。

——選自《秩序的生長》，1971 年

——選自葉維廉《從現象到表現：葉維廉早期文集》
臺北：東大圖書公司，1994 年 7 月

「傳說」楊牧的詩

◎向陽*

一、楊牧簡介

　　詩人楊牧，本名王靖獻，早期另有筆名葉珊，1940 年生於臺灣花蓮。楊牧是臺灣當代文壇重鎮，他的詩和散文都有可觀，與詩人余光中一樣，右手寫詩，左手寫散文，也都在大學任教，兼長於翻譯和評論。

　　楊牧年輕時就以現代詩和散文馳名，當時他以「葉珊」為筆名，筆法細膩，風格婉約，又帶有浪漫主義的夢幻之美，而在語言節奏的處理上，更富有迷人的韻律，因此小說家王文興就認為楊牧的詩創立了現代詩的新秩序：主題發展完整，內部組織猶如鐘錶，繁複而嚴密，韻律完美，具有高度音樂性，「能令人反覆詠誦，樂而忘疲」。他的散文也具有詩的成就，他以詩的美學融入散文中，因此使得他的散文格外富有詩的韻味，是帶有詩質的散文。

　　楊牧 15 歲時就開始發表創作，當時他用筆名葉珊在《現代詩》、《創世紀》等刊物上發表了不少佳作，1960 年出版了第一本詩集《水之湄》，收錄 50 首作品，當時他還在東海大學外文系就讀。其後楊牧不但創作量豐富多元，跨足散文，第一本散文即是在 1966 年出版的《葉珊散文集》，兩書都受到文壇的肯定和讀者的歡迎。

　　楊牧 1963 年東海大學外文系畢業，1964 年赴美留學，先後獲得愛荷華大學藝術碩士和柏克萊大學比較文學博士學位。1972 年起他的文風、詩

*本名林淇瀁，發表文章時為中興大學臺灣文學研究所副教授，現為臺北教育大學臺灣文化研究所副教授。

風大改，筆名也改爲「楊牧」，繼續創作，並且展現了厚重繁複、富有歷史、人文與自然思考的大家風格。

　　楊牧在學術上的成就也很可觀。拿到博士學位後，他先後在美國麻薩諸塞大學、華盛頓大學擔任教職，其後曾任臺大客座教授、美國普林斯頓大學客座副教授、香港科技大學教授，1996 年回國專任東華大學教授兼人文社會科學院院長，現任中央研究院中國文哲研究所特聘研究員兼所長。

　　楊牧的著作甚多，舉其要者如詩集《水之湄》、《北斗行》、《禁忌的遊戲》、《時光命題》、《完整的寓言》等，散文集《葉珊散文集》、《柏克萊精神》、《交流道》、《星圖》等，共有三十餘部。另有戲劇、評論、翻譯、編纂等中英文著作多種。

二、楊牧之前的葉珊詩風

　　洛夫在 1972 年出版的《中國現代文學大系‧詩卷》〈序〉中談到「現代詩的語言」時，強調現代詩語言的張力「存在相剋相成的兩種對抗力量之中，提供一種似謬實真的情境，可感到而又不易抓住，使讀者產生一種追捕的興趣」。當時他曾舉葉珊〈十二星象練習曲〉中的詩句爲例：

> 當時，總是一排鐘聲
> 童年似的傳來

並指出，這樣的詩句，「鐘聲」和「童年」本來是平凡而互不相干的事物，但一經有機性的安排，彼此之間便產生了美學的新關聯，「其中多層次的空間和同時存在的張力，構成了內含性（connotation）和外延性（denotation）均衡發展，互相配合的意義」。

　　洛夫的這段話，指出楊牧在葉珊時期擅長於語言運作的特質。楊牧以葉珊筆名崛起於臺灣 1950 年代詩壇，15 歲開始寫詩投稿，20 歲就由藍星詩社出版了他的第一本詩集《水之湄》（1960 年），三年後出版第二本詩集

《花季》（1963 年），再越三年，由文星書店出版第三本詩集《燈船》
（1966 年），完成了他在葉珊時期的語言風格：主調是抒情的，易於吟
誦；情境是唯美的，總是令人悸動。然而，語言背後的蘊義卻又是繁複
的、多種喻依的，不盡然容易被讀者所完全掌握。葉珊時期的詩，伴隨著
抒情節奏的律動，柔美的意象以著一連串的互動的暗喻向前推動，讓讀者
在感動之餘，不禁也要跟著叩問葉珊：

　　而那明滅於馬蹄間的
　　究竟是星光，還是野火

　　洛夫用「張力」來說明葉珊詩語言的美學基礎，固然點出了葉珊擅用
矛盾語言結構情境的特質，卻還是無法凸顯葉珊（以及 1972 年的楊牧）語
言中特有的曖昧性與蒼茫感。這就值得我們討論了。
　　從《水之湄》、《花季》到《燈船》，這是楊牧「葉珊時期」的三部作
品。楊牧，酖於美的追尋，語言在他而言，不只是意象的抓攫，還是聲音
（語氣和語調）、情境的模擬，以及某種生命意義的探討。陳芳明說這個時
期的葉珊詩風，「藉大自然的景物來暗喻自己的感情，……以我觀物，以物
觀我，不斷在作品裡交替運用」；如「從生活的讚美轉變成生命的咀嚼」。
葉珊在《燈船》的〈自序〉中其實也說得很清楚：

　　我明白我所學的是陳舊的文學，盎格魯撒克遜的粗糙，但假使能從這種
　　浸淫裡捕捉一點摸拙的美，為自己的詩尋出一條新路，擺脫流行的意象
　　和一般的腔調，又何嘗不是很有意義的呢？

這樣的語言特質，以及這種「擺脫流行的意象和一般的腔調」的想法，促
成了葉珊第四本詩集《傳說》的誕生，同時也宣告了葉珊時期的結束，楊
牧時期的來臨。

三、關於楊牧詩集《傳說》

《傳說》，做爲「楊牧」出現前的預示，收入《燈船》之後將近五年詩作的三分之二。葉珊在〈前記〉中說：

> 這個五年似乎見證了最希罕的肯定，我幾乎沒有一刻能執著一種風格一種觀點一種技巧，總是在瞬息變化中不斷地駁斥，否決，摧毀——摧毀自己的過去。這在《水之湄》到《花季》的時期發生過，在《花季》到《燈船》的時期也發生過，但都沒有這五年的經驗顯得那麼冷酷而徹底。因此，這個集子裡的作品，無論就視界或技巧方面看，都是極不統一的……。

「不斷地駁斥，否決，摧毀」自己，顯示了當時葉珊對自己早年風格的不滿，卻也表現了葉珊此際的轉型及其試探。這本絕大多數寫於美國柏克萊的詩集，分爲「掛劍之什」、「屏風之什」、「十二星象練習曲」與「山洪」四輯，其中，〈十二星象練習曲〉和〈山洪〉是兩首受到矚目的長詩。葉珊自述，他費了一年的時間寫〈山洪〉，花了「一個春雨的上午」寫〈十二星象練習曲〉。「前者七易其稿，後者遽爾成章」；「欣喜前者的都是小說作者，稱讚後者的都是詩人」。這是什麼原因，葉珊並未明言，但是這當中有著一股在當代詩壇中知音難尋的落寞，則可感覺出來。這一點，證之於〈十二星象練習曲〉收入《中國現代文學大系・詩卷》，而〈山洪〉則付闕，可以了然。

〈山洪〉其實是銜接葉珊時期，過渡到楊牧時期的一首力作，也是《傳說》這本詩集具備典範性的主要構成，甚至可以說，這當中隱藏著葉珊（以及楊牧）最初始的詩的生命。這首完成於 1969 年的作品，是一篇介乎敘事與抒情的力作，原故事出自葉珊散文〈最後的狩獵〉。葉維廉在分析這首葉珊頗爲自得的作品時指出，這首詩乃是「透過聲音的姿勢構成的敘

事詩」，這首詩：

> 雖然具有相當多的敘事程序和語態，但仍與一般敘事詩不同，譬如事件
> 的輪廓，前因後果的模糊，說話者的自言自語及陷入出神的狀態，繼續
> 如夢的旋律，回憶穿梭等都是一般敘事詩所不具的。

　　除此之外，葉氏更指出，葉珊在〈山洪〉中的聲音姿勢，已經篡奪了
故事中甲乙角色，「詩人只借甲乙為面具，追索死亡所激起的情緒及思
維」，因此，在葉維廉看來，「獨白」與「面具」的應用，構築了葉珊這種
具有強烈抒情特色的敘事詩的主要特質。葉維廉強調葉珊：

> 不斷往還於他刻畫的主角的經驗和他自己的經驗之間。由於「面具」所
> 造成的這種獨特的意識形態，葉珊可以同時酖愛「美」的溢出和藝術所
> 要求的克制。〈山洪〉就是這種意識形態的詩最顯著的代表。

至於「這種獨特的意識形態」是什麼呢？葉維廉並未細說。1984 年到 1986
年間，楊牧開始使用散文來回憶他的童年花蓮經驗，在其後結集的《山風
海雨》這本散文集中，楊牧以〈詩的端倪〉做為總結，有意無意地交代了
他的詩的生命的端倪，來自花蓮一次大地震所給予他的面對生命與死亡的
恐怖感。「我警覺我微小的生命正步入一個新的無意識的階段，在恐怖懼怕
中，在那呼嘯和震動之中，孕育了一組神話結構」，而「詩是神話的解
說」。〈山洪〉的神話，顯然來自這樣的生命的目視。
　　這使我們必須從另一個角度來討論楊牧的語言。〈山洪〉敘述的故事，
本身就是一組語言（神話結構）。這是貫穿葉珊到楊牧時期至今最主要的美
學基礎，而不只是簡單的形象語言之間顯示的遊戲或張力。在詩集《傳
說》出版時，葉珊已經找到了與他的生命圖式吻合的語言，儘管他是以
「摧毀過去」的心情為之，卻宣告了真實的誕生。《傳說》出版後次年，葉

珊從詩中消失，楊牧則巍然升起，原因應該在此。葉珊找到的這組神話結構，來自原初的生命，結合著生身的土地的召喚、記憶的糾纏、還有靈魂的探索，通過語言的符號，結構出了繁複多采的詩的世界，標誌了其後楊牧異於其他同代詩人的醇厚、拙重，以及晦澀、難解。正如楊牧在他的第十本詩集《有人》的〈後記〉所說：

> 結構，觀點，語氣，聲調，甚至色彩——這些因素決定一首詩的外在形式，而形式取捨由詩人的心神掌握，始終是一種奧祕，卻又左右了主旨的表達。

楊牧早在用葉珊的名寫出《傳說》時，這種神話結構就已經浮出了。

　　羅蘭・巴特（Roland Barthes）在他的名著《神話學》（Mythologies）中，通過對語言學家索緒爾（Saussure）的符號學的基本概念分析神話，他把神話定義爲一個傳播體系、一個訊息、一種意義構造方式、一個話語（parole）。楊牧把詩看成是「神話的解說」，不知是否由此延伸，但無論如何，詩做爲一種神話，在符號學中是可以確立的。

　　因此，我們與其用語言的修辭（張力），不如使用符號的義涵運作來看楊牧從《傳說》開始建構的繁複難解的詩的神話系統。根據索緒爾的研究，語言做爲一種符號（sign），是由符號具（signfier，或譯能指、意符）和符號義（signfied，或譯所指、意指）所構成，在語言中，符號具是一種概念，符號義是聽覺上的形象（心理層面的），而在概念和形象之間的關係就是符號。巴特進一步把符號視爲「第二秩序的符號學系統」（"a second-order semiological system"），換句話說，第一秩序是由符號具和符號義構成的符號（概念和意象相連的整體）；在第二秩序的系統中，符號則成爲一個符號具。在巴特的詮釋裡，神話因此具有兩個符號學的系統，其中一個與另一個相互交錯。這使得神話的符號具「以一種曖昧的方式呈現：它同時既是意義，又是形式，一方面充實，一方面又是空洞」。當它具備意義時，

它提出了一種知識、一個過去、記憶及事實、理念、決定的相對秩序；但是，當它變成形式時，意義就拋卻了它的偶然性，自我掏空，變成一無所有，只剩下字母。

在《傳說》收錄的詩中，我們其實也看到了即將轉化爲楊牧的葉珊，如何嘗試著通過詩的符號去建立屬於他自己的神話系統。還是以〈山洪〉爲例，葉珊通過「遺容」、「城的驚訝」、「摧殘」、「棺廓的遭遇」、「死亡的浮標」與「流木」六組符號具，及其衍生的在讀者心中產生的符號義，建構出「山洪」這個符號，形成詩的第一秩序。在這個秩序中，意義已經產生，這六組符號具醞釀了「死亡」的符號義，給予讀者關於生命的不由自主的遺憾與悲凄。在第一系統中，所有的符號具都不只是在表具而已，同時也在談論死亡的意義，用《莊子》〈外物〉篇的話來說，「荃者所以在魚」、「蹄者所以在兔」、「言者所以在意」，因此，作者所冀望於讀者的是「得魚而忘荃」、「得蹄而忘兔」、「得意而忘言」的超越「山洪」這個符號的「生命無奈」的意指。

但是，到了第二秩序之中，「山洪」這個符號則轉爲神話符號中的符號具，巴特認爲符號具有著「表裡不一」的特質，「既是意義，也是形式」，因此可能形成三種不同類型的閱讀：

1.若讀者專注於空洞的符號具，讓概念明確地塡入神話的形式，那麼「山洪」就是死亡的範例（example），成爲一個象徵（symbol）；

2.若讀者專注於一個完整的符號具，清晰地區辨其中的意義和形式，結果將是兩者之間的扭曲，那麼「山洪」將形成死亡的不在場證明，神話將遭到解碼；

3.若讀者專注於神話的符號具，並視之爲由意義和形式所組成的不可分割的整體，那麼將會得到一個曖昧的意指作用（signification）：回應神話的組成機制及其本身的動力，而成爲神話的讀者。「山洪」不再是個範例或象徵，也不再是一個不在場證明，而是死亡的存在（presence）意義。

這三種閱讀的可能性，一方面顯現了葉珊進入《傳說》時期建構的神

話系統的豐饒性,一方面也足以說明由葉珊到楊牧時期的神話系統的曖昧性。前者使得楊牧的詩在當代詩人中取得了優越而不可搖撼的經典性地位;後者則使得進入楊牧時代的詩作,難以解讀,並且形成閱讀的困難。

楊牧對於這種情況約略了然於心,1995 年他在編就《楊牧詩集:貳》的時候,就慨乎言之地對「論者以造次的詮釋錯誤地加諸我們的作品之上」的閱讀可能表示這使他:

> 更加覺悟唯其當詩創作完成於最深刻縝密的思維和技術條件之下,我們看似簡單的文本往往是潛在浩瀚的,可以吸納,包容好幾種或者無數的詮釋。它是一生生不息的結構。

文本與閱讀之間,本來就充滿著歧義解讀的可能,何況詩的語言從象徵的傳統來看,其中的隱喻(metaphor)和轉喻(metonymy)更形成了閱讀的障礙。楊牧自葉珊時期開始,就是善用意象語言的高手,如他寫〈孤獨〉,喻依以「一匹衰老的獸」,就相當耐人尋味,不過這還是易解者:層轉疊替而意象紛繁者如「蜈蚣的毒液,荊棘的/蔭涼布滿了退潮後的膚色/斷橋以東是攤開的黑髮」(〈流螢〉)這樣的多重喻依,葉維廉解讀為「固是外在物象的描述,但同時也覆射獨白者的心境及構成其現在的境遇的陰森複雜的過去」,恐怕就見仁見智了。詩,做為符號,在多義性和複向指涉能力(multiple referentiality)的本質上,使得製碼者和解碼者之間必然產生差異,這應是無可奈何的。

四、《傳說》中的作品分析

回到《傳說》的文本中來。《傳說》四輯,除了「山洪」之外,「十二星象練習曲」也是一首長詩。如果刻板地把〈山洪〉看成葉珊走向楊牧的敘事詩濫觴之作,那麼〈十二星象練習曲〉就可以說是走向楊牧之前的葉珊抒情風的一個深化與總結。這首詩寫於 1970 年,是《傳說》詩集中最新

的作品。較諸於〈山洪〉，意象更加繁複詭譎，並且與〈山洪〉形成奇妙的
對比：前者寫生與慾，後者寫愛與死；前者以大海為情思的淵藪，後者以
深山為意象的洞穴。這兩作都兼有抒情與敘事雜揉的奇趣，但前詩側重於
抒情的呢喃，後者著墨於敘事的跌宕，而語言的曖昧模糊則一。

　　初讀〈十二星象練習曲〉的讀者，可能很難詮解此詩的符號義涵。轉
捩到楊牧之前的葉珊，這時住在柏克萊，寫這首詩的同時，也正開始第二
本散文集《年輪》的下筆，這是來自「厭倦了自己已經創造了的（〈葉珊散
文集〉）那種形式和風格」而開始挑戰自己，要「寫一本我的心影錄」的結
果。細心的讀者在捧讀《年輪》之後，這才發現，〈十二星象練習曲〉寫的
是美國士兵的越戰故事。在《年輪》第一部「柏克萊」這一雜揉著小說與
詩的混血風的散文中，已經改名為楊牧的葉珊，出現在第 20 節「天干地
支」的「地支」之中，那就是〈十二星象練習曲〉的植入。楊子澗認為：

> 從《年輪》中的二等兵弗蘭克・魏爾西，我們方知〈十二星象練習曲〉
> 的背後還隱藏著葉珊收到《傳說》裡這首詩的真正意義，也唯有從《年
> 輪》中，我們才能印證它並不是一首「性愛」詩；而是葉珊到楊牧維持
> 他一向關懷人類悲憫世界的寬闊胸懷。

　　正猶如〈山洪〉寫花蓮原住民的神話，〈十二星象練習曲〉寫越戰中美
國青年的神傷，葉珊詩集《傳說》在大敘事的抒情書寫中，其實暗藏了詩
人關懷現實、介入社會的具體的愛、長遠的愛，而少為他處身的詩壇同
僚、外界的論者所知。即連他的好友唐文標在那篇有名的〈什麼時候什麼
地方什麼人〉的批判現代詩文章中，都把葉珊視為舊詩傳統的「氣體化」，
指他「穿著舊詩的花衣，騎著書本上的西方浪漫的彩馬，在虛空中逍遙，
不著邊際」，並且指責「他是徹頭徹尾地抒情，抒他古典的幽情，抒他自己
的閒情」，「與這世界相距很遠」。這對葉珊顯然是個誤會，對楊牧則是一種
遺憾。唯這也足以看出，即便是好友，也難解楊牧。

　　此外的兩輯「掛劍之什」與「屏風之什」，除了做爲詩集名稱的〈傳說〉外，多爲短製。〈傳說〉計分八節，每節兩段，每段七行（相等於每節14 行）。這首詩，介於〈山洪〉和〈十二星象練習曲〉之間，流露出葉珊在目睹美國佛里蒙山區原住民的潰逃的同時，對於他生身之地花蓮原住民族「氣味」的回憶與疼惜：

> 這原是已經付出的抵銷過歲月的
> 恐懼！我們目睹美如死亡的
> 美如死亡的羊齒植物，悄悄地生長
> 而它也僵化爲擺設，啊，死亡的盆景
> 有些塵土以外的窒息，仍暗澹地
> 在意念和山區裡澎湃
> 某種氣味，型態，某種溫柔的拒斥

　　這是寫於 1976 年的詩，20 年後，楊牧又用散文表現了同樣的感覺，在題爲〈他們的世界〉一文中，楊牧一啓筆就寫道：「在他們的世界裡，我確定，真的是瀰漫著一種很特殊的氣味」，然後他試圖詮解「那氣味」：

> 那氣味裡帶著一份互古的信仰，絕對的勇氣，近乎狂暴的憤怒，無窮的溫柔，愛，同情，帶著一份宿命的色彩，又如音樂，如嬰兒初生之啼，如浪子的歌聲，如新嫁娘的讚美詩，如武士帶傷垂亡的呻吟。那氣味是宿命的，悲涼，堅毅，沒有反顧的餘地，漂浮在村落空中，頃刻間沾上我的衣服，我的身體和精神，而且隨著我這樣成長，通過漫漫的歲月，一直到今天。

　　從時隔 20 年後的追憶，我們看到了〈傳說〉中的葉珊如何通過繽紛的符號，向著他生命圖式中不可抹滅的氣味發出的沉痛的呼叫。

　　而楊牧用散文敘述出來的「氣味」：諸如亙古的信仰，絕對的勇氣，近乎狂暴的憤怒，無窮的溫柔，愛，同情，帶著一份宿命的色彩等，其實也就是從葉珊時期到楊牧時期一以貫之的詩的氣味。那股宿命的、悲涼的、堅毅的、沒有反顧餘地的精神，具體地從《傳說》這本詩集開始，傳唱至今。這表現在長詩中，也表現在這本詩集的其他的短製裡，如〈延陵季子掛劍〉、〈流螢〉、〈武宿夜組曲〉、〈傷痕之歌〉、〈婦人的側面〉等都是。

　　重複一下葉維廉對葉珊的觀察，葉維廉認為《傳說》這本詩集裡有許多詩是應用「面具」的，都是通過「面具」發音的（而且是歷史的「面具」，可以同時保持詩人一向酷愛的「古典的驚悸」。我們可以發現，楊牧從葉珊時期寫作《傳說》的同時，便開始建立他獨特的神話系統，我們把這個神話系統等同於葉維廉說的「面具」亦無不可；不過，由於楊牧的符號體系充滿著多義性，且具有「表裡不一」的特質，他的詩的符號具既是意義，也是形式，從而暗藏著不同的閱讀的水門，這乃使得葉珊乃至於其後的楊牧猶如巨大的迷海，即使是酷愛於詩的水手，也難以辨別舟楫與海水，而致於忽視了他深藏於神話底下的那些標誌著生命與現實意義的壯美。

　　楊牧喜於用樹自喻，一如他的擅長採取寓言和比喻，前者寄寓幽情，後者喻依天地景象。他的詩，和他的散文，交錯的紋理中，透露了他的生命和認同的聲音，也顯應著他來自的土地和歷史的色澤。身為一個寫詩的人，我在展讀葉珊時期的《傳說》的過程中，先是看到一棵無以名之的樹，帶著甜美的隱晦，「一排鐘聲／童年似地傳來」；繼而發現這樹，枝葉井然、自然，根植在臺灣的大地上，絕無半點隱瞞，一如楊牧（1976:222）在《年輪》〈後記〉中所強調：

　　　我不知道一個人能夠自剖到什麼地步，但我看到樹的真實。

五、結論：楊牧詩藝特色

　　楊牧堅持文學創作四十餘年，不只詩、散文，他的評論、翻譯也都卓然成家，可說是一位跨領域、全方位的學者作家。也因此，他迭受肯定，先後獲得中山文藝獎、時報文學獎、吳魯芹散文獎、吳三連獎與國家文藝獎的肯定。吳三連文藝獎評審會肯定他在散文的成就是「在主題意識方面，他關懷鄉土、關懷社會、關懷整個世界，他揭露問題，往往提出理想，他關懷的範圍由小而大，思考的層面由淺而深。在藝術技巧方面，致力突破形式上的窠臼，別創新格，嘗試從西方文學、中國古典文學、現代詩中汲取各種藝術技巧，融入散文之中。」國家文藝獎肯定他「堅持文學創作四十餘年，詩、散文、評論、譯作均卓然成家。詩意的追求，以浪漫主義爲基調，構築生命的大象徵。散文的經營，兼顧修辭與造境，豐富臺灣的抒情傳統，評論的建構，融匯美學涵養與人文關懷。楊牧先生創作風格與時俱進，不追逐流行，不依附權力，特立獨行，批判精神未嘗稍減，允爲臺灣文學的重鎮。」

　　張芬齡與陳黎研究楊牧多年，在論文〈楊牧詩藝備忘錄〉中說，楊牧的詩歌藝術共有九大特色：1.抒情功能的執著。2.愛與死，時間與記憶。3.中國古典文學的融入。4.西方世界的探觸。5.常用的詩的形式。6.楊牧詩中的自然。7.本土元素的運用。8.家鄉的召喚。9.現實的關照。這樣的分析相當入微。

　　楊牧自己曾說：「好詩應該先感動詩人自己，我相信，接著便突破個人的範限，進入社會的心靈；個人的經驗便成爲社會大眾的經驗，個人的比喻，象徵，寓言變成社會大眾的比喻，象徵，寓言。」(《北斗行》〈後記〉) 又說：「一首詩如一棵樹，和別的樹同樣是樹，可是又和別的任何樹都不同，在形狀枝葉的結構上自成體系，萌芽刹那已經透露了梗概，唯風雨陽光在它成長的過程中捏塑它，有它獨立的性格，但它還是樹，枝葉花果有其固定的限制。每一首詩都和樹一樣，肯定它自己的格律，這是詩的

限制，但每一首詩也都和樹一樣，有它筆直或彎曲的生長意志，這是詩的自由。」（《禁忌的遊戲》後記〈詩的自由與限制〉）。這都讓我們看到詩人對於詩的虔誠，楊牧的詩藝特色如何，大概也只有他自己最清楚，一如他在 1986 年出版的《一首詩的完成》中所說：

> 我在尋覓的是具有創意的文學，內容和形式平衡，現實和想像面面顧到，而又不羞澀牽強，不炫人耳目，有一種明快準確的語法，佈置在呼應自然的大結構上，如巴洛克音樂的秩序，又排除了虛假的腔調。這令人喜悅的作品層次分明，然而段落和章節之間總是含蘊了表裡互為詮釋的潛力，而且還能自動擴充演繹，使我閱讀的心思有點懸疑，但不是恐懼驚悚。我尋覓理智和感情調和的作品，合於人生經驗的原則，可是又往往提示著一種我想像不到的精神的，甚至宗教的境界，教我甘心把自己的愛憎勾消，無保留地接受它在那小尺幅裡規劃的大世界。

就用楊牧的這段話概括他的詩藝成就也是很恰當的。

六、附錄

附錄一：楊牧詩作選讀

我已在這兒坐了四個下午了
沒有人打這兒走過──別談足音了

（寂寞裡──）
鳳尾草從我褲下長到肩頭了
不為什麼地掩住我
說淙淙的水聲是一項難遣的記憶
我只能讓它寫在駐足的雲朵上了

南去二十公尺，一棵愛笑的蒲公英

風媒把花粉飄到我的斗笠上

我的斗笠能給你什麼啊

我的臥姿之影能給你什麼啊

四個下午的水聲比做四個下午的足音吧

倘若它們都是些急躁的少女

無止的爭執著

——那麼，誰也不能來，我只要個午寐

哪，誰也不能來

——〈水之湄〉

就從此，山嶽向東方推湧

一浪一浪薔薇的潮

讓我輕握你冰涼的小手

在雨地裡，讓我輕握你

薔薇的，冰涼的小手

去年的秋季尚殘留在我鬢上

我們曾共有那溫暖的流星河

袖上遺著你的指印

讓我輕握你的手薔薇

我是那寒夜的篝火

啊月淺，啊燈深

哪一天你將踏霜尋我

（一路摘著宿命的紅葉）

來我讀詩的窗口？

你沿階升上

踩亂我滿院瘦瘦的花影

我便是篝火

讓青焰彈去你衣上的霜

在這爐邊坐下

讓我，讓我輕握你冰涼的小手

　　　　　　　　　　　　　——〈冰涼的小手〉

風起的時候

廊下鈴鐺響著

小黃鸝鳥低飛簾起

你依著欄杆，不再看花，不再看橋

看那西天薄暮的雲彩

風起的時候，我將記起

風起的時候，我凝視你草帽下美麗的驚懼

你肩上停著夕照

風沙咬嚙我南方人的雙唇

你在我波浪的胸懷

我們並立，看暮色自

彼此的肩膀輕輕地落下

輕輕地落下

　　　　　　　　　　　　　——〈風起的時候〉

1

假如我能為你寫一首

夏天的詩，當蘆葦

劇烈的繁殖，陽光

飛滿腰際，且向

兩腳分立處

橫流。一面新鼓
破裂的時候，假如我能

為你寫一首秋天的詩
在小船上擺蕩
浸濕十二個刻度
當悲哀蜷伏河床
如黃龍，任憑山洪急湍
從受傷的眼神中飛升
流滅，假如我能為你

寫一首冬天的詩
好像終於也為冰雪
為縮小的湖做見證
見證有人午夜造訪
驚醒一床草草的夢
把你帶到遠遠的省份
給你一盞燈籠，要你
安靜地坐在那裡等候
且不許你流淚

2
假如他們不許你
為春天舉哀
不許編織
假如他們說
安靜坐下
等候

一千年後

過了春天

夏依然是

你的名字

他們將把你

帶回來　把你的

戒指拿走

衣裳拿走

把你的頭髮剪短

把你拋棄在我

忍耐的水之湄

你終於屬於我

你終於屬於我

我為你沐浴

給你一些葡萄酒

一些薄荷糖

一些新衣裳

你的頭髮還會

長好，恢復從前的

模樣，夏依然是

你的名字

3

那時我便為你寫一首

春天的詩，當一切都已經

重新開始——

那麼年輕，害羞

在水中看見自己終於成熟的
影子，我要讓你自由地流淚
設計新裝，製作你初夜的蠟燭

那時你便讓我寫一首
春天的詩，寫在胸口
心跳的節奏，血的韻律
乳的形象，痣的隱喻
我把你平放在溫暖的湖面
讓風朗誦

——〈讓風朗誦〉

我總是聽到這山崗沉沉的怨恨
最初的漂泊是蓄意的，怎能解釋
多少聚散的冷漠？罷了罷了！
我為你瞑目起舞
水草的蕭瑟和新月的淒涼
異邦晚來的搗衣緊追著我的身影
嘲弄我荒廢的劍術。這手臂上
還有我遺忘的舊創呢
酒酣的時候血紅
如江畔夕暮裡的花朵

你我曾在烈日下枯坐
一對瀕危的荷菱：那是北遊前
最令我悲傷的夏的脅迫
也是江南女子纖弱的歌聲啊
以針的微痛和線的縫合

令我寶劍出鞘

立下南旋贈與的承諾……

誰知北地胭脂，齊魯衣冠

誦詩三百竟使我變成

一個遲遲不返的儒者

誰知我封了劍（人們傳說

你就這樣念著念著

就這樣死了）只有簫的七孔

猶黑暗地敘說我中原以後的幻滅

在早年，弓馬刀劍本是

此辯論修辭更重要的課程

自從夫子在陳在蔡

子路暴死，于夏入魏

我們都淒惶地奔走于公侯的院宅

所以我封了劍，束了髮，誦詩三百

儼然一能言善道的儒者了……

呵呵儒者，儒者斷腕於你漸深的

墓林，此後非俠非儒

這寶劍的青光或將輝煌你我於

寂寞的秋夜

你死於懷人，我病為漁樵

那疲倦的划槳人就是

曾經傲慢過，敦厚過的我

──〈延陵季子掛劍〉

第一折　風聲・偶然風、雪混聲

等那人取路投草料場來
我是風，卷起滄州
一場黃昏雪──只等他
坐下，對著葫蘆沉思
我是風，為他揭起
一張雪的簾幕，迅速地
一張雪的簾幕，迅速地
柔情地，教他思念，感傷

那人兀自向火
我們兀自飛落
我們是滄州今夜最焦灼的
風雪，撲打他微明的
竹葉窗。窺探一員軍犯：
教他感覺寒冷
教他嗜酒，抬頭
看沉思的葫蘆
這樣小小的銅火盆

燃燒刀舌的山茱萸
訴說挽留，要那漢子
憂鬱長坐。總比
看守天王堂強些……
如寒落的天氣──我們是
我們是今夜滄州最急躁的風雪
這樣一條豹頭環眼的好漢
我是聽說過的：嶽廟還願
看那和尚使禪杖，吃酒，結義

一把解腕尖刀不曾殺了

陸虞侯。這樣一條好漢

燕頷虎須的好漢，腰懸利刃

誤入節堂。脊杖二十

刺配遠方

撲打馬草堆，撲撲打打

重重地壓到黃土牆上去

你是今夜滄州最關心的雪

怪那多舌的山茱萸，黃楊木

兀自不停地燃燒著

挽留一條向火的血性漢子

當窗懸掛絲簾幕

也難教他回想青春的娘子

教他寒冷抖索

尋思嗜酒——

五里外有那市井

何不去沽些來吃？

　　　　　　——〈林沖夜奔——聲音的戲劇（節選）〉[1]

孤獨是一匹衰老的獸

潛伏在我亂石磊磊的心裡

背上有一種善變的花紋

那是，我知道，他族類的保護色

---

[1]《林沖夜奔》取材自《水滸》，作者借用元雜劇的闕目結構，共分四折，每折一個敘述者，即為詩的抒情主人公。第一折：風聲。第二折：山神聲。偶然判官、小鬼混聲。第三折分甲、乙、丙，都是林沖的獨白。第四折又回到開頭，為雪聲，偶然風、雪、山神混聲。作者不直接敘述故事，而是借用這個婦孺皆熟的情節，在規定的情景中，以特殊的身分（如風、雪、山神以及林沖內心的戲劇獨白），予以強烈的抒情，故副題為「聲音的戲劇」。因全詩較長，這裡選登第一折。

他的眼神蕭索，經常凝視

遇遠的行雲，嚮往

天上的舒卷和飄流

低頭沉思，讓風雨隨意鞭打

他委棄的暴猛

他風化的愛

孤獨是一匹衰老的獸

潛伏在我亂石磊磊的心裡

雷鳴剎那，他緩緩挪動

費力地走進我斟酌的酒杯

且用他戀慕的眸子

慘戚地瞪著一黃昏的飲者

這時，我知道，他正懊悔著

不該貿然離開他熟悉的世界

進入這冷酒之中，我舉杯就脣

慈祥地把他送回心裡

——〈孤獨〉

附錄二：楊牧寫作年表

1940 年

　　本名王靖獻，出生於花蓮。

1946 年

　　入小學，爲臺灣光復後第一屆國民學生。

1955 年

　　入花蓮中學高級部。15 歲開始以筆名「葉珊」寫詩，投稿於各報紙副刊及詩刊。協助陳錦標編輯「詩週刊」於花蓮《東臺日報》。又辦「文藝週刊」於《東臺日報》及《更生報》。

1958 年

　　高中畢業，到臺北與覃子豪、黃用、洛夫、瘂弦，楚戈、夐虹等人交遊。

1959 年

　　入東海大學歷史系。

1960 年

　　由藍星詩社出版第一本詩集《水之湄》。主編《東風》雜誌。

　　9 月轉入外文系。

1963 年

　　出版第二本詩集《花季》。東海大學畢業後赴金門當兵。

1964 年

　　入愛荷華大學（University of Iowa）詩創作班。

1966 年

　　獲藝術碩士學位，論文爲詩一卷 *The Lotus Superstition and Other Poems*。出版詩集《燈船》和《葉珊散文集》。進入加州柏克萊大學（University of California, Berkeley），指導教授爲陳世驤先生。治《詩經》。出版翻譯西班牙詩人 F・加西亞・羅卡詩「西班牙浪人吟」（Romancero Gitano）14 首。

1970 年

赴麻州大學（Uniersity of Massachusetts, Amherst）任教。開始和林衡哲醫師合編「新潮叢書」，由志文出版社印行。

1971 年

完成博士論文，獲柏克萊加州大學比較文學博士學位，論文題目：*Shih Ching: Formulaic Language and Mode of Creation*。詩作〈十二星象練習曲〉獲第一屆詩宗獎。12 月遷西雅圖，轉任華盛頓大學（University of Washington）中國文學及比較文學助理教授。

1972 年

開始啓用筆名「楊牧」。

1973 年

升任華盛頓大學中國文學及比較文學副教授。9 月英文本《毛詩成語創作考》（*The Bell and Drum: Shih Ching as Formulaic Poetry in an Oral Tradition*），由加州大學出版部出版。出版批評論文集《傳統的與現代的》。

1975 年

赴臺灣大學外文系任客座教授一年。出版詩集《瓶中稿》。

1976 年

出版散文《年輪》。參與主編《文學評論》，又始主編「洪範文學叢書」。

1977 年

出版雜文集《柏克萊精神》。出版《楊牧自選集》。

1978 年

出版詩集《北斗行》。出版詩集《楊牧詩集I：1956—1974》。

1979 年

赴普林斯頓大學東亞系任客座教授一年。出版文學評論集《文學知識》。

1980 年

出版詩劇《吳鳳》。出版詩集《禁忌的遊戲》與《海岸七疊》。

1981 年

在華盛頓大學升任教授。編輯《中國近代散文選》。

1982 年

出版散文集《搜索者》。編輯《豐子愷文選》。

1983 年

赴臺灣大學外文系任客座教授一年。編輯主編《周作人文選 I》與《周作人文選 II》。

1984 年

出版文學評論集《文學的源流》。編輯《許地山小說選》。

1985 年

出版學術著作《陸機文賦校釋》，雜文集《交流道》。編輯《許地山散文選》。

1986 年

出版詩集《有人》。

1987 年

出版文學自傳「奇萊書」首部《山風海雨》，獲「時報文學獎推薦獎」。出版雜文集《飛過火山》。編輯《徐志摩詩選》。

1988 年

以英文出版論文集 *From Ritual to Allegory: Seven Essays in Early Chinese Poetry*。

1989 年

出版《一首詩的完成》。與鄭樹森合編《現代中國詩選》兩冊。

1990 年

獲頒「吳三連文藝獎」，爲文學類得主。

1991 年

出版詩集《完整的寓言》與文學自傳第二集《方向歸零》。

1993 年

出版美學論文集《疑神》。由 Joseph R. Allen 英譯之 *Forbidden Games and Video Poems* 出版。編輯《唐詩選集》。

1995 年

出版散文《星圖》。出版《楊牧詩集 II 1974～1985》。

1996 年

受邀返國擔任東華大學人文社會科學院院長。出版散文集《亭午之鷹》。

1997 年

編輯《徐志摩散文集》。編譯《葉慈詩選》。出版詩集《時光命題》。出版文學自傳第三集《昔我往矣》。

1998 年

由奚密與 Lawrence R. Smith 英譯之詩集 *No Trace of the Gardener: Poems of Yang Mu* 出版。

1999 年

出版莎士比亞劇本中譯《暴風雨》。

2000 年

獲「第四屆國家文化藝術基金會文藝獎」，為文學類得主。

2001 年

出版評論集《隱喻與實現》。出版詩集《涉事》。

2002 年

擔任中央研究院中國文哲研究所特聘研究員兼所長。出版評論集《失去的樂土》。與顏崑陽合編《現代散文選（續編）》。

2003 年

出版散文集《奇萊前書》。

附錄三：楊牧作品目錄

《水之湄》（詩集），臺北：藍星詩社，1960 年

《花季》（詩集），臺北：藍星詩社，1960 年

《燈船》（詩集），臺北：文星書店，1966 年

《葉珊散文集》（散文）臺北：文星書店，1966 年

《西班牙浪人吟》（翻譯）臺北：現代文學雜誌社，1966 年

《傳說》（詩集），臺北：志文出版社，1971 年

《傳統的現代的》（評論）臺北：志文出版社，1974 年

《瓶中稿》（詩集），臺北：志文出版社，1975 年

《年輪》（散文，）臺北：四季出版公司，1976 年

《柏克萊精神》（散文），臺北：洪範書店，1977 年

《北斗行》（詩集），臺北：洪範書店，1978 年

《楊牧詩集 I：1956～74》（詩集），臺北：洪範書店，1978 年

《文學知識》（評論），臺北：洪範書店，1979 年

《吳鳳》（詩劇），臺北：洪範書店，1979 年

《禁忌的遊戲》（詩集），臺北：洪範書店，1980 年

《海岸七疊》（詩集），臺北：洪範書店，1980 年

《現代中國散文選 I、II》（編纂），臺北：洪範書店，1980 年

《豐子愷散文選 I～IV》（編纂），臺北：洪範書店，1982 年

《搜索者》（散文），臺北：洪範書店，1982 年

《周作人文選》（編纂），臺北：洪範書店 1983 年

《文學的源流》（評論），臺北：洪範書店，1984 年

《許地山小說選》（編纂），臺北：洪範書店，1984 年

《交流道》（隨筆），臺北：洪範書店，1985 年

《陸機文賦校釋》（校釋），臺北：洪範書店，1985 年

《許地山散文選》（編纂），臺北：洪範書店，1985 年

《飛過火山》（隨筆），臺北：洪範書店，1986 年

《有人》（詩集），臺北：洪範書店，1986 年

《山風海雨》（散文），臺北：洪範書店，1987 年

《徐志摩詩選》（編纂），臺北：洪範書店，1987 年

《一首詩的完成》（散文），臺北：洪範書店，1989 年

《方向歸零》（散文），臺北：洪範書店，1989 年

《現代中國詩選 I》（編纂），臺北：洪範書店，1989 年

《現代中國詩選 II》（編纂），臺北：洪範書店，1989 年

《完整的寓言》（詩集），臺北：洪範書店，1991 年

《疑神》（散文），臺北：洪範書店，1993 年

《唐詩選集》（編纂），臺北：洪範書店，1993 年

《星圖》（散文），臺北：洪範書店，1994 年

《楊牧詩集 II》（詩集），臺北：洪範書店，1995 年

《亭午之鷹》（散文），臺北：洪範書店，1996 年

《葉慈詩選》（翻譯），臺北：洪範書店，1997 年

《徐志摩散文選》（編纂），臺北：洪範書店，1997 年

《昔我往矣》（散文），臺北：洪範書店，1997 年

《暴風雨》（翻譯），臺北：洪範書店，1999 年

《隱喻與實現》（評論），臺北：洪範書店，2001 年

《涉事》（詩集），臺北：洪範書店，2001 年

《失去的樂土》（評論），臺北：洪範書店，2002 年

《現代散文選》（續編）（編纂），臺北：洪範書店，2002 年

《奇萊前書》（散文），臺北：洪範書店，2003 年

參考書目

- 石計生，〈印象空間的涉事：以班雅明的方法論楊牧詩〉，《中外文學》第 31 卷第 8 期，2003 年 1 月，頁 234～252。

- 何寄澎，〈「詩人」散文的典範：論楊牧的散文〉，《第一屆花蓮文學研討會論文集》，花蓮：花蓮縣立文化中心，1998 年 6 月。

- 何雅雯，〈創作實踐與主體追尋的融攝：楊牧詩文研究〉，臺大中文所碩士論文，2001 年 6 月。

- 奚密，〈抒情的雙簧管：讀楊牧近作《涉事》〉，《中外文學》第 31 卷第 8 期，2003 年 1 月，頁 208～216。

- 馬蘇菲（Silvia Marijnissen）著；李家沂譯，〈「造物」：臺灣現代詩的序列形式——以楊牧「十二星象練習曲」〉爲例，《中外文學》第 31 卷第 8 期，2003 年 1 月，頁 192～207。

- 張依蘋，〈隱喻的流變：楊牧詩文研究〉，臺大中文所碩士論文，2001 年 6 月。

- 張芬齡、陳黎，〈楊牧詩藝備忘錄〉，彰化師大「第四屆現代詩學研討會」，1999 年 5 月 29 日。

- 張惠菁，《楊牧》，臺北：聯合文學出版社，2002 年。

- 陳芳明，〈孤獨深邃的浪漫象徵：楊牧的詩與散文〉，《中國時報》「人間」副刊，1999 年 12 月 17 日。

- 陳芳明，〈永恆的鄉愁：楊牧文學的花蓮情結〉，《第一屆花蓮文學研討會論文集》，花蓮：花蓮縣立文化中心，1998 年 6 月。

- 陳惠英，〈從海岸到星空：楊牧詩主題初探〉，香港大學亞洲研究中心「九十年代兩岸三地文學現象國際學術研討會」，2000 年 6 月。

- 曾珍珍，〈生態楊牧：析論生態意象在楊牧詩歌中的運用〉，《中外文學》第 31 卷第 8 期，2003 年 1 月，頁 161～191。

- 黃麗明，〈何遠之有？楊牧詩中的本土與世界〉，《中外文學》第 31 卷第 8 期，2003 年 1 月，頁 133～160。

．賴芳伶，〈有限的英雄主義，無盡的悲劇意識：楊牧〈卻坐〉與〈失落的指環〉的深沉內蘊〉，《興大人文學報》，第 32 期，2002 年 6 月，頁 55～88。

．賴芳伶，〈承傳古典、鎔鑄歐西、落實現代：試論楊牧的人文理想與實踐〉，花蓮縣立文化中心「地誌書寫與城鄉想像：第二屆花蓮文學研討會」，2000 年 5 月 6 日。

．賴芳伶，〈楊牧〈近端午讀 Eisenstein〉的色／空拼貼〉，《中外文學》第 31 卷第 8 期，2003 年 1 月，頁 217～233。

．賴芳伶，〈楊牧山水詩的深邃美〉，彰化師範大學國文系「第五屆現代詩學會議」，2001 年 5 月 26 日。

．簡文志，《楊牧詩研究》，東吳大學中文所碩士論文，2001 年 6 月。

——選自李瑞騰編《沿波討源，雖幽必顯——認識臺灣作家的二十堂課》
桃園：中央大學，2005 年 8 月

《北斗行》序

◎王文興[*]

　　幾年以前（我記不得哪一年了——我最佩服眼珠轉一下，就能記得哪件事發生在哪年哪月，以及哪一年的公共汽車票賣多少錢一張的人），我偶讀到楊牧的〈高雄‧一九七三〉（有人一定說是四年以前，但不一定，怎麼知道該作發表於何時，我看到又在何時？），我當時的第一個感覺是：「楊牧，終於成功了。」我的感覺是由於發現他終於掌握住了語言。掌握語言需要兩點條件：一、有了富個性的語調，二、有一種從容不迫，不急不緩的節奏。這只有熟練老成的文字能力方能辦得到，否則的話，語言將始終語氣蕪雜亂沓，節奏則歇斯底里。的確，〈高雄‧一九七三〉是一首在語言上讀來令人不僅感覺愉快，而且會有一陣驚喜的那樣一首詩。就像批評家 Dorothy Canfield 讚美 Isak Dinesen 的小說時說的：「像咬到一種特異的水果，其風味無法形容。」

　　幾年以後，今天讀到他的《北斗行》，證實楊牧〈高雄‧一九七三〉的成功不是運氣的巧合（——我本來就不信任何藝術作品的成功會有運氣巧合的可能——證實一番庶可再為我增加一份快樂，未必增加我的信心），《北斗行》中再有許多首證實出來他所掌握的語言已經成為他的「不動產」。對楊牧個人來說，這是他的一個大突破。對臺灣的中國現代詩壇來講，這也是可以大大的，記上一筆來的，不小的成就。

　　《北斗行》今後將常被人提到，除了因為語言的成功以外，還有另外的一個優點：楊牧向中國現代詩的新秩序邁進了一步。基於這兩樣好處，

---

[*]發表文章時為臺灣大學外國語文學系教授，現專事寫作。

《北斗行》書中至少包含了六首近乎完美的現代詩作。它們是：〈孤獨〉、〈帶你回花蓮〉、〈雪止〉、〈情詩〉、〈高雄‧一九七三〉、〈淒涼三犯〉。依我個人底喜好程度排列。

我國現代詩打破了舊詩傳統以後，最令詩人和讀者太息無奈的一點是：──沒辦法看到現代詩的新秩序的建立。這一個現象不知道還要維續多久，真說不定還要等上 20 年。談到這一點，我不是在說這是中國現代詩的一大致命缺點，我是在說這是中國現代詩的一大困難而已。是的，中國現代詩有這個困難，而詩人一邊在寫，一邊力試克服這個困難，意圖從摸索中逐漸建立中國現代詩的新秩序──這個過程便是一條極其正確的坦坦宏途。任何的一種藝術新型式，無不是一邊創作，一邊摸索新秩序，最後聚積經驗，幾加修整，至抵於成。因此，新秩序也是其他幾種中國新藝術刻在扭纏力鬥之中的一匹巨獸。

我們的現代詩在新秩序中所差欠的，最嚴重的一點，是主題發展所必需的完整性。也就是文字藝術都需要的：起頭，中間，結尾。我國現代詩居然會缺少這一條人盡皆知的古典法則，實在令人驚訝，──因為這是一條最初淺，最基本的文字藝術法條。忘記了它，就像演代數數目的人忘記了算術裡面的加減法是一樣的。但是，若轉回頭來看，也許未嘗沒有可資了解之處：這個現象或者並非出於粗忽，而是出於故意。有可能許多的詩人以為如要「現代」，則需摒棄一切的古典，連古典的秩序定律也不能要；換句話說，「現代」兩個字的意思也就等於是「不守秩序」。此誠大謬不然！不論你怎麼現代，這一條法則不能不守。起頭，中間，結尾，雖然是一條古典法則，但它何嘗不是所有一切文字藝術的公同定律？凡是藝術，概是從混混沌沌的凌亂生活素材中整理出一番秩序來；而文字的藝術，屬於時間的藝術──假如要再沒有頭、中、尾的話，何來其秩序之可言？也許還會有人要這麼說：某些現代文學裡的特別標奇的傑作，不是也都既沒有頭，也沒有中，也沒有尾巴來的不是嗎？這就更不對了──這一些現代文學的傑作，事實上而言，只是把一般傳統上的開頭、中間和結尾相互顛

倒過來——結果，仍然還是有頭、中、尾，只是與傳統不同的頭、中、尾
而已。楊牧的詩，至少在《北斗行》中，似乎深深能意識到此一條古典定
律，頭、中、尾，之重要，因此，像：〈孤獨〉、〈帶你回花蓮〉、〈雪止〉、
〈情詩〉，都能夠叫人感覺到那一種「主題發展之完整」。

　　除掉「主題的發展之完整」以外，這新秩序裡還應該有的是「前呼後
應」，一種息息相關的特質——詩的內部組織要像鐘錶一樣的繁複而嚴密。
這在詩的寫作藝術裡當然宜算是更晉一層樓的表現吶。在這一本《北斗
行》中，也有好幾首在這一方面卓越突兀，像：〈孤獨〉、〈帶你回花蓮〉、
〈情詩〉。另外，新秩序還應該包括韻律學上的需求：如音節、音步、韻
腳、行數、闋數等。楊牧的努力也十分的顯著，特別宜指出「情詩」這一
首，——尤其最後一闋：

　　木質還可以，供支柱
　　作船舵，也常用來作
　　木錘。憑良心講
　　真是土

能使人反覆詠誦，樂而忘疲。

　　一篇序文不能代替一整本書，一篇序文所敘的好處，也沒辦法包含一
整本書的好處。若想知道更多好處的讀者，請翻開以下的書來。

1978 年 2 月 3 日

——選自楊牧《北斗行》
臺北：洪範書店，1980 年 6 月

抒情的雙簧管
讀楊牧近作《涉事》

◎奚密[*]

> 明天，再一次，我們
>
> 得去發明
>
> 這個世界的真實。
>
> ——Octavio Paz，〈元旦〉

　　在楊牧迄今出版的 13 本詩集裡，《涉事》的書名是個異數，因爲不同於前此的詩集，其出處不是集子中任何一首詩的名字。1991 年出版的《完整的寓言》，雖然也不是詩名，卻仍有所本，來自書中的〈代箋〉一詩。新詩集的書名在詩人〈後記〉裡得到這樣的解釋：「詩是我涉事的行爲。」在 2008 年 8 月接受美國文學雜誌 *Manoa* 的電話訪談裡，楊牧用 intervention 一詞來翻譯「涉事」。詩，換言之，自有其正面性和主動性。同時，用「行爲」一詞而不用「方法」，也影射詩之創作本身即是一種直接的介入。當我們記得《涉事》涵括的年代正是楊牧擔任東華大學文學院長的期間，標明這個立場就更富深意。

　　自此理解觀之，開卷的〈卻坐〉恰似詩人「涉事」的自白：

> Mony klyf he ouerclambe in contrayez straunge,
> Fer floten fro his frendez fremedly he rydez.
>
> ——Gawain

---

[*]美國加州大學戴維斯分校東亞系教授。

　　屋子裡有一種秋葉

　　燃燒的氣味，像往年

　　對窗讀書在遙遠的樓上

　　簷角聽見風鈴

　　若有若無的寂寞。我知道

　　翻過這一頁英雄即將起身，著裝

　　言秣其馬

　　檢視旗幟與劍

　　逆流而上遂去征服些縱火的龍

　　之類，解救一高貴，有難的女性

　　自危險的城堡。他的椅子空在

　　那裡。不安定的陽光

　　長期曬著

——《涉事》，頁 12～13

第一行不著痕跡地引領讀者從室內（「屋子裡」）移向戶外（「秋葉」）。燃燒秋葉影射「煙」的意象，預示時間場景的轉換：隨著第一人稱敘述者，我們彷彿「飄」回到遙遠的往昔。在語法設計上，「對窗讀書在遙遠的樓上」遠比慣用的句型「在遙遠的樓上對窗讀書」來得生動，因為前者將「樓上」和下行的「簷角」連在一起，巧妙地將視覺焦點從對窗讀書的「我」移開，然後準確地鎖定在風鈴這個意象上。以風鈴的聲音來召喚「若有若無的寂寞」，一方面以有聲襯托無聲，另一方面風鈴的鈴聲本就是若有若無的。兩者並列，兼有象徵和寫實手法。詩人也將秋葉燃燒的氣味等同於寂寞的聲音，是象徵主義招牌的交感手法（synaesthesia）。感官場域的跨界和交錯，暗示詩人的意識流不受限於當下的時空。至此，一種迷濛穿梭的氣氛已被詩人成功地渲染出來，好比序幕已經拉起，主角就要登場。

　　主角是長達七行的句子「我知道⋯⋯城堡」裡的「我」。他以充滿自信

的口吻講述中古傳奇裡「英雄屠龍救美」的迷人模式。詩的語言從現代轉變爲古典風味：隨著「翻過這一頁……」此過渡意象，前此的現代口語被代之以文言的語組（「著裝／言秣其馬）和句法（「遂去……」，「解救……自……」）。古雅的語言貼切對應描述的內容。

　　「他的椅子空在那裡」回復到先前的口語，標誌意義上新的轉折。椅子空著，暗示讀書人已「起身」離去。這個聯想和前面的敘述相銜接，「他」化身爲書中的英雄，去冒險犯難，和人世間的邪惡搏鬥。現實和虛構在此重疊。這該是多麼圓滿動人的情景啊！但是，「不安定的陽光」照在空著的椅子上詩人以客觀投射的手法，以陽光暗示「我」內心的不安。如果那毅然「起身」，往昔的「我」，嚮往中古傳奇中的英雄人物，那麼現在的「我」對那樣的浪漫主義──「浪漫」一詞本源自「傳奇」romance──有所保留，甚至抱持懷疑的態度。副詞「長期」頗有深意。詩人的不安，許是來自長期對何謂「涉事」，如何「涉事」的反思。從「起身」到「不安」，似乎標誌了兩種迥異的「涉事」的態度。

　　「我」的「卻坐」，既隱含了來自長期反思的「推卻」，也帶著一絲不堪回首的「情怯」。最後一行是全詩中唯一以弱音（「著」）結尾的一行。詩人有意以一不穩定、不肯定的結束做爲結束，將整首詩籠罩在一份悵惘的氛圍中。

　　詩如何涉事？其實，詩人早已爲我們提供了答案：「通過時間，穿越那暗晦，不定，破碎，將所有短暫的意氣和靜默掇拾，縫在一起，並且再現我們曾經的英勇和憂鬱，使之長久，長久在於一不斷生生的結構（而不僅只爲固定的文本）的，唯詩而已」（1995 年，頁 3）。詩和生命等同。詩，做爲一「不斷生生的結構」，不僅是對生生不息之宇宙的一種摹擬，更是其印證與互動。完成生命深度所必備的敏感，洞察，創造，堅韌，也是支撐楊牧近半世紀創作不輟，更上層樓的動力。詩藝的提煉，即是對生命的參悟和禮讚，甚或可稱之爲信仰。這份信仰，隨著人生經驗的積累，愈發堅實不移。在此意義上，詩人和科學家的「涉事」並沒有本質上的差別：他

們都從具象世界中歸納抽象規律，並將其再賦予具象表述，雖然科學家的表述是物質，而詩人的表述則訴諸文字。

　　詩的結構來自詩人自我關照的世界。抒情一向是楊牧的主調，自我是他的主題。《涉事》中大量使用第一人稱代名詞：「我看到」，「我聽見」，「我意識」，「我以爲」，「我想像」，「我確定」，「我依稀記得」，「我猶疑察看」，「我親眼目睹」……。不同於較早的作品，《涉事》裡的外在世界輪廓更模糊，更破碎。個別可確認的外在意象，很快在文本裡被分解，變形後，融入一隱密的自我視界。試舉〈爲抒情的雙簧管作〉第一節爲例：

> 啊是時當我記憶再生的楊柳
> 正垂點水面虛無的漣漪，秋天
> 竟屢次去而復來，比預約的
> 流星更頻仍，準時，雖然已經
> 冷卻，它快速滑過我矇瞽的眼
> 如彩虹探向失信的悲情國度
> 隨即熄滅，而記憶照樣飄搖而心
> 在明暗互疊的空氣裡逸失

——《涉事》，頁 22～23

　　「秋天的楊柳垂點水面漣漪」是這八行詩中唯一可把握的外在現實。但是，詩人用各種方式來模糊，扭曲它的面貌。楊柳變成「記憶再生的楊柳」，它是詩人透過記憶的過濾紙召喚自歲月，再造的楊柳。秋天和流星並列相比。流星在這裡的現實性卻很低，因爲「預約的流星」是矛盾修辭（oxymoron），一個純語言的建構。詩人更用語法來強化非現實的暗示。第一節是一個完整的複雜句，時間副詞「是時」引介——子句，而主句是「而記憶照樣飄搖……。」子句長達六行，包括中間插入修飾流星的另一個子句（「雖然……它……如……」）。一曲三折，不順暢的句型，有意打斷

訊息式的閱讀習慣，使讀者不得不專注在詩人創造的詩的文字世界裡，按圖索驥，沿著詩人思緒的道路，緩緩前進。當我們讀到結尾的兩個意象——「飄搖」的記憶和「逸失」的心——時，它們已和垂點的楊柳，虛無的漣漪，合而爲一，難以分辨了。

　　第二節同樣以外在現實意象始，引領讀者進入內在的自我世界：

> 我拾級而下，細雨早將淺苔的
> 青石一一淋濕，庭院如此沉靜
> 復輕輕洋溢一種懊悔，歲月
> 拂逆的跡象，雖然並不是
> 我都能夠明白，啊是時當我
> 聽任他人放縱悲情，將思想投置
> 虛無，樓頭微風吹動，抒情的
> 或者是雙簧管在走廊上奏鳴

——《涉事》，頁 23

「啊是時當我……」和「虛無」兩個詞組的重複，構成框架，賦予此詩對稱的結構，是楊牧常用的方法（也見於詩集中〈殘餘的日光〉第四首）。結束全詩的雙簧管的意象，乍讀有點突兀，因爲前此出現的都是戶外，自然的意象，和「雙簧管在走廊上奏鳴」顯得格格不入。但是，此詩正奠基於一難以捕捉，若有若無，悠遊流動的意象群：第一節的漣漪，流星，彩虹，第二節的空氣，微風，樂音。當然，還有同質的時間和記憶的意象，貫穿全詩。詩人選擇管樂器（英文 wind instrument 便爲傳神！）做爲總結的意象，具體而微地呈現了他的詩觀。人生裡必然的幻滅，失落，遺憾，悔恨……只有在詩心裡才得到「掇拾」和縫綴，一如空氣無聲的流動只有通過管樂器才得轉化爲樂音。音樂，一如詩，有其精心經營的內在有機結構（「雙簧管」的「雙」也呼應詩的兩節）。因此，它可以承載，容納，再

現任何題材，即使是極度的悲傷和淒厲。這也是為什麼「有機」和「完整」兩個詞一再出現在《涉事》裡。在此意義上，楊牧代表的是最深刻的現代主義，將艾略特的「客觀投射」和新批評的「有機體」發揮到巔峰。

　　誠然，《涉事》很可能是楊牧最悲涼的一本詩集。詩人表白「心境最荒涼的時刻」（〈隕擇〉），「心在高空滴血」（〈野薑花〉），「心在遠山夕陽分割寂靜處／心不曾像這一刻這樣祕密痛過」（〈一仕女之畫像〉）。「而我的心就如同瞬間覺悟的獅快速老去」（〈獅和蝌蚪和蟬的辯證〉），「孤單的方寸」（〈和棋〉），「覺悟的心」（〈隕擇〉），「暗澹，追悔的心」（〈蝕〉），「一張寂寞的琴」（〈巨斧〉，琴是心的古典象徵）。詩人在種種「辯證，衝突」（頁44）的二元對立之間掙扎：「絕對」和「相對」，「精神」和「肉體」，「心」和「思維」，「無限」和「有限」，「完整」和「欠缺」，「無」和「有」。〈兔〉中的雌雄對話流露老年葉慈式的感慨：「我對稟賦於我的智能，想像力／對我深邃的原創從不懷疑／唯有委靡的毛色／鬆弛的筋骨，那就是／任何巨匠百思不解／回生乏術，眼看它一步步／顛簸惡化……」（頁64）。〈舞者〉在達到高峰後仍不得不向肉體妥協：「不安的靈魂它正對肉體／示意和解／二月櫻花落」（頁24）。詩人選擇一日本古典象徵來影射色身脆弱的美。

　　〈主題〉一反春天的普遍象徵，著眼於陰暗的一面：

　　　不要問我那是甚麼，岩石
　　　隙縫裡迸生的地丁風信子──
　　　或許是春光的假象，我只能說
　　　牆腳下濃密的舊苔無比潮濕

　　　靠近池塘那水缸一夜間解凍
　　　憂鬱維持原來高度，水位降低
　　　斜斜一條罅裂警示了冬之不滿

不要問我吹動浮萍的是甚麼風

蝸牛在睡覺，薯甲蟲躲在土裡
悲觀的人有思維深刻的權利
但不要問我小蠋蛹在繭裡等待
甚麼，蝶的生機不是我的主題

——《涉事》，頁 60～61

複沓的手法讓人聯想到詩人早期的〈祕密〉（1962 年）和中期的〈你的心情〉（1976 年）。如此整齊的形式，在楊牧作品裡並不常見。〈主題〉共三節，每節四行，每行採抑揚五音步，並且押韻（ABCA — ABCA — AABA）。用心的設計，寓變幻於規律中：「不要」在三節裡的位置都不同：第一節的第一行，第二節的第四行，第三節的第三行。「不要」的重複定下全詩的主調：否定。春天本是文學恆常的主題，人類共通的象徵，代表生命的更新，愛情的圓滿，希望的復甦。詩人卻代之以「舊苔」，「不滿」，「悲觀」。

〈和棋〉成於詩人 59 歲生日（1999 年 9 月 6 日）。在即將跨過甲子的門檻之際，詩人的「心境縱橫」，儼然一張棋盤：

然則無與有之間局面
已巍巍成立黑子和白子
慵懶相違互相規避
有色與無色有想無情
如一本金剛般若波羅蜜經

——《涉事》，頁 53～54

全詩四節裡，「如一本金剛般若波羅蜜經」分別出現在第二節和第四節的最

後一行，而且每節結尾兩行押韻（定——經，情——經），凸顯這一行的重要性。《金剛經》的書名包涵大家熟悉的佛家隱喻，教人以金剛般的智慧切斷一切幻念妄想，以入涅槃之境。詩人的召喚固然流露出他對「空」的嚮往，但也構成一個懸疑。因為，詩中的對立並沒有化解。「和棋」既可解釋為無勝無負的和局，也可視為對峙不下的僵局。詩人省視平生得失，承認殘缺和踰越，面對懸宕不決的局面，只是無奈而已。因此，「如」的字面意義在這裡似乎並不合適；詩人的心境和「般若波羅蜜」並不能等同。然而，為什麼詩人仍選擇這麼用呢？我認為聲音的組合是一個關鍵：詩人用這部佛經的全名而不用它較普遍簡潔的名字（《金剛經》），想必是有原因的。「金剛般若波羅蜜經」八個音節構成的旋律，將具體的指涉（佛經）抽象化。這一串聲音本身就好像一句符咒，渲染奇妙非凡的氛氳。詩中的「我」縱使尚未能「降伏其心」，看破有無，但是，「金剛般若波羅蜜經」隱隱指向該境界。

對文字獨一無二的經營和運用——遠超過題材或思想——才是詩人燦爛輝煌，不可磨滅的印記。挖掘文字的形、音、義之間的撞擊，互動，及其聯想暗示的無限可能，楊牧處處展示高度的個人風度。《涉事》的語言有意背離一般用法。舉詞類為例：「為了**進入**現在／於未來」（頁 14），「進入」作及物動詞；「唯真實**燦然為**永恆的歸屬」（頁 63），「燦然」作動詞；「詩與視覺藝術的追求和**找到**」（頁 65），「找到」當名詞；「靜立在我的**驚異**」（頁 71），「驚異」是名詞。〈近端午讀 Eisenstein〉用了兩個端午節的典故，皆來自中國古典文學：屈原自沉與白蛇遭困。詩人描寫白素貞「如何她卻繾綣將三生／修成的正果以原形表述，完整的卑微」（頁 81）。「繾綣」一詞固然指涉白素貞對許仙的愛情，它的形、音、義還造成另一層效果：兩個糸部首的字，加上「綣」字裡的「卷」，白蛇的「原形」已呼之欲出。

語法方面，詩人喜歡將介系詞片語放在主句的後面，而不是前面，如：「如點滴淚水紛紛拋落／在分別的時刻」（頁 40）；「一雉對我顯示在多

露的早晨／而且有霧」（頁 70）；「那樣驚異的感覺我的藿香薊／在正午鳳凰木傾斜著強烈的／日光與影之下……」（頁 46）。〈一仕女之畫像〉的第一行：「失落相對**就是**偶然」（頁 28）。「就是」用得十分意外。它的突兀有雙重意義。第一，這個句子的平常說法是：「偶然失落相對」，根本不需要再加動詞。第二，詩人不但加了一個動詞，而且刻意強調它。它的突兀好比一面鏡子，摹擬複製句子指涉的，讓「我」措手不及的「偶然」。

　　假設詩的創作是一從無到有的過程。詩人以堅實的想像力召喚形象於無形，以文字，音律，語調，姿態，鐫刻心物撞擊的剎那。對此過程，楊牧的嫻熟把握，是不容置疑的。逾四十年的作品和對詩本質的默思冥想，爲我們提供了最華美的見證。《涉事》體現詩人更大的企圖心，諭示詩是一個完整的有機體，一「不斷生生的結構」。詩人以多種意象重複表達此理念：「程式」和「星圖」（頁 16），「針織」（頁 84）和「亂針刺繡」（輯二），超現實「無上的默片蒙太奇」（頁 81）。他堅信透過詩心所重組，發明，再現的真實，絕不亞於物質世界的真實。潮汐的起落，日月的升沉，季節的更替，草木的榮枯和鳥獸的動靜，在在向詩人「顯示」（頁 71，73，107），「提示」（頁 72），「暗示」（頁 103），「啓示」（頁 78）宇宙的規律，神的訊息。相對於我們「永遠撤離著」的「卑微的生命」（〈水妖〉），抒情的雙簧管，在擾攘的人世間，爲我們建立了一個自我完成的美和真的典範。

引用書目

・楊牧，《楊牧詩集 II：1974～1985》，臺北：洪範書店，1995 年。
・楊牧，《涉事》，臺北：洪範書店，2001 年。

孤傲深隱與曖昧激情
試論《紅樓夢》和楊牧的〈妙玉坐禪〉

◎賴芳伶*

一、前言

　　「妙玉坐禪」是《紅樓夢》極重要的關目。書中的妙玉素淨多病，非自願地遁入空門，她所居處的「櫳翠庵」，讓她在俗世反影的「大觀園」裡，得以象徵性地護持自以爲是的孤高；可是，做爲區隔聖／俗兩界的「庵」，卻常只是一道抽象弔詭的虛線，隨著庵內人心性的飄搖而晃漾游移，很難視爲落實的定點。

　　「妙玉」之名，最直接的認知，當然是指溫潤如玉的少女形象，但若就整部《紅樓夢》的題旨來看，則「玉」字與書中主要人物寶玉黛玉，乃至其他有關「玉」字的命名者，都輾轉相契，人間根本性的欲望才是它最深層的指涉。「有欲望就有痛苦」、「痛苦即人生」……的存在困擾，很早就是哲學、宗教及倫理學不斷冀求超剋的難題。當我們在文本以外的另一個時空情境，涉讀「欲潔何曾潔，云空未必空」的妙玉故事時，很難不感發類似王國維（1877～1927）「偶開天眼覷紅塵，可憐身是眼中人」[1]的喟歎。此一緣自迫切世界和超越世界的尷尬衝突，反覆糾纏，往往示現爲：有限肉身之陷溺下墜與無窮悲願之幻滅空無。以儒家思想爲主的漢文化，平衡世道人生的困頓在於「盡人事聽天命」，道家則擴及物我兩忘，天人合

---

*東華大學中國語文學系教授。
[1] 這是王國維〈浣溪紗〉裡的句子，參見《海寧王靜安先生遺書》（臺北：臺灣商務印書館，1940年），第四卷，〈苕華詞〉，頁1489。

一，這種種生命終極理境的追尋，的確慰勉了許多騷動不安的靈魂。然則天人合序的苦苦探索，畢竟仍有待其他宗教哲學與文化情感的補償潤澤。人基於感慨此生此世之艱難，乃不免嚮往來世來生的解脫，可是當「超越」的渴望，即便透過重重修鍊也無法驅祓所謂的「魔障」時，反倒造成更大的齟齬感。「妙玉坐禪」的僵局，或即在此。

　　《紅樓夢》以「入空門帶髮修行」的矛盾形象摹寫妙玉，她的孤傲、詭誕、好高、過潔，徒然反襯其一再身心不同步的斷裂之苦：「身在檻外」的空寂宿命，纏縛「心在檻內」的激烈情志，一直難能廓清。暗夜獨自錘鍊的伏魔功夫，畢竟逃不了要與「脂正濃，粉正香」的即臨世界迂迴對話。保護卻同時拘押她的「櫳翠庵」，自然也可視爲俗世兒女的禮法象徵。走火入魔以致遭劫的「終限泥淖」，豈僅是事與願違的表層反諷？更可能是聖俗和善惡、上升與下墜，同源共生的永恆預告。[2]僵局，是無法回歸的永劫之旅？抑是脫困必經之路？放眼滔滔人世，各以其道矻矻參禪坐禪的妙玉們，又何其方生方死，方死方生。

　　即使妙玉的痛苦和災難，不能與我們現實生活中的痛苦和災難混爲一談；然而，無可否認的，《紅樓夢》妙玉故事的尾聲總是喚起讀者突然洞見命運的力量，和人生虛無的感慨，甚或油生如是的困惑：美德會成爲受難的原因麼？那樣的痛苦和邪惡到底該由誰來負責？整個「妙玉事件」，透過藝術技巧的「時空距離化」（《紅樓夢》以小說形式，楊牧結合敘事、抒情詩的戲劇化處理），已經過濾掉其中可怖戰慄的質素，越過寫實的層次，蒸餾出美與暗示的象喻。歷來《紅樓夢》的讀者對書中有關妙玉的情節，都很熟悉，也由於這樣普遍的熟悉感，使我們在重新討論它時，感情的激動會較讓位於心智的沉思，但並不意謂後者得以凌駕或代前者。當楊牧運用前人已有的「妙玉坐禪」的素材「改寫」成詩篇時，最富美學價值所在的是：內容沉沒下去，形式浮現出來。

---

[2] 「上升與下墜是同一條路」，乃是西方文學常見的一個母題，如艾略特的〈焚燬的諾頓〉。

　　所有藝術的理念都是在感性對象中顯現自己，做為經典後來者的楊牧，必然深深解識他所從事的創造活動不是「重複（覆）」[3]，更非「照抄」，因為：每一個創造的行動都要求新的推動力量，都反映出新的生命情態；楊牧的〈妙玉坐禪〉對前行者《紅樓夢》而言，恰是如此。

　　歷來論者對「妙玉」的關注並不多，遠不及釵黛之流；此一看似邊緣性的角色，其「坐禪」前後的身心異化，與及相伴衍生的普世性議題，其實仍然還有值得論述的空間。問世於 18 世紀的《紅樓夢》，與成篇於 1985 年的楊牧的〈妙玉坐禪〉，顯而易見的，兩者應有歷史語境先後的關係，但又不止於「先後傳承」的關係，必然還相互衍繹。本論文對「妙玉坐禪」此一文本的閱讀、詮釋，只是一種「不休止的跡近」[4]而已，擬嘗試以詩美學的角度，考索其中傳承與變異的軌跡；並於論述過程間採德勒茲（Deleuze, Gilles 1925～1995）「游牧精神」[5]的觀點，以期提出一個新的思考面向，關懷生命「欲望」流竄的本質。

　　德勒茲的「游牧精神」認為，以語言為基礎的自我，不是一個穩固不變的存在現實，「我」在語言的運作中只是個流動的代名詞，即所謂的「轉換體」，只存在於說話的一刻，並沒有客觀具體的現象。「我」這個「轉換體」僅僅是個空洞的符號，要由不同的人在不同的說話時刻，用說話去填滿；語言上的「我」，故此不是統一認知主體存在的保證。名字與被命名的人事物之間，有時確有內在的必然關係，但有時「名」與「物」之間的聯繫，則純然是外在的、偶發和機遇的。因此名字所指示的，不是一個特定

---

[3]「重覆」（"overlape"）與「重複」（"repetition"）都不只是複製，而是與原意在某種義涵及程度上的相等或類似，其方式卻有所不同，不妨稱之為對原意作大同小異的一種「變造」。「大同」之處，在相同的形式予人之熟悉感安全感；至於「小異」，則是在此基礎上作變化時，所讓人感受到的新鮮感與刺激感。因此，「重複」──顯而易見的複數，與「重覆」──重疊覆蓋，在詩篇裡實意味著「多義的透視」。楊牧〈妙玉坐禪〉的詩篇內與詩篇外，對《紅樓夢》的重覆和重複，不妨如是來看。

[4] 閱讀是尋找作品意義，透過詞彙將之命名，重組出來，如此的後設語言行為，由於與文本的互滲，將使之不斷衍生，朝向「一不休止的跡近」（"approximation"）。參見古添洪〈巴爾特的語碼讀文學法〉，《記號詩學》（臺北：東大圖書公司，1984 年），頁 154 與頁 291。

[5] 參見羅貴祥《德勒茲》（臺北：東大圖書公司，1997 年），頁 69～78。

的內容，亦不具特定的意旨。它所指示的是「這裡」，是某些事情在「這裡」發生，「這裡」是一個沒有特定意旨或內容的空間，它是零度意義的，並沒有任何客觀指涉：「沒有特定意旨或內容」，卻潛藏無窮的多重性。是以，「名字」是對多重性的瞬間領悟。一個名字就是一潛在的多重性，這個浮游的多重性，同時是一個變向的過程，或者是一個碰運氣的點。「名字」是動詞而不是名詞，其功能不是要指示種類的特性，而是要發揮速度、動力性和張力，它標示著流離不止、連綿不息和互相關聯的流量與動力。因此，「歷史」在德勒茲的觀點來看，是一系列流質力量與狀態的運動，他嘗引述尼采（1844～1909）的話說：「歷史上所有的名字，都是我……」，這個「我」，要開放自我，讓多重性滲透全身，才可以真正擁有名字。他要解放名字的單一指示功能，尋找其內在多重性、無窮性。語言本身和名字一樣，即具有這種無限擴散繁衍的力量──就是「游牧性」──向外邊開放，打破劃定的疆界，分解占據的領土。

　　以下擬參據其游牧思維，來索探「妙玉坐禪」的相關論題。

二、吾有大患，為吾有身？──欲望、宿命與隨機

> 寵辱若驚，貴大患若身。何謂寵辱若驚？寵為上，辱為下，得之若驚，失之若驚，是謂寵辱若驚。　何謂貴大患若身？吾所以有大患者，為吾有身，及吾無身，吾有何患？故貴以身為天下，若可寄天下；愛以身為天下，若可託天下。

──《老子》第 13 章

　　這是老子（約春秋時人，早於孔子）非常有名的一段文字，被王國維在《紅樓夢評論》（1904 年）開篇引述其中的一句：「人之大患，在我有身」，王氏接著又提到莊子（戰國時人）〈大宗師〉的「大塊載我以形，勞我以生」，來做為他討論《紅樓夢》悲劇精神的立足點，它的核心意旨是：

「憂患與勞苦之與生相對待也久矣」。不管王國維在整個討論的過程是如何的綿密周延，他對道家生命觀的斷章取義仍然顯而易見，以如此傷感的角度來看待宇宙人生，所導致的結論，應該不讓人意外。然則老子主張無私、忘我，莊子強調「善吾生者，乃所以善吾死也」的自然曠達，都相當圓融，並無王國維擇取局部的偏執。

《紅樓夢評論》具備美學與倫理學上的創見，早爲學界所認取[6]，文中標舉的出世解脫之道，亦可視爲彼時王氏突破困境的努力。其斷捨塵世的理念，實歷經無數輾轉的身心辯證，始得提出，可說非常深刻。惟捨離生存欲望的意志力，與肉身之感官體驗，在宇宙性的總體設計中，究竟只能是永不止歇的對抗抵銷？還是有可能閃現和解的曙光？關於此一問題，王國維認爲：

> ……人類之墮落與解脫，亦視其意志而已。……男女之欲尤強於飲食之欲……解脫之道，不可不由自己求之者也。而解脫之道，存於出世，而不存於自殺。出世者，拒絕一切生活之欲者也。……通常之人，其解脫由於苦痛之閱歷，而不由於苦痛之知識。唯非常之人，由非常之知力而洞觀宇宙人生之本質，始知生活與苦痛之不能相離，由是而求絕其生活之欲，而得解脫之道。然於解脫之途中，彼之生活之欲猶時時起而與之相抗，而生種種之幻影。所謂惡魔者，不過此等幻影之人物化而已矣。……[7]

文中已明示源自生活之欲望所帶給人的種種痛苦，雖明知其爲幻象，

---

[6]相關研究可參葉嘉瑩《王國維及其文學批評》（香港：中華書局，1980 年）、王攸欣《選擇、接受與疏離》（北京：三聯書局，1999 年）。周一平、沈茶英《中西文化交匯與王國維學術成就》（上海：學林出版社，1999 年）。又，郭玉雯〈王國維《紅樓夢評論》與叔本華哲學——兼論西方理論與中國文本之間的詮釋問題〉尤有深刻的辯證。收於氏著《紅樓夢學》（臺北：里仁書局，2004 年），頁 179～241。

[7]參見《紅樓夢卷》（臺北：里仁書局《古典小說資料彙編》，1980 年），頁 250～251。

卻有如惡魔纏繞難去，其中尤以男女間的情感色欲爲最。王氏進而直陳：

> 宇宙一生活之欲而已。而此生活之欲，即以生活之苦痛罰之，此即宇宙
> 之永遠的正義也。自犯罪，自加罰，自懺悔，自解脫。美術之務在描寫
> 人生之苦痛與其解脫之道，而使吾儕馮生之徒，於此桎梏之世界中離此
> 生活之欲之爭鬥，而得其暫時之平和，此一切美術之目的地。[8]

　　王國維把生存本身視爲「桎梏」的看法，確實是他《紅樓夢評論》的
論述基調，但他深懂苦痛必須稀釋緩和，所以又指出一條寄託的道路說：
若想暫離此苦痛，獲取身心之瞬息平和，則有賴美術之爲功。他的「美
術」，當然涉及廣義的文學藝術。《紅樓夢評論》一文中曾將《法斯德》
（按：即今譯的《浮士德》）與《紅樓夢》之寶玉相提並論，以置喻兩者生
命存有的悲感本質，且覺知到兩者同樣的地方是：「彼於纏陷最深之中而已
伏解脫之種子」。應該就是佛理所謂的「煩惱即菩提」、「轉識成智」。[9]有關
他一生中種種取捨去就的問題，早有論者提出許多精闢的研究見解，例如
楊牧的〈王國維及其《紅樓夢評論》〉[10]；本文希望藉《紅樓夢評論》所觸
及的人類的根源性問題，即身體的各種「欲望」，來談「妙玉坐禪」的反覆
糾纏，並延及詩學與倫理學方面的關注。

　　欲望之爲物，究竟若何？深受叔本華（1788～1860）、尼采學說影響的
王國維，何以直指「生活之本質，欲而已矣」。有生命就有身體和心靈的苦
樂，苦樂之感與欲望的匱乏、滿足密切相關。《紅樓夢》的綱領人物賈寶
玉，以含「玉」而生的神話背景，托喻眾生不能無欲，擬聲寓意的命名，
尚及於黛玉、妙玉、賈璉、賈珍、賈瑞……諸人。胡菊人《紅樓水滸與小
說藝術》將寶玉的人間之旅概括爲三個階段：起初是「天不拘兮地不羈，

---

[8]同前註，頁252。
[9]在這篇文章寫就的 23 年後（1927 年），王國維竟選擇了他之前不以爲然的解脫之道——自殺，來
　結束自己痛苦不堪的生命。
[10]參見楊牧《失去的樂土》（臺北：洪範書店，2002 年），頁 291～326。

心頭無喜亦無悲」──指寶玉前身混沌的石頭狀態；緊接而來的是，「只因鍛鍊通靈後，便向人間惹是非」──即成為生命載體之後的玉（欲）之狀態，受到情欲纏縛的寫照是「粉漬脂痕污寶光，房櫳日夜困鴛鴦」，此一階段自然尚難了悟「昨日壟頭埋白骨，今宵紅紗帳底臥鴛鴦」的虛實；到最後，必然逃不出「沉酣一夢終須醒，冤債清償好散場」的終局──換個角度看，也就是重返無所欲求的石頭狀態。《紅樓夢》所以又名：《石頭記》，主要的原因在此。[11]

這一趟從「出發」經「歷程」到「回歸」的啟蒙之旅，說明了：人因為與生俱來的欲望，所導致的身心混濁失落，必須等到徹底決絕「放棄」欲望，或穿過死亡的關卡，生命才可能重拾純真。寶玉的石頭寓言，宣示人生一切的悲喜劇皆起於一念之間，倘若無所求就萬事俱了，一旦生命體隨欲望湧動，就無法安歇，必須至死方休。「玉」就是「欲」望，以繁複的網狀結構，梭織於整部《紅樓夢》，所以的網中人物幾乎無一能夠豁免，惟輕重纏縛的程度不同而已。

王國維的《紅樓夢評論》認為，歌德的《浮士德》和《紅樓夢》一樣，也講生命「欲望」的困擾，浮士德求盡知識與力量，愛欲和享樂，所造成的悲劇，一直都是寓言式的；《紅樓夢》也可從這樣的觀點來看。欲望緊扣現實人生，不同的人生觀和個性，雖然會讓悲劇的過程有所差異，但它衝突、矛盾、爭搏的本質卻是一致的。[12]喜歡吟哦范成大「縱有千年鐵門檻，終須一個土饅頭」詩句的妙玉，理應知解人生如夢，死亡之前眾生平等；「遁入空門」是她放下感官愛欲，告別俗世聲色一個姿勢，進庵後的身心，本來想當然耳是有所安頓的。從耽讀詩書以至認真參禪作功課，妙玉確實在文學與宗教義理的層次上，獲得暫時有限的慰藉，漸漸了知人生的究竟義；然而，周遭花柳繁華溫柔富貴的反向刺激，對韶華芳菲的她，毋寧是相當嚴酷的。哲學的感知，終究彌補不了自我禁錮的挫傷──事實

---

[11]參見胡菊人《紅樓水滸與小說藝術》（香港：百葉書舍，1997年），頁91～99。
[12]參見《紅樓夢》，頁252。

是，她始終困在「似已求得解脫而實際未能得到解脫」的深邃痛苦中。[13]邢岫煙說她，性情「放誕詭僻」，言語行事「僧不僧，俗不俗，女不女，男不男」，才算真正道出了一個披上尼裝的世俗人，其間的恐慌尷尬。[14]「可歎這，青燈古殿人將老，辜負了，紅粉朱樓春色闌」[15]，似水流光是不待人的，對「氣質美如蘭，才華馥比仙」[16]的妙玉來說，青春有限情愛無著，她尋覓愛情的本能動力，比起園中其他青春兒女所受到的頓挫壓抑，何止千百倍！

　　《紅樓夢》第 41 回[17]寫妙玉丟棄劉姥姥用過的成窯茶杯，接下來一個非常強烈的對比動作是，她將「自己常日吃茶的那隻綠玉斗來斟與寶玉」，同時「正色」對寶玉說：「你這遭吃的茶是托他兩個的福，獨你來了，我是不給你吃的。」話中的「他兩個」指的是寶釵黛玉。閱讀這個片段，首先讓人覺得這位「櫳翠庵」的修行者，口是心非的「區隔意識多麼重，（而佛理是教人去掉「分別心」的），她不只溢於言表地看不起泥土氣的鄉下人，還把滿腔愛慕寶玉的情意，藉由傳遞茶杯的小動作流洩出來；妙玉心中渴盼寶玉「完整」的為她前來，事實上當然不可能，這點她不會全然無知，偏要假撇清，說些連自己都不相信的誑語。讀者旁觀了這一幕，或許會為她欲蓋彌彰的矯揉作態感到同情，憐憫。再者，既然宣稱自己是方外之人，又要記得寶玉這檻內人的生日，暗地裡忐忑思忖，派人送去一張粉紅信箋，署著：「檻外人妙玉遙祝芳辰」……。《紅樓夢》以旁觀的全知「敘述」，間採一些言動細節來映襯妙玉蛛絲馬跡的曲折心事，傳達出活生生的受困靈魂，是相當動人的。又 87 回[18]寫寶玉觀棋，妙玉話中有話，回去後打坐魂不守舍，連禪床都恍蕩起來，竟夢著有王孫公子要來強娶，哭喊求

---

[13]參見曾楊華《漫步遊大觀園》（臺北：遠流出版公司，1989 年），頁 139～162。
[14]同前註。
[15]參見《紅樓夢》第五回第七支曲〈世難容〉（臺北：華正書局，1977 年），頁 55。以下簡稱華正本。
[16]同前註。
[17]此回引文參見華正本，頁 433～442。
[18]參見華正本，頁 69～78。

救……這雖然是爲 112 回[19]的下場預先鋪墊，可也是妙玉潛在意識的真實流淌，是欲望焦點的匯集。

自律縮結他律的文化禮俗「門檻」，老是橫亙在妙玉的身體感官和日常行事之間。一方面她不能真正遁跡深山絕谷，變成槁木死灰，對侵襲縈繞身邊的貪嗔愛癡無動於衷；另方面，還俗嫁人她也做不到，「活著」的血肉感覺總是冷不防伺機而出，以致讓自己過潔詭誕、矯情張致、裡外拉扯。這種人享受人生固然無份，更遑論改造現實。結果似乎只能是：無法自救也得不到真正的同情，生命終究是一場困局。

整個妙玉事件的表層的理解當然是：「命運與性格的尷尬衝突」。在看似美好和諧的宇宙裡，爲什麼會有那麼多生命的浪費徒勞？常人總把很難解釋又無可避免的災難與邪惡，說成是命運的安排。早早出現在《紅樓夢》第 5 回有關妙玉「欲潔何曾潔，云空未必空」、「到頭來風塵骯髒違初願」的預言，固然可用「事與願違」的反諷哲理來概括，只是藏閃其間的種種生活細節——諸如寶玉看妙玉下棋，妙玉臉紅心動，回去坐禪壓不住自己，入魔驚夢，乃至於最後遭劫……的整個歷程，恐怕才是最值得我們關切的心理學與文藝美學的課題。

妙玉的故事，會讓人聯想：一種無可挽回的既成事實，究竟是如何形成的？我們逼視妙玉獨力面對這場生命的搏擊，除了恐懼惋惜，何以還有那悵惘的柔美之情，縈迴不去？不少讀者從妙玉的遭遇中看到天意的無情，體認到能力有限的人類，怎虛度著如夢的浮生，好像無論人有怎樣的智慧總逃不掉命運的安排。在許多不同的文化當中，命運常被化約爲神意，掌控一切，而人類的經驗裡，確實有不少情況是無法用理性去說明的偶然。[20]可是，哲學家和藝術家偏強調：在命運面前，我們並不是完全無所作爲的，人只要能控制自己，也就能不讓命運玩弄於指掌之間。即便死亡的必然性無可爭辯，重要的還是面對它的態度，亦即人該追問的是：在死

---

[19]參見華正本，頁 322～332。
[20]朱光潛，《悲劇心理學》，頁 107。

亡來臨之前，人所能做的一切積累是什麼？這個關鍵性的人生焦點，中國的道家早已深刻觸及。

死亡的智慧，就是生命的智慧，妙玉距離一般認知的「死亡」，畢竟還很遙遠；「遙遠」，真正指的不是時間或空間的距離，而是狀態。她的心性那麼年輕，根本了悟不到死亡毀滅性的意義，她必須要跋涉穿越的「路障」何其多！路障即試練，一切的試練，都直接間接關繫著生命最基本的「愛欲」問題。「孤傲深隱」與「曖昧激情」恰是妙玉在此趟旅程中，身體靈魂的雙面特質，乍看之下，兩不相容；然而，進一步細思，卻不難發現連結兩者的「與」，本身可以是一個變數，它既代表一堵阻隔的牆、一塊狹路爭鬥的領地，同時也是過渡，聯繫，甚至可以說是一種極複雜的變向，一條逃走的線，一條試圖從僵化的二元對立之中逃走出來的線路。從哲學上說，連接雙方的「與」，目的在於將正題和反題統一於一個更高的合題，而合題，就是對立面的統一。[21]

黑格爾（1770～1831）曾說：「純粹的存在與純粹的不存在（或否定性）是完全一樣的。」[22]因此，妙玉所居處的櫳翠庵，或許可以從「掩蓋」和「非掩蓋」的角度來思索，亦即做為「隱蔽」和「非隱蔽性」的雙方，應該不是永遠對稱的兩極，事實毋寧是：兩者的運動與角力，經常處於緊張的鬥爭和變動關係中。[23]就人類物種來看，欲望的本源是雙重性的，既有肯定性，同時又是否定性、消極性的。由於這種內在否定性的根深柢固，使得人類的欲望本身充滿自我鬥爭的色釆，成為生命含納多樣可能性的缺口。這些缺口一方面可以造就世俗意義的豐收，但也必然伴隨自我取消的負面性質。傳統哲學和文化倫理，往往太過於聚焦在欲望體的負面，以「異常」視之，認為需要透過人為建制，將其驅伏，重返社會常軌。可是自然界所有的生命機體都內具原初欲望的動力，由於此一欲力的作用，人

---

[21]羅貴祥《德勒茲》，頁67。
[22]同前註，頁43。
[23]同前註，頁42。

的內心其實是毫不平靜的。在社會文明制度的審查下，一般所謂的「理性」主體，通常只是壓抑欲望的臨時產物。無可否認的，因為壓抑欲望，輾轉衍生的昇華創造，的確給人類文明帶來綿綿生機；但被過度束縛，無可釋放的生命能量，必然會造成許多心理和生理病癥。我們從妙玉言語行止的表裡依違，以及曲詭的夢裡聲色，幻相連連的「坐禪」，極易得到印證。這些相關的描述在《紅樓夢》裡所占的篇幅並不多，到了楊牧的詩篇，則有極具創意的精采發揮。

　　「坐禪」的深層觀照是：一個受制於七色六欲的血肉之軀，如何超剋這些纏縛，成為清明的存在？如果自我意識是每個人的自然反應，那麼，當經驗呈現，人會自然產生自我意識，去聯結組織紛雜的印象。[24]愈來愈多的思想家認為主體是缺陷、殘破和分裂的，完整理性的自我，根本不存在。由經驗界中的「我是」……，以及發揮綜合認知作用的「我思」……，所共同形成的「超越主體」，本質上是分裂的。如果缺乏經驗印象，超越主體無從存在，人類所認知的「超越的自我意識」，會不會只是一個沒有實質內容主體的空虛形式？果如是，那麼所有的心靈裂口根本無法縫補。

　　許多經驗告訴我們，一個主體在時間之流中常會分裂為兩個「我」，一個是行動思想的「我」，一個是被動變幻的「我」；時間流動，逼使兩個「我」產生關係，透過時間這條隱形的「線索」，可以把兩個「我」縫紉起來。這樣的統合同時又具備了分裂的功能，而分裂之中又包含了統合的元素。這種離心力與向心力同時並存的例子很多，如風箏的拉扯飛翔，既愛又恨的情感……莫不如此。[25]若說欲望決定人的存在本體，似乎是可以成立的，可是很反諷地，欲望並不是一些有形的物質，反倒是虛無的不存在。人若要滿足欲望，唯一的方法就是行動，而所有的行動都暗藏摧毀的「否定性」，事實上，欲望的滿足常常要依賴具破壞力的行動。所以，和處於人

---

[24]同前註，頁 16、84。
[25]同前註，頁 17、20。

文系統中的每個人一樣，妙玉，必然也嚮往自覺的「超越主體」，希望用它
來弭平欲望破壞性的那一面。可是，這種自我肯定的自主性，並不出於主
觀的知識就能克盡厥職，有時甚至只是些自以爲是的虛妄幻想，這是因爲
任何生命機體的生存本質，就包含了虛無或不存在。

　　妙玉這個生命機體，老實說，不無人世「替罪羔羊」的象徵意義在。
欲望得到滿足，固然快樂，欲望沒法得到滿足，也可以產生另一種快感。
做爲一種匱乏存在的欲望，一旦被填滿就消失了，但未被滿足的欲望卻始
終是個欲望，蘊藏著極大的動力——亦即欲望的被壓抑有時也能產生享受
被壓抑的快感。比方說，我們生活周遭所在多有的「離經而不叛道」的現
象：雖有越軌的欲望，但這些脫軌的欲望始終不能脫離「制度」以外而存
在。人要洞悉「常規的深層本質就是越軌」，並不容易；這和狂歡喧騰的嘉
年華會，以其「非常態」的有限短暫，與「常態」的日用人倫互繫依存的
道理是一樣的。若從這個角度去思索妙玉的參禪、坐禪……種種行動，就
能夠明白法律、宗教、道德……本身所蓄釀的內在動力，恰似欲望的迴環
線路。

　　受困的身心有變更自己處境的本能，會想跨越既定的門檻，謀求「變
向逃跑」。妙玉的扭曲變形，就內在層面看，是尋找逃跑的路線，企求進入
另一個層次的生命——目的不是毀滅自己而是創新。[26]如果我們承認個體和
集體不是絕對的二元對立，而是同存於一個流動能量的宇宙或領域裡，那
麼，一切事物都既是單一體，同時也是多重複合體[27]，它們之間會產生局部
的對應變化關係，互相調節又重新組織，但不見得受制於一個核心的統一
體。因此，妙玉的孤傲深隱「與」曖昧激情，表象上兩相困鬥，其實是互
爲變向的。《紅樓夢》和楊牧詩篇裡的她，都太依恃「超越主體」的力量，
尤其是前者，以爲透過「意志」的作用，就能廓清內在的混亂，獲致裡外
的均衡——即所謂的禪定。而我們，恰恰在她「這裡的此時此刻」，看見一

---

[26]同前註，頁11。
[27]同前註，頁167。

個恍惚搖曳的生命缺口。[28]缺口，未必就是缺陷，更趨近的意思是：對內對外都開放的「出口」。這個出口，頗具活力，能應付外來的突變與衝擊。這麼說，不是認為妙玉一定可以免於現實世界的「盜劫」，毋寧是指涉她潛在的生命機制本來擁有「逃跑」的活力，卻被她過度信賴的「意志」給凝滯住了。[29]

豈只妙玉，王國維不也說：「*人類之墮落與解脫，亦視其意志而已*[30]麼？人常錯覺意志是一個固定統一的核心，其實意志代表多樣繁複，不是統一的觀點，既主動又被動，一方面不停擴張伸展，一方面又萎縮腐朽，製造混亂和不穩定，是多種力量鬥爭的戰場。就在這種流動混亂中，蓄藏了新的秩序和力量。生命體本身具有自我生殖自我組織的能力，即使結構被摧毀，運作失衡，通常在經過一陣混亂之後，又能自我調整成新的秩序、新的平衡；而看似兩極的生和死，彼此之間只是活與流動力的兩種不同時刻。[31]綜觀宇宙天體，在所有無定向的騷動過程中，幾乎都會產生自我整理的秩序，因此「渾沌」恐怕才是決定論的核心。生命裡的愛欲力量也是，有極大的吸引力，能催化不同的元素，產生人的生命，是驅使新秩序在渾沌中崛起的最基本元素。這種生命的原動力，有時並不只在乎追求平衡、和諧與快樂，反而往往超越平衡，搗毀和諧的秩序。儘管不一定（雖然難免看似）是要自毀或尋找死亡，這種生命的原動力會竭力衝向一種系統以外的渾沌，做為自我更新的資源和潛能。換言之，只要生命系統朝向開放而不是封閉，它就不會喪失能量。[32]

妙玉和所有的生命體一樣，都會不安份地流動轉化，尋找合適的存在樣式。她獨鍾的死亡意象：「**土饅頭**」，相當鮮明地反襯她旺沛愛欲的另一

---

[28]同前註，頁 144。
[29]同前註，頁 32。
[30]《紅樓夢卷》，頁 250。
[31]羅貴祥《德勒茲》，頁 98。
[32]同前註，頁 98～100。

面。[33]生命所面對的時間，一面是現存的活著的現存，另一面則是死亡。一切有生命的東西，都懼怖卻又無法擺脫死亡，死亡是生存狀態的一個必然時刻，人一旦自覺生命存在的同時，立刻就要面對生命不永續的嚴重創傷，這種對「生之大限」的死亡意識，深植於生命體裡，不時閃現，煩惱折磨著我們的生活。為了減輕暫忘此一憂慮，人會從事各種自以為有價值有意義的活動，譬如創造發明，或製造幻想幻覺，渴望再度投入無意識的生命本能之中。[34]

大多數的人對這種無意識的生命本能的追求，往往表現在熱烈的愛情上，希望透過愛欲的混和，讓個我的生命超脫死亡的憂慮，持續永恆。以生物生理心理學的觀點看，妙玉對寶玉的愛戀並未離開此一自然律則。不過，以愛情做為一種超脫死亡意識的形式，在人世中卻很難持久。源於政治熱情、宗教情感、或社群意識產生的普世價值觀與大同理想……等等，都能夠賦予人類永生的幻象，妙玉正是藉著投身宗教，認同佛理的空官，以打坐參禪的修練，冀除經驗時空的破碎感覺，拋開死亡意識的纏擾，享受象徵性的永生。本來人獻身宗教，捨棄自己原有的生存樣式，融入統一的整體，以贏取昇華境界，固然有無私神聖的一面，但同時也是一種非常「自戀」的心理狀態。有欲也好無欲也罷，此一永生之快感，絕不容易獲致，於是生命乃反覆逗留為痛苦的過程，充滿憂傷困擾。這和前面我們引述的王國維的見解是可以相呼應的。即使潔身自愛的無辜生命體，如妙玉，也要面對紛至沓來的七情六欲、環環相扣的生老病死的苦痛。許多宗教都能將生命體種種的愛欲，變形內化為道德意識、罪咎感，和謙卑感，以稀釋所謂「存在的重擔」。我們在妙玉的身上，洞見了愛欲和宗教力量強力拉扯的缺口；當然，缺口也可以轉化成出口，但卻極度艱難。

生命體的欲望基本上由於匱乏，但它的追求永遠不會也不可能停止；反過來看，欲望並不只一味要填滿空虛，其流動性亦能顯現為生產力。德

---

[33]同前註，頁 103。
[34]同前註，頁 104。

勒茲認為，做為「裝配」性質的欲望，具有很大的彈性和即興成分，充滿了偶然隨機。[35]如果參酌這樣的理論，細讀《紅樓夢》112 回有關妙玉遇劫的情節，一向費解難解的片段，說不定會讓我們豁然會心。此回中敘及，被群賊傳述曾為寶玉害相思而延醫吃藥的妙玉，凌晨五更坐不穩蒲團「只覺肉跳心驚」，雖中了賊盜的悶香，手足麻木動彈不得，「心中卻是明白」，以為持刀入侵的壞人要殺她，「索性橫了心，倒也不怕」；「那知那個人把刀插在背後，騰出手來，將妙玉輕輕的抱起，輕薄了一會子，便拖起背在身上。」而「此時妙玉心中只是如醉如痴……」。當讀者的眼裡跳入對妙玉遭難「如醉如痴」的形容時，確實瞬間是會感到錯愕的。雖然下文有彷彿自圓其說的辯解，認為「素來孤潔的很」的妙玉，此去「豈肯惜命」？然而卻又後設地穿插敘述：「不知妙玉被劫或是甘受污辱還是不屈而死，不知下落，也難妄擬。」也許就是從這個開放的不定性的閱讀、詮釋缺口，觸動了妙玉，楊牧，以及無數讀者美感世界的創造。[36]

混雜的生命體布滿變數，所有的生命都有時而盡，但死亡之後有新生，生命力從「我」這個形體，又轉移，穿越到其他種種不同的形體之上。生命本來就不是為一個自我或一個人而存在，它應該超越自我意識的「悲劇」感，進入不同生命的多重複雜性之中，了悟沒有所謂的開始，也沒有所謂的完結。人如果認定自我主體是一個封閉的空間，那麼，從這個

---

[35] 同前註，頁 107。
[36] 簡政珍《詩心與詩學》（臺北：書林出版公司，1999 年），引述米勒的《現實詩人》序云：「最熟悉的客體走進光內，顯現存有，而以命名使存有敞開」。故詩以命名將現實重新書寫，並照見自我，擴及萬有。事實上不只詩如此，所有的藝術創作皆然。參見簡著，頁 355。讀者根據散布於文本中的種種跡象，將其「拼湊」或重構（reconstruction）之行為，被羅蘭‧巴特（Roland Barthes, 1915～1980）描述為「命名（nomination）過程」的一部分，因為閱讀就是力求命名，使文本的語句在語義上轉化，而這種轉化是不穩定的，它會在好幾個命名之間搖擺。參見古添洪《記號詩學》（臺北：東大圖書公司，1984 年），〈巴爾特的語碼讀文學法〉，頁 154、頁 291。由於作品本身常包含空隙，敘述過程亦頻頻出現斷裂，這些空隙與斷裂意味此一錯綜複雜的世界，乃是開放，多義的，需讀者介入予以填滿接通。參簡著，頁 145～146。再者，詮釋應為讀者和作品的意識交感（interaction）的結果，基於有感的閱讀，才可能產生知性的分析。詮釋的重點不在於追溯作者的創作意圖，或可在於讀者美感世界的創造。例如因了解而有所感於一個意象，一處錯置的語法，所引起的心弦振動，而試與詮釋，最終又回歸了解。參簡著，頁 154～156。以上這些理論，應可適用於此處《紅樓夢》的相關討論。

孤獨的內面森林看，生命便註定是一個廢然成空的悲劇。嫁接叔本華悲觀哲學的王國維，爲何以《紅樓夢》爲「徹頭徹尾之悲劇」[37]，與此是不無關聯的。

王國維深解人生無常，知識不可恃，他的《紅樓夢評論》指出解脫之道或存於美術、宗教，然尤寄意於前者。廣義的美術指一切藝術上的創造，王國維雖能抉剔出宗教濟渡眾生的精神，也曉得將個我生命體開向群體的活潑偉力，但他還是下了無奈未知的結論：「要之，理想可近而不可即，亦終古不過一理想而已矣！」他無法不堅持「人生最大之不幸，非例外之事，而人生之所固有也。」[38]「存在即災難」遂成爲他對生命體最無可轉圜的認知。

轉一個角度來看世界，世界無限寬大；換一個立場待人處世，人事無不輕安。要是我們認取這樣的觀念：「主體」不是一個封閉的內在空間，而是生命活力的一個分布或匯集的單一體，是開向外在的，既游牧流動，也停駐逗留。那麼，我們或許就會同意：主體做爲一個生命的單一體，是個好的賭徒，它重視機遇、肯定偶然性，成和敗，得與失的結果並無分別。樂意面對意外、驚奇，開放地願意經歷痛苦與快樂，而不刻意單一選擇，對人生機遇性的肯定，也是對神奇生命力的肯定。在這種肯定之下，新的生命、新的創造很可能就誕生了。[39]妙玉的存在僵局確如前言所提，是一個普世性的困擾，做爲後來者的妙玉們，例如我們若能匯通德勒茲的游牧思維，道家的齊物論，與佛理透澈的平常心，也許無須在欲望的迴環線路裡纏繞不休。

三、詩美學的傳統和現代——用典及文類轉換

《紅樓夢》有關妙玉的記載分別見於第 5、41、87 和 112 回，質量並

---

[37]參見《紅樓夢卷》，頁254。
[38]《紅樓夢卷》，頁255、261。
[39]羅貴祥《德勒茲》，頁108。

不多，歷來對她的評語也幾成定論，本文旨不在推翻前賢見解，毋寧是擇取若干焦點，進一步補充論述。其中之一是，楊牧對此一小說人物與事件情節的詩意詮釋，例如時間和律度的處理，和小說形構的《紅樓夢》有極大的差異。由於《紅樓夢》的典範意義早已形成，因此有關「用典」和文類轉換的問題，必然值得我們關注。

　　楊牧於《一首詩的完成》〈古典〉一節，曾提及他對用典的看法：

> ……觀察大自然，體認現實社會的光明和黑暗，固然是文學自完成的預備功夫，潛心古典以發現藝術的超越，未始不是詩人創作的必要條件……古典就是傳統文學裡的上乘作品，經過時間的風沙和水火，經過歷代理論尺度和風潮品味的檢驗，經過各種向度的照明，透視，甚至經過模仿者的摧殘，始終結實地存在的彷彿顛撲不破的真理，或者至少是解不開的謎，那樣莊嚴，美麗，教我們由衷地喜悅，有時是敬畏，害怕，覺得有些恐懼，但又不是自卑，是一種滿足──因為把握它的莊嚴美麗，知道我們創作的目標所懸正相當於它的高度，而感到滿足，遂想要將自己由理念向那位置提升，有點緊張，有點憂鬱，有無窮的快樂。這些複雜的感情不知道怎麼形容才好！……[40]

　　從以上的引述可知，除了觀察、諦聽大自然與人間社會之外，楊牧還「潛心古典以發現藝術的超越」，更藉以為「詩人創作的必要條件」，他稱這樣的體會為「古典的驚悸」，其中實不無「影響的焦慮」[41]存在。他同時坦承，驚悸，或許不是他真正要追求的。[42]以《紅樓夢》來看，不管是細密的神話托寓，或精緻的語法修辭，無不關涉著生命的理想，挫折，奮鬥和幻滅。對楊牧而言，必然帶給他美學賞鑑的驚駭悸動，教他發現藝術的理

---

[40]參見楊牧《一首詩的完成》（臺北：洪範書店，1989 年），頁 28。
[41]此觀點可參考 Harold Bloo 著；徐文博譯《影響的焦點──詩歌理論》（臺北：久大書局，1990 年）。
[42]參見楊牧《一首詩的完成》，頁 71。

性和良心，以及極深沉的啓示力量。透過這樣的藝術典型所蘊藉的永恆教訓，不只導引了他前瞻的精神動力，更且——如他自己所說的，以之掌握現代詩創作的思維和言語。

《紅樓夢》有關「妙玉坐禪」種種，無疑觸動了楊牧的古典驚悸，也迂迴纏繞著某些他個人內在的淵源，甚而激起寫作競技的欲望。他曾說：

> 關於記憶裡如何鋪紙抽筆，試著在文字的結構安排裡追逐無窮盡的實與虛，以之賡續，捕捉孤獨時光的幻想，如此飄渺，不著邊際。但我知道這些充其量只能算是我們心志未曾設定以前生命裡就有的偶發現象，終於不能讓我們通過它，就更了解自己。……[43]

紛至沓來的生命裡的偶發現象，會讓詩人冀望駕馭語言，結構文字，以之銘刻虛實互滲的存有。假手古典，融貫當代，獨抒一己機杼，是每一個秀異詩人的永恆挑戰。古典猶如父親，既可堪庇蔭，亦伴隨「莊嚴沉重」的壓力；戀父與弒父的情結，總夾纏在喜憂參半的創作自覺中。楊牧應難例外。他一直希望自己能在中國的抒情傳統裡增添大量的敘事詩，以及西方古典的戲劇張力，並尋求合宜有效的表現方法。他嘗引葉慈（W. B. Yeats）的〈白鳥〉（"The White Birds"）一詩，以味況如是的探索追尋：「我心縈繞無數的島嶼，和許多丹黯海灘，那裡時間將把我們遺忘……」。[44]長時間以來，楊牧把與他創造力潛在相關的古典神話傳說，繫縛在他心魂最幽邃的所在，讓兩者間維持著強烈的，略帶覷覷的親密關係。或者也和葉慈一樣，因為這樣的嚮往，想像自己即將化為白色的飛鳥，與永恆的戀人「在海波上浮沉」。是以，驅遣隱喻，浮現抽象，進而去試探形上的意識、觀念，以及生命裡勢必對他顯示的知性之真，感官之美……，畢竟就成為楊

---

[43]同前註。
[44]參見楊牧，〈從抽象到疏離：那裡時間將把我們遺忘〉，《聯合報》「聯合副刊」，2004 年 12 月 28 ～30 日。

牧持續追求的，一組彷彿永遠追求不到的詩。而遠溯《紅樓夢》的神話精神，輾轉衍繹生成的〈妙玉坐禪〉詩系，或可視爲一個範例。

1969 年詩人寫下〈延陵季子掛劍〉，是以創新的現代詩形式向中國古典的禮敬回應。據他回想，自己當時正在探索新的表現策略，自覺可以權且進入季子所處的時空位置，去扮演他在人情命運的關口，想當然所以必然的角色，因而暗襲季子的聲音與形容，融會他的背景和經驗，直接切入其即臨的當下，去發抒他的生命感慨；同時也讓自己藉詩言志。楊牧自認這樣的作法，和平常抒情詩的創作很不一樣，因爲它發生的動力，是以客體縝密的觀察與一般邏輯爲經，又要緯以主觀掌握到的神態與聲色，在二者互動的情況下，去敷演一個或簡或繁的故事情節，推展成富有動作的戲劇事件。[45]即使我們以上述這樣的視角，來討論他十餘年後完成的〈妙玉坐禪〉，仍然是若合符節的。

楊牧選擇用現代詩的形式去處理妙玉的故事情節，應該和他長年閱讀西方古典有關，原來小說裡的次序不一定被他所承襲，新的詩作已自成系統結構。他將詩篇分爲五個小節：一魚目、二紅梅、三月葬、四斷絃、五劫數；其中有的發端於事件的中間，有的採徐徐倒敘，細膩鋪陳，使之波浪迭生，有時又以跳躍的方式來省略，銜接。這五個小節的安排與西方古典悲劇的講究形式一樣，現實的人生事件絕不會分爲五幕，楊牧以華麗典雅的語彙和聲韻，去蕪存菁地剪裁已經被《紅樓夢》剪裁過的情節，動作，和情趣。《紅樓夢》和楊牧都用極含蓄細膩的設想來描繪妙玉的情緒言動，比如前面述及的 87 回，在楊牧的詩裡變成如下的書寫：

　　他自雪中來

　　一盞茶，又向雪中去

　　屋裡多了一層暖香

---

[45]楊牧，〈從抽象到疏離：那裡時間將把我們遺忘〉。

些許冷清的詩意。我留他

不住，……

……

然而我已經完全看開了，然而

我是不是看開了？我在檻外顛躓

貪戀人間的詩和管絃

我遙遙張望著檻內，檻內一個人

……

縱有千年鐵門檻

我心中奔過千乘萬騎

踏熄了低迷的爐香

讓我俯身向前，就這樣輕輕

輕輕吹滅龕頭的火燄，

帳裡兩隻鳳凰

屏上一對鴛鴦

……

　　粗略比較兩者，立刻可以加深我們領會楊牧怎樣讓「內容沉沒下去，形式浮現出來」的詩藝表現，其中最重要的美學元素在於文字的音節、雙聲和押韻——例如「然而我已經完全看開了，然而／我是不是看開了？」「輕輕」、「鳳凰」、「鴛鴦」……。整首〈妙玉坐禪〉的情節大抵襲自《紅樓夢》，但楊牧卻有更嚴整的調合，他透過字面或超出字面以外，讓每個字與字，詞與詞之間，有更深的相互關係，除了傳達，並且暗示和象徵更深的情意：因此詩中的雙聲疊韻不但聽來悅耳，還加強了詩的嚴密整鍊，使詩中的各個字詞語彙都有「言外之意」的契合。這個「言外之意」建立在詩人對主題的基本情意上，他自己時時深深地感覺著這樣的基本情意，也希望讀者和他一樣。

　　楊牧〈妙玉坐禪〉的基本情意，許是對於人性，或者人（像妙玉……）在緊急關頭處理危機的能力的困惑懷疑，因爲好像總是瀕於敗績，甚至導向死亡毀滅的終結。這首詩以許多片段的重言（如：「遙遙、輕輕」）、雙聲（如：「彷彿」）、疊韻（如：「長巷」），連又斷斷又連的字音意，結合成最生動的姿態，隨處引發的感覺意象，包括視覺聽覺觸覺和味覺嗅覺……，與全詩的實物意象都相生相應，指向形式與內容的和諧統一，終於造成全詩整體的表情作用。而這也正是陸機《文賦》所說的：「其爲物也多姿，其爲體也屢遷；其會意也尚巧，其遣言也貴妍。暨音聲之迭代，若五色之相宣」的表現。我們姑引〈妙玉坐禪〉的部分段落來細思箇中訊息：

甚麼聲音在動？是柳浪千頃，快綠
翻過沉睡的床褥。風是虛無的控訴
……
……一種恐懼
矜持，滿足，自憐
透過淚水閃爍的兀自是記憶
記憶是暴力扯斷一串念珠滾了滿地
在這秋夜深處。我俯身去撿
只是粒粒魚目從十指間逸去
戲弄著，……
扭曲，壓縮，破碎。災難在
窺伺。無妄，黑暗。甚麼聲音？
或許是鼬鼠在屋樑上磨牙，是睡蓮
在水缸裡悄悄延長它的根
蠹魚游過我心愛的晚唐詩
是冷霜落瓦，燭蕊爆開兩朵花

我聽到聲音在動？是甚麼？
莫非蟾蜍吐舌，蜥蜴搖尾巴？
梔子簷下新添了喜悅的雀巢？
又有點耳鬢廝磨的暖意
在黑夜深處洶湧擴大，波波來襲
我凝然傾聽死寂中，彷彿
有人在卸裝更衣
燈火盞盞消息
……

我舉手鎮壓胸口，聽見聲音在動
貓躡足過牆頭，落葉
飄然到了轆轤井湄
還有細微的，是小魚唼喋水底
一條蛇蛻變──在我們白晝的足跡
或許毛髮糾纏，肌膚泛潮。
在垂長滑膩的子夜試探，欺誑我
參差是新陽下千頃柳浪的快綠
翻過蘇醒的床褥，黃鶯瑣碎
啄破一本貝葉書……
……

那是甚麼聲音？
……

──那是甚麼聲音在動？
……

一襲新裁披紅的嫁衣
微微搖擺深深繡房裡
那是甚麼？我聽到木盆碰撞

刹那濺起水花復落的聲音

髮飾和銀篦交擊

……

倉庚在春日于飛，桃葉

藏不住競生的果實——

那隱約是鑼鼓嗩吶揚過長巷

以萬鈞溫暖挪揄我的靈魂和肉體

是荷塘上一批蜻蜓在瘋狂地盤旋

倏忽停駐，銜尾，交配，驚起

是柳浪千頃，快綠翻過洶湧的床褥

……

即使只是詩句片段的引述，仍然可以看出楊牧這首詩所要構築的藝術旨趣，藉物托喻，重疊覆蓋的感官聲色意象，不斷敲打出渴欲的生命節奏（像一再重覆的：「那是甚麼聲音在動？」），穿梭進出在時間的流動裡，含蓄又激昂。[46]除了隱藏性的時間產生相應的生命感傷之外，布置在字間行間的平仄高低、快慢緩急的音節律度，更深刻示意了妙玉的孤傲深隱與曖昧激情，如何迴旋相生，復相剋。

　　豐厚累積的西方藝文訓練，很早就讓楊牧反思中國抒情傳統的寬廣，深邃，乃至密度，效用……等等問題。這些考量涉及，怎樣才能使詩人的主觀自我和詩篇的客觀表現結合對應，並蓄釀普遍，超越的美學和道德潛力。而他所找到的「戲劇的的獨白體式」，（包括建立故事情節以促成其中的戲劇效果，以及無懈於細部的掌握……），適能滿足他在特定的時空語境裡抒情言志的動機。《紅樓夢》「妙玉坐禪」的一般性意旨並不難看見，但楊牧選擇某種特殊的結構形式來表現那樣的主題，自有他獨到的心神鍛鍊

---

[46]鄭慧如對楊牧〈妙玉坐禪〉的抽象聲律與情欲騷動的結合，有極精邃的論述。參見氏著《身體詩論》（臺北：五南圖書公司，2004 年），頁 125～131。

原則，或非常人所能了解。楊牧在〈從抽象到疏離：那裡時間將把我們遺忘〉一文中說，一些今昔流轉、虛實錯織的人間故事，都曾經使他極端感動。[47]妙玉坐禪的故事雖然以小說虛構的形式穿插於《紅樓夢》的局部，卻以精密的有機存在，讓詩人深有所感，覺得其中潛藏無窮的人間啓示，和教訓。

　　《紅樓夢》「妙玉坐禪」的敘事時空，迴旋穿插在整個龐然的架構中，具有引人恍惚驚夢，低迴悵惘的宛轉、決絕；但由於拉長篇幅，使得小說所擅長的內外情景鋪敘，因此欠缺詩的迴蕩力和懸疑，轉折，以至於破解的密度結構。而詩篇，卻可以包含理、勢的運用，在言志抒情之外，還用來敘事，和表現戲劇張力。楊牧自敘寫作此詩的心路歷程說，他直接擇取某一特定的第一人稱位置，先設想妙玉曲詭的心思，揣摩她的語氣，個性，不迴避重覆使用「我」字，再逐步去揭發妙玉的心理層次，更爲她個別的動作找尋事件情節的依據，甚至暗中串連種種前因後果，使這些繁複的質素，得以交集在某一舞臺的當下。他稱這樣的體式爲「戲劇獨白體」，相當於英詩的 dramatic monologue。[48]

　　楊牧選擇妙玉這個人物，必然想像她正處在某一個截取的生命情節裡，就那特定的氛圍，他同時揣摩一點貼身的現實，將她安排在詩的總體結構中，讓她做（想）著必然只有她才會做（想）的事；也就是說，詩人以一己之意，去逆取妙玉之志，以至於逆取她的情感欲望。楊牧曾強調整個詩篇寫作的過程極其審慎，但最不可或缺的，畢竟還是渲染想像。確實如此，唯有詩人縱深的靈視，才能讓這首詩不僅來回呼應《紅樓夢》裡的妙玉，甚且能以精湛的詩藝與它競馳，從「特殊」的事件中去發現「普遍」的悲劇情感，就「具體」的人間蒸餾出「抽象」的智慧，進而獲致憂戚和快樂的交織昇華。他稱此爲：詩的或然，可能的真理。即便在詩的醞釀生成中，詩人所觸及的常是層出不已的懷疑，無力，失望，灰心……的

---

[47]諸如〈延陵季子掛劍〉、〈鄭玄寤夢〉、〈馬羅飲酒〉、〈喇嘛轉世〉、〈以撒斥堠〉……這類詩篇。
[48]參見楊牧〈從抽象到疏離：那裡時間將把我們遺忘〉。

主題；但透過文字的繁衍指涉與聲韻的起伏跌宕，詩的生命仍然會因為內在的演化而常新。而內在的演化，必然含括參與涉入人群和自我超越的力量。[49]

　　《紅樓夢》，一如西方典籍，都曾讓楊牧為其細緻繁複的文化生命，彷徨歎息，朝夕景從，欲以詩的長久信念：創新的試驗和突破，來參與定義此一廣袤的人文事業。[50]「妙玉坐禪」或可謂心思極小，但它所映現的宇宙，何嘗不廣袤幽深？楊牧說這首詩揭示了一個表面上冰清玉潔的女尼，終究不能壓抑內心洶湧的狂潮，為愛欲雜念百般折磨，受苦，以至於不能安於禪修，走火入魔；而他回顧自己那許多年中的創作，確實是有這樣一種「傾向厄難的著眼」，不免愕然。他當然也探求過快樂和崇高的主題，迄今依舊強調：詩的功能就是以自覺、謹慎的文字，起悲劇事件於虛無絕決，賦與人莊嚴回生，洗滌之效。[51]

　　楊牧在《有人》「後記」〈詩為人而作〉中說：「結構，觀點，語氣，聲調，甚至色彩——這些因素決定一首詩的外在形式，而形式的取捨由詩人的心神掌握，始終是一種奧祕，卻又左右了主旨的表達。」[52]古典《紅樓夢》的「妙玉坐禪」，正是經過了楊牧現代詩美學的轉化，而成為全人類某種存在困境的深刻象徵。其中自然還有他所未能完全掌握的不確定性，但這個不可思議的「不確定性」，同時儲蓄了內在無窮的潛力，並屢次於可怖美麗的轉折之際，次第展現他所要表達的題旨。讀者如果有耐性夠細心，當能經由一波波有感的閱讀，開掘出附屬於詩篇的美學或道德的珠玉來。

四、語言修辭與面具問題

　　艾略特（T. S. Eliot）論詩人的「用事」說：「未曾經驗過的感情，正如

---

[49]同前註。
[50]參見楊牧，《一首詩的完成》，頁 13。
[51]楊牧〈從抽象到疏離〉一文。
[52]參見楊牧《有人》（臺北：洪範書店，1986 年），頁 180。

那些一向熟知的感情，同樣爲他所用。」[53]楊牧寫妙玉，可能經驗過也可能沒有經驗過她那樣的情境，一如《紅樓夢》的作者。文學作品中的主角，總要經過幻想與失望的人生歷練，才能從中獲取啓迪；不管是隱藏作者或真實作者，乃至讀者，也都一樣。大多數人真正關注的，不是整片過去的時間和記憶，毋寧是某些錯失了的人事物，以及怎樣從中得到學習的機會。嚴謹的「學習」是察看及細想一個事件所發放的符號，然後將之解碼，辨讀，及詮釋。據此而言，則〈妙玉坐禪〉大抵包含了世俗的、宗教的、愛情的、感官的以及藝術的……各種符號。[54]這些符號呈現了多重繁複的世界，雖然未必都具體存在，卻能夠勾起我們對其他事物的感覺和印象，它們會連番映襯一刹那的時間或某種事物的本質；所有的符號最後都將匯集成藝術。藝術的符號結合許多不同質素的符號，給予它們美感的意義，洞穿它們的不透明度，並且迂迴尋找箇中的真理。精湛的藝術是通向真理和本質的媒介，能透視時間的最純粹形式；不論是小說體的《紅樓夢》，或楊牧的〈妙玉坐禪〉詩系，都具備這樣的藝術特質。

所謂「時間的最純粹形式」，就是一種內在性質的形式，存在於每一個生命體內的一種無限定性的抑揚變奏，例如昨日的我與今日的我，是由這個時間的最純粹形式所分割。這樣的時間示現爲一種暈眩感，一種波浪性的搖擺，會把一個主體分裂成兩個：我同時是他者。據說希臘文的「符號」（"sema"）原來指「墓碑」，有死亡和時間的涵義。吸納宇宙人生萬象的藝術符號，所呈現的時間根本上是一複合多重體，能夠自我建立秩序的混沌，是過去、現在與未來同時並存的綜合。[55]《紅樓夢》的作者和楊牧，當然都在尋求本質性的真理，這個真理不是光憑主觀願望或自由意志的驅使就能得到；弔詭地，真理往往只是一些事件的副產品。以「妙玉坐禪」這個事件來論，前前後後包含了某個偶然的機會、一回沒有事先安排的邂

---

[53]轉引自楊牧，〈從抽象到疏離〉。
[54]羅貴祥《德勒茲》，頁116。
[55]同前註，頁118。

逅、一句句聽似不經意的話、一抹看似無心的眼色、或一張暗藏欲望的賀卡……；這些符號迭番湧現，將會逼使「主體」去思索生命的本質和意義，而此處的「主體」，除了可以用來涉指妙玉外，還旁及創造她的作者和讀者們。

真理的必然性總會在特殊的處境中出現，而彷彿「被選中」的「主體」，則不得不向這些符號學習，去尋求本質意義的解釋。學習關聯思考，會通向詮釋。思考的過程含括解釋→發展→解碼→翻譯一個符號，而翻譯，解碼，發展，解釋……這些全部屬於純粹創造的形式。可以說，《紅樓夢》的作者和楊牧，各自都發現了新的表達形式，新的思維和感官方法，也表現了他們「原創的語言」。[56]「原創的語言」是指能夠把語言推展到極限，呈現出示範性的，辯證及神祕性的功能。若以美學造詣來論，楊牧的〈妙玉坐禪〉，似乎更能達到這樣的要求。本文前面曾經提到「扭曲變形」的策略，是要改變既定的結構和處境，加速變向的過程，尋找逃跑的路線；如果我們把楊牧〈妙玉坐禪〉的結尾試著用這樣的觀點來解讀，可能會有極震撼性的啓發。

死亡與愛欲的結爲一體，向來是文學永恆的主題，當我們透過楊牧這些原創性的語言構設，將驚覺到：妙玉「劫數」的那一刻，其實就是充滿變向與張力的那一刻。很少論者細究《紅樓夢》此處曖昧至極的文字，大多只聚焦在妙玉終陷泥淖的表象悲劇性，認爲「事與願違」乃是最讓人慨歎欷歔的人生本質；當然這麼說並無大錯，只是可能會漏失掉生命中某種難以言傳的欲望隱情。反倒是楊牧的詩篇，舉重若輕地觸及了。（此處我們必須承認，小說描寫妙玉遭劫時的「如醉如痴」是否關鍵性地引發了詩人的渲染想像，是無法確知。）我們且看詩篇的最後怎麼敘述：

　　時間迭代通過。我前胸熾熱

---

[56]同前註，頁120。

如焚燒，背脊冷汗潺潺

冰雪在腹，懷抱烈火空洞的風爐

呼呼如狂犬夜哭，熔化夜叉白骨

一塊馬蹄鐵，兩塊，千萬馬蹄鐵

噹噹敲響凌晨滿天霜

月亮見證我滂沱的心境

風雨忽然停止

蘆花默默俯了首

溪水翻過亂石

向界外橫流

一顆星曳尾朝姑蘇飛墜。劫數……

靜，靜，眼前是無垠的曠野

緊似一陣急似一陣對我馳來的

是一撥又一撥血腥污穢的馬隊

踢翻十年惺惺寂寞

顯然這群夜半潛入賈府的暴徒必然放不過冰清玉潔的女兒身，眼看妙玉之毀情勢已成，諸神肅默，萬物同悲；就在極熱極冷極動極靜之中，文本的罅隙竟然、居然拉開若有似無的一線天光：「踢翻十年惺惺寂寞」。……十年，誰的寂寞？被誰踢翻？寂寞的背面又是甚麼？死亡抑或生機？污穢血腥還是狂野歡騰？這是楊牧的詩意視角，可暗藏哀矜或頌歎？難不成這首詩具有英美文學經常表現出來的，與既有系統體制決裂的特徵[57]，進而發現了某一處「新的逃跑路線」？

　　所有的創作都呈現一種存在的本質，本身即為一變向的過程，不斷尋找逃亡的各種路線。變向和模仿不同，創作意不在模擬被創作的對象。吳

---

[57]同前註，頁129。

潛誠在〈詩人少年時的一幅像〉中說，作品裡的敘述聲音所呈現的，往往是作者所設想、建構的另一個自我，也可以說是一個理想的自我，是詩人自己希望扮演的角色，也是他最關心，最希望別人看到的那個角色。詩人表達的媒介，包括文字使用的意象、語調，以及題材的那個角色。詩人表達的媒介，包括文字使用的意象、語調，以及題材的選擇、文體、技巧等等全部加起來，都可以叫做面具（mask）。而詩人經常是戴著面具發聲的。[58]楊牧寫〈妙玉坐禪〉，應該也戴著面具發聲，不過，因摹寫妙玉而讓自己進入她的內外情境，必然會逐漸鬆懈自己原有的身分認同，進而與對方相互流動改變，說不定還會有意無意地，讓本來自以為擁有的自我消失於無形。[59]徹底一點說，詩人甚至甘願成為自己的叛徒，背叛的不僅是既有的階級屬性，或許還包括了生理性別⋯⋯種種。寫作，乃至一切的藝術創造，都具有冒險性，那是因為生命裡潛伏的「變向」無法預測，它最精采的地方，往往不是從頭開始，而是從中間去接駁那些中斷了的路線和缺口讓生命的流量跨越一重重無底的深淵。因此，最有意趣的永遠是過程，但「過程」也是一個最尷尬的處境；儘管它最終的目的是在探勘新的「武器」，以創造生命。

　　人在時間之流裡，總是置身於「永遠已經發生中」的處境，不唯無法知悉時間的始源，以追溯生命的緣起（就好像《紅樓夢》姑且以神話開篇，來做為生命荒謬虛誕的註腳一樣），同時也沒有能力猜測時間的流向，去預知未來的歸宿。文學藝術，恰恰表現了這個「中間」或「之間」的存在困境。無論是現實人生抑是藝術世界，都不免虛實參半，有無相生，一

---

[58]楊牧在他編譯的《葉慈詩選》（臺北：洪範書店，1988 年）的「序」中提及詩人與「面具」的關涉問題。又，參見吳潛誠《島嶼巡航：黑倪和臺灣作家的介入詩學》（臺北：立緒文化出版公司，1999 年），頁 93、95。

[59]在詩作中將「我」戲劇化，即是使詩人的「我」自此抽離，「我」已成「他」的化身。從強烈自我到適度割捨自我，也映襯詩人自抒情到知性的內省，反能保有一個完滿的自我。參見簡政珍《詩心與詩學》（臺北：書林出版公司，1999 年），頁 39～40，頁 234～237 楊牧的詩雖富於內心獨白式的傾訴特質，但「自我」經由藝術性的處理，詩所呈現的未必是私人的（personal），而可以是，更經常是，有人類共通性的個人（individual）。〈妙玉坐禪〉也如此。

味緬懷過去的純真美善，反應未來的沉淪空茫，必然陷入僵局無法脫困；要透過詩的，藝術的功能來開創生命，惟有確切活在每一個同時包含過去與未來的「此時此刻」，如藝術文學所捕捉的「這一刻」，期許自己在其中發揮流量與張力，庶幾有望。

　　閱讀楊牧的〈妙玉坐禪〉之前，我們其實已經曉得整個事件的來龍去脈，可是一旦進入閱讀的狀態，很快就發現《紅樓夢》與此詩篇的相互指涉，多重繁衍；介乎作品、作者之間的讀者，必然會察覺到詩篇增加了它自身具足的變向、震盪和回響，還有奧美幽深的「新節奏」。可以說，楊牧〈妙玉坐禪〉整體詩篇的運動繫乎一種獨特的感覺邏輯，處處是時間意識與空間語境的錯綜流竄，幾乎所有出現的形象都涵攝微妙的詮釋空隙，使得詩中人物的主體位置在欲望的作用底下，充滿了曲詭的張力，一方面企圖上升，一方面又等速、超速下墜。楊牧確切捕捉到一種人人可能都有的經驗性的感覺，透過獨異的詩語言操作，成爲既強烈又溫柔的生命節奏。因此，妙玉雖然是一個破裂的主體，由於詩人的文字巫術，卻讓她溢滿了能量和張力。

　　即使楊牧的〈妙玉坐禪〉撇不開《紅樓夢》裡的妙玉陰影，（事實上也不須全然撇清），我們仍然可以認爲，詩篇所處理的視覺與聽覺表象的甜蜜異色與暴力恐懼，並不完全指向傷殘及恐怖。不唯妙玉，只要是任何「人的身體」，就仍然可能豐盈著流動不息的生命力，這個生命力自然不只是單面向的生理機能而已。當我們經由閱讀，與作品、作者之間產生迴旋對話時，會凸出過去現在與未來三個時刻的共時混合，這樣的混合，必然增強了我們感覺的震撼與波動的向度。那種詭妙的共時性混合，讓我們感覺從一個時刻走向另一個時刻，從一個層次伸延到另一個層次，製造了各種律動與節奏變更的可能，也擴大了偶然機遇的元素，其中之隱藏著新的渾沌。德勒茲認爲，新的渾沌亦即新的擴散衍生意義的力量。[60]它不但在，而

---

[60]羅貴祥《德勒茲》，頁134。

且一直都在。

　　楊牧的〈妙玉坐禪〉具有潛藏的寓言性質，是游移於主觀與客觀，真實與想像間的多重複合體，其參差混雜的綜合，有如電影蒙太奇（montage）的切換拼貼。知覺，感情和動作意象在詩篇內外穿梭，形成詩篇不穩定的形式，有時因外在敘述的連續性斷裂，使得時空變得不明確，但在作者浮動的感情帶領下，會再創造新的聯繫，釋出新的感性來。楊牧〈妙玉坐禪〉中的視覺與聽覺元素，幾乎游離了舊有感官動力邏輯下的聯繫，建立出充滿他個人風格的新的夢幻般的聯繫——一個接一個無法被抓緊的實體和虛象，既透明又曖昧，有時甚至蓄意以虛構取代真實，讓我們看到表象裡的漏洞，聲音裡的聲音。〈妙玉坐禪〉有沒有詩人的內在獨白，既不是我們閱讀的主要動機也不是目的。詩篇的開始和尾聲並未構成一封閉完整的思考系統，掩映其中無法解答的命題，往往正是引發我們思考的最大力量，既是障礙，也是生機泉源。不管是《紅樓夢》的「妙玉坐禪」或楊牧的〈妙玉坐禪〉，都或顯或隱地指向這種難以思考解答的東西，它們所賴以顯現的文字，影像，聲音，色彩，結構……就是藝術創造的美的形式。

五、結語

　　在充滿流動力量的人間網絡之中，有影響性的力量，也有被影響的力量，這些力量來自人為和自然，後者的力量往往比前者要大得多，且遍布偶然機遇的因素，不管個人或人類的歷史都不可能只受某種定律（諸如因果宿命……）的支配。普世意義的歷史，大多是偶然而不一定是必然，即使看起來點狀的偶然匯集成最終的整體必然，它所顯現出來的總是斷裂、不連續的樣態；就人的一生而言，許多出其不意的遭遇恐怕才是深刻的必然。這些意料之內的「意外」，通常具有反諷矛盾的調性，例如平凡的日子裡必須出現危機或不平衡，人往往才有可能達致平衡的狀態。人會習慣性地製造自我矛盾，引起危機，產生混亂，甚至趨向毀滅；不過，這仍然只

是生命航程中的一項可能。道家的相對觀認為，異常失序反倒讓人有淬鍊更新的契機。同樣的，妙玉的危機、矛盾，其實有可能變成另一種生機的推動力，可惜文明社會裡盤根錯節的種種負債感，（像同時具備「解放」與「禁制」雙面性的宗教信仰），讓她很難覓得一個真正具有超越意味的「逃亡出口」，得以暫時停下來轉化自己，凝蓄力量，抵消舊的禁錮，去創造新的生命形式。

　　所有的創造都很迷人！藝術的力量來自時空無垠的大自然，也來自可觸撫可鄙夷可慨歎的人間世，《紅樓夢》和楊牧的〈妙玉坐禪〉不是波瀾壯闊的史詩體製，但他們同樣把快速流逝的美好和醜陋，以語言一一定位，讓我們得以長久接近它，聽見自我靈魂幽玄的歎息，認識人類明暗的屬性，思索其中的橫逆，同情，悲憫，美，和反抗，進而砥礪生命，去關懷和愛。

——選自《東華漢學》，第 3 期，2005 年 5 月

生態楊牧

析論生態意象在楊牧詩歌中的運用

◎曾珍珍[*]

> 這是我的寓言，以鳥獸蟲魚為象徵。
>
> ——《完整的寓言》

> 這地球總在心境最荒涼的時刻
> 朝夢的領域傾斜
> 毫不遲疑
>
> ——〈隕蘀〉

　　楊牧喜歡以生態意象入詩，而隨其創作生命的成長，一些他情有獨鍾反覆使用的生態意象逐漸發展並衍生出特定的寓喻象徵，成為他具有高度原創性之詩歌世界不可或缺的構成因子，而對於自己持續四十多年的創作努力所建構完成的象徵系統，楊牧，和他所景仰的愛爾蘭詩人葉慈（W. B. Yeats）一樣，充滿詩學原理的自覺與反思，近年來的詩作多有自我指涉的傾向，甚至包括對構成系統恆定性與完整性的質疑；而折衝於生態具象物色與抽象指涉間，詩人的想像與文學傳統呼應成章，冥搜、直觀與文本互涉對位並行，特定的創作美學，包括對象徵與隱喻的信仰，使得楊牧詩中的生態模擬產生濃厚的人文義涵，自然與人文兼美因此成為楊牧詩歌的特色。本文擬從生態象徵系統的形成析論生態意象在楊牧詩歌中的運用，分

[*]發表文章時為東華大學創作與英語研究所教授，現為東華大學英美語文學系教授。

萌芽期、生成期、成熟期和解構期，循序考察各時期中楊牧以生態入詩的代表作對其象徵系統形成的貢獻。此外，並將探討楊牧如何運用生態象徵構築「原初想像」及其美學意義，也會涉及生態象徵系統的形成與抽象思維之間的關係。

生態寓喻象徵系統的形成

（一）萌芽期：從《傳說》到《瓶中稿》

生態象徵逐漸朝向系統化的創作現象在楊牧 1970 年代前後的作品中初現端倪，亦即他就讀柏克萊大學完成〈十二星象練習曲〉並著手寫《年輪》的那段期間，不久（1973 年左右），他便把筆名從葉珊易為楊牧，宣示自己已經掌握一種嶄新而獨到的詩歌語言，從此告別年少時期懵懂的摸索與零碎的模仿。在這段寓喻象徵系統的萌芽時期，我們可以找到後來經常出現的四個母題初次冒現的痕跡，其一是以開創性的命名者（the first namer）自居，導致從《北斗行》之後，儼然成家的詩人幾近執迷地一而再再而三馳騁想像，用生態意象投射生命「本原」（"the origin"）或者「原初場景」（"thr primal scene"）的靈視，企圖藉此展現他作為現代詩壇先行者雄奇的原創力，也就是布洛姆所稱的強亢詩人（the agonist poets）常有的表現（Bloom 1982）。這項命名者的自我宣告早期最明顯的例子就出現在《年輪》首章〈柏克萊〉的開頭：

> 我要告訴你風雨的祕密，因為我已經來到這荒野的中心。風雨是粉堊白牆頹落後的生命，從未名的角落翻來，留在未名的我的身旁。我要告訴你桂花的祕密，螞蟻在園子裡築巢。孤雁的祕密，羽毛落在節慶旗幟上。

——《年輪》，頁 4

上一個文明的廢墟促生了新一代詩人重新書寫的原動力，回歸自然真

實成爲西方現代主義詩人因應時代需求的主要策略之一（Elder，頁 24～39）。楊牧爲自己的詩歌創作活動找到了格局宏大的歷史定位：洞察文明的表裡不一，探索自然的真實，冥搜六合，俯仰古今，馭神思以逆溯象徵藝術之原委，闢建詩歌美學的新典範，他以成爲現代詩壇的拓荒者昂然自許。

　　楊牧詩作中其他三個顯著的母題，年輪、星圖與魚類的洄游，也肇端於此時期。他以「年輪」爲這段時期自剖式的心影錄命名，追求文章能像樹的成長那樣莊嚴自然，那樣真實──「它的年輪代表它生長的歲月，絕無半點隱瞞」（《年輪》後記）。星圖以〈十二星象練習曲〉發端；至於魚類的洄游，尤其是鮭魚的生態，除了出現於《年輪》之外，在《瓶中稿》自序中，更被楊牧用來自況，他挪借任教所在西雅圖地區家喻戶曉的鮭魚洄游生態，說明自己置身宇宙自然、時代文明與人生存的多重冥漠中（「自覺存在一不可辨識的經緯度交會的黑點上，不知何以南北，自西徂東」），決定回應命運的召喚，終生投入詩歌創作。這項生命的承諾的確就像鮭魚以「生物性的」奔赴，「在潮水和礁岩之激盪交錯中，感知一條河流，聽到一聲召喚，快樂地向……祖先奮鬥死滅的水域溯逆」（《楊牧詩集 I》，頁 617～618）。羈留海外，認同詩歌創作爲自己生命的原鄉，鮭魚的洄游生態，作爲隱喻，同時也抒發了詩人對太平洋彼岸的花蓮，那啓迪自己詩歌想像的山海故鄉，一種永遠的繫念。漂泊與回歸原是以「搜索者」自居的詩人心神探索的一體兩面。以鮭魚自況，楊牧爲自己特殊的「離散」（"diaspora"）情境找到了貼切的生態映象。

　　用自然生態比擬創作藝術應該追求的精神典範或有機結構日後也成爲楊牧常用的修辭，譬如前述他主張詩的生長應該像樹的生長，「那枝柯的上舉和下垂最自然莊嚴」（《年輪》，頁 182），而回應英國浪漫主義的文學理論與實踐，倡言現代詩有渾然天成的格律，楊牧用的也是同樣的比喻：

　　一首詩和一棵樹，和別的樹同樣是樹，可是又和別的任何樹都不同，在

形狀枝葉的結構上自成體系，萌芽剎那已經透露了梗概，唯風雨陽光在
它生長的過程中捏塑它，有它獨立的性格，但它還是樹，枝葉花果有其
固定的限制。每一首詩都和樹一樣，肯定它自己的格律，這是詩的限
制，但每一首詩也都和樹一樣，有它筆直和彎曲的生長意志，這是詩的
自由。

　　　　　　　　　　　　　　　　　　　　　　——《禁忌的遊戲》後記

　　後來在《一首詩的完成》中論及大自然與寫詩的關係，也強調藝術要
師法自然：

我們膜拜大自然，豈不是因為它那堅定的實質存在嗎？而當我們全面理
解了大自然的力，孳孳勤勉以生命的全部去模仿它，藉我們的藝術之完
成，企及那堅定的實質，說不定就可以同意東坡所說的，「我」竟然也是
無盡的，長存於藝術的整體完成之中。所以大自然是我們的導師，雜然
流形是它落實的示範，山的峻拔，海的浩瀚，江河的澎湃，溪澗的幽
清；或是飛雲在遠天飄動，時而悠閒時而激盪，或是草木在我們身邊長
大，告訴我們榮枯生死的循環也還有一層不滅的延續的道理。

　　　　　　　　　　　　　　　　　　　　——《一首詩的完成》，頁 15

　　同樣的創作理念使得楊牧在這段生態入詩萌發期的力作〈十二星象練
習曲〉中，以黃道十二宮的天文組合象徵虛構的宇宙。在這首諷味十足的
反戰詩中，「我」，一位野戰士兵，在守哨、衝鋒的同時，匍匐俯仰於虛構
的想像世界裡，快意沉溺於與情人交媾的性愛狂想，以精神的遁逃嘲諷歷
史的對立。這組詩的最後一首「亥」將性愛的征服與「凱旋的暴亡」，戰爭
的殘害與都市環境的污染交疊並置，為戰亂頻仍、愛情絕滅、生態隳壞的
末世浩劫寫出了田園輓歌（pastoral elegy），其中並有謔仿（parody）與改
寫（revision）中古愛情傳奇 Tristan 的痕跡，這種生態與人文關懷緊密交

織，自然直觀與文本互涉對位並行的書寫現象也爲楊牧詩歌往後的修辭走
向譜出了基調：

> 露意莎，請以全美洲的溫柔
> 接納我傷在血液的游魚
> 你也是璀璨的魚
> 爛死於都市的廢煙。露意莎
> 請你復活於橄欖的田園，為我
> 並為我翻仰。這是二更
> 霜濃的橄欖園
>
> 我們已經遺忘了許多
> 海輪負回我中毒的旗幟
> 雄鷹盤旋，若末代的食屍鳥
> 北北西偏西，露意莎
> 你將驚呼
> 發現我凱旋暴亡
> 僵冷在你赤裸的身體

　　以鮭魚自況，用年輪指涉時間的循環與生命成長的自剖，而星圖則遙
遙望見未來詩歌象徵結構的斐然成形：這是楊牧生態象徵系統萌芽期的剪
影。

（二）生成期：《北斗行》到《有人》

　　從《北斗行》到《有人》，亦即 1974 年到 1985 年約十二年間，可視爲
楊牧生態象徵系統的生成期。這段時期，以〈北斗行‧天璣第三〉、〈北斗
行‧玉衡第五〉、〈北極光〉、〈人間飛行〉、〈未完成三重奏〉、〈俯視〉與
〈樹〉等詩爲證，是楊牧利用生態意象投射生命「本原」或者「原初場

景」，以之模擬天人合一的靈視，將逼近造物者的雄奇想像發揮到極致的時期。其中，除了〈北斗行〉之外，都完成於 1980 年後，也就是楊牧初爲人父，對生命起源的奧祕迸發莫大興趣的時候，同時也是他詩興勃發，創作力充沛亢奮的一段時期。先前提過的，楊牧對再現原初的沉迷與他自許爲開創性的命名者——自然宇宙的知音——有關，這一層身分的認知在這段時期繼續深化，《星圖》裡有段文字追述他這些年間的一次「搜神之旅」可資佐證：

> 等待著。我想我是等待著，在日光和風和魚之後，在那沉著，不相干，更無從詮釋的感官現象之後，等待一更悠遠，深邃的清音對我傳來，一形象對我顯示，在蕩漾瀰漫的水勢，層疊綿密的漣漪上，清潔，純粹，完美，我等待一般永恆靈異的啟迪，對我揭發，生命，時間，創造，以幼稚的嬰啼。
>
> ——《星圖》，頁 58～59

1977 年春天，楊牧雪中開車迷入溫哥華島橫貫公路的巔峰，也曾在那裡經歷過類似的經驗；與超乎文字表述之外靜寂的「原初」相遇，這次無心、莊嚴的邂逅讓他穿透了古典學養的隔障與窒礙，面對等著自己用原創的語言發掘的本我與自然（《搜索者》，頁 7～8）。後來他在《一首詩的完成》中詳細說明了從這個經驗獲得的美學感悟：

> 當我們下定決心以全部敏銳的心靈去體驗的時候，我們和外物之間自有一種 immediacy，那是藝術創造的根本保證。倘若那 immediacy 遭受古典詩詞的渲染，創造的過程恐怕就產生缺失：我們和自然外物之間隔了一道微塵，失去密切結合的力量，只能浮華地作些敷衍文章，藉著古人的美文佳句，永遠表現不了自己。
>
> ——《一首詩的完成》，頁 74

　　再現「原初」，楊牧作了多樣精釆的嘗試。以〈北斗行〉為例，在〈天機第三〉中，他發揮陰性想像，以語言試圖擺脫有如「宮籟」（*chora*）般的渾沌，進入象徵次序中，指涉詩歌的誕生過程。在 1970 年代中期，既已透過隱喻式的想像，將象徵生發前的渾沌模擬成所謂前伊底帕斯期母子共生的狀態，這可是相當前衛的思維。[1]詩中的「我」就是「宮籟」，沉默的母親，被急於與之割離以轉化成象徵的語言埋怨為「黑暗的沮洳」。對於象徵的生成，她以哀悼的口吻直言：「你的誕生即是死」：

　　　　在細密的光影裡孕育

　　　　最初的人形，這莫非

　　　　是通向生命的子宮？

　　　　而我聽到，感覺到你

　　　　不懈的躍動，是靈魂抑是肢體

　　　　我莫非只是沉默的母親，……

　　　　………………………

　　　　…………………我了然

　　　　作為一朵不枯的花，象徵的

　　　　水源，胞子在我的體溫裡

　　　　膨脹，轉變，雖然眼不能

　　　　視，耳不能聽，舌不能知味

　　　　鼻不能嗅香，你在我的

　　　　體溫裡不懈地躍動──

　　　　………………………

---

[1]Chora 這個字典出於柏拉圖 *Timeus*：「渾沌之所在；毀之無方，為一切之所從生；雖可憑憑迂迴之推理感知其存在，卻游移於感官之外；飄忽於虛實間，當人悟識之際隨即墜入夢鄉，始覺一切存有皆恆存於某一命定他方……」（頁 52）。法國女性主義批評家克莉史蒂娃（Julia Kristeva）參酌佛洛依德的理論，將之引申為前伊底帕斯期的「母子共生空間」，是一母性空間（matrix space），存在於「道」之前，上帝之前，故不可言說。見克氏著 "Women's Time"（warhol et al. 445）

⋯⋯⋯⋯⋯⋯你埋怨
我是黑暗的沮洳。我
卜算你憤憤的脈搏
如剛出港塢的新船嚮往大海
我彷彿也不關心，⋯
⋯⋯⋯⋯⋯⋯⋯⋯⋯
劇痛，昏暈，我瞿然
放棄，用十萬條洶湧的血管
推開你。你的誕生即是死

　　若〈天璣第三〉以模擬語言擺脫「宮籟」形成象徵來再現原初──亦即詩歌之誕生，〈玉衡第五〉則倒轉過來將詩歌之誕生溯源於災變（catastrophe），顛覆成規與二元對立的逆性想像思維（antithetical imagination）是詩人介入隳毀、動亂的歷史時空知人論世之所憑據：

這些是我的
最初。譬如子夜著火的草原
譬如石破天驚，譬如
寺廟和軍營毀於頃刻
鐘聲悲鳴
號角嗚咽
我環顧尋覓，在解體的人面
和人面之間，尋覓一對熟悉的
眼睛，而終於方為那可憐憫的
發現而驚呼──方向從我開始
如大江切過山脈，拒絕
莊嚴的分水嶺，方向從我

開始，和漂鳥秋來北飛

拒絕可感知的溫暖。

　　在〈北極光〉中，他利用逆溯「如胚芽之於年輪，如蛺蝶之於尺蠖的軌跡」，企圖重回嬰兒始生的存在狀態——「我聽見古昔之歌／世界猶溫存舒適如荷花的搖籃／點綴著蜻蜓的夢，螢火的燈籠／一首輕巧的催眠曲……／每次當我背風站在小園中，長望／青青樹林稍頭一片不變的輝煌／我感覺，我也是那最接近渾沌的／一部分——曾經和憂鬱同享喜樂的本體」。〈人間飛行〉則挪借上古生態演化的意象嘗試再現世界創生時的景象，同時投射的更是「原初場景」，也就是佛洛依德所謂兩性交媾孕育生命的過程：[2]

　　我回顧來時的道路，體驗著臨行的

　　言語和手勢：生命如何起源？

　　在迢遠的遠古時代，當信誓光潔

　　如裸體蜷曲放鬆而坦然於地球的一個角落

　　祕密如螢火飄過髮梢，堅實如恥骨撞擊

　　超越抽象而回歸現實，生命是弱小的蝌蚪

　　在淺水中互搏，來不及茁壯喧鳴成蛙

　　就於無聲中生育更幼小的蝌蚪，在古昔

　　當演化進步需要太多智慧，耐性

　　和勇氣，我們不能等待：突破抽象的遺傳律

　　超越自然的拘束，超越神諭和道德

　　直接進入愛情和欲望的本體……

---

[2]「原初場景」語出於 1925 年佛氏所著 "Some Psychical Consequences of the Anatomical Distinction between the Sexes"，意指人小時候第一次撞見父母交媾而認知自己生命之所由來，並由於「陰莖欽羨」（"penis envy"）心理使然，擁有或匱缺陰莖，使男女產生不同的性別取向。本文挪借此語詞用以指涉生命誕生之原初場景，與性別論述無關。

同樣的母題，相同的修辭技巧，也出現在〈未完成三重奏〉中：

我也祈求著
讓我們回到蕨薇初生的洪荒（或者
稍微晚些）回到聲籟草原的年代
冰河期以後三萬五千年，野花對話
如多色的鳥類，泉水在尋找一條路
決定生命的河牀，且經常改道
活潑亢奮如健康的精子在歌聲中游泳
隨著不同的氣溫和土質變換性格以
及姿勢，有時深入大地迴轉如隱藏的漩渦
有時淺淺漂流過兼葭的沙丘緩緩靜止如沼澤
無窮的訊息在等待陽光揭發展開
讓暴雷和閃電分析。讓風雨詮釋
廣大的空間無從說起：花在對話
鳥在進行著優生的練習

除了再現原初之外，與生態書寫有關的，這段時期楊牧最顯著的修辭
特色還包括以生態寓言謳歌愛情與生命，或者主張應以師法自然作為人文
或藝術倫理的準則，其中，〈輓歌一百二十行〉、〈蟬〉、〈盈盈草木疏〉、〈出
發〉、〈春歌〉、〈秋探〉、〈狼〉和〈樹〉等可視為代表作。

〈輓歌一百二十行〉寫於 1977 年 9 月，正是楊牧個人生命史的一段黑
暗期，臺灣文壇當時充滿鄉土文學與現代主義論戰的殺伐之聲，政治上則
瀰漫著中美斷交前夕黨外民主訴求言論受到鎮壓威脅的白色恐怖。面對個
人內在心境的沉寂與社會外在現實的黑暗，楊牧試圖從自然生態中尋找一
股拔舉、超升的力量。在〈輓歌一百二十行〉中，他以隱喻式的書寫，藉
由鋪陳貝類、蕨草、老鼠、焦落的村莊、熄滅的隕石和鯨群洄游海洋的生

態，歌頌瀰漫在大自然「壯麗的循環」中那一股偉大的生存意志。次年，在致沈君山的散文詩〈蟬〉中，他挪借蟬的生態再次型塑這股超升、拔舉的力量，並從文學傳統中舉出值得效法的類比典範：

> 據說蟬的生命很合乎悲劇英雄的典型。如此卑微遲緩，牠堅忍奮鬥，一旦脫離泥土的潤澤，便緣著樹幹猶疑而上。我必須歌頌牠上升的意志，寂寞勇敢的意志在雨露中成形
>
> 經過一些粗糙的樹瘤，如同但丁夢中世界的層次。也如同虔誠篤實的但丁，多彌尼各教派的香客，毫不猶豫地向命定的輝煌世界匍匐前行，而輝煌是寂寞

1978 年底，楊牧與夏盈盈女士結婚，1980 年春生子常名。內在心境的沉寂與黑暗不久便轉為「安靜，靜謐，快樂」（《海岸七疊》詩餘）。沉浸在家居生活的幸福快樂中，他為妻兒寫〈盈盈草木疏〉和〈出發〉，表抒自己的精神嚮往與藝術執著。為詩追求愛情與生命延續的倫理價值定調，楊牧所採用的書寫策略仍是他熟悉的生態寓言。〈盈盈草木疏〉適合用來觀察他如何將習之於中國古典詩學的賦比興修辭加以轉化，用現代詩的語言進行生態寓言書寫。這首組詩以家中花園的 14 種草木為子題，包括竹、白樺、山毛櫸、山楂、林檎、梨、柏、山杜鵑、松、蕨、辛夷、薔薇、杜松和常春藤，詩題仿自楊牧研治《詩經》時涉獵的陸璣著《毛詩草木鳥獸蟲魚疏》，替詩中融會賦比興手法，交織自然觀察、私密抒情與文學典故，將花園構築成禮讚愛情與生命的象徵空間，提供了文學傳統的切應對照。詩中首題〈竹〉即為比興佳作：

> 新雨洗亮了點滴的東籬
> 在廣大的光明中搖動：
> 深秋已進入鮭魚的夢境了

> 我根據你的口音和表情
> 想像一片夏天的海水
> 青翠豐滿如溫暖的，隱忍
> 歲月的海水。風起的時候
> 嘩然以白浪的姿勢翻舞
> 湧上晚雲的沙灘：一顆星
> 竹外燦爛如紫貝

竹是詩人自喻，夏天的海水比擬妻子，最後的意象——「一顆星／竹外燦爛如紫貝」則巧妙地轉化為興，影射性愛的昇華。第七題〈柏〉更結合了賦比興寫生態也寫綿綿不絕的愛與同情：

> 陽臺外兩棵連理交生的
> 常綠喬木，掩去鄰居大半個園子
> 垂直向北的牆根又是一棵
> 那是霧的守護，晨昏
> 在龍鱗虯髯間穿梭遊戲
>
> 這是同情和歲月的象徵
> 雕和的雨露在天地間成型
> 蒼苔的根在地衣的濃蔭裡
> 又落下一些稀疏焦黃的針葉
> 輕覆小松鼠的新墳

〈出發〉14 首十四行詩雖然是為兒子常名出生而作，某種程度卻可讀為楊牧在《海岸七疊》時期的詩藝宣言，尤其第 8 至 13 首。當時，臺灣詩壇開始流行本土政治諷喻詩，並有少數評論家趁此風潮抨擊他的創作與鄉土疏

離，面對狹隘詩觀的挑釁與曲解，楊牧做出了答辯。第 8 和第 9 首可讀作他的宇宙詩論，第 10 至 13 首則透露出他睠懷鄉土，在文化認同上懷抱生態本土主義（bioregionalism）的另一面；宇宙的，同時也是本土的，兩者可說是他創作驅力的一體兩面，彼此並不相悖。

在《有人》中，也就是楊牧生態寓喻系統發展接近成熟時，出現了四首特別值得觀察的生態寓言詩：〈狼〉、〈樹〉、〈春歌〉與〈秋探〉。〈狼〉與〈樹〉某種程度可讀成對詩，都在歌頌愛欲（eros）讓人回歸原始自然，與其他物種一起坦然生存於暴力和美，殺伐和溫柔共生的「宇宙之欲」中；〈狼〉是男性版而〈樹〉是女性版。被楊牧稱為「我族類」的狼更取代前一時期的鮭魚，成為此一時期的鮭魚，成為此一時期詩人的精神映象，有別於追逐廟堂權位的螻蟻和隨俗鼓譟竊取聲名的蟬、蜂與金蠅：

　　我摸索著，聽見

　　對方閃爍的聲音

　　是宇宙的強光，當時間和空間

　　交擊於冰崖的前額。彷彿

　　永不失路的獵人，錯愕惶恐

　　冷凍的湖面寂寂窅然

　　遂於無聲中聽見

　　我久違的族類單純的

　　脈搏在跳動，寧靜地

　　訴說暴力和美，和嚮往

　　如風起自遠洋，石英在海底自動粉碎

　　狂濤的呼嘯令我目為之盲，警覺

　　就在那冰湖表面，金陽底下

　　壯麗的，婉約的，立著

　　一匹雪白的狼

〈樹〉將前一時期年輪的象徵進一步轉化，把年輪的漩渦托喻爲情欲，使人身心解體，回歸阿米巴似的原生狀態：

> 我們聽不見彼此的傳呼
>
> 只感覺不遠明暗處
>
> 持續是一種相當的心跳，似乎
>
> 是有甚麼在夢裡生長
>
> 一綠色的纖維樹
>
> 我知道你正在年輪的漩渦
>
> 解衣，扭動，沒頂迅速
>
> 沉沒狂歡和疼痛的磁場
>
> ——植物本能的試探，支離
>
> 破碎，猶英勇相信心神和肉身
>
> 不滅——遂浮游和美麗的阿米巴
>
> 在夢中搖擺，擁擠，纏綿
>
> 並且吮吸著彼此熾熱的酵素
>
> 並且透明
>
> 美麗

季節是生態書寫中常見的母題，楊牧的〈春歌〉與〈秋探〉以春宣揚愛，藉秋與人入中年對大自然肅殺之氣——「一種慈和的殺戮」——的體悟達成和解，立意尋常，讓人耳目一新的是這兩首詩的呈現方式。〈春歌〉由詩人與第一隻北歸的候鳥紅胸主教之間的對詰構成；詩人挑戰紅胸主教所代表的宇宙至大論，亦即生態中心主義者的基本信仰，對它提出反詰：「比宇宙還大的可能說不定是我的一顆心吧，否則，你旅途中憑藉了甚麼嚮導？」紅胸主教回答：「憑藉著愛的力量，一個普通的觀念，一種實踐。愛是我們的嚮導愛是心的神明……」。其實這也是楊牧對生態中心主義者的

回應，說明主導他的宇宙詩論的，與其說是抽象的宇宙至大論，不如說是相信天地有情的人文思維。〈秋探〉以聽見鄰家剪樹的聲音起興，因牆裡牆外看不見園丁的影子，經一番追蹤，產生了感悟：「那碰撞的剪刀原是他手上的器械，是他／他是季節的神在試探我以一樣的鋒芒和耐性。」從嘈雜的剪樹聲獲得靈啟，甚至和隱而未顯的造物者神交，進而與生死榮枯的生態達成和解，是這首詩耐人尋味的地方。

〈盈盈草木疏〉比興抒情，典雅而婉約；〈狼〉和〈樹〉跨越物種畛界，想像前衛而狂野；〈春歌〉和〈秋探〉以戲劇性的對答與追蹤的趣味，呈現季節更迭引發的哲思，而〈北斗行〉、〈出發〉以及其它層出不窮的原初書寫試圖模擬生命的起源，再現造物者雄渾的想像——觀照大千自然，楊牧因物斯感，隨物賦形，意到筆隨，在這段時期寫出了許多藝術形式無懈可擊的傑作，從其中充分體認到自己轉化生態現象成為隱喻與象徵的靈活創造力。生態化作修辭，自然與人文契合，對這段時期的楊牧而言，兩者之間，不必然衝突。

3. 成熟期：《完整的寓言》

《完整的寓言》輯楊牧 1986 至 1991 年間之詩作而成，在這本詩集的後記裡，我們讀到這樣的一段文字，反映出詩人對其象徵系統的形成及其與抽象思維的關係充滿了藝術自覺：

> 我的詩嘗試將人世間一切抽象的和具象的加以抽象化，訴諸文字：我的觀念來自藝術的公理，我不違悖修辭學的一般法則，而且講文法，注重聲韻。我不希望我一首完成了的詩只能講一件事，或一個道理。唯我們自己經營，認可的抽象結構是無窮盡的給出體：在這結構裡，所有的訊息不受限制，運作相生，綿綿互互。此之謂抽象超越。詩之有力在此。
>
> 莊子曰：「寓言十九，重言十七，卮言日出，和以天倪。」
>
> ——《完整的寓言》，頁 155

這一段文字裡所謂「自己經營，認可的抽象結構」其背後所崇膺的語言哲學，除了追法莊子「巵言日出，和以天倪」的理念之外，似乎也隱含了葉慈把自己一生的詩作輯成一本書的設想，那是獨創的各個隱喻象徵彼此相因相成合組的大結構，形成一個無窮的給出體（巵）（Adams 1～26）。楊牧曾在寫於 1985 年的散文〈那盲目執迷的心〉裡引葉慈的詩 "Ego Dominus Tuus"，表達同樣的對創作一本書的嚮往：

> 我想起一些認真要將文學拿來寄託理念的——或許是將理念拿來重塑文學靈魂的，想起這些人在此後這逐漸衰蔽黯淡的日子裡，在這樣一個流離失落的年代，認真去創作一本書，追尋著，然而追尋的又不是書，是一些典型……。
>
> ——《亭午之鷹》，頁 49～50

　　從生態象徵系統形成的角度觀察，《完整的寓言》作為成熟期的代表作，以生態入詩的篇章，如〈魚的慶典〉、〈單人舞曲〉、〈蛇的練習三種〉、〈劫後的歌〉〈易十四行〉、〈燈〉、〈寓言一：言虎〉、〈寓言二：黃雀〉、〈寓言三：鮭魚〉，篇篇大抵都是已在前期出現過的母題——如魚類洄流、星圖、原初書寫和以蟲魚鳥獸自況等——往詩學自覺方向進一步掘深的探索，換言之，這幾首詩都具有楊牧詩歌美學自我指涉的痕跡，都展現了楊牧建構「完整的寓言」背後的創作理念與修辭藝術。〈魚的慶典〉重疊魚類洄流與星圖的意象，所謳歌的除了自然生態外，更是詩人象徵系統如期如約的完成：

> 因為我們已經如約到達這個地點
> 而繁星一般的銀鰓香魚也在趕路
> 朝向一個不變的河口

在〈單人舞曲〉中，楊牧更再次交疊魚類洄流與星圖的意象，刻畫從記憶裡飛翔而過的「一黑色的舞者」，這一詩人繆司的化身多年後又再現於《涉事》中的〈水妖〉，是楊牧發揮陰性想像塑造出來的另一個女性自我。楊牧把這段時期臻至的雙性兼美想像（androgynous imagination）投射在〈蛇的練習三種〉中，蛇取代了狼，成為這時期詩人美學思考的主要映象：

> 「美原是不斷的創制，典型
> 確定，避免乖離先祖的圖紋以及色彩等
> 原則。」然而美竟是
> 沒有性別之分的在這本為插翼的
> 如今卻進化為匍匐爬行的族類
> 在牠們的世界
> ⋯⋯⋯⋯⋯⋯⋯
> 一種淫巧豔麗瞬息間
> 沒有傳承約束，沒有紀律，沒有規範
> 來去無形無所忌諱如吹號角如歌唱的
> 天使，竟以雌雄同體以翅膀為我們
> 深深敬畏，歡喜，⋯⋯

根據奚密的解讀，這首詩呈現了楊牧對基督教伊甸園神話相當顛覆性的詮釋。蛇非但與原罪無涉，反而成為美的象徵，它像天使一樣雌雄同體的屬性超越了基督教善惡二元對立的認知，與美一樣非關道德。奚密更進一步指出，從這首詩我們應該體會到：「楊牧的詩有力地融合了中國和西方，這點表現在他充分體認人的經驗與自然宇宙的律動合拍。若說這樣的觀點與中國天人合一的哲學傳統互相呼應，它卻也同時崇尚浪漫主義追求與超越的精神」（Yeh xxv）。

　　〈劫後的歌〉、〈易十四行〉則與原初場景的母題有關，用澤中有雷的

意象寫愛情啓動的生機（genesis）。這個意象首次出現在《有人》中的〈俯視〉裡：

> 你正仰望我倖存之軀
>
> 這樣傾斜下來，如亢龍
>
> 向千尺下反光的太虛幻象
>
> 疾急飛落，依約探索你的源頭
>
> 逼向沒有人來過的地心
>
> 熾熱的火焰在冰湖上燒
>
> 那是最初，我們遭遇在
>
> 記憶的經緯線上不可辨識的一點
>
> 復在雷霆聲中失去了彼此

不同於〈人間飛行〉與〈未完成三重奏〉中原始生態演進的模擬，〈俯視〉、〈劫後的歌〉和〈易十四行〉的原初場景採原型象徵和神話構思的書寫方式，聚合了多重文本互涉的典故，顯示出詩藝成熟的作者，不再需要刻意托喻於原始生態意象，而是已能胸有成竹地轉化布洛姆所謂後生詩人（the belated poets）必有的「影響焦慮」（"the anxiety of influence"），從承接文學傳統融冶出自己的原創性（Bloom 1973）。以〈易十四行‧澤中有雷〉爲例，詩中隱隱回應著老莊和李白的聲音：

> 這裡是一切動靜的歸宿
>
> 千山萬壑的起源，宇宙
>
> 和我的脈搏同步操作
>
> 大鵬在鼓翼，鷦鷯搶飛
>
> 水族朗聲排水，無限層次的
>
> 彩虹沛然交疊：澤中有雷

　　相對於前一時期，確信體物無隔是藝術創作的根本保證，成熟期的楊牧對涵容古典轉化成自己獨創性的語言，已充滿十足的把握。後來，在1992年，這樣的領會具體浮現，與一隻鷹偶然造訪他濱臨清水灣的寓所陽臺帶給他的美學啓示有關。在《亭午之鷹》的後記〈瑤光星散爲鷹〉裡，楊牧對於如何以文字捕捉這隻鷹的乍現與飛逝，進行了非常深刻的美學分析，是了解楊牧生態詩學（ecopoetics）非常關鍵性的一篇文獻。其中涉及田野調查之外文學知識之必要的部分十分發人深省：

> 我所目擊的鷹，在牠那絕對的背景狀況烘托之下，固然對我提供了許多不平凡的第一手資料，等於就是就是長年田野調查成績的總和，一凌厲，冷肅，繽紛，迷人的生物，卻又好像只給了我一些表象，是不足以充分支持起我的文章，我的工作的。我知道我需要甚麼。我需要古典創作的啟發，詮釋，註解，正如杜甫面對畫絹上的鷹一刹那就已通明雪亮，需要累積的文學知識來深化，廣化，問題化那工作；我更需要集中思想與感情，組織，磨礪，使之彰顯明快，庶幾能夠將那鷹定位在我的工作的前景。
>
> 這整個過程也即是一首詩之完成的過程。
>
> ——《亭午之鷹》，頁 205～206

　　梭羅（Henry Thoreau）在《湖濱散記》春季篇裡鐵道邊坡雪溶形成的葉狀沙痕聯想葉脈、鳥羽，以及人體肝葉中的血脈，進而導引讀者具體感受到地球卜卜的脈動，被譽爲自然書寫出神入化的妙筆，寫活了無機的土壤若有肉身存在的勃勃生機。在〈易十四行・利涉大川〉中，楊牧也以同樣的筆法生動地描寫出地層裡潛藏的欲能：

> 黑土之下
> 岩層在釋放著力，剛與柔

> 交會，火光迸發如齒輪衝突
> 又如唇舌漸滅未央之夜
> 吸吮於醒與睡纏綿的
> 窗口

同樣將大自然擬人化的修辭表現也出現在〈燈〉中。長期以來凝聚心神解識自然物象和宇宙之欲，楊牧在〈燈〉中幾乎以惠特曼（Walt Whitman）式自豪的口吻宣稱唯有自己在狂風驟雨的夜晚裡，「解識地守著／以心頭飄搖一盞燈」，聽見了「宇宙正在隱晦處啜泣／訴說著寂寞。」和 20 世紀西方許多以生態為中心的自然寫作一樣，自然宇宙在楊牧詩中具有了人格（personhood），這與浪漫主義詩歌濫情的「同感謬誤」（"pathetic fallacy"）無關，而是如女性生態主義者所認為的，這類作品賦予自然宇宙人的性情，所展現的是一種以自然之心為心的關懷倫理（ethics of care）（Buell 218）。早在 1974 年寫作〈北斗行・天璇第二〉時，楊牧以「大地遺失的一塊頑石」自稱，即已展露這種以自然之心為心的關懷倫理：

> 我仍然是
> 大地遺失的一塊頑石，所以
> 呻吟的大地
> 龜裂的大地
> 我是你濺滅的一點淚
> 你以顫抖的反抗淬礪我
> 我們將循到河流浩蕩的理由
> 帶領山岳於沉默中崩頹
> 洗成卵時的理由——
> ……………
> 號啕的大地

請凝視我，用你

羞澀多淚的眼睛凝視我

在肅立的蔚藍裡作靜止的

遠航。與我同行向

擁擠的寧靜，向

一片抽象的和平，與我

同行向黑暗強制再生的光明

　　關懷自然，卻極少寫作環保詩。基本上，這與楊牧迴避書寫露骨的政治諷喻詩反映了同樣的美學信念。詩不適合成為生態政治（ecoplitics）的論述場域，對於生態詩的寫作美學，楊牧的立場可以英國生態詩研究先驅貝特教授（Jonathan Bate）的見解說明之：「生態詩的寫作不應以一套有關特定環境議題的成見或建議開始，而應沉思與地球同居共生到底意味著什麼。生態詩必須以書寫意識醒覺為職志」（Bate 266）。

　　「這是我的寓言，以鳥獸蟲魚為象徵」（《完整的寓言》，頁 152）。生態象徵系統卓然成形，楊牧對生態寓言的書寫美學自有其獨到的心得。在〈寓言一：言虎〉、〈寓言二：黃雀〉、〈寓言三：鮭魚〉中，他示範了三種生態寓言不同的修辭表現以及相關的寫作意旨。〈石虎〉擬童話詩的口吻以初生的石虎明喻造訪山林的自然觀察家，出現在詩中的生態描寫屬賦體，不具象徵指涉。〈黃雀〉取典自曹植的〈野黃田雀行〉，藉由救黃雀脫離網罟寫亂世裡的行俠仗義，黃雀的意象喻指歷史強權的受害者，屬比體式的動物寓言書寫。〈鮭魚〉承接《瓶中稿》時期的象徵義涵，是詩人心神搜索的隱喻式自況。以賦體再現自然觀察，用動物寓言臧否時事，隱喻則是心神探索取象自然的言說姿態——楊牧的生態書寫旨趣多重、風華多姿，並且誠如他自己所強調的，「不違悖修辭學的一般法則」。生態意象或許自詩人個人的生命經驗、生活環境或閱讀偶得，因此似乎只能用來抒寫詩人自己的意志或感情。其實不然，在《完整的寓言》後記中，楊牧特別指出，

這三首詩裡，說話者的人稱擺盪於「我」和「我們」之間，是他刻意的設計，爲了反映「往往於字裡行間我的指涉與別人重疊了，甚至繁複龐雜到可以與對方同步操作隨時相生的程度」；他同時認爲詩雖然是個人經驗的產物，「但當它完成的時候，卻爲你所有，是你的了」。訴諸於文本互涉「語意共生」（"semiotic symbiosis"）的現象，楊牧提醒讀者，「俯首過目那字辭與章句，我希望你與其中的第一人稱認同，並且也和我一樣，因爲那第一人稱的指涉時時常與別人的聲音融合在一起，而感到些許疑惑，並喜悅欣賞那疑惑。」（疑惑在此似乎指向「影響的焦慮」。）透過這段文字，楊牧爲自己的生態象徵系統可能淪爲個人囈語（solipsism）的疑慮提出了理論的抗辯。

4. 解構期：《時光命題》與《涉事》

《時光命題》與《涉事》收錄楊牧 1992 至 2001 年之詩作。在這兩本詩集中，前述的原初書寫、由鮭魚轉化而成的舞者意象，和星圖，都持續複沓出現，年輪則大致由潮水取代；鳥類，如鷹、鶴、天鵝和小黃雀成爲這段時期詩心的映象，其中鷹與黃雀是無心邂逅的生態象徵，鶴取典於杜詩，天鵝挪借自葉慈的希臘神話新詮。在《涉事》中，楊牧更再三藉由返鄉參與創設的東華大學校園內常見的野生動植物起興，如環頸雉、兔和蕾香薊，還有花蓮水澤邊遍生的野薑花；甚至在「獅和蝌蚪和蟬的辯證」中，過去馭使過的蟲獸象徵也被徵召回籠效力。楊牧以生態意象入詩的傾向，在近期詩作中更形凸顯。

生態象徵系統在《完整的寓言》寫作時期趨向成熟，接下來的發展，可以預期的，不只因爲詩人年事漸長，也因創作活動似乎與生態榮枯一樣受制於同一時光命題，楊牧在近十年的詩作中，前所未有的，開始對自己所創造出來的象徵結構之必然性、恆定性與完整性，提出反思與質疑，同時卻仍然持續運馭這套得之於心的象徵系統寫出巔峰之作，其中不乏含納著自我解構因子的。反思之作多出現在《時光命題》中，包括〈客心變奏〉、〈心之鷹〉、〈致天使〉、〈論詩詩〉和〈構成之二：盆景〉。含納著自我

解構因子的傑作，除了〈象徵〉之外，多見於《涉事》，如輯一・雙簧管中的〈水妖〉、〈巨斧〉和輯二・亂針刺繡中的〈鷹〉、〈遂渡河〉、〈平達耳作頌〉、〈蠹蝕〉和〈隕蘀〉。

〈論詩詩〉除外，其他四首反思之作皆發端於與自然生態有關的具象情境，〈客心變奏〉取典於謝朓名句「大江流日夜，客心悲未央」，寫詩人漂泊的心陷入虛無，宇宙也以虛無回應：

> 大江流日夜
> 不要撩撥我久久頹廢的書和劍
> 我向左向右巡視，只見蘆荻在野煙裡
> 無端搖曳點頭，剎那間聲色
> 滅絕而宇宙感動地以帶淚的眼光閃爍
> 看我，將遠近所有的動力因子緊緊扣住
> 不讓它以那啟迪之力，以造物驅使的
> 情懷慫恿我，以衝刺冒險的本能
> 以欲以望

〈心之鷹〉取象於一隻偶然來止終又戾飛而去的小鷹，寫自己寂默的心境：

> 於是我失去了它
> 想像是鼓翼亡走了
> 或許折返山林
> 如我此刻竟對真理等等感到厭倦
> 但願低飛在人少，近水的臨界
> 且頻頻俯見自己以黝然之姿
> 起落於廓大的寂靜，我丘壑凜凜的心

　　〈構成之二：盆景〉甚至以盆栽之死喻指自己「未及整理⋯⋯的神話系統，／圖象結構，韻律，和參差的本草／綱目」已經失去活力。〈致天使〉則因緣於颱風變弱轉向的天候，反思多年醞釀的結構經營是否成立，另方面祈求著知音持久專注的閱讀，呼喚天使的母題似乎挪借自里爾克（Rilke）的《杜英諾哀歌》（*Duino Elegies*）：

> 天使，倘若你不能以神聖光榮的心
> 體認這織錦綿密的文字是血，是淚
> 我懇求憐憫
>
> 天使，倘若你已決定拋棄我
> 告訴我那些我曾經追尋並且以為擁有過的
> 反而是任意遊移隨時可以轉向的，如
> 低氣壓凝聚的風暴不一定成型
> 倘若你不能以持久，永遠的專注閱讀
> 解構我的生死

〈論詩詩〉（1995 年）透過兩道聲音辯證似的對詰分別闡釋書寫的侷限和超越，以及孰為有效的閱讀方法。值得注意的是，肯定的聲音明確地定義詩學的原理為：「生物榮枯如何／藉適宜的音步和意象表達？／當然，蜉蝣寄生浩瀚，相對的／你設想捕捉永恆於一瞬」，特別標舉人與自然的生態作為詩歌模擬的內容。質疑的聲音對修辭的有效性有所保留：「我厭倦了證據糾集，舉例／以小喻大等等修辭言志的／技巧（或信念），恐怕書寫／末了日頭已經冷卻為月翳／何況言語永遠不能逮意／通過比喻和象徵有時縱然／傳神，我為生疏的掌握悔恨／有時文字反而是障礙，罪愆」。他更進一步提醒，狂妄的閱讀行為會讓詩人綿密精緻的結構經營徒勞無功：「狂妄的閱讀適合顛覆／高蹈的書寫，陰曹的罡風／不能回溯那脈絡體會，遂一舉／

將精緻的蛛網解構，摧毀。」最後，透過肯定的聲音，楊牧說明了懂得讀詩的人如何透過詩的具象細節探入自然美學概念：「詩本身不僅發現特定的細節／果敢的心通過機伶的閱讀策略／將你的遭遇和思維一一擴大／渲染，與時間共同延續至永遠／展開無限，你終於警覺／唯詩真理是真理規範時間」。面對解構思潮的衝擊，楊牧選擇固守現代主義（high modernism）的美學信仰。

　　1996 年楊牧應邀返回花蓮出任東華大學人文社會科學院創院院長，沿臺九線往壽豐方向，經木瓜溪大橋往右瞻眺，層巒疊嶂側立溪谷兩旁的壯麗景觀，引發他寫出了「象徵」。這又是一次原初書寫的演出，再度肯定了象徵思維是詩歌創作活動的本質，同時也證明了楊牧對原初的執迷與他企圖探索象徵藝術的原委有關：

　　車過大橋

　　我點頭

　　風在幽谷裡驅趕

　　白雲的漩渦，逆時間的方向

　　引我迢迢上溯，隨一規律

　　轉動，回到永遠熾熱的圓心

　　非線性光點持續突破，豐滿的

　　月暈，數目不增無減

　　交叉互擊，壓縮

　　為黑暗中纖維

　　微潮的語言，容

　　許我擁懷抱

　　不再怯弱，囁嚅

　　懸知

　　未來永久

　　看巒嶂重複鱗介之姿
　　探虛無沉邃以尋找實有
　　並且領悟
　　河水於深秋的芒草間，錯落
　　追蹤一宛然的神似

在這首詩裡，「巒嶂重複鱗介之姿」正是詩人苦心孤詣經營完成之象徵大結構的映象，也就是《完整的寓言》裡所指的「無窮的給出體」，以及〈兔〉中的雌兔「迷離」鼓勵雄兔「撲朔」繼續創作時所說的「唯有那抽象的原創所釋出的／值得，並且可以複製」。

　　經過《時光命題》的階段的反思，楊牧在收入《涉事》的〈鷹〉中對自己多年來結構經營的創作方向重新加以確認，但容許它有偏頗和誤差：

　　我轉身，鷹
　　在山岡外盤旋，發光
　　提示我如何確認那單一，巨雷的
　　方向，允許些微偏頗和誤差
　　如我曾經以一生的時光
　　允許他不斷變換位置，顯示
　　飛的動機，姿勢——和休息
　　去而復來，完成預設的形象
　　獨立的個體

同樣的體悟也抒寫在〈巨斧〉中，又是一首交疊魚與星圖的意象探討創作活動的詩：

　　一張寂寞的琴

　　　依稀鼓起意志，單音敲響波心

　　　將前後錯落的故事收拾，組成

　　　一個不完整的情節

　　　存在著不少失誤，點點欠缺

　　　如天上星。而時間停頓在

　　　文本逆轉，無韻可尋的頃刻

〈平達耳作頌〉則藉漩渦完美形式的瞬間生滅寫詩歌結構隨機生發與權宜解構特質：「一朵漩渦在急流裡短暫即取得完整／美麗的形式，瞬息間／燦爛的細節超越擴大至於虛無⋯⋯／在讚美的形式條件完成利那即回歸／虛無，如美麗的漩渦急流裡消逝」。

　　質疑與重新出發，毀滅與再生──詩人步武造物者和普羅米修斯的創造行為，替渾沌鑿竅，七日完而渾沌死，在〈蠹蝕〉裡，隨著解構思潮的風行，楊牧對自己窮力布建象徵系統的價值曾經產生了終極的懷疑；創作意志的重新萌發要等到〈隕蘀〉的最後一章才又曙光乍現。有趣的是，刻畫創作意志的迷失與再現，這兩首詩也都借力於生態景觀。〈蠹蝕〉這樣呈現詩人創作意志的迷失：

　　　如剛猛的烈日之豹

　　　曾經警戒，飛越，追逐

　　　大草原裡迎向未知的挑戰

　　　卻在月暈裡失去了方向感

　　　守住脆弱的枝枒，霜天下

　　　寒星嘲弄它，螻蟻奚落

　　　風訕笑。又如活水的巨川

　　　誤入絕望的沙漠，細數

　　　最後的涓滴在蝙蝠口器

　　吸吮下再無殘餘；……

〈隕蘀〉用枯樹在風雪中傾倒，驚起一隻白鶴擇枝別棲的景象，啓示詩人
重新出發的可能：

　　我燈下重讀早年維琴尼亞‧吳爾芙
　　聽得見其中一棵或超過一棵
　　嘩然如海浪輒來即返，向黑暗的
　　大地一邊傾倒，雪勢驟強
　　一隻白鶴驚訝飛起，落向
　　別枝，合翅，純一的形象從有到無

　　毀滅與再生，生態的代謝循環可以類比靈魂創傷的癒合。在〈水妖〉
裡，〈單人舞者〉中繆司的形象從楊牧的記憶深處再度如潮水般湧現，以類
同於艾略特（T. S. Eliot）組詩〈四首四重奏〉（"The Four Quartets"）著名
的意象——旋輪中靜定的軸心點——爲舞容，她的旋舞向詩人展現了靈魂
再生的力，於是楊牧從《時光命題》〈劫後的歌〉詩尾借來藏紅花的意象，
將它與旋舞的繆司交疊，創造了一幅絕美的可以媲美歐姬芙（O'keffe）畫
作的圖像：

　　啊水妖，我意識一面巨大的網
　　曾經像宿命的風煙將你罩住
　　速度的中心
　　靜止
　　而我以爲那接近寂滅的動作
　　是自我與身體的對話
　　時間無比溫柔，允許美麗

於平衡和尋求平衡的程式裡
——如藏紅花反覆迸裂，痛苦
堅持露手點滴的季節，雲在天空
整理舞衣，創傷為了試探靈魂——
循環，分解，再生以胞子的力

　　〈水妖〉的末段用潮水為背景揉合了原初書寫、魚、舞者意象，和星圖，以類似希臘神話的構圖（如 Eustache Le Sueur 所繪 *The Sea God and the God of Lovea*，藉著繆司的再生禮讚創傷的癒合，可讀成楊牧生態象徵系統主要構成因子傾力合奏的復活交響曲，也是楊牧創造力一次顛峰的演出：

啊水妖，在不斷的螺狀音波裡
在燦爛疊至的星圖中央，我看到
許多空氣精靈各自乘騎復活
重來的虎鯨背上，悠遠
唱那今昔之歌，海面漂浮著
歲月剝落的白堊與侏羅
你背對那些站立，潮水
湧到而回流，傾聽：
下頜依然與水平，藏紅花
準時開放，魚尾紋歸還
天空，創傷癒合
你是你自己的女兒。

　　與〈水妖〉異曲同工的，星圖的意象自信而華麗地出現在〈遂渡河〉中，一首楊牧為英年早逝的門生吳潛誠所寫的輓詩。藝術與學問超越死亡，楊牧在這首輓詩中，以無比溫暖的筆調，將自己詧自星圖的完美詩藝

獻給年輕的亡靈，宣示愛，美，與同情不朽：

夕陽橫切如系列滿滿的歌謠
星座嵯峨，錯落次第完成
注定是我們無限的典型
脈絡偶隨時態變化修正
如此完整的結構，甚至於
不能及時參與的光芒也自動
翻譯，先後結伴遂渡河

美國詩人史耐德（Gary Snyder）1970 年代應邀前往布朗大學（Brown University）演講時，曾以菌菇的生發比擬詩的完成，經常被摘引以闡釋史氏習之於生態的詩歌美學：

在森林、湖泊、大洋或草原裡的生物社群似乎都朝向一種可稱之為極峰，亦即「原始森林」的狀態生成著。許多的物種、枯骨、無數腐爛的葉子，縱橫交錯的生機步道，棲停在樹縫裡的啄木鳥，喜歡聚草成堆的兔子，無不皆然。這樣狀態有相當的穩定度，它所形成的網絡儲存了許多的生命能量——若是在一些較為簡單的生態系統裡（例如被堆土機碾過的草野），這些能量則會流逝在空中溝渠裡。所有的進化模式有可能是由這股推向極峰的動力塑成的，不亞於個體或物種間的競爭。如果人類在這一生物圈的機構裡占有任何地位，應該與他們最令人矚目的特色有關——大腦和語言。人的知覺及其熱切的探索與學習是吾人對於地球生機的保存所做出的最初步的貢獻，這是另一層次的極峰狀態。
在極峰狀態中，絕大部分的能量並非來自於攝取生物界每年更新製造出來的食物，而是來自於將死亡的生物體加以回收利用，例如森林地表上的穢草，倒立的枯木，動物的屍體。枯榮輪替，生死循環，能量的分解

是由菌菇和昆蟲們釋放出來的，我因此有了這樣的心得，「獲得了啟示的心」之於日常古持自我的心，就像藝術之於把被忽略的內在潛能回收再利用。當吾人深邃化或豐富化自己，向內省視，了解自己，也就臻入了存在的極峰系統中。請迴避在認知、官能和刺激的當下生物界覓食，轉而重新檢視記憶、內化的知覺、儲存內在能量的胸中丘壑、夢境，以及日常生活中隨葉飄落的知覺，進而解放隱藏在我們感官岩層裡的生命能量。藝術將我們聽若罔聞視若無睹的經驗、知覺、官覺、和記憶加以吸收消化，讓它們能夠為整個社群所用。當所有感覺和思想如有機堆肥經過回收利用，再回到我們中間時，它不是以一朵花的樣式，而是——讓我把這個譬喻說得更完整些——而是以一株菌菇的樣式；是埋在地裡的菌絲體線列滋蔓在泥土中綿密地與樹的根鬚結合所長出來的果實肉身。「結了果的」——就在這一點上——正是詩人之作的完成，也正是在這一點上，藝術家或神祕主義者，重新臻入大自然的循環中，將他或她所完成的貢獻出來當作養料，當作孢子或種子，以散布「具有啟示性的思考」，深入每個人的內心深處，挑啟隱藏在那裡的養分，讓它們能回流到社群之中。社群和它的詩歌不可截然二分。

　　　　　　　　　　　　　　　　　　　　——Snyder，頁 173～74

　　這段文字拿來形容楊牧生態象徵系統的藝術經營過程及其社群價值，也是十分恰切。

引用書目

・Adams, Hazard. The Book of Yeats's Poems. Tallahassee: Florida State UP, 1990.

・Bate, Jonathan. The Song of the Earth. Cambridge, Massachusetts: Harvard UP, 2000.

・Bollm, Harold. The Anxiety of Influence: A Theory of Poetry. Oxford: Oxford UP, 1973.

——. Agon: Towards a Theory of Revisionism. Oxford: Oxford UP, 1982.

・Buell, Lawrence. The Environmental Imagination: Thoreau, Nature Writing, and the Formation of American Culture. Cambridge, Massachusetts: Harvard UP, 1995.

・Elder, John. Imagining the Earth: Poetry and the Vision of Nature. 2nd. Ed. Athens and London: U of Georgia P, 1996.

・Freud, Sigmund, "Some Psychical Consequences of the Anatomical Distinction between the Sexes." Freud on Women: A Reader. Ed. Elisabeth Young-Bruehl. New York: W. W. Norton, 1990, p304-14.

・Kristeva, Julia. "Women's Time." In robyn r. warhol and diane price herndl ed. Feminisms: An Anthology of Literary Theory and Criticism. New Brunswick: Rutgers UP, 1993. p441-62.

・Snyder, Gary. The Real Work: Interviews and Talks, 1964-79. Ed. Scott McLean. New York: New Directions, 1980.

・Yeh, Michelle and Lawrence R. Smith. No Trace of the Gardener: Poems of Yong Mu. New Haven: Yale UP, 1998.

・楊牧，《楊牧詩集 I: 1956-1974》。臺北：洪範書店，1978 年。

——《楊牧詩集 II: 1974-1985》。臺北：洪範書店，1995 年。

——《完整的寓言》，臺北：洪範書店，1991 年。

——《時光命題》，臺北：洪範書店，1997 年。

——《涉事》，臺北：洪範書店，2001 年。

——《年輪》，臺北：洪範書店，1982 年。

——《搜索者》，臺北：洪範書店，1982 年。

——《一首詩的完成》，臺北：洪範書店，1989 年。

——《星圖》，臺北：洪範書店，1995 年。

——《亭午之鷹》，臺北：洪範書店，1996 年。

——選自《中外文學》，第 31 卷第 8 期，2003 年 1 月

楊牧詩藝備忘錄

◎陳黎*

◎張芬齡*

一、抒情功能的執著

　　楊牧一向是無上的美與浪漫主義的服膺者。在《葉珊散文集》裡，年輕的楊牧曾說他的心靈不能適應這塵世，他所夢想、所遨遊的是中世紀的風景，他隨著一首長詩進入了古典的天地，旅程甚遠，因此疲乏（〈寒雨〉）；他又說他嚮往深山古寺的寧靜，荒谷草莽的純樸（〈山中書〉）。他更反覆地向他的精神導師——19世紀浪漫時期英國詩人濟慈（John Keats）——訴說一切美好的事物，並且頻頻發出「神祕靈魂對生命喃喃的叩問」。隨著時光的流轉，青春時期的惶惑逐漸蛻化爲更成熟的自信，更寬闊的人性關照，與更自在的生命情調，但其浪漫抒情、溫柔敦厚的本質未曾稍減。在《有人》的後記，楊牧做了清楚的告白：「我對於詩的抒情功能絕不懷疑。我對於一個人的心緒和思想之主觀宣洩——透過冷靜嚴謹的方法——是絕對擁護的。……我對於詩的抒情功能，即使書的是小我之情，因其心思極小而映現宇宙之大何嘗不可於精微中把握理解，對於這些，我絕不懷疑。」

　　雖然楊牧的詩作常含有敘事意味，事件的發展過程絕非詩的主體，詩人喜歡將事件作內向的情感投射，透過意象抒發自身的抽象思維，他企圖捕捉的是事件背後顫動他心弦的某個形象、聲音、色彩、情緒、生命姿勢

---

*發表文章時爲花崗國中教師，現專事寫作。

*發表文章時爲花蓮女中教師，現專事寫作。

或情調，這也使得讀者在閱讀楊牧的若干詩作時產生了困難。當我們閱讀
〈流螢〉一詩，隱約感知其背後隱藏著一則愛恨交織的故事：獨白者誤殺
了妻子，而其妻正好是仇家的女兒，但是我們不知道他爲何娶仇家之女爲
妻，不知道他爲何殺妻，不知道他因何而亡，因爲詩人並未告訴我們故事
的來龍去脈（那是小說的手法）。他用陰森的意象營造陰鬱的氛圍，暗示出
過往的恩怨糾葛（「蜈蚣的毒液，荊棘的／蔭涼布滿了退潮後膚色／斷橋以
東是攤開的黑髮」），也用了一些甜美的意象，呈現出獨白者的亡魂窺伺仇
家時的心境，不見恨意，卻隱含對家園及對誤殺的妻子的思念（「這時／總
有一點螢火從廢園舊樓處流來／輕巧地，羞怯地／是我仇家的獨生女吧，
我誤殺的妻」）。故事沒有開始，也沒有結尾，只有引人回味、令人酸楚的
刹那。在閱讀〈十二星象練習曲〉時，讀者很容易從第一詩節開始即被
「午夜」、「半彎著兩腿」、「露意莎」等字眼所引導，而將這首詩解讀爲以
戰爭意象寫就的性愛詩。但讀了他的散文集《年輪》之後，我們知道這首
詩寫的是越戰期間美國大兵的愛與死。戰爭的影像被刻意的模糊或扭曲，
詩人感興趣的不是士兵在戰場上的遭遇，而是面對死亡威脅時，士兵內心
起伏的思潮：對死亡的凝視，對愛情的追憶，對生命的渴望——那是美國
大兵的經驗，也可能是人類共通的經驗。再一次，抒情功能凌駕敘事功
能，發揮了動人的力量，賦予詩作更寬廣的意涵。

　　從《水之湄》到《時光命題》，楊牧的詩作觸角既廣且深，從情愛世界
的探索到戰爭與流放的沉思，從殖民經驗的追想到家國情感的收放，從浪
漫深情的凝望生命到圓融自在的回望時間與記憶，其中所呈現出來的生命
情調雖有多次轉折，楊牧絕少直接濫情地表露情感，個人情思經過語言的
錘鍊、轉化、沉澱，加上形式、格律、音韻的講求，被賦予了較抽象或更
具普遍性的質素，然而，楊牧詩作本質仍是抒情浪漫、深情善感的。

二、愛與死，時間與記憶

　　從《水之湄》、《花季》到《燈船》，楊牧寫了不少情詩，抒發愛情的喜

悅與哀傷，期盼與落空，那個時期的他曾天真地相信愛的永恆：「那些樹，生命的樹，雨的樹，愛的樹。我們用兩倍愛戀的視線占領了那些樹，生命的樹，雨和愛的樹。你還記得天如何由暗轉明嗎？」（〈松村〉）在這個位於「靈魂深處」的愛情伊甸園裡，愛情閃耀著明亮的色澤。《傳說》以後，楊牧仍寫情詩，只是對生命體驗日深，下筆成詩有了新的境地。楊牧在《瓶中稿》的自序寫道：「這些詩正是我於萬般無奈之中對於那個命運的試探和反擊，或至少是反映。……有那麼多年，人是失落的，是受苦的，是寂寞的，因為看不到涯岸，只是自覺存在一不可辨識的經緯度交會的黑點上，不知何以南北，自西徂東！」「那個命運」是生存，是死亡，是時空交織而成的網；而詩人企圖透過某些事物——譬如愛情——反抗那個命運，來印證自身的存在，開闢愛情樂土便是具體的行動之一。

　　戀人們所構築的小千世界，所建立的愛的信仰，無疑是對抗混亂、凶險、不安的外在世界的希望。愛情象徵某種再生的力量，讓戀人們有足夠的勇氣武裝自己，將自己提升到某種精神高度：「不要為音樂的短暫悲傷／我們宿醒了荒草／看平南走的高山」（〈記載一個想望的野營〉）。然而，植根於現實的愛情樂土的上空不時飄浮著烏雲，戀人們感受到它的威脅：「殘雲在四肢／星升到了額頭／月浸在水裡／腹下是一朵碩大的花／簷滴的聲音／和形象，抽搐的血脈／和崩潰的骨骼／又有一片更溫暖的河岸／看到我們畏懼地坐著／依靠著」（〈鷓鴣天〉之六）。在〈情詩〉，他請愛人走向他，一起度過生命中黑暗的時刻，因為愛情是安定的符碼，希望的種籽：「當蛇群／如雨勢凌波／憤慨地……／向坐在黑暗中的／風暴，向疲倦的我／游來的時候／請聽我說請依靠我／當水岸漸漸／轉弱，螢火終於熄滅，當／鳥羽照著廣闊的／月色，而浪漫的懷想／已經變成一首辛澀的歌／這時候請你／走向我」。在〈預言〉一詩，詩人透過隱喻描述性愛的過程，但是傳遞出來的不是狂喜和歡愉，他似乎預見愛情的本質不會一成不變，在摻入了生活的雜質之後，愛情也勢必落入現實的輪迴：「我們即將進入渾沌和痙攣的／生命情調。有風有雨，也有抽搐的河流在肢體的／四個

方向奔走……／我們即將進入／水蠅一般瑣碎而且／短暫的生命情調」。現實生活的諸多磨難仍是戀人們必修的課題，喜悅與憂傷，夢想與幻滅，衝突與妥協，昇華與墜落，愛與死（狹隘的真實的死亡，以及廣義的心靈的苦痛與失落）這兩組本質衝突卻又互為表裡的元素，在他的詩作裡時而碰撞排擠，時而糾纏擁抱。譬如〈水上音樂〉，此詩以深秋為背景（「紅葉在雁子匆匆的沼澤後／寂寞寂寞地照著，照著／即將蒂落的下弦月」），秋是果實圓熟的季節，也是散發著死亡氣息的季節（溫暖的海底、簡單肅穆的葬禮），一如愛情，從某個角度看似乎是唯一可與死亡抗衡的力量（「愛是好的，當眠床與海浪並排／而且等高」），然而與死亡性質接近的愛的憂傷苦痛卻總是如影隨形，即便在性愛的狂喜當中他仍想起了死亡：「血與歡樂，微微隱隱的痛苦／也許下一次我們就相逢在／旋轉著旋轉著的湖心／思念著別的／並且極端地／暈眩。死亡或許便是這樣的：／划著一隻小船，單獨／向下游飛快地墜落……／就這樣，快快地向下游墜落／來不及追憶，來不及懊悔／死亡或許便是這樣的」。

時間是生命形成的要素，卻也無時無刻不對生命構成威脅。在〈崖上〉一詩，我們先是看到一對戀人置身一片繁花綠野的美景，遙想古羅馬輝煌盛世。然後時間的陰影闖入，他們想到「水泉滴落，穿過環環的岩石」，想到「如何靜靜地蒼老」。時間的可懼之處不在於它為人世帶來的變遷，而在於它無所不在與生存發生關聯，人類無法逃避，也無法抗拒。對詩人而言，遺忘形同死亡，而記憶的保存則是戰勝時間的證據。一如莎士比亞或鄧約翰或濟慈企圖透過情詩讓愛昇華，楊牧也透過詩歌使時間駐留、將美好愛情凝結成永恆。在〈讓風朗誦〉這首詩，楊牧為他的愛人寫夏天的詩，印證他們蘆葦般「劇烈地繁殖」的生命；寫秋天的詩，印證他們從悲哀中飛升的愛情；或者寫一首冬天的詩：「好像終於也為冰雪／為縮小的湖做見證／見證有人午夜造訪／驚醒一床草草的夢／把你帶到遠遠的省份……」；即使死神把他的愛人擄走，只要那些詩存在，他的愛人必能在詩裡復活。如是他們的愛情將永遠如一首春天的詩，「平放在溫暖的湖面／

讓風朗誦」。透過詩歌，哀悼逝去的戀人或愛情的〈輓歌〉也成了最動人的
戀歌：「恐怕，肌膚的荒原／就在下午四點鐘展開了／震落的蛇蔓／委地的
青果／焚燒過的樹林，沉沒在／永遠的地質學裡／讓死後的雨點探測／淒
切地，在不忍的黃昏／尋覓」。愛與死，時間與記憶，在楊牧的情詩裡歌唱
歎息，歡笑哭泣；愛的追求和遲疑，欲的渴望和焦慮，肉體的交合和形上
的思索，不時地在楊牧的愛情詩裡對話、拉鋸、追逐。一直要到《海岸七
疊》，當往昔的記憶和新生的愛情在家鄉的土地上找到方位，他飄泊的靈魂
才像離弦的箭找到了落實的標的，他的情詩也才綻放出清朗的微笑。

三、中國古典文學的融入

　　楊牧的學術背景使他能夠駕輕就熟地將中國古典傳統融入現代詩歌，
古典文學訓練在他的詩作中的確發揮了極大的功用，在〈鄭玄寤夢〉、〈向
遠古〉、〈關山月〉、〈續韓愈七言古詩「山石」〉、〈秋寄杜甫〉、〈鷓鴣天〉、
〈延陵季子掛劍〉、〈九辯〉、〈招魂〉、〈林沖夜奔〉、〈將進酒〉、〈水神幾
何〉、〈妙玉坐禪〉等詩，都留下了明顯的痕跡。他有時自詩經、漢賦、六
朝駢文汲取靈感，這對他的文體、用字、聲韻、風格方面，有重要的影
響；他有時自古代傳說、神話、文學或寓言，尋找素材和思考方向，但楊
牧並無意複述故事情節，無論是借用其標題，或渲染想像，融入歷史情境
（葉維廉稱這樣的手法為「透過面具發音」），或引述其中的字句，營造氣
氛，或融入典故，凸顯主題，他皆試著以現代語言捕捉其神韻，甚至賦予
它們新的意義，開創新的對話空間。

　　譬如在〈延陵季子掛劍〉一詩，楊牧以第一人稱的手法將個人情感與
歷史事件交融，他企圖呈現的不只是春秋時代文士季札與徐國國君之間一
段情誼（徐君生前，季札未及獻劍，徐君死後，季札解劍繫於冢樹，以履
行其「南下贈予的承諾」），其中更傳遞出世事之變遷與滄桑，以及原本文
武兼備之孔門儒者迫於現實而與理想漸行漸遠的無奈與幻滅：「自從夫子在
陳在蔡／子路暴死，子夏入魏／我們都悽惶地奔走於公侯的院宅／所以我

封了劍，束了髮，頌詩三百／儼然一能言善道的儒者了⋯⋯」。而在取材自
《紅樓夢》的〈妙玉坐禪〉一詩，楊牧以極爲細膩的柔性筆觸，從遁入空
門的妙玉的觀點，細細描述她掀動記憶之後，「寡欲的表情」後面所燃燒著
的「沸騰的血」，剪不斷理還亂的是她對塵世的牽掛以及人間的情意。全詩
分成五個部分，彷彿五個樂章，五段在幻想與現實間游走的女高音詠歎
調。在取材自《水滸傳》的〈林沖夜奔〉裡，楊牧野心勃勃地創作了一齣
的「聲音的戲劇」，模擬元雜劇的結構，分爲四折，每折各有敘述者，分別
由風、山神（混雜了小鬼到判官的聲音）、林沖、雪不同的觀點，以預示、
敘述、倒敘、詠歎或內心獨白的形式，讓多股戲劇張力彼此較勁，互相撞
擊，讀此詩，我們彷彿聆聽了一場融合了獨唱與混聲合唱的歌劇，時而
悲，時而壯，時而憤，時而怨，風雪與山神的有情觀點，帶讀者從多個角
度去近距離凝視林沖被逼上梁山的悽楚之境。

四、西方世界的探觸

　　楊牧的詩創作除了援引中國古典詩歌和散文，也向西方世界汲取靈
感：希臘神話（如雅典娜、納西塞斯），宗教（如聖經、神學、十字軍戰
士），文學與藝術（如葉慈、濟慈、艾蜜莉・狄金生、科律治、拉菲爾、味
吉爾、洛爾卡、英格瑪・褒曼），甚至學術（愛因斯坦、玄學、物理、化
學、幾何）。他懷想希臘先人流浪的形象，寫下了〈味吉爾〉；他寫〈霜夜
作〉，唱和浪漫時代詩人科律治的詩作；〈西班牙・一九三六〉及〈民謠〉
是向西班牙詩人洛爾卡致敬；他仿葉慈的〈航向拜占庭〉，寫〈航向愛爾
蘭〉，追想葉慈及愛爾蘭革命志士，〈給死亡〉則是英格瑪・褒曼電影《第
七封印》的變奏。然而這些詩絕非只是這些詩人或藝術家的剪影，楊牧希
望藉著他們的際遇或思想，抒發自己內心的想望，轉證自己在某些階段的
情緒經驗、或者進而觸及現實的某些層面，使其更具普遍性的義涵，譬如
愛情、死亡、時間。

　　雖然楊牧說花蓮是「我的祕密武器」，但是他並不把題材局限於自己熟

悉的家鄉，他認爲文學具有潛移默化的功能，應以象徵或抽象手法使特定事物或事件更具普遍性，如此其價值和力量方能更久更強。因此他超越本土，將思考觸角伸得更遠更廣，擁抱與人情、人性有關的一切課題，譬如政治、宗教、人文，譬如歷史、自然、生活。在〈喇嘛轉世〉一詩，他以第一人稱——轉世喇嘛西班牙男童——的口吻（「他們分頭出來找我了」），敘述西藏喇嘛分兩波自印度出發尋找轉世喇嘛，在搜尋的過程中，他們接觸到從未見過或聽過的景象或事件，在惶惑之中一步步擴大了對世界的認知：楊牧感興趣的不是宗教信仰，而是對未知世界的探索。而在〈伯力〉一詩，他選擇了一個他從未到過的黑龍江和烏蘇里江交會的伯力爲故事背景；詩中的「我」不是詩人，而是詩人情感或想像投注的對象。他駕船順流而下，在卡巴若夫斯克上岸，感覺自己曾經來過，氣味熟悉，山崗上的小女孩也似曾相識，他想他前世可能是白軍，因爲遭到紅軍追捕而到過這裡，他深情凝望所見到的景色，彷彿爲履行前世之約而來（最後一個詩節是第一個詩節的再現，予人一種前世今生輪迴之感）。楊牧寫作此詩的用意當然不是異國情調的描述，而是想藉此傳遞人與人之間的微妙鎖鏈是有可能超越國籍、時空而存在的。另一首令人印象深刻的詩是〈紀念愛因斯坦〉。楊牧以散文詩的形式和俏皮的語調，和愛因斯坦展開十分有趣的對話，賦予相對論新的詮釋。他相信對真理的追求以及對家國的情感，可以讓截然不同的學術領域（科學與文學）有所交集，而爲自由民主所灑下的血和淚，可在兩個距離遙遠的國度（臺灣與以色列）之間，架起一道精神橋梁。楊牧透過與西方世界的性靈交通，開闢詩的疆土，超越西方與中國文化的分歧，因爲關於生命的課題是中西方共通的語言。

五、常用的詩的形式

楊牧詩作的音樂性除了節奏、聲韻的講究，有一部分來自「聽覺意象」的大量使用：風聲、雨聲、水聲、蟲鳴聲、鼓聲、鐘聲、木魚聲、笛聲、吉他聲、狼嗥、槍聲、划槳聲、麻雀撲翅聲、笑聲、奔跑聲……。於

是讀者在閱讀文字時，看到了影像，也聽到了聲音。

　　音樂也是影響楊牧詩風的一個重要因素。他的詩題常富有音樂意象，如〈武宿夜組曲〉、〈夜歌〉、〈我的子夜歌〉、〈春歌〉、〈秋歌〉、〈情歌〉、〈夜歌〉、〈輓歌一百二十行〉、〈棟花曲〉、〈月光曲〉、〈蛇的迴旋曲〉、〈變奏〉、〈未完成三重奏〉、〈子午協奏曲〉、〈十二星象練習曲〉、〈客心變奏〉、〈連續性無伴奏隨想曲〉、〈蛇的練習三種〉等。此外，他也喜歡將詩作分成若干部分，以數字標示，讓它們像樂曲的各個樂章或組曲的各個小曲般開展，如〈蝴蝶結〉、〈星是唯一的嚮導〉、〈山上的假期〉、〈我的子夜歌〉、〈在迴轉迴轉之中〉、〈星河渡〉、〈淡水海岸〉、〈讓風朗誦〉、〈十四首十四行詩〉、〈漢城・一九七四〉、〈波昂・一九七三〉、〈你的心情〉、〈永恆〉、〈狼〉、〈急流〉等，不同的部分有些彼此密切關聯，互相呼應，有些則可以單獨成篇。譬如〈妙玉坐禪〉，五段詠歎調主題前後呼應，交織連結成一磅礡纏綿的女高音狂想曲，而〈十四首十四行詩〉則可視為十四個小曲合成的組曲。

　　迴旋式的結構是楊牧詩作常見的手法——頭尾呼應（如〈子午協奏曲〉、〈吳鳳〉、〈搖籃曲〉），或某些意象和句法反覆再現，彷彿樂曲的動機。譬如在〈禁忌的遊戲〉，他嘗試以西班牙吉他的意象和旋律主導全詩的音色，而以格拉那達草原的地方色彩為定音鼓，聲律和色彩的結合使得四段不同時期的思想感受有了銜接的橋梁，也因此讓飛揚的情思具有秩序感與統一性。再以〈讓風朗誦〉一詩為例，全詩其實只由一個長句構成，卻分成了三個部分：第一和第二部分由四個以「假如」開頭的條件子句組成，用大自然的意象寫戀人們在結合之前可能經歷的諸多磨難和試練；第三部分才出現主要子句，道出苦盡甘來的滿足和喜悅。全詩始於夏季，經過秋季的淒冷，冬天的等候，春天的憂傷，然後回到夏季：「夏依然是你的名字」——季節的循環暗示出過程的漫長；而最後一部分以春天作結，則予人結局圓滿的舒暢感。類似句法的反覆彷彿樂譜上漸強的記號，使得詩的張力漸次累積，一步步牽動讀者的情緒，為最後的高潮預作鋪陳。在

〈水田地帶〉一詩，楊牧也用了此一技巧，讓類似的句式重複出現四次，但是所營造出來的效果卻和〈讓風朗誦〉大異其趣。套用英文文法的說法，奇數詩節是未來式，寫愛情的遠景；偶數詩節是現在進行式，寫現實的情景。然而類似句法的反覆在此詩彷彿樂譜上漸弱的記號，由春天寫到冬天，我們看到了美麗的憧憬一層層剝落，成爲接受苦澀現實的感慨。

　　〈林沖夜奔〉裡前後呼應的意象與類似句法的反覆出現，更是使全詩結構統一的重要技巧。酒的意象與火的意象的再現，除了鋪陳情節的發展，也暗示出林沖命運的悲壯；而變奏般反覆出現的套語——譬如「我們是滄州今夜最焦灼的／風雪」，「我們是今夜滄州最急躁的風雪」，「你是今夜滄州最關心的雪」；譬如「我枉爲山神是／親見的」，「我枉爲山神都看得仔細」，「我枉爲山神，靈在五嶽」，「我枉爲山神，靈在五嶽／一切都看得仔細」——則營造出聲音交響的效果。第四折雪聲與風、雪、山神的混聲，是十分成功的聲音演出。此一部分共分四個詩節，描寫林沖乘渡船向梁山落草的情景，但每段皆以「風靜了，我是默默的雪」開始，而以「山是憂戚的樣子」做結。這一折是整齣詩劇的最後一幕，但氣勢卻由急趨緩，由強趨弱，整個節奏慢了下來。所有的人物一齊出場，但舞臺上不見磅礡氣勢，而是動態的畫面逐漸停格或平息——靜默的雪，憂戚的山，渡船上扶刀張望彷彿失去了記憶張望著煙雲的林沖——我們彷彿聽到肅穆莊嚴的歌聲低聲唱出，也隨著風、雪、山神哀戚地目送悲劇英雄林沖「行船悄悄，向梁山落草」，淡出畫面。

六、楊牧詩中的自然

　　楊牧喜歡自大自然擷取意象，或渲染想像，或捕捉情緒，或營造氣氛，或寓情於物，或提煉象徵。大自然往往是他沉澱情感的手段，掩飾濃烈情感的面具，在他的許多詩中，自然的描寫扮演著類似古代戲劇裡歌詠隊或電影配樂的角色，有時帶動全首詩的氣氛，有時烘托主題，爲詩中意念作註腳的工作，有時藉以提升個人情思，使之與自然的律動合一，而更

具普遍性。

　　在《完整的寓言》的後記裡，楊牧寫道：「天地之大，無物無事不可爲我們的象徵。」而大自然無疑是他最常借用的的隱喻來源。在心頭揮之不去的人影是暴雨前的烏雲（〈黑衣人〉）；愛情像亂石上輕飛的螢火，長長的別離是一條白白的沙灘（〈夢寐梧桐〉）；憂鬱是多年生草本，而纏綿是略帶海藻色調的未命名植物，在春天悄悄蔓延（〈劫後的歌〉）；他在枯木上的青苔、爛熟的果實、落花、殞星、虛無的雕像，聽見了時間流動的聲音，看到了遺忘的色澤（〈給時間〉）；愛情的律動和自然的脈動是息息相關的（〈水上音樂〉、〈鷓鴣天〉等）；美如死亡的羊齒植物（〈傳說〉）；不斷流動的海是生命的象徵，他以「細問洶湧而來的波浪可曾懷念花蓮的沙灘」，傳達出他濃烈的鄉愁（〈瓶中稿〉）；他將濤聲擬人化，與其對話，分享歷史的記憶（〈花蓮〉）；風情萬種的山是莊嚴沉靜的女尼，是能與風、海洋、日月星辰、冰雪雲雨溝通的女巫，是兼具豐潤、優雅、聖善、淑慎的王后，是欠身頷首、撫琴高歌的歌伎，是在孤燈下閱讀的博聞強記的女校書，是表情悲壯冷肅的濟難扶危的女俠，是清淨、超然、禁欲的仙子（〈巫山高〉）；他在楓葉上聽到倒退的時間快樂地哭泣，他發現愛情是每一分鐘都在蛻變成熟繁殖的微生細胞（〈血之楓〉）；他更直呼既壯麗又婉約，既有溫柔的聲音又具殺伐的意念的白狼爲「我久違的族類」，似乎在它的身上找到了知性與感性交融的理想形象（〈狼〉）。而在〈孤獨〉這首詩，他將孤獨妙喻成原本潛伏在「亂石磊磊的心裡」的「一匹衰老的獸」，卻在他黃昏飲酒時走進他的酒杯，憂戚地與之對望，詩人舉杯就唇，「慈祥地把他送回心裡」——詩人本欲藉酒澆愁，此刻必定愁更愁。

　　在以他的妻子之名入題的〈盈盈草木疏〉中，楊牧說跌落的蘋果是句點，飄零的葉子是逗點；梨樹具有六朝人物的風姿；山毛櫸讓他想起年輪的版畫；在柏樹身上，他看到了同情和歲月的象徵；白樺是過時的文學宗派；山杜鵑是欲言又止的無題詩；松樹具有正派凜凜的古典氣質；蕨類象徵苦難的記憶；辛夷似北地樂府的刀馬旦；薔薇則是象徵主義的化身。人

類世界和自然世界有了的知性與感性兼具的交集。

〈寓言〉三則裡，楊牧以「石虎」隱喻存之於人性中的矛盾的個性特質——貪婪膽怯，卻又對周遭環境極度敏銳，自卑的背後似乎有更多的自傲（「堅持一種姿勢／稀有生物的尊嚴」）；以「黃雀」譬喻人生逆境中的堅持——時不我予的亂世武人，衣衫襤褸，弓箭盡失，右手掌卻仍緊握一把劍，一如倒掛網罟作垂死掙扎的黃雀，表現出不妥協的蒼涼與悲壯；以「鮭魚」象徵一種生命態度——這是一尾即將溯溪而上的鮭魚，在「一生最險惡的急湍」之前所做的內心獨白。它預見死亡的陰影以及未來的險阻，卻仍對前途充滿期待、活力與自信。

楊牧有多首詩以樹為題材，如〈大的針葉林〉、〈不知名的落葉喬木〉、〈苦苓樹下〉、〈行過一座桃花林〉、〈樹聲〉、〈夢寐梧桐〉、〈秋天的樹〉、〈松村〉、〈學院之樹〉，這些樹是詩人的情感投射，記載著他的情路歷程，也刻記了詩人的「心靈年輪」。在 1957 年，17 歲的少年楊牧對著大的針葉林大聲、露骨地傾訴生活與情愛的惶惑困頓；1961 年，他在苦苓樹下，細訴對海外友人的思念；1962 年，他行過一座桃花林，感到無比的寂寞，企盼對岸的愛人渡河尋他，他思念別離的愛人，他的秋天梧桐負載著沉重的愛情，樹葉行將飄零；次年，他的愛人來了，他的〈秋天的樹〉於是成了快樂的愛情象徵。對年輕的楊牧而言，樹的顏色與溫度是隨著愛情的失落或滿足而轉變的。20 年後，中年楊牧凝望樹木，看到了複雜的形貌與成熟的色澤。1983 年，他帶著慈靄的神色寫下了〈學院之樹〉（他在《有人》的後記說：那是一棵具體長在臺大文學院中庭的印度黃檀木），賦予它「介乎暴力與同情之間」的形狀，讓它成為「一組持續生長的隱喻」，訴說著歲月的故事。斑斕的肥皂泡沫，小女孩天真的想法，和悲壯的老樹及詩人的噫歎形成強烈的對比：「這時我們都是老人了……／失去乾燥的彩衣，只有甦醒的靈魂／在書頁裡擁抱，緊靠著文字並且／活在我們所追求的同情和智慧裡」。文字是對抗歲月的有力武器。1985 年，楊牧以「抽象聲律與色彩的結合」，搜索夢境，寫下了〈樹〉：「我知道你正在年輪的漩渦／解衣，

扭動，沒頂迅速／沉默狂歡和疼痛的磁場／──植物本能的試探，支離／破碎，猶英勇相信心神與肉身／不滅…／…我們就這樣神祕地／彷彿太初造化所遵循的玄虛／暗中向彼此移動，靠近」。這棵樹負載著生存之焦慮和欲望，記憶與憧憬，慈悲與冷酷，中年的詩人在夢境中這棵透明而美麗的「綠色的纖維樹」，找到了孿生的影像，自我的象徵。

七、本土元素的運用

　　楊牧對他生長土地的歷史、文化的關懷，不僅表現於他的詩論（在〈現代詩的臺灣源流〉一文，他對臺灣經驗與本土意識，在現代詩發展過程中所扮演的角色，有清楚的分析），也表現於他的散文和詩作中。他認為吳鳳殺身成仁的故事是早期臺灣移民中最可歌頌的事蹟，因此不斷追索吳鳳媲美耶穌的偉大情操，有詩劇《吳鳳》問世。收錄於《北斗行》的〈吳鳳〉一詩則為其序詩。整首詩是安魂曲，也是頌歌，是山胞對為其犧牲的吳鳳的承諾。我們看到阿里山原住民以三夜的不眠，靜靜地守著吳鳳的屍體，我們聽到他們以平和謙卑、莊嚴肅穆、虔敬誠摯的口吻，細體吳鳳之死所代表的義涵，感謝吳鳳帶領他們進入全新的生活經驗，教他們重新認識野蠻與文明的分際。懺悔使救贖成為可能，一如吳鳳的死帶給他們新生。在〈吳鳳成仁〉一詩，楊牧則著眼於吳鳳作抉擇之前的自我思辯的心路歷程，於是我們聽到使命感的召喚，也看到偉大情操背後的真實平凡的情感：對平凡寧靜生活的渴望，以及放棄自我的內心掙扎與恐懼。在詩集《北斗行》的後記裡，楊牧說：「使用詩的創作去追求美麗莊嚴的人格，或和諧平安的世界，在我覺得，是可行的。」在〈吳鳳〉系列詩作，我們看到了此一理念的實踐。雖然後來經史家考據，吳鳳的事蹟純屬虛構，是日本人杜撰用以教化原住民的產物（另有一說：吳鳳只是一名再尋常不過的皮貨商人），但並無損這些詩作的價值，因為創作本就含有虛構成分，而文學欣賞本就建立在「懷疑的自願消除」的基礎上，考據故事的真偽是史學家的工作，如何捕捉故事中的動人元素並呈現其背後所隱含的象徵意義，

才是作家所關心的。

　　楊牧於 1975 年回望臺灣歷史，寫下了〈熱蘭遮城〉。熱蘭遮城指的是臺南安平，爲 17 世紀荷蘭人登陸臺灣之地。17 世紀中葉，鄭成功趕走荷蘭人，本詩即是以此段歷史爲背景，企圖自「歷史的斷簡」拼湊歷史面貌。故事以第一人稱，借荷蘭軍官之口敘述，楊牧透過一些性愛的意象，將入侵者荷蘭和被殖民的臺灣的關係，定位爲強暴者與被強暴者的關係，但楊牧賦予此詩更繁複的層面：強勢占領的背後，似乎或多或少流露了愛憐與情意；男性宰制的聲音背後，我們彷彿也聽到了女性受辱時強韌的呼吸。壓迫著「不知如何於／硝煙疾走的歷史中冷靜蹂躪」被壓迫者，在尋找「香料群島」的快感之中，他看到的是「嗜血的有著一種／薄荷氣味的乳房」的挫敗感，自遠方前來殖民的荷蘭人，向被殖民者傳遞出「我已屈服」的訊息。在這首回望臺灣歷史的詩作中，仍可看出楊牧對詩歌抒情功能的執著。他將暴力與溫柔、戰爭與愛、悲涼與美感融合爲一體，用柔性的姿態、平靜的語調表達出對殖民者的抗議，以及被殖民者的尊嚴。在他筆下，荷蘭軍官是富有人性的，福爾摩沙是有個性的，避開了善與惡的二分法，使得全詩更具戲劇張力。

八、家鄉的召喚

　　陳芳明說：遠離臺灣 30 年的無政府主義者楊牧，對一切抱持高度懷疑態度的楊牧，未淪爲虛無主義者的緣故，便是他對家鄉花蓮——他的祕密武器——的信仰。在散文集《山風海雨》裡，他回到太平洋戰爭時期的花蓮，細說山林的聲籟，山光水色，蟲鳴鳥叫，蒼山翠嶺，奇花異草，自然的神祕，人事的變遷，愛恨情愁的無意窺見，戰事的毀滅和感傷。對當初仍幼稚而好奇的楊牧而言，空間所賦予他的似乎只是「巍峨和浩瀚，山是堅強的守護神，海是幻想的起點」。透過幻想，他爲遙遠的海面創造繁複的風景，爲沉默的大山編織亙古的話。回望家鄉的山水，楊牧找到了自己的「詩的端倪」，藝術的起點。這些充滿暗喻的具體形象，在一個服膺藝術和

美的纖細善感的心靈逐漸蛻化爲詩的精靈，我們隱然了悟何以自《水之湄》、《花季》、《燈船》到《傳說》，年輕的楊牧（當時的筆名是葉珊）能夠提煉出如此濃密婉約的詞藻和意象——倒映水中的雲，荒涼的宗祠，穿越窗牖的星光，無言的樹林，積苔的洪荒，初春的墳，眨眼的河岸，抽搐的河流，溪流的懷鄉症，水蠅一般瑣碎而短暫的生命情調，蘆花般的記憶，青銅的嚎啕，竹的嗚咽……。在《山風海雨》裡，楊牧也憶及大地震景象對他的啓蒙：「那追趕的呼嘯令人顫慄，證明天地間是有種形而上的威嚴。在那年的末尾，如此猜測緬懷著，如今坐想其中奧義，覺得那領悟何嘗不就等於古典神話的起源和成熟呢？……這神話發生的動力顯然是一種恐怖感，人們對形而上威嚴的懼怕。我覺得我微小的生命正步入一個新的意義階段，在恐怖驚怕中，在那呼嘯和震動之中，孕育了一組神話的結構……詩是神話的解說。」在〈山洪〉一詩，楊牧企圖從原住民的傳說出發，以詩的語言去建構自己的神話系統，或許就源於這樣的「詩的端倪」。

　　花蓮的山地村落也像山的聲音和海的顏色一樣地吸引著少年楊牧。在一次偶然的漫遊，他和山地村有了第一次的接觸。村子裡那股陌生的氣味逗引著他。他深情地描述著：「莫非（那氣味）就是檳榔長高的歡悅，是芭蕉葉尖隔宿沉積的露水，是新筍抽動破土的辛苦，是牛犢低喚母親的聲音……那氣味帶著亙古的信仰，絕對的勇氣，近乎狂暴的憤怒，無窮的溫柔，愛，同情，帶著一份宿命的色彩，又如音樂，如嬰兒出生之啼，如浪子的歌聲，如新嫁娘的讚美詩，如武士帶傷垂亡的呻吟。」這股氣味沾上他的衣服，滲入他的心靈，使他對原住民（不論是花蓮的阿美族人或美國的印地安人）有一份迷戀、悲憫和關注。因爲幼年這份經由祕密追尋而生的單純的愛，原始民族類似宗教儀式的作息和活動，禁忌和傳說，苦難和隔絕，常自沉澱的回憶中勾起，浮現在他的散文和詩作裡，譬如在〈傳說〉這首長詩裡，楊牧即假借昆蟲採集隊在佛里蒙山區的活動，以蕭瑟的秋天爲背景，托出他對凋零、殘破、滅絕的部落的悲憫。其時楊牧初至柏克萊，浪遊異國的漂泊心事和倉皇撤退的族人的悲涼，在詩中平行並置，

個人經驗和群體經驗結合，楊牧逐漸脫離唯美浪漫的耽愛，蛻變成一個「社會意識逐漸成型的中國留學生」（《年輪》）。在〈柏克萊精神〉一文中，楊牧曾提及，在這個全美對政治最敏感的校區的求學經驗是他生命中一個重要的轉捩點，促使他走出自我的沉思默想，「睜開眼睛，更迫切地觀察社會和體認社會……介入社會而不為社會所埋葬。」

　　去國期間，家鄉的影像總在疲倦、傷感時浮現。1974 年，在西雅圖的太平洋沿岸看海，他想到海的另一邊就是花蓮，湧上異國海岸的海浪必定來自家鄉，於是突發奇想：若他走入海中，他的思念會不會隨著他的重量形成一波洶湧的浪，送回花蓮的海岸，氣勢強如謠傳中的海嘯：「當我涉足入海／輕微的質量不滅，水位漲高／彼岸的沙灘當更濕了一截／當我繼續前行，甚至淹沒於／無人的此岸七尺以西／不知道六月的花蓮啊花蓮／是否又謠傳海嘯？」（〈瓶中稿〉）一向主張將事物抽象化、普遍化的楊牧，在這首詩裡多次動情又感性地直呼家鄉之名（還加上了極少使用的感歎詞和重複用語），似乎想一吐鬱積心頭的思鄉之情。對身處異國的楊牧而言，這樣的詩作或許類似祈禱文，具有慰藉精神的功能吧！

　　而後，楊牧聽見了生物血液的召喚，想到鮭魚洄游的本能，一種血濃於水的望鄉心情，隨著幸福愛情的到來，流瀉於詩作中。在《海岸七疊》這本詩集，我們看到自我放逐的楊牧找到了新的生命座標，以清澄、寧靜、愉悅的節奏，以純淨、明朗的意象，邁向新的體驗，〈帶你回花蓮〉即是一例。故鄉已經自撫慰異國遊子心靈的一帖藥方，蛻變為凝聚族群記憶與共同生活經驗的精神原鄉，而從「這是我的家鄉」，「河流尚未命名」，「山岳尚未命名」到「這是我們的家鄉」這樣的語氣轉折，可以發現楊牧更把花蓮定位為等待由愛情賦予全新意義的全新疆域。當〈花蓮〉一詩寫成時，他知道自己已經為自己寫了一首祝婚辭，獻給他「最有美麗的新娘」。在異鄉多年之後，詩人攜新婚妻子返鄉，雖然詩人與家鄉各自經歷了一些變化，但一種綿實、有情的聲音，一種對生命的執著──不論經歷多少挫折──依然存在。聽著故鄉的濤聲，看著熟睡的新娘，詩人流下了喜

悅的眼淚，因爲跟他一起長大的大海今夜也見證了他的婚誓，因爲此刻，家鄉不只是一個滿載往昔記憶的熟悉地方，而且是一個全新的生命起點——詩人、新娘、家鄉形成了三位一體的和諧關係。

　　而在 14 首〈給名名的十四行詩〉裡，他要初生的兒子認識草莓和牛奶的最初家園——美國，但更期許他從這個王國出發，去認識宇宙、自然的法則和秩序，摸索人間的公理、正義和同情，最後到達「平生最美麗的島嶼」：「往檳榔樹開花的／方向走去，使用簡單的語言／有禮親善的手勢，在適當的／場合，以微笑回報族人的好奇／他們將擁戴你如部落的兄弟／故鄉，我們不可凌辱的土地。」

　　楊牧在第二次由美國回臺灣擔任客座教授期間，寫下了副題爲「立霧溪一九八三」的〈俯視〉；越十餘年，他應聘回到家鄉花蓮，擔任東華大學人文社會科學院院長，寫下了〈仰望〉，副題爲「木瓜山一九九五」。這兩首詩雖然都以花蓮爲背景，抒發他與生長的土地的感情，涵蓋了雙重的鄉愁——空間的與時間的鄉愁，地理的與心理的鄉愁，但是經營的氣氛、處理的手法及說法的語調卻截然不同。

　　〈俯視〉寫出了跋涉長路，穿過拂逆、排斥與人間磨難之後歸返故鄉的複雜情思，詩中充滿了遊子近鄉情怯的孺慕之情，也充滿了辭鄉多年的自責與愧歉。草木枯榮循環不已，大自然的生生不息對照青春歲月的流逝，可隨時回歸的故鄉對照永遠回不去的青春歲月，形成強烈的對比，此時的鄉愁不只是空間的阻隔，也摻雜了時間的因素。詩人居高俯瞰立霧溪，立霧溪自下方仰望詩人，這樣的對望似乎將立霧溪定位於癡癡守候、幾分哀怨卻全心接納的溫婉女子，然而我們讀不出一絲的霸氣，因爲詩人溫柔、深情、誠摯的敘述語調（「我這樣靠近你，俯視激情的／回聲從甚麼方向傳來，輕呼／你的名字，你正仰望我倖存之軀／這樣傾斜下來／如亢龍／像千尺下反光的太虛幻象／疾急飛落，依約探索你的源頭……」），使得全詩彷彿是趕赴前世之約期望再續前緣的多情男子，或在外飄泊多年渴望重回妻子懷抱的浪子（如亢龍回歸原生的水域的真情告白）。

　　和〈俯視〉的陰柔情調相較,〈仰望〉就顯得充滿了陽剛之氣。立霧溪像溫婉女性,俯瞰立霧溪,詩人投以愛憐的目光;木瓜山則是美目清揚、氣宇非凡的挺拔男子,仰望木瓜山,詩人則帶著渴慕垂愛的期盼。闊別多時,木瓜山依然「山勢犀利覆額,陡峭的/少年氣象不曾迷失過」,縱使歷經風雨、戰事,山勢不曾稍改,依然「兩個鬢角齊線自重疊的林表/頡頏垂下,蔥籠,茂盛」,一直都是他「長年模仿的氣象」;「偉大的靜止」反襯「動盪的心」,再次點出山水永恆但歲月無情的意念。遠眺大山卻從未前往一窺全貌的詩人,想像高山上的飛禽走獸,認為木瓜山集「恐怖與溫柔」於一身,對其又敬又愛,又懼又戀。他更引用《詩經》國風〈柏舟〉篇的詩句:「髧彼兩髦/實維我特」,自比堅貞節婦,還以撒嬌語氣哀求木瓜山放下身段向他靠近:「縱使我躑躅不能前往/你何嘗,寧不肯來」。山與溪的記憶,此刻已成為詩人的精神象徵,無論低頭俯視或抬頭仰望,都是深情的凝視。

九、現實的關照

　　楊牧在散文集《疑神》裡說:「對我而言,文學史裡最令人動容的主義,是浪漫主義。」浪漫主義,對楊牧而言,不是風花雪月,不是情感的浮濫,而是叛逆懷疑的精神、自由不羈的意志、獨立思辯的能力、公正人道的追求、溫柔熱情的體現。他服膺雪萊,因其彰顯了挑戰權威、反抗苛政與暴力的精神;他推崇葉慈,因為他「得 19 世紀初葉所有浪漫詩人的神髓,承其衣缽,終生鍥而不捨」。他認為詩人是廣義的知識分子,應具有確切的使命感,聲聲入耳,事事關心,因此他推崇屈原,因為「一個人以生命的心血灌注他的詩歌,不但形式粲然昭彰,就是那詩歌所鼓吹的信仰,標舉的理念,也是千年萬載不可磨滅的。」懷著這樣的理想詩人形象,楊牧應該也期許自己的詩作觸角能夠既廣且深,因此對抒情功能的執著以及對鄉土的眷戀,並未使楊牧的題材局限一隅,他對政治,對宗教,對一切關乎人性和人情的事物都有某種程度的關切,他尊重也欽羨有些詩人能針

對時勢、遭遇而即刻抒懷，留下傳世之作，但是他始終堅持「詩的思維必須經過冷靜沉澱，慢慢發酵，提煉，加工」，才不致因強烈的刺激而顯露太多的憤慨與怨恨，所以他用心錘鍊語言，讓語言掩去激情，讓筆下的詩質純淨。

一趟高雄加工出口區之旅，楊牧見到操閩南口音的資深港務員一邊說著：「高雄是中國第一大商港」，一邊「話裡夾插英文術語」，然後他又見到「三萬五千名女工同時下班」，頓時「羞辱的感覺比疲倦還明快，切過有病的胸膛」，因而寫下〈高雄‧一九七三〉。他的病因是自己的女性同胞成為外國投資廠商廉價勞工的來源，母國成為外國經濟剝削的對象，他的病因是自己的同胞對母國的經濟和文化遭異族殖民而不自知。但是，楊牧客觀地呈現具體事實，寫來語調節制，留給讀者相當的思索空間。四年之後，再訪高雄，他在燠熱的盛暑中察覺到一種「醒轉」，寫下〈高雄‧一九七七〉，表示出他與這個港的和解，對腳下的土地有著生命一體的強烈認同：重巒和疊嶂是他的骨結，河流和急湍是他的血管；「我停電，你沉入黑暗；你停電，我關閉所有輕重工業的廠房。」

在〈悲歌為林義雄作〉，他以淒冷的自然景象烘托悲劇的本質，以迴盪低吟的句法使得全詩讀來頗有安魂曲的味道（尤其是最後 12 行，讀來真有佛經輪誦的效果），雖不見詩人對暴力或政治糾葛的強烈控訴（詩人說此刻「文字和語言同樣脆弱」），但透過柔性的訴求和祈願，我們仍感到極深沉的悲痛。詩人未將此一事件定位為個人的悲劇，而賦予其普遍性的象徵意義──人間失去的不只是三個生命，而且是許多比生命更珍貴的事物：大地的祥和、歲月的承諾、愛、慈善、期待。

在〈有人問我公理與正義的問題〉一詩，他以抒情、誠摯的語調，平緩沉穩的節奏，勾勒出一個平凡的年輕人對社會的質疑，對歸屬認同問題的迷惘，對生活的狂熱與絕望。整首詩呈現的是問題本身以及思索問題的內在過程，面對這樣真實、尖銳的問題，詩人呈現給讀者的，不是問題的答案，而是被問題說服的悲憫與無奈、詩人用「簷下倒掛著一隻／詭異的

蜘蛛，在虛假的陽光裡／翻轉反覆，結網」，以及「天地也哭過，為一個重要的／超越季節和方向問題，哭過／復以虛假的陽光掩飾窘態」這兩組外在的意象，暗示出問題的無解，任何語言的安慰或解答的企圖都是虛假且無意義的姿態。

　　面對現實生活諸多無解的苦難和憂慮，或許愛才是「心的神明」，才是實踐理念的「嚮導」（〈春歌〉）；或許醇厚的鄉土之愛，溫潤的同胞愛、人類愛，和堅韌的生之欲念才能使我們在絕望中仍懷抱夢想與期盼。因為這份體認，楊牧看到一名印度留學生坐在臺階上讀著航空郵簡，他想及印度的貧困和留學生對家國的牽掛，寫下了〈一個印度人〉：「他的臉上飄搖著／婆羅門的微笑／也有憂愁／飢餓化為新歌」；在波昂親睹一位羅馬尼亞老婦人為了抗議祖國囚禁她的女兒，而在貝多芬的銅像下絕食抗議，後來讀報得知老婦人的死訊，楊牧寫下了〈波昂‧一九七三〉：「河在鐘聲裡發白／星自教堂的尖頂消滅／濕度聚在貝多芬流域／凌晨四點，不知道／絕食的婦人醒了沒？」；在占領阿富汗的俄軍發動春季攻勢時，為紀念一位昔日阿富汗友人，他寫下了〈班吉夏山谷〉：「機關槍掃射我們放牧的草原／如豪雨打過夢境，然而／春天將屬於我們，夏天也屬於／我們，當草木越長越茂盛／羊群還要和我們的孩子一樣的／在哭聲中長大，充滿這屬於／我們的，完全屬於我們的／班吉夏山谷」。當他在 1987 年〈你也還將活著回來——悼六四亡者〉寫下這樣的結尾：「『但我其實並未真正死去』／他揶揄說道，對我：『我走過／一座廣大的廢墟，野草／和麥苗雜生……』知更鳥跳躍／在乾涸的水井轆轤，鳥雀聒噪／……即使死去／我知道，你也還將活著回來」，我們知道童年時代幼稚好奇、年輕時代浪漫唯美的楊牧仍未老去，仍眷戀著人間，仍在創造夢的顏色，只是個人的深情已然和群體、鄉國、時代結合成為更廣闊的夢土。

十、結語

　　關於詩，楊牧在《北斗行》的後記說：「好詩應該先感動詩人自己，我

相信，接著便突破個人的範限，進入社會的心靈；個人的經驗便成爲社會大眾的經驗，個人的比喻，象徵，寓言變成社會大眾的比喻，象徵，寓言。」在《禁忌的遊戲》的後記〈詩的自由與限制〉說：「一首詩如一棵樹，和別的樹同樣是樹，可是又和別的任何樹都不同，在形狀枝葉的結構上自成體系，萌芽刹那已經透露了梗概，爲風雨陽光在它成長的過程中捏塑它，有它獨立的性格，但它還是樹，枝葉花果有其固定的限制。每一首詩都和樹一樣，肯定它自己的格律，這是詩的限制，但每一首詩也都和樹一樣，有它筆直或彎曲的生長意志，這是詩的自由。」在《有人》的後記說：「我們的表達方式和著眼點在變化，但詩的精神意圖和文化目標，詩對藝術的超越性格之執著，以及它對現實是非的關懷，寓批判和規勸於文字指涉與聲韻跌宕之中，這一切，是不太可能隨政治局面或意識型態去改變的。……詩是堅持，不是妥協。……詩，或者說我們整個有機的文化生命，若值得讓我們長久執著，就必須在實驗和突破的過程裡尋定義。」在《時光命題》的後記說：「超越那些憂憫的時刻經驗的，還有許多其餘的具象與抽象：白髮與風雪，星星的歸宿，吳剛伐桂，葵葉滾露珠，鯖魚游泳，航向拜占庭，中斷的琴聲，一切的峰頂。就是這些是時光給我的命題；更還有許多其餘，隱藏在宇宙大文章的背面，等待我們去發現，記載，解說。」

　　關於詩，楊牧的態度是虔誠而執著的，從詩集的自序或後記當中，我們清楚地看到他對藝術創作過程的高度自覺，以及對創作策略的用心思索。在不同的階段，楊牧對生活和文學使命有著不同的省思和認知，因此他不斷嘗試翻新詩的題材，也不斷實驗創新詩的形式，這使得他的詩作隨著歲月的流轉和視野的開拓而有了更厚實、豐美、繁複的面貌。在詩創作的路程上，楊牧已經走了四十多個年頭（於 1956 年出發至今），難能可貴的是，他的興致和熱情始終未減，對詩的形式與題材，不斷地進行探索與實驗，他以我觀物，以物喻人，對世事萬物保持一貫的新鮮感與好奇心，依然習慣用深情愛戀的眼光回望往昔，關照現在，凝視未來。

　　關於詩，楊牧充滿了自信與自傲。雖然詩風或技法迭有變化，但他對詩的藝術追求不曾停歇。他對聲韻的講究，意象的鋪陳，文字的歧義性，切入題材的觀點，有著不流俗、不妥協的堅持，甚至是潔癖。他喜歡將事物抽象化，因為他相信在抽象的結構裡，所有的訊息可以不受限制，運作相生，綿綿互互，也因此具有普遍性。然而抽象化的過程是極私密的內在思維活動，抽離了現實，指涉更遼遠的時空，讓認知背景缺乏交集的讀者往往不得其門而入。閱讀楊牧詩作的時候，我們彷彿聽見詩人驕傲地宣稱他的詩是為知音而作。

　　為宇宙與人類生活備忘的詩藝而作。

附錄

　　〈歸來──給楊牧〉[1]
　　一個詩人（一個無政府主義的
　　花蓮人），坐飛機，從
　　太平洋彼端回到此端
　　跟著他的中學同學，開著車
　　從島嶼北部行向東部
　　穿過記憶的斷崖與危橋
　　在微亮的早晨，拿著一張
　　新發的身分證，在一隊衣著
　　整齊的尼姑之後走進童年
　　國民小學新建的活動中心

　　我看到他（他八十歲的父親

---

[1] 1996 年 3 月 23 日，臺灣首屆總統民選，詩人楊牧從美國返鄉，在母校明義國小投下他生平第一張選票。

剛從另一邊門走出）背對
我，在半隱的圈票處把
領到的選票攤開，彷彿攤開
一張臺灣地圖。立場分明
色彩迥異的各黨派候選人
人頭如山頭，聳立在虛幻又
實在的歷史經緯線上
我不知道他怎麼圈選他新國家
的總統，一個無政府主義的

花蓮詩人。那紅印泥的圈記
也許落在他夢中經常俯視的
立霧溪，也許落在闊別多年
欣然仰望的木瓜山。也許逆
時間之流漂向舊稱水尾的瑞穗
溫泉，化做一枚紅葉落在
雨後的旅社庭院。他也曾
在夏日午後讓那美占據心中
（就在活動中心外如今潛流於
柏油路下的那條大水溝）跨過

鐵道，看一隻蜻蜓自陽光的
水面飛起，神祕地，自由地
繞過酒廠的煙囪在他繡著學號
的上衣口袋構築一個沒有
疆域的國家。以風的線條為
國旗，以忽然侵入的暮色，以
菊香。並且，就像這個早晨

在走過的婦人與小孩的對話中
在嫣然回頭的女校學生的笑裡
捕捉到一些模糊的律動

模糊而真。然而卻愈來愈強
穿破上衣口袋印在他的筆記簿
印在翻動不止的海的書頁
一個無政府主義的花蓮人偉大
想像的共和國。他也曾斗量
海水，以冷酒測探孤獨的溫度
死亡的顏色。也曾放聲高歌
哀行路之寒塞，悲勇士之諤諤
掛劍，問舞，疑神，有人
有無限大的愛與美在心中，在

子夜，化為蛇，化為狼，化為
九歌九辯的星圖。比擴音器
響亮的光輝。我看到他轉身
把選票摺疊再摺疊，彷彿收攏
一波波記憶的潮水，爭議的浪
有人問他公理與正義的問題
問他詩與政治的統獨問題
一個無政府主義的花蓮人。他
把票投進票匭，愉快走出
童年國民小學新建的活動中心

楊牧詩集一覽表

1.《水之湄》（1960 年）

2.《花季》（1963 年）

3.《燈船》（1968 年）

4.《傳說》（1971 年）

5.《瓶中稿》（1975 年）

6.《北斗行》（1978 年）

7.《禁忌的遊戲》（1980 年）

8.《海岸七疊》（1980 年）

9.《有人》（1986 年）

10.《完整的寓言》（1991 年）

11.《時光命題》（1997 年）

　（前四本詩集以「葉珊」之名發表，後七本詩集則以「楊牧」之名發表。另有《非渡集》爲前三本詩集之選集，《楊牧詩集 I：一九五六——一九七四》爲前五本詩集之合集，《楊牧詩集 II：一九七四——一九八五》爲第六至第九本詩集之合集。）

——選自林明德編《臺灣現代詩經緯》

臺北：聯合文學出版社，2001 年 6 月

假面之魅惑

楊牧翻譯《葉慈詩選》

◎吳潛誠[*]

　　現代詩人奧登曾列舉詩人幫助自己成長的十件事，其中叫人覺得好玩有趣的是養寵物，本文要談的是另一件比較辛苦而可能對別人有益的事，是：進行一樁長時間的翻譯工作。奧登的原意大概是要詩人從翻譯中深切體會另一種語文作家的文學心靈和創作模式，好好地觀摩、比較，以爲鑑照。假使詩人秉其殊具文采的譯筆，成功地把外文傑作轉換成本國文字，不啻爲本土文學傳統增添了一筆資產，那就更功德圓滿了。筆者發現楊牧翻譯《葉慈詩選》（頁 76），同時具有上述兩種意義，可以說爲奧登的主張提供了最好的見證。

　　若問：楊牧在動手翻譯《葉慈詩選》時，詩齡已經超過 40 年，卓然自成一家，他的詩藝還能有所蛻變，繼續成長嗎？純粹從理論上來看，答案自然是肯定的。撇開楊牧本人蛻變的潛力不談，葉慈便是一個範例。

　　葉慈（1865～1939）初出道時，在晚期浪漫主義氛圍的籠罩下，承襲前拉斐爾的頹喪美學，兼受法國象徵主義影響，崇尚如夢似幻、朦朧縹緲的抒情風格，旋即積極介入塞爾特復興，在民間故事和古代雄奇中汲取靈感，渲染愛爾蘭色彩；復從劇場經驗學習採用（舞臺）口語和平常意象，切入社會現實，成爲現代主義的中堅代表；但始終不曾忘情於神話和玄祕哲理，一直縈念愛情、死亡、歷史、生命之奧祕和其他偉大主題；兼具浪漫、寫實、象徵和形上詩人四種身分，備受推崇。例如詩人艾略特稱讚他

---

[*]吳潛誠（1949～1999）。比較文學學者。臺灣臺南人。發表文章時爲東華大學英美語文學系主任、臺灣大學外國語文學系副教授。

是「我們的時代，英語和其他所知道的語言中最偉大的詩人」；大批評家卜拉克慕爾（R. P. Blakmur）肯定他是莎士比亞以降最偉大的英文抒情詩人。

葉慈無疑可供楊牧（或其他詩人）拿來做觀摩的對象或扮演的「假面」（"mask"）。葉慈在他的《自傳》和《神話》中屢屢提到假面的觀念，他又把假面稱做「另我」（"the other self"）、「反自我」（"the anti-self"）、「對立的自我」（"the antithetical self"），代表人希望變成的形象（image），有別於天生自然的秉性。依照葉慈的說法，文體（style）和「人格」（"personality"），由於是刻意採納或營造出來的東西，因此都算是假面。葉慈自己的以下這一節說辭雖然未必容易看懂，但值得細細思索：

假使我們不能想像自己有別於真實的自己，並設法扮演那第二個自我，我們就不能將紀律加諸己身，只能從旁人那兒接受一種紀律。主動扮演之美德不同於消極接受一種流行的法典，前者具有劇場感，意識清醒而帶有戲劇效果，是一假面之穿戴。

葉慈認為華滋華斯經常顯得平板、沉重，就因為他徒有道德感，而缺少劇場因素。

葉慈也曾在詩中寫下：「藉由一形象之幫助／我傳呼我自身之相對物，召喚／我最少處理，最少垂顧的一切」，他所召喚的相對物（opposite）即假面，赫然出現在這首楊牧所翻譯的〈佘爾等主〉中，寧非十分耐人尋思：

我呼那神祕客之名，他將
還須行走水湄潮濕的沙塘，
肖似真我，其實正是我的替身，
證明為所有可思議其中之
最不相同，正是我之反自我，

楊牧對文學的投注的確肖似葉慈，他把文學當作一生的志業，用心而刻意地戮力經營，著述幾乎囊括了所有重要的文學類別，包括詩、散文、戲劇（《吳鳳》）、學術論述、文學批評、社會和文化議論、文學自傳（《山風海雨》、《方向歸零》）、編選校注、給青年詩人寫信（《一首詩的完成》）、（師法西方大文豪）探討宗教信仰（《疑神》）、小規模的翻譯（洛爾卡的〈西班牙浪人吟〉、庫爾修斯的《歐洲文學與拉丁世紀》第一章等）。……《葉慈詩選》一出版，他的文學織錦可以說已經粲然大備，也為外國文學翻譯標示了一個新的里程碑。

葉慈是英語世界共同推崇的偉大作家，也是許多批評家所公認的困難詩人，筆者研讀十多年，尤必須承認，讀懂葉慈詩集已經相當不容易；翻譯成中文，莫非就是葉慈的詩篇題目所謂的「艱難之魅惑」（ "The Fascination of What's Difficult"）？

「魅惑」一詞兼含蠱惑和魅力的意思。楊譯《葉慈詩選》不但克服了忠實傳達原著之意義的困難，而且還散發出獨特的文字魅力。不遜於詩人自己創作的中文詩句。請看一下這種前所未見的譯文體：

> 重重壓下的樹枝，亮麗的鴿子
> 嗚咽又歎息那麼一百天。
> 如何當我們死了影子還漂泊，
> 當暮靄遮蔽了羽族的路，虛幻的
> 足蹤在臨水明滅的火燄旁漫步。

——〈那印度人致所愛〉

筆者認為這是前所未有的譯文體，因為對照原文，我們會發現它大致上追隨英文句構，連文字排列次序都亦步亦趨，再稍微增添變易或轉化修飾，結果竟成為韻味十足的中文詩句。想想我們平常一不小心看到的譯詩總是那般平板、沉悶、冗長、詰屈、索然乏味，毫無節奏或韻律可言，我們不

能不佩服楊牧這種獨創的翻譯文體。再舉一個例子：

> 然則此刻在平靜的水面蕩漾，
>
> 神祕、美麗，
>
> 哪一片蘆葦深處，它們
>
> 將在何許湖岸池塘營業
>
> 教人觸目驚喜，那天當我醒覺
>
> 發現它們已經高飛遠離？
>
> ——〈闊園野天鵝〉

　　楊牧藝高人膽大，逕把英文句構直接換成中文，略微一些調整，化解了傳達英文綿延而複雜之句法的困窘，同時也擴充了中文的表達模式。

　　楊牧譯筆之奧妙，部分要歸工於他熟諳古典文學，字彙豐富，又懂得妥善運用。例如他以昊天譯 Skies 和 Heaven 以〈亞當其懲〉譯「Adam's Curse」〈青金石離〉因係描繪一中國藝術作品，故譯成「頭頂外一隻長腳鳥在于飛，乃眉壽之象徵也；」〈寒冬〉譯詩云：「又彷彿爲冰所焚但增益無非就是冰」，「增益」兩字堪稱妙著，「渙渙的水面石頭錯落／五十九隻野天鵝」媲美原作，有過之而無不及；「逢磊磊石多數升高／即闊園邑城，這裡它收煞流勢／擴散向湖並注入一穴罅洞。」深得古典山水遊記之趣味。

　　不過，《葉慈詩選》最神妙的關鍵還在於詩人殊具聽覺想像，擅長駕馭文句，操控韻律。例如〈七重林〉的頭兩行：「我聽過七重林中的野鴿／咕嚕咕嚕細微的雷響。」音效繚繞，毋庸置言。再看〈釣者〉的兩個片段：

> 但願寫點什麼，為我的族人也為在在的現實：
>
> ……
>
> 或許已經一匝歲了自從
>
> 我不期然開始，因為

內心不屑和那種讀者聽眾為伍

開始設想就有這麼一個人

有著一張太陽曝曬，雀斑的臉

身上穿灰撲撲的康瑪拉粗呢，

如何竟攀登升高到達那裡了，

那裡水沫下的石盤是如此黝黑。

　　上引的譯文大致上同樣仿照原文直譯，再加一些必須的連綴添補，使可能會糾結在一起的文脈變得清晰，節奏也舒緩下來。「寫點什麼」的點字，不經意地點出那種尚未確定要寫些什麼的況味；「為在在的現實」巧妙地加強了語氣，比譯成「為現實」高明太多；額外補充上去的「因為」、第二個「開始」、「就有這麼一個（人）」、「有著」、「如何」、「如此」等文字，不但把文義脈絡影響出來，也使節奏變得徐緩有致。

　　翻譯英詩譯得這麼生動，這麼韻味十足，恐怕只有詩人——而且是中英文造詣俱佳的詩人——才辦得到吧。但詩人偶爾也不免因為講究文縐縐的修辭而以文害義，例如前面所引的〈奈爾等主〉中的詩句，楊牧譯成：「一神似予我藉助／俾我呼自我相對之名，招徠／一向最不屑處理、正視的所有。」這樣的句子難免叫人感到意義隱晦不顯。不過，瑕不掩瑜，就憑開創新而獨特的表達模式這一點，楊譯《葉慈詩選》便應算為英詩中譯樹立了一塊里程碑。

　　對照閱讀《葉慈詩選》中排列在一起的原著和翻譯，處處可見艱難譯事之魅惑。掩卷之後，筆者不禁要問：葉慈的詩風，一再蛻變成長，留下的傳世之作何止一兩百篇，受到蠱惑而勉為其難的翻譯者楊牧只挑那 76 篇，遺珠之恨什麼時候彌補？或者，有誰可以彌補？

——選自《中國時報》，1997 年 4 月 2—3 日，第 27 版

「詩人」散文的典範
論楊牧散文之特殊格調與地位

◎何寄澎[*]

一

　　1960 年代以降，臺灣散文自有「詩人散文」一系，其先驅人物殆非余光中、楊牧莫屬；其下續有承者，如：陳克華、許悔之、林燿德等皆是。影響所及，1980 年代以下文體出位乃成常態，散文體式迆紛乘變化，目不暇給。而一般所謂「詩人散文」，其義大抵不出二端：一則謂其以詩人兼作散文；一則謂其以詩筆化入散文。前者以身分論；後者以形式論──唯一般則多綜合二者名之──詩人兼作散文且以詩筆為之，即是「詩人散文」。這種界義，已成當然，固不可謂為誤，而衡諸前列諸家，亦莫不符合。但以個人近年體會，深覺亦有鳳毛麟角卓犖之士所作有超軼此義者──此即楊牧。本文希望透過以經解經之方式，析理楊氏文本，呈現其迥異眾人之特殊「詩人散文」格調，從而凸顯其於臺灣散文史上之特殊地位；而止底特殊格調與地位之探討，首須再辨「詩人」之義。

二

　　何謂「詩人」？寫詩之人，即稱「詩人」？抑或寫好詩之人，即稱「詩人」？對深知中國古典文學精神與標準的學者而言，此一說法，斷難成立。

[*]發表文章時為臺灣大學中國文學系教授，現為臺灣大學中國文學系教授、考試院考試委員。

　　中國古代詩人之典型爲誰？曰：爲屈原、爲淵明、爲杜甫、爲東坡。爲中國詩有一「言志」、「詠懷」傳統，詩所以明詩人之志，所以見詩人之懷，非徒求音聲辭采之美，詩人之所「志」即其所「懷」，其所「懷」其即所「志」——固非一般抒「情」；而此一傳統之濫觴即屈原，故屈原遂爲二千年來至高無上之「詩人」典範。

　　所謂「詩人」絕非徒以一種文學形式美的創造者即可當之。他需要有理想的性格、堅強的意志、高尚的情操、卓美的人格；他明辨是非善惡、嚴別趨捨去就；他反叛權威、關懷生命、追求真理。所謂「詩人」，無非在這樣的「本質」下，以一種特殊的文學形式表現他的「志」與「懷」，表現的「本質」而已。屈原如此，淵明、杜甫、東坡亦莫不如此。

　　換言之，傳統中國真正的「詩人」，是絕然具備儒家所謂「士」——知識分子的性格的；他們其實就是知識分子中的一支。失掉了這種本質，就不能當「詩人」之稱而無愧——此所以南朝梁、陳作者，歷來評價皆低之故。

三

　　中國傳統「詩人」此一高義，現代作手中，楊牧體會獨多，〈抱負〉有云：

　　　詩人應該有所秉持。他秉持什麼呢？他超越功利，睥睨權勢以肯定人性的尊嚴，崇尚自由和民主；他關懷群眾但不爲群眾口號所指引，認識私我情感之可貴而不爲自己的愛憎帶向濫情；他的秉持乃是一獨立威嚴之心靈，其渥如赭，其寒如冰；那是深藏雪原下的一團熊熊烈火，不斷以知識的權力、想像的光芒試探著疲憊的現實結構，向一切恐怖欺凌的伎倆挑戰，指出草之所以枯，肉之所以腐，魑魅魍魎之所以必死，不能長久在光天化日下現形。他指出愛和同情是永恆的，在任何艱苦的年代；自由和民主是不可修正刪改的，在任何艱苦的年代。……他和其他崇尚

知識的人一樣，相信真理可以長存，敦厚善良乃是人類賴以延續生命的唯一的憑藉，而弱肉強食固然是野獸的行徑，黨同伐異，以不公正的方式驅使社會走向黑暗的道路，一定是邪淫醜陋的。詩人必須認識這些，並且設法去揭發它，攻擊它。他通過間接的甚至寓言的方式來面對人類社會和山川自然，他不躁進也不慵懶，不咒罵也不必呻吟，通過象徵比喻，構架完整的音響和畫幅。當他作品完成的時候，他獲取藝術之美；而即使作品的內容是譴責控訴，他所展開的是人性之善；即使作品的技巧迂迴於隱喻和炫耀的意象之中，他所鼓吹的是真。[1]

〈閒適〉又云：

我們知道詩人正是廣義的知識分子之一，具有確切的使命感，聲聲入耳，事事關心。[2]

可見楊牧所謂「詩人」，固與中國傳統「詩人」標準一致，故楊牧於屈原乃出此動人之言：

我通過歷史和傳統所塑造的詩人形象，才對文學的古典意義有了新認識。這樣的生命，理想和挫折，奮鬥和幻滅；這樣跌宕的聲韻，華美的意象，譎詭的比喻，錯綜的思維，組合起一張交疊編結的大畫，一首抑揚頓挫生動轉折的長歎。……一個人以生命的心血灌注他的詩歌，不但形式粲然昭彰，就是那詩歌所鼓吹的信仰，標舉的理念，也是千年萬載不可磨滅的。[3]

---

[1]見《一首詩的完成》（臺北：洪範書店，1989 年），頁 5～6。
[2]同前註，頁 127。
[3]楊牧，〈古典〉，《一首詩的完成》，頁 71～72。

楊牧甚至因此而改變他對李義山的看法，他說：

> 我讀李商隱的生平資料，覺得此人種種行徑並不可愛。詩好，品格不特
> 別吸引人的古人，何嘗值得努力尚友？[4]

除了屈原，楊牧也推崇東坡，他推崇東坡能免於知識分子慣有的侷傺
憔悴；他推崇東坡能面對自我超然的靈魂，靠近它，觸動它，鞭策它，珍
惜那磨難的過程，蕭散悠然，無見無聞。[5]楊牧曾說：「屈原的作品和人格
所能啓發於我們的，莫非堅實準確如雪霽後的山川，同時又是那麼抽象，
普遍，恆常。」[6]但楊牧似益欣欣然嚮往東坡之寧靜、悠然、曠達。我們從
他對屈原的景仰，可以斷定他對杜甫必然推崇；我們亦從他對東坡的嚮
往，可以斷定他對淵明必然虔敬——雖然他從未明確說過。

楊牧心目中的「詩人」形象略如上述，昭然若揭，故楊牧認為「詩不
是吟詠助興的小調，詩是心血精力的凝聚；詩不是風流自賞的花箋，詩是
干預氣象的洪鐘；詩不是個人起居的流水帳，詩是我們用以詮釋宇宙的一
份主觀的、真實的紀錄。」[7]「詩是文學和藝術所賴以無限擴充其真與美的
那鉅大，不平凡的力。」[8]所以詩是一種泛稱；當所有心志堅持勤奮托付終
於找到正確歸屬的時候，詩是在嚴格的藝術臻極條件下所應用於一般的泛
稱！[9]

楊牧的疑一理念與詮釋，初不僅得於中國古典的體會，也得於西方典
型之啓示。〈右外野的浪漫主義者〉[10]一文勤勤懇懇細說浪漫主義的四層意
義，最能見此中消息。他對柯律治、拜倫、雪萊、濟慈、華茨華斯、以及

---

[4]同前註。
[5]見〈閒適〉，《一首詩的完成》，頁 128。
[6]見〈古典〉，《一首詩的完成》，頁 76。
[7]同前註，頁 72。
[8]見〈前記〉，《疑神》（臺北：洪範書店，1993），頁 2。
[9]見〈後記〉，《亭午之鷹》（臺北：洪範書店，1996 年），頁 206。
[10]見〈自序〉，《葉珊散文集》（臺北：洪範書店，1982 年）。

葉慈諸家莫不推重，而尤服膺雪萊與葉慈。[11]他認爲雪萊所彰顯的是「向權威挑戰，反抗苛政和暴力的精神。」而葉慈則「得 19 世紀初葉所有浪漫詩人的神髓，承其衣缽，終生鍥而不捨」；「能於中年後擴充深入，提升他的浪漫精神，進入神人關係的探討，並且批判現實社會的是非。」[12]所謂向權威挑戰，反抗苛政和暴力的精神；所謂進入神人關係的探討以及批判現實社會的是非，二者事實相通，也都符合中國傳統「詩人」之高義。

四

至目前爲止，楊牧散文結集出版者 12：《葉珊散文集》、《年輪》、《柏克萊精神》、《搜索者》、《交流道》、《飛過火山》、《山風海雨》、《一首詩的完成》、《方向歸零》、《疑神》、《星圖》、《亭午之鷹》。其中《交流道》、《飛過火山》體近雜文，《山風海雨》、《方向歸零》則類屬於自傳。各書藝術表現及內涵性質雖各有異，但亦皆深淺曲直流露前揭所謂「詩人」襟懷；除《一首詩的完成》前文引述已多，茲不贅外，其餘依次略論如下：

（一）

《葉珊散文集》雖爲早歲之作，但非唯已隱含楊牧所謂浪漫主義的四層意義——古代世界的探索、質樸文明的擁抱、山海浪跡上下求索的精神、向權威挑戰，反抗苛政和暴力的精神；甚且隱含對生命、對歷史、對家國濃厚的關懷。換言之，楊牧兼具「知識分子」的「詩人」氣質，自始即已隱然成形，只是當年尚不清晰自覺，而後則愈見昭晰動人而已。

〈自剖〉一文有云：「我寧可在白眼中求生，也不願在笑容下死去。……你活著，只爲了把握一點真理，只爲了體識一點奧祕。」「多少期

---

[11]讀〈右外野的浪漫主義者〉一文，也許以爲楊牧對柯律治語多保留。然則不然。那只是講各層進境上比較，則柯律治爲後起者超越而已。事實上《葉珊散文集》多見柯氏格調；而《一首詩的完成》中〈抱負〉一文讚美柯律治：「英國浪漫時代最敏銳的詩人」；「他亟於規劃建置的理想世界……他虛實往返於自我的內心，衝突著，日以繼夜的交戰著」；「終其一生，他是一個敏感博學的，卻又絕對孤獨的理想主義者，不能見容於凡夫俗子。」

[12]引文俱見前揭〈右外野的浪漫主義者〉一文。

待，多少希冀，還不是爲了使善良顯露，使邪惡退隱。」「我就有這麼一種
信心，進一步，退一步，自有我獨立生存的憑藉。」充分顯示其對理想的
勇敢追求。〈爐邊〉論方思云：「他能透視時間的奧祕、也能揉合空間的神
奇。」「他是深思的哲學性的。他的詩中沒有誘人的的紅花綠葉，只有生長
掙扎的樹，是的，是一棵向上仰望、祈禱的樹。……方思創造了另外一種
古典──那是希臘羅馬的榮光加上英德文學的執著，揉和了中國 20 世紀知
識分子的沉痛和悲哀，以及漠然。」也無非反映他視文學作品的內容應爲
生長掙扎的痕跡；而詩人理當是深思的、執著的，對周遭環境的虛假、邪
惡、詭譎有一份真誠、狂狷的情懷。〈金山灣的夏天〉、〈山窗下〉、〈在黑峽
谷露宿〉、〈八月的濃霜〉等，則除夾纏家國與文化的意識外，尤多關於宇
宙、關於生命的思考，姑舉二例：〈山窗下〉有云：

> 生命的充實和虛空原是不容易說清楚的。冬天的時候，假期裡，愛荷華
> 城靜極了。有一天中午，我在門口等一位教授接我去他家參加耶誕餐
> 會。那時是十一點半，雪已經下了三個鐘頭，我推開門時，雪仍在下，
> 街上靜得沒有一絲聲音，路上鋪著一條厚棉絮，沒有汽車，沒有行人。
> 雪無聲地落，覆蓋在一切的物體上；小學校的體育場，河岸的樹枒，都
> 靜默得像死亡。我那時就說不出那種死寂的剎那到底是自然萬物的充實
> 抑是自然萬物的空虛。我甚至不知道那種死寂到底應該是一種靜謐抑是
> 另一種嘈雜──這正和小時候看海一樣。

〈在黑峽谷露宿〉則云：

> 第二天凌晨起身，地上彷彿結著寒霜，到懸崖上張望谷前的縱壁，拔地
> 千尺，細流蜿蜒而帶，一葦不可以航。孤鳥在深谷裡啼叫，忽高忽低，
> 失去了速度的感覺。石岩上刻畫了許多年代的皺紋，誰也不信一條小小
> 的堅尼遜河能夠切開這矗然的黑峽谷。

前者叩問生命的意義、天地的本質，以及二者之間的互通，從而指向
終極價值的探索；後者透過切開矍然黑峽谷的小小堅尼遜河體認「堅持」
的偉大力量，莫不隱含與「詩人」精神的接點，若單純以美文視之，不免
淺視。

（二）

《年輪》始作於 1970 年春天而終於 1974 年。全書分三部：「柏克
萊」、「一九七一至一九七二」、「北西北」。相對於《葉珊散文集》之懵懂，
《年輪》為楊牧有意識地、積極求變之首曲，其後之《疑神》、《星圖》允
為其系列格調之作。

「柏克萊」分量最重，幾占全書一半。以越戰為經，以其相關事件為
緯，偶然夾纏自然、生態、弱勢族群等現象之批判，見證一個社會意識逐
漸成型的中國留學生的心情。[13]文章主題，確切來說，藉越戰思索生命價值
以及人性真實等問題，疑惑、同情、矛盾、憤懣之情緒固不能免，美、和
平、寧靜則成其希冀；而愛、慾、死亡、恨，往往為其不斷叩問之對象，
如這樣的文字：

> 假定死亡不過是一種抗議而已。例如自殺。我看到一個女子走過紅磚的
> 方場，把一面旗子降下，我看不見她的臉，但設想她面具裡的眼是好看
> 的，流著屈辱的淚。
>
> ——頁7

> 死亡前夕的愛慾是什麼樣子的呢？如果你是一個能預見絕滅的人，這一
> 刻已經預見了喧嘩的死在歸途上爭論，伸著千萬隻臂膀歡迎你，而你並
> 不願離開這美好的世界（假定這是一個美好的世界），這時你只能想到愛
> 罷，把對方的蒼白和絕望摟進胸懷。渾身的汗油膩地交融，互相摧毀如

---

[13] 見〈後記〉，《年輪》（臺北：洪範書店，1982 年），頁 178。

海默，愛就是抗議，向逼近的死亡抗議。

——頁 43

文中明顯控訴人類蔑視生命的種種事件，而楊牧就在這種紛雜的、矛盾的心情與思索下踽踽獨行，他說：

我走到荒野的中心，開始是一片寒冷；不久我也感覺到雨從四面八方向我飄來。這時，市區的燈火還沒有燃開，屋頂屋簷招牌走廊的意象都非常黯淡。我已經走到荒野的中心。

——頁 4

你不必問我甚麼叫做困惑，在這破碎的時間的網狀地帶。我匍匐，細雨灑在我的頭顱和四肢上。索性解衣覆向冰涼的砂土。這是遠離人群的荒野，我來到，因為我必須來到。

——頁 3

這是一幀「詩人」果敢又落寞的身影。

「一九七一至一九七二」則往往藉著季節的更迭、植物的榮枯、自然與時空的變換，探索生存的本質、生命的奮鬥以及終極價值的肯定，試看這樣的文字：

其實，野草莓正奮力地攀爬，爬向多汁的晚夏，那時知了和河水將喧譁起來，又是另外一種季節。葉子都幾乎成了我們僅有的天空了！綠色的天空有時漏進一些藍意。則什麼是天空呢？樹林又似乎是沒有止境的，這是春的錯覺而已。秋天終於還是要來的。

——頁 112

就有一種不服的情緒，戰爭著自己，奮鬥著自己。朋友們不知道在做什麼，有的在流浪，有的在流血，有的在流淚。

──頁 128

和自己過去十年的生命，也這樣絕決的分開了。一如決心涉水，讓四野的草木剎時失去了應有的芬芳；一如熄燈，讓斗室漆黑，在恐懼的寒涼和孤獨裡，那麼無聊的追問自己，或許絕望的盡頭就是新生。

──頁 129

那山太龐大峻偉，起初我竟以為是假的。深怕那只是冬晚的蜃樓海市，因寒氣和夕陽而反射於西雅圖之南。我把車靠在路邊，下車細看它，它竟是真的，那麼碩壯而高峻，舉頂平穩秀美，向兩邊柔和地伸展，半路以下都在金色的晚雲裡。這時太陽幾乎已經下去了。

──頁 135

奮力攀爬的野草莓、喧譁的河水、無止境的樹林，乃至必來的秋天，都隱喻生命的過程，而其中，奮以及實踐自我是必要的。「詩人」永遠是熱腸不平的，戰爭著自己、奮鬥著自己，並且關心同志。挫折如何能沒有呢？但理想永不放棄，絕望的盡頭也許就是新生；碩壯高峻，平穩秀美的山，何嘗不類李白敬亭山，或柳宗元之西山的象徵！

「北西北」透過幻化為鮭魚，設想自產卵至死亡的過程，繼續呈現種種對生命、對理想、對價值的思考，其中有這樣動人的描敘：

新生也許只是一種說辭，也許只是自己的一種鞭策……做人本來就是一種受罪的經驗。

──頁 166～167

我曾經迷失於著火的草原，原遠處是多蘭芷的沼澤地，其上有楓，我聽到一微弱的聲音對我說：「遵吾道夫崑崙兮，路脩遠以周流。」

——頁 166

逕引屈子之辭，旨意不言可喻，而楊牧畢竟寫下這樣的句子：

精神浪遊以追求另外一個生命，想在另外一個方式另外一個地方延續生命，這種描寫常可在古代中國文學裡看到。在這些描寫裡，可以看到一種凌越現實世界的意志，超然獨立，翱翔於理念的世界。

——頁 155～156

　　見證楊牧早在《年輪》時期，已深感於屈原，並且體會積極，有更進取的毅力與觀照——而這一點實已含攝淵明與東坡的襟懷，殆無可疑。

（三）

　　《柏克萊精神》收錄楊牧隨筆散文約 20 篇，內容、風格俱與前此不同，但精神是一致的——唯化思索感懷爲積極信入之態度，具體清晰。其後《交流道》、《飛過火山》殆屬相近體類，亦別成一系。此書可分五個部分：第一，藉由鄉土情結批評污染、公害以及思考原住民的問題，〈歸航之二〉、〈臺灣的鄉下〉等可爲代表；第二，基於文化素養，強調古蹟保存、傳統文化的重要，間亦批評觀光的庸俗化，〈又見臺南〉、〈聞彰化縣政府想拆孔廟〉等可爲代表；第三，探討學院教育的精神與意義，〈柏克萊精神〉、〈人文教育及大學教育〉等可爲代表；第四，描繪高尚人格，〈卜弼德先生〉、〈徐道鄰先生〉等可爲代表；第五，純粹表達鄉土或家國之愛，〈瑞穗舊稱水尾〉、〈山谷記載〉等可爲代表；這些內涵莫不符合一介知識分子的關懷[14]，此書〈自序〉有云：

---

[14]引自拙作〈永遠的搜尋者——楊牧散文的求變與求新〉，《臺大中文學報》第 4 期（1991 年），頁 159～160。

文學固然不能變成其他東西的附庸，但文學也不可以自絕於一般的人文精神和廣大的社會關懷。古人說之，狂者進取，狷者有所不為。……也許狂狷是可以結合的，那毋寧是最理想的安身立命的哲學，孟子不是說過「禹稷顏回同道」嗎？我很想把這本書題獻給一個甚麼人，可是不知道應該貢獻給誰；然則，獻給所有狂狷的讀書人吧，你們是我最欽羨的典型。

清晰地流現楊牧自我生命形象凝塑的標的。由是，〈人文教育及大學教育〉乃有這樣的「理念」：

文學是人生內斂外放的牽引動力，窮則獨善其身，達則兼善天下，能邇能遠，開明狂狷，莫非文學教育的意義。……中國傳統的「文學」正是西方傳統的「人文」。……人文的思維和傳授直指人心，肯定人性超越現實物質的力量，探索人的光明與黑暗；為一種更其廣大的真善美下定義，提倡健康開明的智慧，譴責陰暗暴戾的心態。

楊牧確乎愈來愈彰顯其具知識分子的「詩人」情懷。

（四）

《搜索者》收 1976～1982 年間的作品 20 篇，為楊牧散文的成熟高峰，內涵形式莫非集前此大成而圓滿高華。〈科學與夜鶯〉有云：

生長一定是困難的事，但生長是責任，我們對宇宙系統的參與，只要一息尚存，我們不能停止生長，不能不繼續搜索。

——頁 20

這是怎樣果敢、堅定的聲音。

〈普林斯頓的春天〉則云：

我了解，上帝是狡黠的，所以真理的追求並不容易，你必須付出血汗和
無窮的時光；然而上帝並不是乖張險惡的，祂不會騙你，更不會害你，
當你付出該付出的血汗和時光之後，說不定你就會尋找到你日夜追求的
真理，科學的真理，文學的真理，你的理性和人格所界定的世界，說不
定正是永恆宇宙的真理。愛因斯坦只說了一句簡單的話：「真理並非不可
能。」

——頁 56

也透露出「詩人」恆常具有的信心，故〈搜索者〉一文乃藉一單獨的
旅行，委曲精細地寓托種種關於生命、關於文學、關於信念的追求、尋
覓、以及決斷。

楊牧是在一種神祕的召喚下出發的，他彷彿沒有目標，但「尋覓」的
本身便是價值與意義之所在，人間旅程永遠是「有限卻又無限的」。

旅程當中曾經經過洶湧激盪的海峽，風雲變色；曾經遇到山間的大
雪，天地靜默——這些都是生命中的險阻挫折，都是考驗。但通過考驗可
以獲得嶄新的生命享受，所以上岸之後是夕陽華麗、海鷗頡頏的那奈摩
港，祥和、美麗；所以下山之後，天色明朗，幾乎變成透明的藍。作者終
於在最危險的境遇裡，得到激越的啟示，寧靜、悠然、澄明，掌握關於生
命、關於時間的真理，掌握天地沉默的福祉、靜的奧義，楊牧最後說：「彷
彿是沒有目的的流浪之旅，其實那是我永遠肯定的一莊嚴的搜尋。」[15]

（五）

《交流道》、《飛過火山》大體即自 1984 年 4 月至 1985 年 11 月於《聯
合報》撰「交流道」專欄之結集，而實可歸入《柏克萊精神》一系，蓋強
調知識分子對現實社會之介入與參與，楊牧對三者歸屬同類，是有自覺
的，《交流道》〈自序〉即云：「1975 至 1976 年我第一次回臺任教時，因為

---

[15]同前註，頁 163。

朋友的鼓勵寫了一系列感觸的文章，後收入《柏克萊精神》書中。1983 年又在臺大，始寫『交流道』。生命的感遇和因緣，無非造化所賜。」

　　楊牧對文學創作絕不能忽視學術和創作以外的現實環境，體會愈來愈深，他愈來愈要求自己成為一個健全的知識分子、一個中國文學傳統中的「詩人」。他說：

> 我是學文學的，並堅決熱衷地以時代新文學之創作為此生的重要目標。我希望有一天能於晚年追懷的火爐前，因為發現學術研究對實際的文學創作並無傷害，甚至還具有精神上和方法上的啟發，而感到安慰，滿足，感到無愧於古來中國健全的知識分子，和歐洲文藝復興人（Renaissance Man）傳下的典型。[16]

> 我中年以後完全領悟到，自古以來，中國的讀書人又分知識分子和反知識集團兩種。前者以學術擴充良心，以良心支持理想，並且能大無畏地將他的理想攤給世人參觀，檢驗，批判，接受，排斥；而所謂學術則是沒有門戶或科學界限的──願意忍受寂寞關在象牙塔裡讀書，並勇於窺牖戶知天下而介入社會的是知識分子，兩端缺一者都不是！[17]

　　由是《飛過火山》乃有此鮮明深刻的「火山」意象，做為其所追蹤嚮往的生命投入與人格昇華的象徵：

> 火山就是這樣的。當它爆發的時候，濃煙烈火強力噴起，灰硝塵土布滿蒼白顫抖的天空，比雷霆還大的聲響震破了穹窿，岩漿自峰頂湧出，滾下山坡，所過處草木燒成焦炭，禽獸和人類就地淹沒，層層埋起。然後火山休息了，岩漿冷卻，大地上新增了一層硬殼，略無聲息，誰知底下

---

[16] 見〈自序〉，《交流道》（臺北：洪範書店，1985 年），頁 10。
[17] 〈路上一年〉，《交流道》，頁 194。

或站或坐，或仆或臥的，藏匿著無數男女以及他們的畜生和貓狗。這時表面上一片死寂，只見火山口羞澀的飄著一絲黑煙，裊裊然在青天裡左右婆娑。最後那黑煙也熄了，山坡上下再生的是多彩的，妖豔妍麗，奇異的飛禽和敏捷的走獸呼嘯其間，涓滴泉水奔入寒湖，其中反影冷肅的正是那凜然平靜，美不可當的火山頂。那麼狂熱，那麼危險，那麼死寂，是的，終於是那麼美麗的。[18]

楊牧接著說：

少年的幻想變成中年以後的象徵。……我已經在那時日推移的過程中，有所抉擇，有所信仰，有所犧牲地成長了。有一天當我發現兩鬢大半都是白髮的時候，我知道時間之神已經以祂偉大的關懷，對我提出絕對的警告：不要蹉跎──當然更無須恐懼，不要蹉跎，要知道成熟的年歲是神的賞賜，奮勇向前，毋忝天地對你們知識分子的付託。

（六）

《山風海雨》、《方向歸零》為楊牧二部自傳體散文結構，前者之時空大抵止於作者之童年、少年，後者則已是青少年以後時期。在前作中無論太平洋戰爭的經驗，接近阿眉族的經驗、二二八的經驗，以及種種抑鬱、懷疑、焦慮、恐懼、認同或愛的情緒都是飄渺的、懵懂的，那畢竟只是一個比較早熟的幼稚心靈，無與前此所論之種種深微探索，故宜置而不論。《方向歸零》則漸脫離幼稚，近入較真實的懷疑、反抗，而已詩與美的追尋砥礪著自己、鞭策著自己，楊牧後來愈來愈鮮明的那種「詩人」精神，原在 15 歲已露端倪。對於詩，他曾經有過這樣莊嚴虔敬的思考：「詩從哪裡來？詩從一種激情那裡來。將無限湧動的激情壓抑到靈魂深處，在靈魂

---

[18]〈跋〉，《飛過火山》（臺北：洪範書店，1987 年），頁 194。

深處裡顛躓移位，有時躍起，仆落，匍匐，再無聲息；有時四處飛奔，快若雷霆。那就是藝術的動力，是真理。」[19]「完全屬於我，真實，純粹，不得移易，就如同我剛剛形成的精神性格，氣質，語調，面貌。」[20]而後，他透過對安那其——一個無政府主義者的詮釋，讓我們對他有更深刻的觀照，他說：

> 安那其不是天生就安那其的。……安那其之發展，養成，定型，皆有待外在許多政治現實因素來促進，有待整個文化社會和非文化社會之啟迪。他需要經歷一些有利的衝擊，精神和感情之衝擊，例如目睹一個或多個政府如何驕縱獨裁，司法者腐敗，立法者貪婪，目睹現有體制內再也沒有公理，沒有正義，……你與人之間沒有忠誠，沒有友愛，只知鑽營，鬥爭，唯利是圖，甚至整個教育理念都以私慾的滿足為導向，諄諄誘使學生朝自我膨脹，自我彌補的方向邁進；於是學生對知識無敬意，對其他人乃至於大自然都漠不關心。他必須曾經為這些現實痛心疾首，曾經介入對抗，然後廢然退出，才可能轉變為一個真正，完整，良好的安那其，一個無政府主義者。[21]

我們反覆玩味這樣的文字，目睹他激厲地寫道驕縱獨裁的政府、腐敗的司法者，貪婪的立法者……以及以私欲滿足為導向的教育；並且堅決地寫道一個真正安那其乃必然痛心疾首、繼而介入對抗、終於廢然退出，我們便清晰地見識楊牧內在曾有的參與轉折以及終極立命，楊牧自己承認這其中還暗示了學術之尊嚴、操守以及惻然的家國之思，他繼續寫道：

> 這稿是中文原稿，用藍墨水一個字一個字書寫出來的原稿，Mont Blanc

---

[19]略引自〈你決心懷疑〉，《方向歸零》（臺北：洪範書店，1991 年），頁 74。
[20]見〈她說我的追求是一種逃避〉，《方向歸零》，頁 133。
[21]見〈大虛構時代〉，《方向歸零》，頁 174。

鋼筆的句畫點捺翼然成章，從來就是這樣的。……以藍墨水筆寫時論分析和批評，並且更篤定，沉毅地創作思考性日甚一日的抒情和敘事詩，寫寓言劄記，以及我風格獨特的懺悔錄，一種追求結構，以光譜和音色為修辭的黼黻，以之推動命意，一種有先後，上下，表裡，從容凸顯主題的文章。[22]

見證楊牧之創作在其修辭黼黻的音聲美之外，畢竟有他不變的「主題」。

（七）

《疑神》一書探索真與美，並試圖為現代社會提出一不作偽不妥協的生命情調，俱見於楊牧此書之〈前記〉及封面摺頁之說明，殆無疑義。而所謂「神」，無非是一可以廣泛地、深刻地檢驗的形而上的符號；而它亦即是「詩」——所謂文學和藝術所賴以無限擴充真與美的那鉅大、不平凡的力。生命中儘多缺少那無限擴充的力，缺少那真與美，卻僭取文學和藝術之名的各種詞藻與聲色之末流，則一如沒有「神」，缺少提升之力的宗教結構和體系——這些都是應該加以懷疑的。做為一個「詩人」，正應嘗試解說生命中不斷遭遇的一組又一組權威之所以大大可疑；為自己尋找一獨立、放心，超越時空限制之知識之指歸，充分發現自己，藉以和他人互通聲氣。《移神》一書之旨意無非如此。

此書蒐羅之素材極豐，皆有可觀。姑舉其述孔子與蘇格拉底之死，以見其蘊。頁 144 有云：

子貢請見孔子。

這一日孔子早起，負手曳杖，逍遙門外。歌曰：「泰山其頹乎？梁木其懷乎？哲人其萎乎？」……歌罷進門，當戶而坐。子貢聞歌大慟：「哲人其

---

[22]同前註，頁 178。

萋，則吾將安放？」遂趨而入。子曰：「賜，爾來何遲也！」……「予殆
將死矣！」蓋寢疾七日而卒。

頁 145 則記錄蘇格拉底下獄將死，好友克利妥亟謀營救，買通獄卒。蘇格
拉底非但不接受出亡之安排，反長篇大論與克利妥辯論，講公理和正義的
真諦，講榮譽，以及如何維護真理，排斥邪惡，分辨精神和肉體的差異，
講教授和社會倫理之傳承，並解釋為何不能選擇流亡，寧可溘死故鄉的緣
故。楊牧說：「伏真理以就死，絕無反顧，絕無一點恐懼或僥倖之心。」

　　然則頁 13 有言：「人皆有死，則賢愚美醜者同之。」其然乎？豈其然
乎？

　　楊牧曾在《方向歸零》中剖析其安那其式的情懷，已見前述，《疑神》
於此則有更精細之探討，頁 153 以下至 168 全屬之，歷數戈登（William
Godwin）、許得諾（Max Stirner）、托爾斯泰（Leo Tolstoy）、普魯東（Pierre
Joseph Proudhon）、克魯泡特金（Peter Kropotkin）、巴枯寧（Michael
Bakunin）、杜屋第（Buenarentura Durutti）以及雪萊（Perey Bysshe
Shelley），讀之令人動容。他說「無政府主義不是消極的哲學，不是為破壞
而破壞的主義。它是積極的、建設的。」（頁 157）「一個安那其所奮勇爭
取的，毋寧就是簡單，純樸，和平的境界，則他所嚮往的又好像是天真未
泯的古代，他所奮勇爭取的，是某種『回歸』吧。」（頁 160～161）「安那
其心目中的人是自由、高尚的，不可驅使奴役，洞悉謊言伎倆，而且勇於
無情地反擊任何欺凌侮辱。這樣的人智慧，果敢，有力，每個單獨都像古
典神話裡的神祗，傳說的王胄，平等，獨立，堅持。」（頁 166）他又說：
「無政府主義者，我想，是帶著某種浪漫色彩的，因為他們是如此無私地
將人生社會的一切是非都浸入濃郁的理想水液裡，加以顯影。」（頁 161）
最後他特別讚美雪萊「一個特立獨行的詩人」（頁 167），讚美雪萊作品
〈普羅米修斯被釋〉（"Prometheus Unbound"），其叛逆疑神堪稱浪漫主義詩
人之奇穎高絕。

　　從《葉珊散文集》之論「浪漫主義」至《疑神》之論安那其而結於雪萊，我們清晰目睹楊牧其生命意志與信念之一貫流轉相承。

（八）

　　楊牧生命意志與信念之一貫流轉相承，既已熠然日漸清晰，則《星圖》一書集中見證，無非其志其懷之鮮明刻畫：

> 給我孤獨，於那孤獨的自覺中淨化觀察和想像；給我足夠的智慧，教我洞識善良並因為那洞察而欣喜，教我拒絕邪惡。
>
> ——頁 11

> 我不願長期做一個旁觀者。……我知道生命裡構成著許多莊嚴，而我的能力或許足夠動手描寫它，論述它，解說它。
>
> ——頁 62

> 我想像我的精神曾經就應該是那麼投入的，如同伽利略追蹤星宿的意志，在你的文字當中探索宇宙遼闊的愛與真理。
>
> ——頁 3

　　從不斷的暗自砥礪到無悔的、自信的投入，探索愛與真理，絕不置身事外。而「即使未必能將這世界的危險和磨難化解、取消，當天使含淚對我微笑以示意的時候」（頁 15），楊牧也無遺憾，因為「我發覺我答應過的這些，這些，我都已經做到了。」（頁 16）

　　楊牧同時也體認到這樣的生命是需要「等待」的，而等待正是一種不懈的毅力，一種堅持。他說：「生命裡最美好的時刻就是等待的時刻，不容置疑。」（頁 19）「等待著，我想我是等待著，在日光和風和雨之後，在那沉著，不相干，更無從詮釋的感官現象之後，等待一更悠遠，深邃的清音對我傳來，一形象對我顯示，在蕩漾瀰漫的水勢，層疊綿密的漣漪上，清

潔，純粹，完美，我等待一永恆靈異的啟迪，對我揭發，生命，時間，創
造，以幼稚的嬰啼。」（頁58～59）

最後，我們看這一段文字：

> 所以我中夜獨坐在孤單的燈前，來回閱讀別人從不留意的書籍，或者其
> 實是思考著別人不敢置信的問題。我探知知識的深度，直到最幽昧暗晦
> 的地方，那裡，我見證了猶豫閃爍著的是一點強持不熄的光，前人為我
> 預留的，承諾的火苗。
>
> ——頁 153

正是「古道照顏色」，「典型在夙昔」之意，楊牧畢竟以之為己任，義
無反顧。

（九）

《亭午之鷹》雖為楊牧最近出版之作，其實收 1986 至 1996 計十年間
作品 15 篇為一集，文字風格似有「心靜神通」[23]之致，但其一貫「詩人」
之志懷仍有時而見，〈在借來的空間裡〉直言「這是一個缺少希望的時
代」，並質問：「人間為甚麼充滿欺凌和謊言？」在〈野櫻〉裡痛批列寧：
「以意識形態判斷人情和藝術的理論還有這樣一個乖戾的根據。」（在〈天
涼〉裡則是這樣寫道：

> 我們到底必須和屈原一樣才好，因為我們總是這樣發憤以抒情。……古
> 代典型獨多，擇其一二已值得我們終生受用不盡，何累之有？

然後在〈那盲目而執迷的心〉中更引葉慈的詩：

---

[23]語見〈後記：瑤光星散為鷹〉，《亭午之鷹》。

因為我追尋的是一個典型，不是書
在作品裡顯得最充滿智慧的，不為
別的，是因為他們盲目而執迷的心
我呼喚那神祕一人，那人仍將
沿著河岸的濕沙行走
其神色如我，或確實就是我的替身，
可是轉而又證明於一切不可思議之中
最不像我，正是我的反面，
並且堅持這一切形象性格，展示著
我追尋的一切；並且細語叮嚀
彷彿對群鳥有所恐懼，在破曉以前
那樣大聲啁啾著瞬息之音的鳥
怕它們將如此喧噪以訴求那些褻瀆的人。

並且一再地說：「我想起這些認真要將文學拿來寄託理念的──或許是將理念拿來重塑文學靈魂的，想起這些人在此後這逐漸衰蔽黯淡的日子裡，在這樣一個流離失落的年代，認真去創作一本書，追尋著，然而追尋的又不是書，是一些窒，『在作品裡顯得最充滿智慧的，不為別的，是因為他們那盲目執迷的心。』」清楚見證楊牧所追尋的是超越於書之上「典型」。

最後，可以一提的是，《亭午之鷹》猶有可見證楊牧所志所懷者，即各篇前之序詩──此種充滿象徵之表現形式，不見於他書，允為特色，信手引數則以見一斑：

比宇宙還大的可能說不定
是我一顆心吧

──頁 17

　　大江流日夜

　　不要撩撥我久久頹廢的書和劍

　　我向左向右巡視，只見蘆荻在野煙裡

　　無端搖曳點頭，剎那間聲色

　　滅絕而宇宙感動地以帶淚的眼光閃爍

　　看我

——頁53

　　這時我們都是老人了——

　　失去了乾燥的彩衣，只有甦醒的靈魂

　　在書頁裡擁抱，緊靠著文字並且

　　活在我們追求的同情和智慧裡

——頁3

五

　　綜結上文，楊牧在其近四十年之散文創作世界中，作品之主題、旨意、精神、關懷是一貫的，唯其形式、技巧中，風格屢遷而已。楊牧一生自我追求之典範爲西方文藝復興人、中國古代知識分子、西方浪漫主義者、中國文學傳統中真正的「詩人」，這在現代散文各家中絕無僅有。我個人目其爲現代文學中「詩人」散文之典範，固不僅在其技法形式，更在其內涵、肌理、人格、精神。其文即其人，其人即其文，以跌宕的聲韻、華美的意象、譎詭的比喻、錯綜的思維，詮釋生命、詮釋理想和挫折、奮鬥和幻滅，並且不斷砥礪自我，提升自我；透過文字的描摹轉化生命的真誠，有血有肉，這才是楊牧「詩人散文」之精義；明乎此，則楊牧所以於現代散文諸家中獨超眾類，具特殊格調與地位者，亦不言可喻矣。

——選自《臺大中文學報》第10期，1998年5月

探索現代散文的源流
評楊牧《文學的源流》

◎沈謙[*]

國內的批評界,對於現代詩和小說的探討,著力較多;對於散文的評析,比較罕見。今年一月洪範書店出版的《文學的源流》,是值得我們注意的一本力作。

《文學的源流》是楊牧繼《傳統的與現代的》、《文學知識》之後,最新的評論結集,代表他最近五年來在文學評論方面的成績。其內容主要是從歷史源流的角度考察 20 世紀的中國文學。以現代文學爲研究重心,卻明顯地以傳統古典爲覆按和嚮導。

全書 16 篇文章,大約分爲三部分:

第一部分是五篇詩論:現代詩的臺灣源流、詩的自由與限制、神話與現代詩、林泠的詩、走向洛陽的路。

第二部分是五篇散文評論:中國近代散文、豐子愷禮讚、留予他年說夢痕、記憶的圖騰群、散文的創作與欣賞。

第三部分是五篇人物論:周作人與古典希臘、周作人論、宗白華的美與歌德、再論王國維之死、敬悼徐復觀先生。

此外,還有一篇〈三百年來家國——臺灣詩(一六六一——一九二五)〉的二萬字長。

有關散文的研究和批評,不但占有半數以上的篇幅,而且獨具慧眼,頗有建樹。其主要貢獻,約有三端:

---

[*]沈謙(1947～2006)。江蘇東臺人。發表文章時爲中興大學中國文學系副教授。

一、散文理論的建樹

　　楊牧特別提出，現代的散文，也具有它的三一律：一定的主題，篇幅之內，面面顧到；一致的語法，音色整齊，意象鮮明；一貫的結構，起承轉合，無懈可擊。他在時報文學獎第二屆散文類的評審意見〈記憶的圖騰群〉文中指出：

> 根據這個三一律經營出來的散文，無論是為教誨或愉悅我們，價值功能都不在詩和小說之下。好的散文免除了小說的冗長枝節和俗氣，同時排斥詩的晦澀；反之，更兼有小說的敘事趣味和詩的詠歎風格。又因為好的散文已經在篇幅上受了傳統的節制，在文字上沖淡直率，最易接受。則論文學的教誨和愉悅功能，散文時常更有凌駕詩和小說的潛力。

作者不但指陳散文光明的遠景，為理想的散文勾畫出美麗的藍圖，使散文作者精神鼓舞，恢弘志士之氣，更從比較文學的角度，析論中西散文之異同：散文之為文類，只有在中國文學傳統中才看得出它顯著的重要性。西方文學以詩、戲劇、小說為主，散文卻是中國文學中顯著而重要的一種類型，地位遠超過其同類之於西方的文學傳統。

　　在肯定中國散文的特殊地位和價值之餘，楊牧又提出創作態度和方向的展望：

　　第一，體裁上的突破。文學繁複，全靠表現方法翻陳出新，今天散文何不試探小說、詩和戲劇所慣於處理的體裁呢？「我總認為愛情的感慨以詩表現為最好，但散文難道就不能技巧地把它表現出來嗎？以散文手法『侵略』其他文類的領域，技巧上不妨把主觀加強，創造一個『有我』的世界。」

　　第二，文字上的寬容。以白話文為基礎，廣泛涉獵文言文的傑作，觀摩揣測外國語法，適量的使用方言句引經據典。「在文字方面，我主張最大

的寬容。文字進行的時候，長句和短句可以交錯，虛字和實字也可以交錯，使文章產生流動性，美好的韻律。」

第三，講究音樂性。不妨多跟詩歌學習，把握它的音樂效果，體會文字的流動美感。「我們古典詩的傳統非常豐富，而且每一種詩的形式都有它光榮的典型，論節奏和韻律，則詩、騷、賦、詞、曲都有它最偉大的範本。……學習散文的文字技巧和音樂效果，不能忽視現代詩發展的寶貴經驗。」

第四，追求完美的結構。結構的完美，可以達到散文的繪畫性。將文章寫得像一幅畫，企及一種建築美。應學習古人起承轉合、破題和收尾的技巧，並講究段落的呼應。「設法造成文學的完整面：如何破題、渲染、呼應、收尾；而不是等量分段，為滿足字數的要求而敷衍。」

以上四點，見於〈散文的創作與欣賞〉文中，真是舉世滔滔中難得一見的諍言。

二、散文源流的考察

楊牧對於中國現代散文源流的考察，從整個文學史的發展，大觀點立論，見解頗為精闢。〈散文的創作與欣賞〉闡明現代散文的三個重要古典源頭：

第一，經史子集到處都有可資學習的模式，值得我們努力研究。

第二，現代散文的形成，不只是學習古典，明清小品文也具有相當影響。當時的散文家，曾經將新感性、新體裁、新字彙和新語調不斷的磨鍊，替中國散文構成一種更純粹的面貌，變成真正獨立的文學藝術。

第三，傳統的白話小說使中國文字的流動性、朗暢性得到最大的發揮。我們不但可以看它的情節，也可以看它藝術錘鍊的過程。

白話文為基礎，實踐新思想，開創新藝術，充分表現時代的感性體悟和觀察，而能於文學的大理念和結構方面承接古典的神髓，吸收歐西乃至於日本風格的菁華而不昧於詭趣，進而為這時代的文學提供新面目，甚至

可望爲後代勾畫新風氣的文學作品。他特地將近代散文歸納爲七大類，每類列舉代表作家及影響所及者。

一曰小品，周作人奠定其基礎。豐子愷、梁實秋、思果；莊因、顏元叔、亮軒、也斯、舒國治屬焉。

二曰記述，以夏丏尊爲前驅。朱自清承其餘緒，稱一大家，郁達夫、俞平怕、方臺儒、朱湘、徐訏、琦君、林海音、張拓蕪；林文月、叢甦、許達然、王孝廉等屬焉。

三曰寓言，許地山最稱淋漓盡致。沈從文、梁遇春、李廣田、陸蠡、王鼎鈞諸家均可歸入這一派，影響又見於司馬中原、王尙義、林泠、羅青、童大龍。

四曰抒情，徐志摩爲之宣洩無遺。影響見於蘇雪林、何其芳、張秀亞、胡品清、陳之藩、蕭白、余光中；逯耀東、張菱舲、白幸、張曉風、季季、陳芳明、渡也等。

五曰議論，趣味多得之於林語堂。言曦、吳魯芹、夏菁的作品屬於這一派。

六曰說理，胡適文體影響至深。

七曰雜文，魯迅總其體例語氣與神情。

將五四以後卓然成家的散文作者，以及三十年來在臺灣脫穎而出的新銳，以七種品類予以縷述，儘管難以周延圓融，仍有待斟酌之處，但確乎是頗具膽識與氣魄的大手筆。

三、散文的實際批評

楊牧在本書中對於散文的實際批評，筆觸指向三位近代的散文大家。

（一）、周作人

書中有關周作人的古典希臘、周作人論，前者爲嚴肅性的學術論文，尋根探源，論證確鑿，功力頗爲深厚，後者爲短小精悍的人物論。作者指出：

> 周作人繼承古典傳統的精華，吸收外國文化的神髓，兼容並包，體驗現
> 實，以文言的雅約以及外語的新奇，和白話語體相結合，創製生動有效
> 的新字彙和新語法，重視文理的結構，文氣的均勻，和文采的彬蔚，為
> 20 世紀的新散文刻畫出再生的風貌。

楊牧站在不因人廢言的立場，肯定周作人的小品散文，風格圓融超越，其
所關心的主題值得我們深思，堪稱捕捉了周作人的精神，顯現了作品的價
值與特色。

（二）、豐子愷

　　楊牧對於楊牧的評價，尤其深獲我心。因爲我曾蒐集豐子愷的漫畫和
文集十餘冊，是典型的「豐子愷迷」，因此，讀到本書中的〈豐子愷禮
讚〉，頗覺精神振奮：

> 豐子愷的文學創作探索面甚為廣大，但所有作品都指向人生社會的同情
> 和諒解，以赤子之心固定地支持著他的想像力和認識。他思考宇宙的奧
> 祕，生命的本質，生活的趣味，社會的心理；他在兒童的世界裡尋找哲
> 學和美，在藝術的鼓吹裡肯定人心的光明，提升精神的力量，為中國現
> 代社會描繪祥和和智慧的遠景。

　　這樣的禮讚，真是「盡得風流」！

（三）、琦君

　　楊牧在〈留予他年說夢痕〉文中，對琦君的評價是：小品散文晶瑩清
澈，典雅雋永，是當今猶能一貫執筆的資深作家中，風格確實而不衰腐，
題材完備而不僵化，最能持續開創，時時展現流動的心意，而不昧於文
字，反能充分駕馭文字以驅策新感性新思維的二三健筆之一。作者又闡明
琦君處理題材的特點：

> 然而憶兒時的文章並不孤立，往往和作者眼前的體會融合在一起；而記
> 海外的文章，又密切地和臺灣的甚至整個中國的經驗融合在一起。如
> 此，則人生際遇中便沒有任何片刻是孤立的，而散文的層次也就通過這
> 種交織的技巧而臻其最嚴密的境界，思想愈廣，感情愈深；看似有盡，
> 實則無窮。

　　我曾經細讀琦君的十餘本書，並寫過〈愛的世界──讀琦君的〈想念
荷花〉〉（《幼獅少年》第 88 期），自覺對琦君的散文素所熟稔。但是再讀到
楊牧的評論，不由得不佩服他的「平理若衡，照辭如鏡」。

　　楊牧雖然以詩名家，卻與散文結了不解之緣，他先後寫了四本散文
集：《葉珊散文集》、《年輪》、《柏克萊精神》、《探索者》，而且每本風格都
不一樣。他又整理資料，編選了三部散文集：《中國近代散文選》（二冊）、
《豐子愷文選》（四冊）、《周作人文選》（二冊），獲得一致的好評。如今，
在《文學的源流》書中，對散文理論的建樹、散文源流的考察，以及實際
批評，又呈現了如此豐碩的成果與卓越的貢獻。在此表示由衷的敬佩之
餘，我們有理由、有信心對他懷著更深的期許。

──1984 年 6 月 7 日《中央日報》

──選自沈謙《書本就像降落傘》
臺北：黎明文化公司，1992 年 8 月

無盡的搜尋

論楊牧《搜索者》

◎鍾怡雯*

> 我們不能停止生長，不能不繼續搜索
>
> ——楊牧〈科學與夜鶯〉

　　楊牧在《年輪》中提到：「變不是一件容易的事，然而不變即是死亡。變是一種痛苦的經驗，但痛苦也是生命的真實。」[1]以這段話來和上述引自〈科學與夜鶯〉的兩句話相互印證，我們可以說《搜索者》提出這樣的疑問：搜索者果真搜索到他所追求的形式和風格上的變化了嗎？假設答案是肯定的，那麼，我們接著還要追問：這個變化究竟在《搜索者》之後，以什麼樣的方式說服讀者，他確實是搜索到了一種（或多種）的形式和意象，在《搜索者》之後的數本散文集裡，開枝散葉，不斷生長？

　　論者多以為《搜索者》是一本成熟的作品，這時期的楊牧雖然仍是（證諸其後的散文，也一直是）浪漫主義的信徒，但經過《年輪》和《柏克萊精神》的洗禮後，其對社會和人世的關懷，使葉珊時期的浪漫情感得以沉潛和提升；《年輪》時期高度象徵和大量寓言的抽象表現方式，至此則已從容出入抽象和具象之間；然而《搜索者》更耐人尋味的是，它在楊牧的散文創作上承先啟後的角色，以及它所蘊藏的多重搜尋主題。

　　搜索是這本散文的主題，亦是一種象徵的說法。在行文上，敘述者的語氣顯得遲疑，一再出現的「也許」、「彷彿」、「可能」、「不知道」等等，

*發表文章時為元智大學中國語文學系副教授，現為元智大學中國語文學系教授。
[1]楊牧，《文學的源流》（臺北：洪範書店，1984年），頁177。

使得一個搜索者的徬徨形象昭然若揭；在行動上，這個搜索者躑躅猶豫，反覆思索，甚至連出發也是在一種莫名所以的狀況下，是沒有目標的，反覆強調是被一絲細微而強大的召喚，神祕卻又無比真實的聲音所牽引，沒有理由回頭。[2]於是我們可以說，所謂的「神祕召喚」、「出發」等都是象徵的說法。作者所思索的問題，不外乎生命與學術的關係、科學與人文的調和、真實與虛偽的思辨等等。要而言之，這些對於宇宙人生的關懷，最後都要歸結到創作上的變與不變，他稱之為「葉慈的問題」。[3]葉慈在楊牧心目中比華茨華斯偉大，乃因他能於中年後擴充深入，提升他的浪漫精神，進入神人關係的探討，而評判現實社會的是非，這樣的創作歷程其實亦是楊牧散文的創作歷程，只不過《年輪》思變時期的楊牧只有 30 歲，比 35 而變的葉慈早慧。

　　《搜索者》的篇章安排，其實很符合從葉珊到楊牧的風格轉變。〈搜索者〉和〈出發〉保留了《年輪》時以抽象為藝術之目的特色，雖是散文的體裁，卻宜以詩的方式解讀。這兩篇使用象徵和比喻，較諸全書其他篇章保留更大的詮釋空間。旅行的目的並不是為了觀賞風景，而是在尋找「一條全新的路線」，搜尋「一種全新的體念」，因而這次旅行實際上是一次結合內外的搜索，作者所思考的問題並沒有形諸文字，這一點，倒是與其敘事策略一致，他時而猶豫，時而否定，迂迴曲折的語氣，委婉傳達出對目的不明確的遲疑態度：

　　　我的車子快速北上，彷彿充滿了決心要離開一個什麼地方，去尋找一個
　　　什麼地方，而事實上我在猶豫，心裡毫無聲息，因為我不知道我在尋找
　　　什麼。[4]

---

[2]楊牧，《搜索者》（臺北：洪範書店，1982 年），頁 2～4。
[3]楊牧，《柏克萊精神》（臺北：洪範書店，1977 年），頁 11。
[4]楊牧，《搜索者》，頁 12。

從上述所引的句子我們發現，這實在是一次形而上的搜索。在地理上，他永遠不知道自己終將止於何方，但是他很清楚自己必然要離開一個地方，楊牧在《年輪》中求變的表白就是這段引文最好的註腳，因此這也是他的「內心風景」（"mental　landscape"）。乍看之下，這段話不但矛盾，也不合理；可是從創作的意義上講，這卻是一個創作者思變時的必然寫照。變是必然，因爲不變等於死亡。但是，如何變，變了之後，究竟是好是壞，卻是誰也無法預見的事情。所謂境由心生，在這樣矛盾的思想背景下，於是連風景也呈現一種不安定的狀態：

> 我從塗瓦森海灣出發時，豪雨還沒有停上，而且好像永遠不會停止的樣子。這是我反身鎖車門時候的情緒，奈何豪雨不像有它停止的時候。[5]

　　風景是作者內在心境的投射，王國維所謂有我之境，以我觀物，故物皆著我之色彩，於是作者的不穩定情緒也投射在風景上，不止如此，連時間也變得無法判斷，作者以爲那「可能是凌晨，也可能很晚了」[6]，繼之對雨發愁，不知道該不該出去，「我這樣猶豫著，永遠是猶豫」。[7]這樣塑造出來的搜索者，可以用楊牧〈搜索者〉一詩所勾勒的形象做爲輔助說明：

> 你感覺到嗎？你已走入森林了
> 憔悴已爬上你的鬍鬚了
> 深深的腳印宛若踐踏在我的胸膛上[8]

走入森林的搜索者自然是徬徨的，經過長遠旅途的搜索者當然也是憔悴的，但是他的步履卻十分堅定，「深深的腳印」充分傳達出搜索的決心和堅

---

[5]楊牧，《搜索者》，頁10。
[6]楊牧，《搜索者》，頁12。
[7]楊牧，《搜索者》，頁13。
[8]楊牧，《楊牧詩集壹：1956—74》（臺北：洪範書店，1978年）頁99。

定的意志，也頗能呼應散文版的《搜索者》所說的：「永遠肯定的一莊嚴的搜索」。[9]

　　如果把〈搜索者〉和〈出發〉兩篇當成是全書的總綱，其寫作手法是象徵和隱喻，那麼接下來的〈科學與夜鶯〉則是較具象的，對前面兩篇的提問，給出答案。〈科學與夜鶯〉反覆思辨學術與詩、科學與藝術之間的關係，進而論及所謂幸福、真理和永恆的意義。構成題目的二組意象本身便十分具頡頏性，它們在一般人的認知裡是不相關，甚而是相反的領域。但知識之路在漸行漸遠、愈掘愈深的時候，它們亦是相連的──星星（科學）和歌德（文學）之間並非全無溝通的可能：

> 廣大穹廬，星光點點，他竟能一一指認，用虛線連接那些散置的天體，有時還用「補助線」，幫我意會（conceptualize）星和星之間的關係。難得等我找到的時候──有時裝著找到，其實並未找到──便把星星和希臘神話也連接起來，這時我也用虛線，甚至補助線，各種比喻和寓言，幫他綜合（synthesize）神和神之間的關係……物理系的本行的方法好像應當是綜合，他卻在慫恿我用意會來認識天體；外文系本行的閱讀習慣難免多是意會，我卻在鼓勵他使用綜合去認識諸神。[10]

這一大段引文使《搜索者》究天人之際的終極目標呼之欲出──世間萬物沒有什麼是必然對立的，因而詩是片刻的體認，但未嘗不可成為永恆的知識；科學講求實證，卻仍有心志感情。這裡我們讀到自葉珊時期就已發端的那種上下求索的精神，「有時我也同那神祕的靈魂說話，喃喃地叩問生命和詩篇的意義。我幾乎不認識自己，只知道在人世間至美的就是詩，就是偉大的心靈，就是追求『美』的精神」[11]，只不過那時葉珊仍耽溺於美，覺

---

[9] 楊牧，《搜索者》，頁 8。
[10] 楊牧，《搜索者》，頁 21。
[11] 楊牧，《柏克萊精神》，頁 102。

得「科學也沒意思，無聊」[12]，而在〈科學與夜鶯〉中則不斷探詢「真」（科學），甚至試圖探尋它和「美」（夜鶯）之間互通的可能。

〈普林斯頓的秋天〉、〈普林斯頓的冬天〉和〈普林斯頓的春天〉三篇仍延續這個主題，在時序上它們是貫連的，延續葉珊時期的浪漫抒情，自然的遞嬗和生命的轉折相互指涉。在寫作手法上，卻更接近《年輪》的象徵手法；主題則是《搜索者》對真與偽的思辨：

> 瓊思樓也是冰涼靜寂的，有一點點肅穆，一點點虛偽。我知道，就是等待冬天，等到春天，它也還是冰涼靜寂的。真有學問的教授還將因為文史詩書的薰陶而肅穆；而假裝飽學的教授還將假裝下去，腰帶上紮著一條絳紅的汗巾，噘口吹莫札特的小調子，在雪地裡，在木蘭花影中溜狗。[13]

> 瓊思樓也是沉悶靜寂的，有一點點肅穆，一點點虛偽。我知道，就是等到春天，等到夏天，它也還是沉悶靜寂的。真有學問的教授還將因為文史詩書的薰陶而肅穆；而假裝飽學的教授還將假裝下去，腰帶上紮著一條絳紅的汗巾，噘口吹莫札特的小調子，在雪地裡，在木蘭花影中，在榆錢楓羽下遛狗。[14]

以上所引這兩段文字分別是〈普林斯頓的秋天〉和〈普林斯頓的冬天〉的結尾，文字大致相同，第二段引文文字只是小改。學院當是追求真理的所在，卻仍不免於假道學摻雜其中。〈普林斯頓的秋天〉、〈普林斯頓的冬天〉和〈普林斯頓的春天〉三篇文章固然流露生活安穩的幸福，以為這是十多年來最閒適寫意的日子，卻仍不免於行文中諷刺「那一點點肅穆和虛偽」。

---

[12]楊牧，《柏克萊精神》，頁3。
[13]楊牧，《搜索者》，頁40。
[14]楊牧，《搜索者》，頁47。

然而大致上普林斯頓大學仍有它一貫的傳統和學風，對真理的熱愛則仍是令人感動的，譬如人們整個春天都在談論著愛因斯坦所說的一句話：「真理並非不可能。」因此時序的推移是布景，它成為文章敘述的底色，在時序的交迭和物象的描寫當中，凸顯出知識分子的敏銳觀察，這兩段文字乍看是單純的敘事而實有所指，兩段重複的文字暗示推移的是季節，不變的特質譬如虛偽的教授，並不因時序的遞嬗而有所改變。

從普林斯頓以下的五篇，相繼以地理上的移位顯示搜索的痕跡，然而無論是紐約、西雅圖、臺灣或是金士屯，這四篇在比例上，以記事多，象徵少；在節奏上，則顯得從容不迫，節奏的改變和安寧靜謐的生活相關，他自稱結束了多年流浪的生活──當然，這可以是實指，亦可視為象徵。

> 六月間翻過雲霧中的山巒，滑落蒼松古柏的公路，回到了西雅圖，海洋和湖泊是明亮的，陽光照在山坳裡，大街上。海鷗在紅綠燈之間拍翅鼓翼，鮭魚在運河深水裡勇敢旅行。我彷彿未曾來過的地方，但又彷彿是歸來，從精神的飄泊歸來。我是曾經來過，曾經住過。北西北偏西，多礁石的海岬。[15]

這一段文字的意象和節奏都十分可觀。夏天明朗的色調，海鷗展翅和鮭魚旅行的意象，都同時指涉作者歸來的心情。但是敘述者卻使用不確定的語氣。這個地方作者或許曾經來過，但彼時精神尚在飄泊，就這個層次來說，他可以宣稱是「彷彿未曾來過」的；這次再來，精神不再飄泊了，於是便「又彷彿是歸來」。在節奏上，長句和短句的交疊使得文氣流動飄逸；簡潔的文字卻提供讀者極佳的視覺效果。引文一開始首先交代時間是六月，然後讓所有的景物隨著公路的蜿蜒漸次鋪展，視覺逐漸漸隨著敘述者的行進而開拓，繼而說「陽光照在山坳裡，大街上」。這麼簡單的句子，卻

---

[15]楊牧，《搜索者》，頁66。

讓原先從遠而近橫向掃瞄的風景，再增加立體效果——陽光從上而下，於是讀者不止看到遠景，視線亦從遠而向上飛升，形成極佳的視覺想像。這樣安靜美好的景象，反而令飄泊慣了的敘述者遲疑了，因而接下來的後半段引文，乍信乍疑的敘述策略充分反映他對眼前美好的不能置信。

若以象徵讀之，這時期的楊牧在散文的創作上，他找到了一組意象和比喻，一種敘事的方法，不再像葉珊時期那樣把散文當成是詩人的副產品，承認「散文對我說來是和詩一樣重要的」[16]；在題材上，他繼續《年輪》時介入社會的關懷，譬如〈西雅圖誌〉裡這樣的敘述：「冬雨開始飄落的時候，我聽到一些消息。磋商，火把，演講，衝突，逮捕」[17]，景色於是成爲配角，冬雨的飄落並不是作者最想交代的事，重點是後面一連串的抗爭。如果說浪漫的葉珊和艱澀的《年輪》屬於天上，則《搜索者》是回歸人間的。因爲題材的轉變，純粹的象徵和比喻再無法貼近素材，於是不得不調整象徵和比喻的運用，這裡我們讀到散文最動人的質素：對世事的洞明和人情的體察。小至細微的生活瑣事和懷念故人，大至對土地的情感，生命、學術和真理的探尋，重新「出發」的楊牧無論寫景敘事，都顯得特別老練成熟。甚至在〈紐約以北〉這篇象徵使用最少的散文中，加入中國和美國文人性情異同的論述，都能凸顯出知識分子散文的思辨特色，亦充分印證楊牧要求「文章寫得簡潔不難，但要寫得意思複雜，文采豐富」（1984a:88）的原則。我們可以再舉下例一段文字，進一步印證「文章簡潔，意思複雜，文采豐富」：

> 冰冷的，彷彿是陌生的，似曾相識。我從書桌前抬起頭來，喬叟全集靠在小窗口，窗外一棵常綠的山躑躅；我從一些磋商，火把，演講，衝突，逮捕中抬起頭來，成堆的報紙和通訊中睜開眼睛，雪，像淚一樣，冰冷又彷彿那麼陌生那麼熟悉，紛紛落在院子裡。我不能置信，這果然

---

[16]楊牧，《搜索者》，頁 ii。
[17]楊牧，《搜索者》，頁 65。

是一場激烈的一場好雪。我們以為冬天已經過完了，光陰正在一寸一寸地延長，每天都在延長，而春天也即將來到。不期然間，在我們毫無提防的一個寒天的午後，雪以淚底姿勢飄滿了院子，小巷，大街，整個小河橫切的谷地，遮蓋了整個城市西雅圖。[18]

這段引文中的雪和淚，是一組相互指涉的意象。敘述者的立場是同情（或支持）社會運動的，因此當他從這些新聞中抬起頭來，落下的雪其實是他的淚。因此所謂的冰冷、陌生或熟悉等對雪的感覺描寫，其實同時也指敘述者對淚的感覺。他雖然無法相信，在這冬天已過的時節還會下這「一場激烈的好雪」，但是也幸好有這場雪（因此是「好」雪），可以讓情緒得以宣洩。這段文字所營造的感傷氣氛，關鍵在對於雪和淚的反覆強調，類似的句子出現了兩次，穿插在敘事之間，大量的逗號使節奏變得很緩慢，很哀傷。事和情交織無痕，不說理而理自明，文字省略近乎潔癖，象徵使每一字都發揮了作用，譬如冬天象徵內心和外在環境的寒冷。作者的情感雖然含蓄，卻十分淋漓。

同樣寫雪景，在〈冬來之小簡〉中的雪則呈現截然不同的樣貌：

（雪）比雨水更祕密更輕柔的，彷彿是一種叮嚀，一種勉勵，一種提示。那時什麼都不想，心裡卻是充實而滿足的。倘若雪打在綠竹上，你推門去聽，那聲音更遙遠些，介乎真實和虛幻之間，而又如此匆促急躁，那時你想得最多，放縱地思索著，追蹤著，可是心裡也還是充實而滿足的。[19]

寫這段文字時，兒子名名已出生，楊牧正享受著幸福的家庭生活，這時耳聞目見無不可愛，連雪落的聲音都可以成為叮嚀和提示，全然只見美好的

---

[18]楊牧，《搜索者》，頁71。
[19]楊牧，《搜索者》，頁92。

光景。〈海岸七疊〉、〈山坡定位〉和〈多來之小簡〉都同樣流露出滿足的主調，甚至連真實和虛幻都是甜美的。這三篇以下的散文開始脫離搜索階段，不論是調侃自己無緣於草木之種植，或是藉酒回憶師朋，談品茗經驗，或是悼念故人，再沒有〈搜索者〉或〈出發〉時的抽象和傷感，形式和技巧在這幾篇裡已化於無形，而與內容完美地結合，雖時有掉書袋的現象，卻是信手拈來人事皆成文章。

倘若《搜索者》始於〈搜索者〉而終於〈霜滿天——懷許芥昱〉，從抽象到具象，從搜索到肯定，從自然到人事，在篇章安排上看似顯得完美，最後一篇〈土撥鼠芻言〉不免突兀，似有畫蛇添足之嫌。但細讀此篇，卻有縮結整體的意味。土撥鼠順時而動，應時而生，最能洞悉大自然的規律。土撥鼠如此，鮭魚亦然。然而人類對大自然的破壞對土撥鼠造成的影響，卻是牠們所無法預防的。這篇散文可視為環保文章，但其中環保意識的起點，卻可溯源自葉珊時期對大自然的敏銳感應，經過《年輪》時自我介入社會的要求，進而提升為環保意識。

循著這樣的線索去思考，《搜索者》裡實隱藏了多本散文的伏線：〈科學與夜鶯〉裡對宇宙的好奇，思索科學與文學二者之間如何可能，日後發展為《星圖》；《疑神》則是對神人關係的探詢，並摻雜了大量的議論和辯駁，其中掉書袋的現象在《搜索者》亦已發端；三本文學自傳《山風海雨》、《方向歸零》和《昔我往矣》則延續《搜索者》搜索的精神，去追尋自己的文學歷程，從文學傳記中探索一個文學心靈的長成。在形式上，《星圖》、《疑神》、《山風神雨》、《方向歸零》和《昔我往矣》都實現了楊牧在《年輪》時的期許：要寫一篇很長很長的散文，打破散文體式的限制。這幾本繼《搜索者》之後的散文集，皆可視為一本很長很長的散文，分別統一在一個主題和多變的技巧上。我們可以說，證諸以上五本散文集，搜索者果真搜索到了他所需要的形式和風格；當然也可以說，搜索者仍舊在文學的長路上，持續搜索。

參引書目：

- 楊牧，《葉珊散文集》，臺北：洪範書店，1977 年
- 楊牧，《柏克萊精神》，臺北：洪範書店，1977 年
- 楊牧，《楊牧詩集壹：1956—74》，臺北：洪範書店，1978 年
- 楊牧，《搜索者》，臺北：洪範書店，1982 年
- 楊牧，《年輪》，臺北：洪範書店，1982 年。
- 楊牧，《文學的源流》，臺北：洪範書店，1984 年
- 楊牧，《山風海雨》，臺北：洪範書店，1987 年
- 楊牧，《疑神》，臺北：洪範書店，1993 年
- 楊牧，《方向歸零》，臺北：洪範書店，1994 年
- 楊牧，《星圖》，臺北：洪範書店，1995 年
- 楊牧，《昔我往矣》，臺北：洪範書店，1997 年

——選自鍾怡雯《無盡的追尋・當代散文的詮釋與批評》
臺北：聯合文學出版社，2004 年 9 月

浪漫主義的交響詩
論楊牧《山風海雨》、《方向歸零》、《昔我往矣》

◎郝譽翔[*]

啊大海，我永遠的夢想，它每一方寸都反照著我童穉以來與日俱增的幻覺，搖盪著，浮沉著，純粹的虛構溶化在充沛恆久的質量裡，不可置疑的現實，牽引我，提示我，無論我怎樣強制以內斂和外放去追求光與熱，我的思想與想像，真與美，以及愛的給出和確定，終將無可避免地以她為我一生一世工作的最終之顯影，在她不可分解的浩瀚，深沉，神祕的檢驗下，我的是非將是絕對的透明：我或許將通過人間橫逆的鞭箠而智慧些許，並因此體會至大的快樂，在老去的時光，或者將發現，我原來一無所有。

再見，我說，你們是我的祕密。

——楊牧〈祕密〉

前言

　　何寄澎〈永遠的搜索者〉一文指出：楊牧「務求塑造獨特風格並開拓現代散文新境界，允稱現代散文最具知識良心與藝術良心的作家。」而此「良心」乃指楊牧繼承「古來中國健全的知識分子」和「歐洲文藝復興人」（"Renaissance Man"）的典範，故何寄澎又以「詩人散文」一詞，凸顯楊

[*]發表文章時為東華大學中國語文學系助理教授，現為中正大學臺灣文學研究所教授。

牧在現代散文史上的特殊地位。[1]「詩人散文」的定義或有爭議[2]，但卻頗能切中楊牧文學創作的核心，正如《一首詩的完成》中所說：

> 詩人應該有所秉持。他秉持什麼呢？他超越功利，睥睨權勢以肯定人性的尊嚴，崇尚自由和民主；他關懷群眾但不為群眾口號所指引，認識私我情感之可貴而不為自己的愛憎帶向濫情；他的秉持乃是一獨立威嚴之心靈，其渥如赭，其寒如冰，那是深藏雪原下一團熊熊的烈火，不斷以知識的權力，想像的光芒試探著疲憊的現實結構，向一切恐怖欺凌的伎倆挑戰，指出草之所以枯，肉之所以腐，魑魅魍魎之所以必死，不能長久在光天化日下現形。他指出愛和同情是永恆的。在任何艱苦的年代；自由和民主是不可能修正刪改的，在任何艱苦的年代。這些只有一個不變的定義──詩人以他的文字音聲的創造，必須參與其中賦予它不變的，真正的定義。

> ──頁 5～6

　　這段話足以闡發楊牧所謂「文藝復興人」的概念：積極、奮進、批判、愛美，並相信人性的美善將是永恆的真理。而楊牧也曾表明：「狂狷的讀書人」──狂者進取，狷者有所不為──才是他最欽羨的典型。[3]

　　由於秉持典範，楊牧作詩為文，一貫精萃完美，放眼當代文壇，確實有其特殊地位。而若以此觀察楊牧作品，亦即發現：被歸於「自傳體散文」一類的《山風海雨》、《方向歸零》、《昔我往矣》三部書，乃是詩人結合散文、小說和詩的筆法，自述一位「文藝復興人」如何誕生、摸索與型塑的過程。因此這三部書，可以代表楊牧對現代散文如何在現實與虛構之

---

[1] 參見何寄澎〈永遠的搜索者──論楊牧散文的求變與求新〉及〈「詩人」散文的典範──論楊牧散文之特殊格調與地位〉，這也是迄今為止，研究楊牧散文最重要的二篇論著。

[2] 如陳萬益講評〈「詩人」散文的典範〉一文時指出，若提出新的類型，可能會增加許多詮釋上的困擾等等。見《第一屆花蓮文學研討會論文集》，頁 163。

[3] 見楊牧〈自序〉，《柏克萊精神》，頁 7。

中謀求契合點，鎔鑄具體與抽象，進行的試驗與摸索，也可以表現楊牧寫作散文時，務求文體模式突破的精神。不論是在藝術的風格或形式上，都對中國現代散文境界的開拓與提升，具有啓迪的作用。故本文便擬藉由討論《山風海雨》系列，以窺詩人成長的歷程，與詩的發端、成型，並嘗試指出，這三部書不僅是進入楊牧個人文學世界的重要門戶，也是現代散文史上不容忽視的作品。

一、山風海雨

　　楊牧在《年輪》〈後記〉中自述要採取「寓言和比喻」的形式，「寫一本完整的書，一篇長長的長長的散文，而不是許多篇短短的短短的散文」並欲借此探索人類「表裡差異的問題」。[4]《年輪》一書固然是上述理念的實踐，但以之移觀《山風海雨》，亦再恰當不過，甚至可以說是楊牧此一理念更成熟的演練與展現。

　　《山風海雨》總共收有七篇散文，各自獨立成篇，但其實每篇之間又環環相扣，意念緊密串連，呼應主題，所以如果將全書視為一個不可分割的整體，將更能發覺作者經營的用心。這也使得《山風海雨》雖然名為散文，卻和一般零星成篇的散文集不同，堪稱是在楊牧所有散文中，除去《星圖》一書外，結構最為緊密繁複者。

　　就敘述觀點而言，《山風海雨》通書採取「我」——約莫入學年紀男孩的目光——去凝視、觀察外在的自然界與人事，所以文中此刻正在進行的「我」（孩童），並非等同於此刻正在執筆的「我」（成人），也就是說，作者虛構了一位孩童，並且藉由這樣一個虛構的位置，重新感受周遭的萬物。《山風海雨》的虛構性格，使得它不同傳統散文中以成年的「我」去回憶往事的敘事模式，反倒更類乎小說，因此書中所歷歷描繪的花蓮山川景

---

[4]「表裡差異」乃是楊牧創作時反覆思考的基本問題，正如何寄澎在〈永遠的搜索者〉註 22 處指出：「如果我們深刻體認到楊牧寫作積極求變的態度，則讀〈一九七二〉一文，於肯定其探索生命表裡差異之餘，自能肯定此一思辯可投射至其創作。」而本論文其後也將針對此一「表裡差異」問題，再繼續探討說明。

物、風土人情，觀察入微，逼真寫實，但我們卻不妨視之是楊牧藉由文字去穿透回憶，以之再現、虛構、創造出來的場景。而藉由文字來「虛構」與「回憶」，亦正是楊牧另二部自傳體散文《方向歸零》、《昔我往矣》的核心主題，此處暫不贅言，留待下節再予以討論。

因為敘事觀點的特殊，《山風海雨》形同小說，更宛如普魯斯特《追憶似水年華》，以文字穿越時空，構設出一個遠超乎孩童所能感受的繽密、精緻、細緻的場景、氣味、聲音與色彩。譬如描繪阿眉族村落特有的氣味：

> 起先我以為那是樹葉或者野草，或者是一種我未曾遭遇的花卉，或者甚至是飛禽掠過空中留下的痕跡，是兔子跳躍草地激起的塵埃。我想，這是什麼氣味呢？莫非就是檳榔樹長高的歡悅，芭蕉葉尖隔宵沉積的露水，是新筍抽動破土的辛苦，是牛犢低喚母親的聲音。
>
> ——頁 54～55

或是描寫阿眉族祭典：

> 在傳統的節慶上，他們依然穿戴起古老的衣裳，美麗的頭飾，紅黑交錯編織的披掛，層疊的項鍊和流蘇，赤足在土地上進行他們的祭祀，崇拜他們無所不在的神祇，於他們合群的歌唱中讚美大自然，驅使一聲聲拔高的呼喚，和雷霆雨水的節奏相激盪，或者沉落下來，去接觸那寧謐安詳的旋律，好風吹過秧苗和池塘，吹過甘藷葉，吹過葫蘆架子，香蕉樹，煙草田，翻越茅草和鐵皮屋頂，去取悅他們無所不在的神祇，當月亮升上來的時候，我們聽見笛聲和鼓點，舞者赤足蹈走在堅實的土地上，在澄清如水色的月光裡舞成一個圓圈，兩個圓圈，三個圓圈，然後像漩渦一樣地散開，濺起晶瑩的水花，向四週發射出去，激越的精神充塞在重疊明滅的林木間，飛禽拍翅驚起，昆蟲噤聲，耕牛站起來又趴下，甩甩尾巴，慢慢閉上它們的眼睛又睡了，河岸上掠過一點又一點的

飛螢。

——頁 72

　　楊牧在此透過歌聲／雷霆的聲響流動，進而擴散到自然界的植物，也透過月光的照耀，如水波驚起飛禽、昆蟲、耕牛和飛螢，最終達到人與自然界萬物的和諧共鳴，意象的繁複，完整，色彩，光澤，聲音，無一不足。而類似的精采段落，充塞全書，所以這豈僅是一個孩童的心靈而已？乃是成熟的詩人，透過想像、虛構，所竭力開發出來最為敏銳的感受，顯示出楊牧以文字敘事，鋪陳場景，捕捉視覺、聽覺、嗅覺的功力，而較諸前作如《葉珊散文集》、《年輪》、《搜索者》等，更顯見有了大幅的躍進，甚至我們也可以大膽地推測，這正是楊牧在《山風海雨》中刻意試煉文字的成果。

　　然而《山風海雨》更值得我們注意的，還在於它縝密的結構，彷如一首精緻的交響樂。首篇〈戰火在天外燃燒〉，勾勒小城的靜與美，而戰爭在遠方已蓄勢待發。繼之以〈接近了秀姑巒〉描寫戰爭來臨，避難到山林，無所不在的死亡陰影，逐漸爬上幼稚的心靈，使得「我」頓時「體認到一種宿命的欠缺」。接下來〈他們的世界〉中便以這「宿命的欠缺」為主題，描寫原住民世界的美、善、樂天、勇敢，但又充滿著悲涼、憂慮與禁忌。故在〈水蚊〉中死亡的氣息更趨濃郁，「我」便在宿命的體認下，告別初戀，完成啟蒙。〈愚騃之冬〉則寫「我」的入學，天真受到壓抑，被迫接受成人世界的虛偽、狡詐，而兵士陸續進駐這座小城。〈一些假的和真的禁忌〉再以透露著血腥、隱晦、污穢氣息的兵士開端，宣告一個充滿沉默的禁忌與死亡年代之來臨，而「我」必須反抗。故以〈詩的端倪〉一篇總結，說明詩如何因為肉體和精神的矛盾、震顫、疑惑而誕生，給予「我」從現實拔升而起的力量。所以就整體觀之，前一篇散文往往暗藏下一篇的端倪，並以此暗喻「詩」如何在一個童稚的心靈之中，發端成形，而文章旨意也就隨著全書的脈絡發展，越來越清晰浮現，如同是一首樂章的主

題，在音符與樂句的鋪陳之中，越趨強大，壯闊，激越，顯赫。

究竟《山風海雨》的主題爲何？正如前述楊牧在《年輪》〈後記〉中所言：「表裡差異的問題」，而所謂的「表裡差異」，則又可參照《搜索者》〈前記〉中所云：「通過文學的藝術整理，構成一種交替的指意，使內外的活動互相印證，使精神和自然的升沉互相干涉。」於是「表」與「裡」，「內」與「外」，「精神」與「自然」之間的交替、差異，對立或是融合，恆是楊牧從事文學創作之時，腦海中思索拉鋸的主題。這一主題到了《山風海雨》則出之以寓言，也就是說，藉由外在事件（表）或意象的交錯，以隱喻的方式來揭示，呈現內心的思索（裡）。楊牧在〈接近了秀姑巒〉中描寫遭到屠殺的牛，便是這一「表裡差異」主題的重要隱喻：

> 我已經第一次認識到死亡的恐怖，即使死去的只是一頭水牛；我聞到了人間暴虐的氣息，那氣息剎那間擴散開來，摻進農村表面的純樸。這山坳並不如我想像的那麼和平安逸，不如我想像的那麼清潔。我開始在幼稚愚騃的心裡培養一份抑鬱和懷疑，在無聊的警報聲裡長大了不少。……我懷疑我的童年是不是已經隨著那屠殺而結束了？
>
> ——頁40～44

寧靜山林裡的一場血腥屠殺，在「我」幼稚愚騃的心中，造成「生」與「死」、「純樸」與「暴虐」、「和平」與「屠殺」、「表面」與「內裡」的矛盾、對立、衝突，促使「我」開始感到「抑鬱和懷疑」，而這便是詩人啓蒙的開端，也正是整部《山風海雨》的基本主題。

《山風海雨》藉由事件交織的繁複結構，反覆映現這一基本主題，使得它宛如一則寓言小說，涵融土地、種族、歷史、政治、詩等等的對立辯證，早已不再止於一位詩人的自傳，而是楊牧企圖涵蓋臺灣族群政治歷史的寓言之作。此一結構設計的巧妙與縝密，我們若是借助音樂的概念，或許能夠更加清楚說明。在浪漫主義的音樂形式當中，特別重視「主導動機」

（leitmotiv, leading motive）的運用，作曲家以此貫穿作品，並且不斷變化造型，交織穿梭在旋律之間，以製造騷動的力量，強化兩極的對立，鬆動音響的表層，使它碎裂在顫動不已的不安之中。而且也由於「主導動機」所引發出來的一股內在張力，遂在音樂中創造出高度的激昂的情調，以及富有活力的氛圍。因此，相對於古典主義處處注視著凝聚性的要素，並且把內部結構引向集中的統一，而浪漫主義則恰恰相反，乃是處處尋覓著分化的、擴展的要素，以及醞釀著、萌發著運動膨脹的力量的源泉。也因此，古典主義和浪漫主義具有相反的意志傾向：古典主義是向著主要的中心點全力逼進，而浪漫主義則是從核心奔流而出，向四面八方氾濫、橫溢，然後湧向不斷增長的高潮。[5]

　　上述浪漫主義音樂的特色，有助於我們了解《山風海雨》的結構，如果說，「和諧的自然」是《山風海雨》的音響背景，詩人徜徉其中，彷彿可以與之溝通，並且再三表明：

　　我是聽得見山的言語的，遠遠地，高高地，對我一個人述說著亙古的神
　　話，和一些沒有人知道的祕密。那些祕密我認真地藏在心底。

　　　　　　　　　　　　　　　　　　　　　　　　　　——頁 25

　　但此時詩人所感受到的「祕密」，尚還處在懵懂、曖昧不明的混沌狀態，需要一「主導動機」的加入，推進這份「祕密」向前開展。而在《山風海雨》之中，這一「主導動機」便是「暴虐的人世」，如戰爭，如屠殺，如死亡，如統治者的訓誡。起先它僅僅是一股幽微的、時隱時現的聲音，譬如首篇〈戰火在天外燃燒〉一文，「戰爭」為這塊寧靜美麗的土地，插入一個小小的突兀的雜音——帶著長刀的日本軍人，在重山峻嶺的俯視下，寂寞的在小城的街道上漫步，於是在這篇文章的末段，楊牧以「颱風」來

---

[5]參見 Ernst Kurth〈浪漫主義和聲及其心理基礎〉一文對於浪漫主義音樂結構的探討，尤以華格納的音樂可做為一典型代表。

初步象徵「我」內心的不安與騷動。然而依附全書次序的開展，這份不安與騷動貫穿其中，更隨「主導動機」／「暴虐的人世」的反覆出現、加強、擴大、拔高，在「我」的心中不斷激起衝突和交響，乃至於到達末了的波瀾壯闊。因此，楊牧在全書的末篇〈詩的端倪〉中，以「大地震」作為重要象徵，不但與首篇的「颱風」相互呼應，更代表詩人內心所經歷過的劇烈震盪與洗禮，恰如書名「山風海雨」所能指涉的意象。

「暴虐的人世」這一「主導動機」，有〈接近了秀姑巒〉中的獵人「屠殺野獐」，動搖了「我」對自然的信念，使「我」不禁感到迷惘，緊接在文章的第三段中再以「牛被屠殺」出現，使「我」因為「聞到人間暴虐的氣息」，而感到憤懣、懼怕、失望，導致了全文第四段中的「我」感到「一種宿命的欠缺」。感到「欠缺」，乃是詩人啟蒙的開始[6]，所以〈水蛟〉一篇，「死亡」成為無所不在的「主導動機」，溢出自然的表面，穿梭在字裡行間，並且已從自然界動物的死亡，轉移到「我」周遭的人物身上。林投姐，女鬼，吊死的女子，出葬行列的大聲嗩吶和鐃鈸，尋討替身的水鬼，於是「我」在甘蔗的甜香中告別初戀的小姊姊，也是對天真童稚的告別：

> 因為不成長，我這樣想著，淚水充滿了眼眶，它也就永遠不會變得脆弱，我就永遠不會受傷。
>
> 也許她死了，死在時間的懷抱裡。
>
> ——頁100

既已啟蒙，童真不再，從〈愚騃之冬〉一篇開始，「暴虐的人世」這一「主導動機」以更清晰的姿態浮現，甚至躍升成為主題，殘酷的教育體制，發出臭味的人體，在竹林中窺見的瞎子，女人，亡魂，好目的女老師突然消失，軍隊進駐，在殺伐之氣中瀰漫著誘蛇般的笛聲，使人不禁聯想

---

[6]這一「欠缺」主題，可與王文興小說〈欠缺〉一篇相互對照，俱以「欠缺」作為啟蒙成長的關鍵。

起「吹笛人」這則童話——那一村子被笛聲引誘而埋葬掉的兒童。〈一些假的和真的禁忌〉中污穢的兵士，虛偽而嚴峻的教條，被壓抑的青春與性，更是「暴虐的人世」這一主題拉拔到最高點。於是「我」重新向自然呼喚，以〈詩的端倪〉作爲末章。大自然的呼嘯，是「天地有神，冥冥造化可以和我交感回應」（頁 149），「證明天地間是有種形而上的威嚴」，而「那黑色的春天所提示給予我的正是詩的端倪。」（頁 154～155）故因爲「暴虐的人世」這一「主導動機」的加入、拉扯、共振與交響，終將全書推到最高潮，並且萌發出莊嚴的力量。

　　全書以「大地震」作結，而颱風、地震、山洪，是外在世界的澎湃洶湧，但又何嘗不是隱喻詩人內心世界的激盪衝突？[7]宿命的欠缺，愛情的不圓滿，殺戮，禁忌與制度，便如此與自然的和諧之美，產生出強大的張力，而在詩人的心中構組了一首恢弘的山風海雨的交響合唱。

二、方向歸零

　　《山風海雨》揭示「詩」乃誕生於山風海雨的交響，而到了《方向歸零》，詩人則已經有了明確的把握——唯有「詩」，才能以之超越現實的種種矛盾與橫逆，於風雨中淬煉一己的意志。〈野橄欖樹〉一文中詩人說道：

> 我自覺已經領悟了愛與美，粗識神祕象徵，天地的眼神這一切靠近詩的概念。那時我以為我已經能夠把握這些概念，遂放縱地撩撥著幼稚的知性，沉潛到無底的黑暗世界裡去，不斷在自我試探，磨難著。
>
> ——頁 6

故《方向歸零》全書便在敘述詩人於 17 歲的青春年紀，所經驗到那段「不斷在自我試探，磨難著」的歷程，換言之，也就是尋找「詩」的歷程。

---

[7]楊牧在《飛過火山》〈跋〉中說：「我從小對地震、海嘯，恐龍，火山之類的洪荒景象很著迷」，而「這份少年的幻想變成中年以後的象徵」，可見這些意象確實具有特殊的意義。

在一個平靜、沉默而空洞的壓抑年代裡，一個被無意義的口號、標語所填塞的年代裡，「詩」遂成為詩人抵抗這一可鄙、可厭又充滿欺詐世界的祕密武器。故楊牧以《方向歸零》一書，揭示詩人如何突破嚴厲的教條與訓誡，如何奮起尋找「詩」，又如何恢復文字本來的面目，傳達人類心靈深處抽象的思索與感受。所以歸結全書的旨意，無非就是在「找詩」，或曰「找字」，藉以找回語言中那段遭受壓抑、扭曲的生命力，並且在這貧乏的現實之外，透過「詩」的手段，虛構出一座自由而豐美的祕密世界。楊牧將整本散文集命名為「方向歸零」，也表明了這層意義──一切都將回歸到原點，從零開始，在宇宙之間，重新展開搜索與探尋。

而這原點是一株介於太平洋和中學圍牆交界的「野橄欖樹」，標誌了詩人面向海洋，面向那一神祕、廣袤、深邃的世界，並立意躍身其中的積極姿態：

> 海面波浪大幅湧來，誇張地迴旋，又大幅流回去，而且持續不斷地向左右兩方翻騰，彷彿一首悲憫的長歌正引向遲遲不能出現的煞尾，預言著什麼亙古浩蕩的真理，曾經摧毀的，吞噬的，紓解的，慰藉的訊息。我以亟於成長的心靈去體會、想像，為自己整理出一頁一頁交織顯現的畫面；我眼睛看海，心中想的竟然已不是海，而是些抽象的意念了，乙乙在畫面與畫面之間成型。

──頁 46

海洋預言著亙古的真理，但相對的，在屬於陸地的這一邊，卻已經被統治者製造出來的標語、口號所淹埋，恍如巨大的災難，到處充滿了「比車輪還大的方塊字在鼓舞你去服從，去擁護，去實行，提醒你飢餓和屠殺等等抽象，甚至往往是虛假的概念──一些可恥的謊言」（頁 13）。在每天朝會例行的儀式中，大家舉臂高呼莫名的口號，而書滿標語的傳單自天上飄落，覆蓋小城的每個角落，文字被曲解、扭轉、變形，如惡夢，如瘟疫，

在陸地上氾濫成災。

因此楊牧在〈愛美與反抗〉一文中反覆陳說的，便在「語言」這一回事：自己的母語──臺語被禁止了，而口操鄉音的外省籍老師，站在說日語和臺語的臺灣男孩面前，感到深深的疏離、寂寞，甚至不免恐慌，於是「語言」變成爲統治者施行暴虐的手段，成爲族群之間彼此傾軋、侮辱，甚至於肅殺的開端。而楊牧便是如此透過「語言」，描寫族群之間的隔閡與衝突：

> 古舊的屋舍整齊地排過去，在晨光裡自有一種傲氣，一種溫情；更遠是青山一脈，而青山後依稀凜然的，是永恆的嶺嶂，屬於桑巴拉堪山，柏托魯山，立霧主山，太魯閣大山，杜鉾山，能高山，奇萊山。奇萊主山北峰高三千六百零五公尺，北望大霸尖山，南與秀姑巒和玉山相頡抗，遠遠俯視我們站在廣場上聽一個口音怪異的人侮辱我們的母語。他聲音尖銳，口沫橫飛，多口袋的衣服上插了兩支鋼筆。他上面那頭顱幾乎是全秃的，這時正前後搖晃，我注視他，看見他頭顱後才升起不久的國旗是多麼鮮潔，卻有一種災難的感覺。
>
> 忽然間，我好像懂了，我懂爲什麼馮老師那麼悲哀，痛苦。我甚至覺得我也悲哀，也痛苦。
>
> 國旗在飄，在美麗的晨光裡，在帶著海洋氣味的風裡招展，鮮潔的旗。
>
> 奇萊山、大霸尖山，秀姑巒山齊將眼神轉投我們身上，多情有力的，投在我們身上，然而悲哀和痛苦終將開始，永生不得安靜。
>
> ──頁 36～37

在這段文字當中，有本省／外省族群的對立、臺語／國語的對立、統治者／被統治者的對立，更有「和諧的自然」與「暴虐的人世」對立，大自然是如此的恆久、尊嚴而慈悲，相對於人世間政權的流轉，殘暴無情，故詩人在自然的啓示之下，奮起與現實相抗頡，而也在此時此刻，他才終於能

夠體悟到：「藝術之力還來自我已領悟了人世間一些可觸撫，可排斥，可鄙夷，可碰擊的現實，一些橫逆，衝突。」（頁44）

故詩人投身虛構的文字世界之中，以書寫來抗拒、逃避現實，或者應該更準確的說，這並不是一種逃避，反而是一種積極的追尋——當一切文字都已經被蒙上意識形態的假面，成為統治者的謊言，奴役人民的工具，那麼我們如何能把這些文字釋放出來？讓它們獲得自由，回歸原始，重新再與人類靈魂的幽玄處相召喚？[8]〈愛美與反抗〉的結尾有一大段詩人「找字」的過程，楊牧以文字鋪敘抽象的心靈活動，追蹤，尋覓，馳騁，衝刺，如同屈原《離騷》般窮究八荒九垓，然後終於突破出混沌的意象，發現文字的嶄新秩序，同時也宣告一個真、善、美的新世界的誕生：

> 我看見代之而興的是一組又一組輝煌的星系，以有機的秩序排列在我前進的領域之中，光明，恆動，示我以萬種色彩和聲調，當我快速馳過，那無盡的星系也正快速以幾何級數繁殖，擴張，增大，陸續定位，這時我再度自我靈魂幽玄處聽見那訊息，準確不移的是愛，同情，美，反抗，詩。

——頁58

若以此與《山風海雨》的寫作技巧相比較：在《山風海雨》中楊牧所進行的文字試煉，乃是以之捕捉聽覺、嗅覺、味覺、視覺等等具體的風景，那麼，在《方向歸零》一書中楊牧所進行的文字試煉，則顯然已有不同，乃是以文字去捕捉思維運行、翻轉的抽象過程。譬如接下來的〈你決心懷疑〉、〈程建雄和詩和我〉、〈她說我的追尋是一種逃避〉等篇章之中，莫不在揭露一個年輕詩人，如何逃避政治的口號，背叛教科書裡的答案，而尋

---

[8]楊牧亦曾以類似的概念，表示在世紀末許多流行的語彙，只要把它們擺在一個正確的位置，就能夠恢復生命，重新變得活潑有用，而他有信心可以拯救這些文字於水深火熱之中。見郝譽翔〈楊牧談詩——給年輕學子的詩祕密〉一文。

覓「詩」，這一「如此之主觀，絕對之主觀」、「如此之無中生有，絕對的無中生有」（頁 92～93），這一跳躍、滑溜、倏忽來去而難以把握的抽象事物，並且如何以文字不斷地將它型塑，而它又在轉瞬間逸去，詩人又再度奮起捕捉的過程。

故《山風海雨》偏重具象景物，《方向歸零》則偏重抽象虛構，後者以〈大虛構時代〉一文作結，可說正是全書的最佳註腳。然而虛構並非架空，在〈大虛構時代〉一文中，「虛構」乃是以更加積極的姿態，介入現實，以之堅持政治反對立場的良心，不和任何官方政權妥協，駁斥謊言，抵制哀傷，體會悲憫，而這樣的姿態，楊牧說：「基本上是個安那其，一個無政府主義者」（頁 173）。

於是詩人透過虛構的理想，扮演各種角色，或是做為森林看守人，或是礦業公司派駐南非的專家，或是燈塔管理員，或是戰地記者，但這一切，基本上都「是個安那其，一個無政府主義者」。因為有「詩」，所以擁有獨立完整的人格與良心，不受現實利害左右，不受教條束縛，不受謊言欺騙，這是詩的誕生，也是詩人的誕生，更是一個真、善、美的樂園之誕生。楊牧曾在〈失去的樂土〉一文的結論中說道：

> 有人在想像中為自己為大眾設計一個完美的國度，發而為哲學的結構，為詩的景象，我們不認為那想像的馳發是不著邊際的遁走，反而是充滿責任感的良心負荷。樂土的追尋和創造是文學的寓言托意，表現握筆人的生命力，肯定他超越的能耐，他的嚮往是一般人心嚮往的反映，直接而精緻；他所創造的世界容或與現實世界完全相異，然而這種相異正是它的根本意義。

以此來呼應〈大虛構時代〉的「無政府主義」，更能了解楊牧堅持以「詩」介入現實的信念。楊牧《柏克萊精神》、《交流道》、《飛過火山》等散文集，針砭時事，寫作專欄，固然可以展現他「積極介入的人生態度」

和「廣大的社會關懷」[9]，不過，社論難免只有一時一地的效力，相對而言，《山風海雨》這一系列散文，雖名為自傳，但展現出楊牧對於臺灣，乃至於全人類的歷史、種族、文化之間永恆的矛盾衝突，所付諸的批判與繫念，而這無非就是「詩的真實」。

「詩的真實」來自於愛。詩人反對戰爭，愛慕美善，〈她說我的追尋是一種逃避〉中引但丁所言：

> 無論何時何地，每當琵亞特麗切出現的時候，我期待著她微笑的致意，那片刻，我覺得我絕不敵視天下任何人。慈善的火焰在我體內燃燒，這火焰足以焚去一切曩昔的忤逆。而且在那片刻，無論什麼人問我任何問題，我的面容必當是謙遜的，而我的回答無他，只有「愛」一個字。

——頁 139

「字」因「愛」而生，而有了活力，接下來詩人以「豐饒的農莊」和「壯美的神廟」的意象，形容「愛」與「詩」結合的天堂，「而其基礎一律是愛，緊緊貼住大地，並且深入大地內心幽邃處」（頁 144）。這段文字描述詩人從抗拒現實，投身虛構，到發現愛，以建造起一座壯美的神廟，「詩」的力與美粲然完備，而《方向歸零》的核心旨意也於焉彰顯。

三、昔我往矣

《山風海雨》的敘事者「我」是一童稚男孩，《方向歸零》的「我」則是 17 歲的青年詩人，到了《昔我往矣》一書，則詩人的敘事位置又已轉換，基本上，乃以一個成熟的詩人目光，回顧過去，追想昔日。因此，雖然人世間的暴虐殺伐依舊持續進行，甚至更加擴大，充斥了許多國度，但此時此刻，詩人心中所打造的詩的殿堂，早已粲然成型，宛如一曲壯闊的

---

[9]見〈自序〉，《柏克萊精神》。

主題，於天際間升起。即使是面對肅殺，詩人也早握有了然的信心，因為「詩」是他對抗這一世界的祕密武器。

〈藏〉中「我獨立孤寂的宇宙」，逃離學校，划船入山谷深處，尋找一個完全只屬於自己的地方，詩人是如此渴望獨立，自由與寧靜：

> 啊請不要打擾，不要對我說話，微笑，蹙眉頭，不要讚美我的作品也不要提供反對意見，請退後一步，不要用你們的噓問支離我的佈署，局勢。我不需要那些。不要灌輸我天人合一，不要夢想我會為你們死背化學元素八十九種。請讓我休息，給我孤獨，給我面對自己的時間。我曾經這樣這樣，但你們就是不相信。我堅持我是那樣的，你們趕不及我思考的速度無從領略竟然反過來說不可能。看吧我都預備好了，飽滿的心神如燒得通紅的火盆，凡我視線所及聽聞所及，甚至於所有我幻想或可能或不可能觸及的，都一一通過那高溫灼熱，在鐵砧上反覆敲打，取得我許諾給它的形狀，並以那形狀規範它個別的內涵；我答應賦它以永恆擴充，超越的潛能。凡經我心神鍛鍊者皆是。

——頁 36

此一尋覓，出自於堅定的嚮往與志向。楊牧〈循行大島〉中便以一場接受大自然考驗的壯遊（grand tour），凸顯內心不懈怠的意志。青年詩人從枋寮騎腳踏車到臺東，沿路 125 公里，循行海岸、山谷，肉體疲乏，精神挫折，但心理卻益發肅穆莊嚴，甚至感到「抽象的偉大的感覺，快樂」（頁70）。而這一積極的意志，正是源自於楊牧指稱的「文藝復興人」——一種樂觀、尊嚴、熱情、愛美與充滿冒險、介入現實的精神，並且「因為這種愛的參與和筆的磨難，而證明一些自我完成的意義。」[10]〈循行大島〉中青年詩人的壯遊，便是經由參與、磨難，而獲得自我完成的隱喻，楊牧遂以

---

[10]見〈自序〉，《交流道》，頁11。

這一意志貫徹了《昔我往矣》全書。

〈胡老師〉與〈來自雙溪〉，前者寫老師，後者寫友人，其實都是在寫詩如何賦予人類堅定的力量，以之穿透時空，超越人生宿命的無奈、憂愁和辛苦。來自湖南的胡老師，寫作小說，以編織和卻除鄉愁，然而這也同時對應了楊牧書寫花蓮的鄉愁：

> 然則鄉愁何嘗不是培育並時時滌洗我敏銳的心思之所必然，必要？這樣的心思精巧，博大，可能是無往而不利的，或許，何不導向更壯闊更英勇的追求，例如詩，例如藝術，例如科學，民主？
>
> ——頁 105～106

文字乃因「鄉愁」誕生，而「鄉愁」又復因爲文字獲得超越、洗滌，故「鄉愁」何嘗不是在培養穿越時空，放縱想像的能力？於是沈從文有了書寫湘西的《長河》、《邊城》，胡老師亦書寫了屬於自己的「長河」，而楊牧則有書寫花蓮的《山風海雨》、《方向歸零》、《昔我往矣》，他們三人形成對照，相互呼應，說明在人生宿命的缺憾當中，詩之存在之必然。

〈來自雙溪〉寫朋友的死亡，死亡這一事實固然可悲，但如何「教那頻仍來襲的傷抓哀思變爲合情，合理」，甚至「因爲謹肅付出而感受洗滌，安詳」（頁 115）？唯有付諸文字一途。然而本欲「對過往之事的攫捕，歸諸文字系統，藉以告別，忘卻——並且冀思通過這樣的努力便有了再出發再突破的意願」（頁 148），無奈時間渺渺，忽忽遠走，消逝如電光眩目，故詩人反覆再三以文字捕捉破碎的意象，穿透記憶的混沌。在全文末了，以一隻來自海上的飛鳥，將要通過山脈斷崖、金光燦燦的峻嶺，到達奇萊作結，象徵以書寫通過窒礙想像力的雲層，而文字不但可以帶領人飛越空間，更帶領人穿越時間，進入永恆。

〈祕密〉是這三本自傳散文的總結。以「祕密」二字做爲貫穿這三書的軸線，也指出文學本來就是極端私密的，屬於個人的世界，獨立不受任

何外力干擾，所以才能自由，也所以才能顯現個人生命存在的獨特意義。從《山風海雨》開始，詩人便反覆訴說他如何建立起這一個私密的世界：「我是聽得見山的言語的」，「那些祕密我認真地藏在心底」，然而那「祕密」尚在風雨激盪中，尚未全然清楚揭示。而到了《方向歸零》，詩人則積極奮起，把握這天地間神祕的象徵，高呼「啊偉大的滄海之神，高山之神，我終究必須明白，完完整整地領悟你們給我的啟示」（頁 44）。

　　於是在《昔我往矣》的〈祕密〉一文，詩人回顧當年離鄉，內心詩的世界已然成熟完整，與宇宙山川相應，而那股在童年時無法辨識的原住民的氣味，如今也都能確切，並且描述，甚至在 30 年以後，使用比喻和象徵的詩的語言去敘說。這一祕密的世界，如豐饒農莊，如壯美神廟，更如大海的飽滿，深沉，詩人在此「通過人間橫逆的鞭箠而智慧，並因此體會至大的快樂」（頁 181）。所以楊牧以文字記錄的，豈止花蓮這塊豐美的土地？他更記錄詩因人世的橫逆而誕生，而萌芽，而茁壯，而超越現實，洗滌情感，穿透時空，與自然相通的歷程，為詩人心靈的成長，壯大，留下見證。

結論

　　楊牧〈記憶的圖騰群〉主張：散文必須是一件精緻的結構。總歸楊牧這三部自傳，可以證明他對於散文這一文類的信念與堅持，堪稱是個人散文創作的顛峰，而這三書描述詩人成長的過程，也是進入楊牧文學世界的重要門戶。「詩」這一主題在《山風海雨》的激盪中誕生，從《方向歸零》遁去現實，回到原點，重新尋找語言的生命，以構造一真、善、美的樂園，而以《昔我往矣》穿透時空，超越宿命，洗滌情感，證明自我完成的意義，並因此體會至大的快樂。書名「山風海雨」、「方向歸零」、「昔我往矣」，便已明白傳達詩之誕生，之型塑，之突破時空，臻於永恆的過程，也使這三本書脈絡分明，緊密串連成為一有發端、開展與收速的整體。

　　這三本書其實不止於個人自傳，更以一個詩人人格的啟蒙、成長、壯

大，交織臺灣歷史的變遷，族群的衝突，政權的交替，從日本殖民到二二八事件，到國民黨戒嚴年代的白色恐怖。在那政治高壓的肅殺年代裡，一顆「詩」的心靈如何因為「愛美與反抗」，而激盪，躍升，並以「詩」的方式建立起一個祕密的樂土。詩人尋覓文學之真實與美善的決心，抵抗醜惡現實的毅力，正展現了浪漫主義的積極意義：「向權威挑戰，反抗苛政和暴力的精神。」[11]

就文類而言，這三本書被歸類為「自傳體散文」，但是楊牧多變的敘事風格，隱喻，象徵，寓言，及其縝密的結構設計，使得它們早已脫離傳統散文的敘述模式，而融合小說和詩的技巧。林央敏〈散文出位〉以為：「散文向詩出位，可以使文章更具美感；而向小說出位，能夠使文章更富戲劇性。」但他也以為：「文學就是語言的藝術，不必強分為詩或散文或小說。」的確，隨著文體出位的情形越來越開放頻繁，散文與小說的界線也就越來越曖昧模糊，甚至有沒有必要作文類的區分？或是開放的文學觀，反倒才能為文體注入求新求變的活力？這些問題都值得我們進一步思考。而楊牧自己亦曾經表明，文類的劃分在研究或創作上，都不免多餘。所以《山風海雨》系列究竟是散文？或是小說？甚至是詩？可能並非那麼重要的問題。不過，我之所以特別提出「小說」的概念，無非是想提醒讀者：傳統散文觀的狹隘，而散文原應是：最寬容、自由的文體，小說又何嘗不能算是其中的一支呢？

再以楊牧的散文為例，除去介乎評論與散文的《一首詩的完成》之外，其餘以風格區分，約有以下四類：一為《葉珊散文集》、《搜索者》、《亭午之鷹》，主題廣博，或抒情，或寫景，或憶人，或詠物。二為《柏克萊精神》、《交流道》、《飛過火山》等，評論現實，楊牧則將它們歸於「隨筆」一類。三為《年輪》、《疑神》、《星圖》等抽象哲學思辯，充滿隱喻象徵，密度之高，無異於詩。四則為《山風海雨》、《方向歸零》、《昔我往

---

[11] 見《葉珊散文集》序言〈右外野的浪漫主義者〉以詩人雪萊代表浪漫主義的第四層意義，便是在於「雪萊向權威挑戰，反抗苛政和暴力的精神。」

矣》這三部自傳，幾與小說等同。由此便可發覺，第一、二大類不出傳統
散文的範疇，但是第三類如《星圖》等，顯然是散文朝向詩體靠攏，而第
四類自傳體散文，則融合小說的敘事技巧。於是楊牧以創作來實地證明、
散文這一文體確實具有無限的彈性，正如他在〈中國近代散文〉中所說：

> 我們相信一個優秀輝煌的文學，一定是多樣多義的文學，內容與形式不
> 受外力的拘束，自由發揮，殊途而同歸。

故文體模式和觀念的突破，才有可能為現代散文這一外表看似豐碩，其實
內裡貧乏的文類，打開新的契機。

　　在後現代普遍感到真理瓦解、語言無效的悲觀聲浪中，楊牧以他的作
品乃至生命，作為詩的見證。《疑神》中曾說道：「文學史裡最令人動容的
主義，是沙文主義。」（頁 168）楊牧以浪漫主義的反抗與愛美，重新恢復
我們對於語言、文學甚而人類的信心，使我們願意堅持人世間真善美之可
能。這一知識分子奮進的道德良心，不僅可以標示出楊牧在現代散文史上
所代表的特殊位置，更重要的是，對於所有關心文學的愛美者而言，又何
嘗不是一深刻的福祉。

引用書目

・Ernst Kurth，〈浪漫主義和聲及其心理基礎〉，張洪模主編；王元方譯，《音樂美
　學》，臺北：洪葉文化，1993 年，頁 1～50。

・何寄澎，〈永遠的搜索者——論楊牧散文的求變與求新〉，何寄澎主編《當代臺灣
　文學評論大系——散文批評》，臺北：正中書局，1993 年，頁 315～366。

・何寄澎，〈「詩人」散文的典範——論楊牧散文的特殊格調與地位〉，《第一屆花蓮
　文學研討會論文集》，花蓮：花蓮縣立文化中心，1998 年，頁 150～163。

・林央敏，〈散文出位〉，何寄澎主編《當代文學評論大系——散文批評》，臺北：

正中書局，1993 年，頁 113～12。

· 楊牧，《葉珊散文集》，臺北：洪範書店，1977 年。

· 楊牧，《柏克萊精神》，臺北：洪範書店，1977 年。

· 楊牧，《文學知識》，臺北：洪範書店，1979 年。

· 楊牧，《年輪》，臺北：洪範書店，1982 年。

· 楊牧，《文學的源流》，臺北：洪範書店，1984 年。

· 楊牧，《交流道》，臺北：洪範書店，1985 年。

· 楊牧，《飛過火山》，臺北：洪範書店，1987 年。

· 楊牧，《山風海雨》，臺北：洪範書店，1987 年。

· 楊牧，《方向歸零》，臺北：洪範書店，1991 年。

· 楊牧，《疑神》，臺北：洪範書店，1993 年。

· 楊牧，《昔我往矣》，臺北：洪範書店，1997 年。

· 郝譽翔，〈楊牧談詩──給年輕學子的詩祕密〉，《幼獅文藝》第 555 期，2000 年，頁 44～49。

──選自《臺大中文學報》第 13 期，2000 年 12 月

雪虹鱒的旅程

評楊牧著《星圖》

◎李奭學*

　　楊牧的長篇散文近著《星圖》取典乎西洋天宮圖，可想生命的周轉必爲全書主要的思考內容。不過就形式觀之，這個內容乃由三種文類疊架而成，分別是楊牧賴以成名的詩和散文，以及他近年來漸次嶄露的自傳性敘事文。楊牧向來由浪漫出發，《星圖》於此之傾向更深更重，不但把自己拉回葉珊時代流浪的往事，又抽絲剝繭，由作品中的山水探望未知，然後讓自己從霧中歸來。生命的起始和終結，就彷如他個人文學歷練的過程。

　　這個過程，如定上述三合一的文類現象，楊牧也藉三重主題予以架構，加以「曉喻」。首先關涉的是書中發話者所見的自然景致。面對歲月推移，他既不傷春，也不悲秋，蓋一元復始固可見生之喜悅，殘年急景同樣有瓜熟蒂落的曼妙莊嚴。兩者互爲因果，實爲一體之兩面。闡說這層道理時，發話者所用最爲憾人的意象乃一尾閃亮亮的雪虹鱒。牠躍起於冷冽的溪澗，繼之逆水洄泳，朝著自己的出生地粲然前行。然而牠所趕赴者，實則爲一場死亡的約會。眼見及此，發話者有感而發：「開始的地方即是結束的地方。」

　　這句話非但不是傷感，而且真情肯綮，乃《星圖》理解上的提綱挈領。全書伊始略如但丁《神曲》的開場，發話者向森林裡迷失的夢中情人坦承自己即將遠行。他要去的是慕念已久的一個「想像世界」，是蘊藏荷馬與維吉爾的西方古典，也是騎士雲集吶喊震天的中世紀戰場，更是涵蓋濟

*發表文章時爲中央研究院中國文哲研究所籌備處助研究員，現爲中央研究院中國文哲研究所研究員。

慈與葉慈等人心靈的現代浪漫。此時的發話者絕非傅柯式的聲明主體，因爲就詩人楊牧的誕生過程來講，上述世界早經刻畫在早年的《葉珊散文集》裡。因此，發話者實則在借比詩人的過去，其細節甚至可以溯至料羅灣的年代，以及他穿越時空遙寄濟慈的〈綠湖的風暴〉。繞過半個地球，度過數十年的時地後，發話者爲詩人所作的生命續航居然像那尾雪虹鱒在回溯自己文學天地的濫觴源始。他頻頻憶舊，如數家珍，我們很難釐清書中和現實裡的詩人的區野。而《星圖》自此轉向，由《年輪》式的寓言走向《方向歸零》的自傳，悠然拉開第三重主題的序幕。

　　發話者迤邐西行，最後偏向而逡巡於新大陸的北西北。楊牧以細針密線銜接此等虛寫和實景，宛如包伊夏斯（Boethius）《哲學之慰藉》（*De Consolatione philosophiae*）裡的轉折。他又讓自己或發話者駕言出遊，徜徉在溪畔林間，時而繞回屋宇，面對稿紙和滿室的圖籍。這些描述時見矯情敗筆，然而一接上那尾溪鱒，隨即演變成爲寓言母題，是詩人發話者及其擬人化的自我——亦即前述夢土上的女郎——展開辯答的形式先導。此其間，發話者像在《年輪》中一樣，屢次回憶到 1960、1970 年代的越戰，社會介入與歷史感乃有如《交流道》轉趨強烈，和內心的追索並駕齊驅。鱒魚經驗的啓示，至疑再變而轉成《星圖》自傳意義的高潮：「我將歸去，回到我孵化出生的地方」，「回歸我的文教區，鄉土」。

　　這裡的「鄉土」有其特殊的指涉。發話者和女郎的辯論已明陳臺北並非臺灣的代喻，而這似乎便是現實裡的詩人的呼籲，要求我們跨越淡水河，開擴政治和文化空間。至於他自己呢？他走入記憶，更深一層地走回終戰前的花蓮故鄉。於此，他曾坐擁漢文與日文的典籍，開啓誕生前的詩人教育，也曾面對太平洋戰爭的硝煙，彷彿「聽見轟炸機沿縱谷隙地飛，投彈，冥默逝去」。《方向歸零》的童騃年代乃搬上檯面，而生死的主題於此又獲得一托意式的詮解，蓋詩人的養成和戰爭的毀滅同時都在花蓮展現，在他「開始」——或許也是「結束」——的地方。

　　詩人對母土眷念如此，是以發話者歸心似箭，《星圖》乃繞回書首的出

發點，讓夢境女郎再度出現，造成戲劇張力。她雖知詩人的文字都是生命，都和太平洋邊緣那座島嶼有關，自己卻因某種「生命緣故」不希望他束裝東返。在這個兩愛爭持的當頭，詩人發話者自覺有「一種強烈的許諾」，也「意識到所有回溯的水族都已離開海洋，進入河道」。他不能不走了，而一思及止「沉沉睡去，深邃如陷入死亡」。最後，柔綽的詩行輕聲響起，彷如女郎的叮嚀，願他尋獲故土，生生不息：

　　我愛，願你的睡安穩香甜
　　在往日哺乳處找到一點。

　　像《年輪》一樣，《星圖》有其隱晦艱澀的一面，詩人發話者的敘述每混淆殊相與共相，在指涉上可謂極盡迂迴之能事。儘管這樣，他亟亟回歸母土的企圖明顯之至，好似來日藝術上的生與死全都繫乎這個「環境上的轉換」。如果不深究這種生命回航是浪漫式的「小說家言」，抑或有其自我期待上的實相，那麼《星圖》中有葉珊遺跡，也有《交流道》上的新痕；有似水柔情，也有戰鼓一般的力度，確可謂楊牧長年創作心路的最佳體現與多元集成。

——1995 年 4 月 9 日《中時晚報》

——選自李奭學《書話臺灣：1991—2003 文學印象》
臺北：九歌出版社，2004 年 5 月

又見楊牧

◎陳錦標*

　　聽到先後以筆名葉珊、楊牧揚名於詩壇、散文界的天涯遊子王靖獻，今日要回到故鄉，在花蓮縣立文化中心，以「山風海雨詩故鄉」為題，為花蓮的拜訪文學系列講座，揭開序幕的消息後，40 年前那抹戴著眼鏡的模糊身影，又在回憶中鮮活了起來。

　　民國 44 年，我是花蓮中學的高二學生，王靖獻比我低兩屆，正在初三就讀。由於名詩人胡楚卿老師，先一年來校任教，鼓動了多少的年少情懷，掀起了校內一股寫作的熱潮，好多不知愁滋味的心，都痴迷在寫作。寫詩、參加救國團的青年寫作協會活動、編刊物，成了我高中最後兩年學生生涯的重心。那時候，幾個喜愛寫作的同班同學如滿開順、徐炳春，與當時在花蓮服役，工作的孟三、奇萍、邱平，時相過從，王靖獻、陳東陽、黃金明幾個人，是我們這群伙伴中的小老弟。彼此相濡以沫，以無比的文學熱情，一齊向心靈深處的未知世界拓進。

　　那段已成夢幻的時光，相信還在不少人的心中迴盪，成為這一生活過，來過的重要歷程與錘鍊。主編青年等寫作協會在《更生日報》所闢刊的文藝性周刊，大家湊錢寫稿，在王靖獻父親的印刷廠印刷，出了一期 32 開本的「海鷗」詩刊，以及以後為了酷愛新詩，商得《東臺日報》總編輯曾紀棠先生的愛護支持，在該報出刊每週一期的海鷗詩刊，都留下了我們年少時為花蓮新詩開風氣的點點滴滴夢痕。

　　民國 45 年高中畢業，個人因家庭及興趣的關係，考入政工幹校新聞

*陳錦標（1937～2012）。詩人。臺灣花蓮人。發表文章時為中華民國退伍軍人協會花蓮縣分會總幹事。

系，開始了長達 35 年的軍旅生涯。後來王靖獻考上東海大學，也離開了花
蓮。大家雖有連絡，已不復當年併肩盛況。民國 51 年請調回花蓮，接編救
國團刊物《太魯閣月刊》，又在《東臺日報》主編「每月詩頁」，並承胡楚
卿老師介紹，認識了當時在師訓班讀書的詩人秦嶽、李春生，及先一年畢
業的路行，大家心投志和，創辦了「海鷗詩頁」，王靖獻也寄來詩作發表。
民國 54 年「海鷗詩頁」因詩友星散而停刊，開始了我二十幾年無詩自隱的
歲月。這其間，看到王靖獻由「葉珊」而「楊牧」，從臺灣到美國，寫作更
加勤實，名動詩壇與散文界，真爲故人高興。想到當年的痴狂──那一去
不再回來的年少情懷，對開花蓮新詩風氣略盡心力的我，對集大成的王靖
獻，該都有今昔之慨吧？！

　　民國七十幾年服役蘭嶼時，曾在臺東機場，與前一日自蘭嶼回來而適
要搭機前往綠島的王靖獻相遇，匆匆一晤。如今，十幾年又過去了，我又
重拾綵筆，偶有詩作，並從軍中返伍，重還故鄉。但當年啓迪我們的胡楚
卿老師，愛護支持我們的曾紀棠先生及一度活躍花蓮詩壇的黃金明，都於
今年走完了人生的旅程。緬懷歷歷往事，不覺泫然。故人天涯歸來，以山
風海雨話我詩鄉，特獻 6 月 2 日近作〈又見垂柳〉一詩，迎我舊侶，話我
情深。

　　　又在故鄉的另一個角落

　　　見到你的柔條輕拂

　　　圍牆邊，雜樹叢中

　　　找不到一彎歲月，臨照你千古的　落寞

　　　孤獨是你唯一的執著，蒼然使我

　　　款款情深依舊

　　　故鄉河溝邊的搖曳童年，早已無跡可尋

　　　復興崗上的青青婆娑，都成夢中幻影

　　　澄清湖畔的一片迤邐，是否依然扶持

中正紀念公立的那篷雲煙，已成天涯

啊！如今，你在茫然的夢境裡

又是一年春盡的芳菲中

猶見故人走來，年華老去，情深依舊

——〈又見垂柳〉

——選自《更生日報》1994 年 8 月 13 日，11 版

永恆的鄉愁

楊牧文學的花蓮情結

◎陳芳明[*]

引言

　　無政府主義者楊牧，遠離臺灣長達 30 年。自我放逐的生涯，並未減緩他的創作速度。他的放逐，使他長期處於邊緣的位置。但是，也正是由於飄泊於異域，他始終能保持豐富的記憶與想像，也能夠對任何權力支配保持高度懷疑的態度。這與他無政府主義的政治信仰，可以說是一致的。正如他自己承認的，他嚮往與追求的，無非是無拘無束的境界：「對我而言，文學史裡最令人動容的主義，是浪漫主義。疑神，無神，泛神，有神。最後還是回到疑神。其實對我而言，有神和無神最難，泛神非不可能，但守住疑神的立場便是自由，不羈，公正，溫柔，善良。」[1]

　　如果把疑神一詞的解釋，擴大到宗教信仰的範疇之外，則應該可以理解為一切無上權威的懷疑。不過，無論是他自稱的懷疑立場，或是自命的無政府主義者，並不意味著他對生命或情感都懷有虛無感。在他的靈魂深處，事實上還存在著一個無可動搖的精神寄托，那就是他的故鄉花蓮。原鄉的召喚，構成楊牧文學中的最大張力。他懷疑一切，唯獨對故鄉深信不疑。這並不是說花蓮足以主宰楊牧生命的浮沉，但它之成為他文學中的一個重要隱喻（metaphor）則殆無疑義。

[*]發表文章時為政治大學臺灣文學研究所教授兼所長，現為政治大學講座教授。
[1]楊牧，《疑神》（臺北，洪範書店，1993 年），頁 168。

每一片波浪都從花蓮開始

離鄉與懷鄉，在楊牧的詩裡，是一種微妙的辯證關係。由於離鄉，楊牧才漸漸把自己型塑成爲疑神論者或無政府主義者。但也由於懷鄉，他才不致淪爲流亡的虛無主義者。如果離鄉是一種肉體的流亡（physical exile），懷鄉則是屬於一種精神的回歸（mental return）。如此一去一返的流動，既承載著甜美的記憶，也攜帶了豐饒的想像。不過，值得注意的是，對於他僑居的土地而言，他永遠是一個陌生的異鄉人；而對於他所思念的故土來說，他又何嘗不是一個疏離的外鄉人。這兩塊土地在他的生命歷程中，都是異質的存在。這自然構成他文學創作中的一大矛盾。

楊牧選擇飄泊，可能有其政治的或社會的理由。他在異鄉生活的時間，遠遠超過他在故鄉的停留。不過，他並不必然對於所賴以生存的北美土地就產生定居生根的認同。他的理想彼岸，終究還是歸屬於臺灣。特別是花蓮，無疑是精神上的終極原鄉。長期的流浪生涯，從未淡化他的僑居意識或放逐意識（expatriatism），同時也未淡化他的懷舊情緒（nostalgia）。這兩者之間，緊繃著他從青年過渡到中年的歲月，也繫住了他不斷旅行不斷追尋的心靈。

1974 年楊牧發表〈瓶中稿〉，爲他離鄉後的第一個十年做了一次情感的回顧。他爲與此詩同名的詩集《瓶中稿》所寫的自序說：「血，或許因生物之特性，到底是冷的；鰓鰭俱全，也或許是因爲生物的本能，終於使我在潮水和礁岩之激盪交錯中，感知一條河流，聽到一種召喚，快樂地向我祖先奮鬥死滅的水域溯逆。奮鬥和死滅，仍然是命運，而既然是命運，就已經是命運了。」[2]楊牧所說的河流，應屬生命的長河，聯繫他個人命運與故鄉命運的一條臍帶。經過長達十年的知識追逐之後，他終於開始回溯生命原點的記憶。

---

[2]楊牧，〈《瓶中稿》自序〉，《楊牧詩集 I：1956-1974》（臺北：洪範書店，1978 年），頁 617～618。

　　如今也唯有一片星光

　　照我疲倦的傷感

　　細問洶湧而來的波浪

　　可懷念花蓮的沙灘？

在楊牧的新詩創作生涯，如此懇切呼喚花蓮的名字，當以此詩為第一首。
「疲倦的傷感」意味著他飄泊旅程之後的心理狀態。「洶湧而來的波浪」，
既指著他親眼目睹的海洋，又喻他載浮載沉的流浪心情。然而，飄過萬里
大洋的波浪，何嘗不是當年離鄉時壯志飛揚的寫照？在生命轉折完成一個
階段時，他終於也有強烈思鄉的時候。楊牧以誇張的想像，暗喻鄉愁的襲
來猶如一場海嘯：

　　然則，當我涉足入海

　　輕微的質量不減，水位漲高

　　彼岸的沙灘當更濕了一截

　　當我繼續前行，甚至淹沒於

　　無人的此岸七尺以西

　　不知道六月的花蓮啊花蓮

　　是否又謠傳海嘯？

　　楊牧假想自己縱身海洋，化為其中的一片波浪。思鄉的力量有多沉
重？那不只是使故鄉彼岸的沙灘更濕一截而已，他的想念和排山倒海而來
的怒濤，拍打著花蓮的海岸。洶湧之勢，當如謠傳中的海嘯。在此詩之
前，楊牧從未讓花蓮的形象這樣具體而清晰呈現於作品之中。

　　花蓮，在詩中是一個象徵的存在。倘然在風塵的旅途上他未曾遭到折
磨，而也未淪落於疲倦傷感，花蓮的名字可能不具深刻的意義。恰恰就是
因為浪子歷經風霜，當他回首，才驚覺花蓮赫然留存在他心中。換句話

說，故鄉的意義在這首詩裡還並非是正面的，而只是靈魂受傷後的一帖藥方而已。

到了 1975 年，〈帶你回花蓮〉發表時，故鄉的形象才出現正面的意義。一位海外遊子表達對自己土地的擁抱與眷戀時，情不自禁寫下這樣的句子：

> 讓我們一起向種植的山谷滑落
> 去印證創生的神話，去工作
> 去開闢溫和的土地。我聽不見
> 那絕對的聲音，看不見
> 那絕對的眼色。去宣示
> 一個耕讀民族的開始
> 去定居，去繁殖
> 去認真地歌唱

「創生的神話」、「溫和的土地」、「耕讀民族」，為的是象徵信仰的啟示與生命的律動是如何發生在花蓮。楊牧能夠寫出這樣的作品時，他已經有過返鄉的經驗。他描繪偏遠土地的開闢，其實是在歌頌整個花蓮住民的共同記憶。創生的神話，並非神話，而是拓荒者的生命與奮鬥凝聚起來的歷史記憶；而這樣的記憶，近乎奇蹟。楊牧對這土地的眷戀與認同，由此可見。當他邀請詩中的「你」去定居、去繁殖時，並不只是表達個人情愛而已，並且也流露了他對花蓮的孺慕之情。

〈帶你回花蓮〉，從「這是我的家鄉」開始，而以「這是我們的家鄉」結束，是一種美麗的轉折。辨讀詩中情緒的起伏，可以發現楊牧有意以花蓮作為生命再出發的一個據點。當他說：「河流尚未命名」，又說「山岳尚未命名」，無非是想表示他在此之前並未為花蓮賦予確切的意義。等到攜「你」回鄉之後，他的生命終於產生了全新的意義，從而他的原鄉也隨著

有了全新的象徵。因為有這首詩的誕生，楊牧的花蓮情結於焉宣告成形。

　　印證他在這段期間所寫的散文集《柏克萊精神》，也可以發現他投向故鄉的激切之情。他以六篇散文，即〈歸航之一〉、〈歸航之二〉、〈臺灣的鄉下〉、〈鯉魚潭〉、〈瑞穗舊稱水尾〉、〈山谷記載〉，記錄著他生命中的一次重要回歸。對他的作品稍有警覺的人都會發現，這六篇散文全然擺脫飄逸的遐思與抽象的修辭，而專注於使用拙撲的文字報導他在花蓮的所見所聞所思。他寫到家鄉的風土人情時，完全放下浪漫主義者的身段，鋪陳了一個出身鄉下的平凡心靈。在「歸航之二」的散文裡，他毫不掩飾對故鄉所懷抱的驕傲。同時，他也毫不矯情地如此形容花蓮的山巒：「那種迤邐的氣韻是生動的，我不但可以淡墨摹它，也甚至能夠工筆畫它。」[3]家鄉的山水，果然是形象分明地烙印在他的胸臆。

　　花蓮之作為理想與情愛的原型，到了 1978 年〈花蓮〉一詩完成時，就呈現得更為具體。楊牧攜著他的新娘返鄉，懷著寧靜而又深刻的思念。以著淡微的哀傷與輕快的愉悅，這首詩傳達了他悲喜交織的情緒。歷史記憶塑造了他的花蓮人格，愛情經驗則又刷新他生命的新頁。這首詩可是由升降互見的兩種情感所構成：

　　　　那窗外的濤聲和我年紀

　　　　彷彿，出生在戰爭前夕

　　　　日本人統治臺灣的末期

　　　　他和我一樣屬龍，而且

　　　　我們性情相近，保守著

　　　　彼此一些無關緊要的祕密

　　　　子夜醒，我聽他訴說

　　　　別後種種心事和遭遇

---

[3]楊牧，〈歸航之二〉，《柏克萊精神》（臺北：洪範書店，1977 年），頁 17。

回到故鄉的浪子，沉浸在午夜的濤聲裡。從幼年時期，就已經熟悉的海洋聲音，如故人久別重逢。濤聲的擬人化，使他有了對話的對象。當海浪與他一樣屬龍時，彼此正好可以分享共同的歷史記憶。原來飄盪浮游的心，這時顯然找到了歸宿。短短數行，揚露了楊牧與他故鄉之間的親密關係；這種關係屬於生命的祕密，即使是他的新娘也很難窺探。楊牧嘗試要與新娘一起分享祕密，正好可以印證他的用心良苦。讓新娘一起返鄉，也就是愛情接納的一個暗示；如今又進一步讓新娘分享歲月的祕密，更可顯示他是全心要接納她成為生命中無可分割的一部分。因此，緊接著詩的色調突然轉為明朗：

> 有此故事太虛幻瑣碎了
> 所以我沒有喚醒你
> 我讓你睡，安靜睡
> 睡。明天我會撿有趣
> 動人的那些告訴你

新娘在這首詩中扮演的角色頗具關鍵。楊牧與濤聲之間的內心對話，涉及了人格的成長與命運的釀造。對話透露出來的語氣，稍呈沉鬱，但情感是可以相互信賴相互扶持。但新娘出現時，詩的發展有了明顯的轉折。楊牧與她的對話，帶有一種呵護與叮嚀。對他而言，濤聲無非就是故鄉召喚的聲音，兼具父性與母性。倘然楊牧對新娘的愛戀是寬宏而深厚，那麼如此的心懷當是來自故鄉對他的薰陶。他讓新娘睡，為的是使她沉浸在花蓮的安詳與寧靜。

詩中的你、我、他，亦即新娘、楊牧、海洋之間建立起和諧的關係，出現在第二節的詩行：

> 雖然他也屬龍，和我

> 一樣，他的心境寬闊
> 體會更深，比我更善於
> 節制變化的情緒和思想
> 下午他沉默地，在陽臺外
> 湧動，細心端詳著你
> （你依偎我傻笑，以為
> 你在看他，其實）他看你
> 因為你是我們家鄉最美麗
> 最有美麗的新娘

　　花蓮至此有了更為繁複的隱喻。家鄉不只是家鄉，而且還是心境廣闊、體會更深、更善於節制思想情緒的人格化身。楊牧帶著新娘去瞭望海洋，除了要讓她知道家鄉的美，同時也要讓家鄉知道他有一位「最有美麗的新娘」。楊牧刻意使用臺語式的表達，顯然是為了證明自己是徹底的花蓮人。寬容的土地，迎回一位飄泊的海外浪子，也迎接一美麗的女子。最感驕傲的，並不是花蓮，而是楊牧本人。

　　流亡者的回歸，是現代主義裡的一個重要母題（motif）。由於放逐生涯造成與家鄉的隔離，流亡者才能以更廣闊的眼光回顧故土。這首詩的企圖很明顯，便是在詩中釀造強烈的歷史意識。憑藉這樣的意識，放逐生涯的過程中才得以有一個值得依靠的信仰，而且也因此有足夠的力量抗拒異域的任何挑戰與折磨。楊牧把最好的，都歸於故鄉；把最美的，都歸於新娘，恰恰可以反映他在寫這首詩時的飽滿心情。他曩昔的記憶與新生的愛情，在家鄉的土地獲得完美的結合，使放逐的靈魂暫時有了棲息的時刻。

> 我要你睡，不忍心
> 喚醒你，更不讓你看見
> 我因為帶你返鄉因為快樂

　　在秋天子夜的濤聲裡流淚

　　明天我會把幾個小祕密

　　向你透露，他說的

　　他說我們家鄉最美麗

　　最有美麗的新娘就是你

　　喜極而泣的激動，是浪子回歸的心懷。這是全詩最後一節的八行，語調與節奏顯得特別輕快。在第六行，他機智地使用了跨句（enjambment）：「向你透露，他說的」，就承接第五行未完的句子，又開啓了第七行猶待完成的句子。詩中企圖向新娘轉述的小祕密，原來是濤聲對她的讚美。以幽默的詩行作為總結，使〈花蓮〉一詩顯得開朗而明亮。

　　事實上，全詩並沒有真正的對話，而只有一個敘事者（narrator），那就是詩人楊牧。所謂濤聲，全然出自詩人的虛構，此詩完成了流亡者對家鄉朝聖的歷程。從〈瓶中稿〉，歷經〈帶你回花蓮〉，到〈花蓮〉一詩的誕生，可以體會到楊牧的懷鄉意識並未因長年的海外浪遊而呈淡化。放逐到精神的最邊疆，楊牧的回歸意志反而變得更為粗壯強悍。當他望鄉，毋寧是在內省自我；當他與家鄉的土地、海洋進行對話，他毋寧是在拷問自己。他受傷過，也挫折過，但是他堅持維護完整的人格。他的自審與辯護，並沒有其他的理由，一切都是為了花蓮。

對家鄉的俯視與仰望

　　如果細讀上面討論的三首詩，楊牧對花蓮所執著的認同，便是家鄉的山與水。這是可以理解的，因為花蓮原來就是山與海交會的土地。保存在他記憶裡的鮮明形象，自然是矗立的山巒與澎湃的海洋。他後來寫出的〈俯視——立霧溪一九八三〉與〈仰望——木瓜山一九九五〉，正是詮釋對花蓮懷念的深刻情感。〈俯視〉共 53 行，〈仰望〉共 48 行，前後加起來共計 101 行的詩，既可視為兩首詩，也可合而觀之變成一首詩。兩首詩都是

以遊子的心情，鑑照山河歲月。這時的懷鄉，詩人已過中年。他的鄉愁不再只是存在著空間的隔離，同時也存在著時間的差距。空間的鄉愁，指的是他對地理上花蓮原鄉的懷念；時間的鄉愁，則是指他對少年時期的喟歎與眷戀。雙重的鄉愁，構成他近期文學追逐的主題。

　　……你是認識我的

　　雖然和高處的草木一樣

　　我的頭髮在許多風雨和霜雪以後——

　　不像高處的草木由繁榮渡向枯槁

　　已舉向歲月再生的團圓

　　——我的兩鬢已殘，即使不比前世

　　邂逅分離那時刻斑白。……

　　這是〈俯視〉的第七行至第 13 行，描寫他俯臨花蓮立霧溪的心懷。「你」是詩人對溪水的稱呼，但這並不意味立霧溪與詩人之間的感情很密切。他離鄉過久之後，這條長流對他已覺陌生。他使用對照的手法，讓溪水高處的草木來照映自己的頭髮。家鄉的草木，即使經過風雨和風霜，還有迎向再生團圓的時候；然而，流亡者的頭髮在歷經風雪之後，收穫的卻是兩鬢已殘的歲月。大自然的輪迴流轉，循環不已；但它卻意味著時間的一去不返，草木的再生正好凸顯少年生命的消逝。

　　這樣靠近你

　　以最初的戀慕和燃燒的冷淡

　　彷彿不曾思想過的無情的心

　　向千尺下反光的太虛幻象

　　疾急飛落——

　　跨過中年歲月的詩人，頗知自己長久的遠行似乎難以得到家鄉的諒解。「最初的慕戀」，是少年時的依偎之情，「燃燒的冷淡」則是指在異域的懷念，彷彿熾熱，其實冷淡。詩中形容他俯望立霧溪時，有一顆下墜的心，是無情的心。這是楊牧的自責之詞，是遊子內心最深層的愧咎。

　　　每一度違訪都感覺那是
　　　陌生而熟悉，接納我復埋怨著我的你

　　他與故鄉之間的矛盾情感，在這兩行表現得更清楚。陌生的是時間上的鄉愁，因為歲月催人老，詩人的心境已不復從前；熟悉的是空間的鄉愁，因為景物依舊，河水與草木仍然生生不息。詩人覺得立霧溪是在表示埋怨，其實那是他內心情緒的一種投射。近鄉情怯的浪子，在孺慕與愧歉交織的矛盾中，終於產生了如此的狂想：

　　　這樣傾斜下來，如亢龍
　　　向千尺下反光的太虛幻象
　　　疾急飛落，依約探索你的源頭
　　　逼向沒有人來過的地心
　　　熾熱的火焰在冰湖上燒
　　　那是最初，我們遭遇在
　　　記憶的經緯線上不可辨識的一點
　　　復在雷霆聲中失去彼此

　　從陡峭的河壁俯視為溪流，詩人假想自己投入千尺之下的地底。為了尋找生命的源頭，也為了追求與土地發生情緣的最初，他縱身於比溪水還更深一層的土地核心。這種比喻，與〈瓶中稿〉中詩人將自己化為波浪一般，都在於為自己的流亡尋找較為合理的定義。如果從未經歷流亡，對於

故鄉的懷念絕對不會如此自我譴責又自我辯護。「復在雷霆聲中失去彼此」，具有反諷的意味。因爲，立霧溪永遠都留在原來的鄉土，真正宣告失蹤的才是詩人本身。也正是表達了如此的詩句，更可以反射了詩人的輾轉不安。所以，這首詩結束時，再一次以反諷的手法揭露詩人的自咎之情。

> 我飄泊歸來，你踞臥不寧
>
> 仰望著，是的，假如這一次
>
> 悉以你的觀點爲準，這一次
>
> 當我傾一倖存之軀瀕臨，俯視……

　　詩人企圖易客爲主，讓溪水仰望這位飄泊的旅人。但是，真正踞臥不寧的，並非是立霧溪，而是讓詩人又一次的自我鑑照。生命不斷垂老，河流的景象並沒有巨大改變。他所感歎的，當不只是早年的辭鄉，並且也是爲歲月的急逝而傷懷。「倖存之軀」，頗有「此身雖在堪驚」的喟歎。悲傷的楊牧，從來沒有這樣悲傷過。

　　對照之下，〈仰望〉之作可以視爲〈俯視〉一詩的延伸。〈俯視〉的觀點，係以溪水觀人爲主；〈仰望〉的觀點，則以詩人觀山爲主。選擇深溪與高山爲主題，似乎是爲了呈現詩人心情的起伏落差，也同時是爲了呈現時間的消亡與再生：

> 山勢犀利覆額，陡峭的
>
> 少年氣象不曾迷失過，縱使
>
> 貫穿的風雨，我在與不在的時候
>
> 證實是去而復來，戰爭
>
> 登陸和反登陸演習的硝煙
>
> 有時湧到眉目前，同樣的
>
> 兩個鬢角齊線自重疊的林表

　　頡頏垂下，蔥籠，茂盛

　　詩中的「少年氣象」，是指木瓜山的山勢。不變的山勢面對已變的旅人，其間橫隔著風雨的歲月。詩人的在場與缺席，都不能阻止時間的淪亡，就像鬢角的霜髮垂直而下。他遠眺高山，那未曾造訪過的高山，有他想像中的飛禽走獸，這些虛實的生物往往出現於流亡時的夢魘之中：

　　　　在我異域的睡夢之中適時切入──
　　　　多情的魘──將我驚醒，聽
　　　　細雪落上枯葉，臺階，池塘
　　　　我以為那是恐怖與溫柔
　　　　懸空照面，輕撫我一樣的
　　　　犀利，一樣陡峭，光潔的額
　　　　少年氣象堅持廣大
　　　　比類，肖似。然後兩眼闔上……

　　故鄉的景物，進入異鄉的睡夢，那種經驗只有流亡者才能體會。午夜夢回時，驚覺細雪落在窗外，詩中以「恐怖與溫柔」概括驚醒後的滋味。在海外的思故鄉之日遠，在家鄉則仰望高不可及的山巒，都在印證那種疏離、隔閡的空曠感。他的精神與靈魂，不能不說是已經異化（alienated）。空間的距離遠遜於時間的距離所帶來的改造力量，飄泊的歲月果然把他傷害成為一個白髮的中年；縱然少年氣象猶存，他已不可能恢復最初的心情。

　　　　此刻我侷促於時間循環
　　　　今昔相對終於複沓上的一點
　　　　山勢縱橫不曾稍改，復以

> 偉大的靜止撩撥我悠悠
>
> 動盪的心，我聽到波浪一樣的
>
> 回聲，當我這樣靠著記憶深坐
>
> 無限安詳和等量的懊悔，仰首
>
> 看永恆，大寂之青靄次第蔓延
>
> 密密充塞於我們的天與地之間——

詩中再一次湧現詩人的懊悔，因為他不及能再追回在異鄉虛擲的生命。「偉大的靜止」對照著「動盪的心」，正好說明了故鄉景物的永恆，也說明了異域放逐的流動與不安。〈仰望〉一詩，象徵著他對花蓮的依戀與崇敬。距離〈俯視〉的發表，先後竟有 12 年之久。然而，兩詩的情緒渲染，仍可以相互銜接起來。一山一水，都暗喻著花蓮是他終極的嚮往，永遠是充滿了活力，永遠是維持著少年氣象。他唯一不能掌握的，便是垂老的速度不斷加劇。詩人毫不掩飾他的自責與懊悔，面對著立霧溪與木瓜山，與其說是在讚美他的鄉土，倒不如說是在悼念少年生命的遠逝。

這是值得注意的轉變。早年他側重於空間鄉愁的發抒，亦即地理上的隔閡帶來緊張的望鄉。但是，在近期，他漸漸注意到時間鄉愁的描寫。正因為如此，他開始搜尋少年時期的記憶，有意為自己的人格成長找到恰當的解釋。倘然，這樣的觀察是正確的，那麼他會把時間的鄉愁從詩延伸到散文的營造之上，就不是令人太訝異的事了。

無政府主義者楊牧

《山風海雨》（1987 年）與《方向歸零》（1991 年），共收 13 篇規模較長的自傳性散文。二書所要表達的都是集中於描繪時間的鄉愁。所謂自傳性散文，絕對不能等同於回憶錄或是自傳。楊牧撰寫這兩部散文的目的，並不是為了重建史實精確的記憶。他已經不可能尋回曾經穿越過的每一個日子與每一個事件，唯一能夠捕捉的，只是那逝去歲月裡的一些氣味、感

覺與聲音。事實上，那些氣味與聲音也不必然就像散文所描述的那樣發生過。楊牧真正要寫的，乃是透過零亂、破碎的記憶之重組，以表達他中年以後的懷舊心情。這當然是時間鄉愁催促之下的產物，他對花蓮眷戀之深，對幼年到少年歲月的懷念之切，都可在這兩冊散文集窺見其中之吉光片羽。

這一系列的散文，始於《山風海雨》的第一篇〈戰火在天外燃燒〉。這篇散文的意象，也倒映在〈花蓮〉一詩所構築的想像世界。楊牧刻意讓散文發展的速度緩慢下來，彷彿是電影鏡頭的慢動作，進行特別從容，甚至可以說未曾出現激烈的波動。他以「寧靜的山城」形容花蓮：

> 是的，花蓮就在那公路和鐵路交會點上沉睡，在一片美麗的河流沖積扇裡，枕著太平洋的催眠曲，浪花湧上沙灘，退下，又湧上，重複著千萬年的旋律，不管有沒有人聽到它。花蓮就在高山和大海銜接的一塊小平原上，低矮的房子藏在檳榔樹，鳳凰木，老榕，麵包樹，和不知名的棲息著蚰蜒和金龜子的闊葉下。河畔和湖邊是蘆葦和水薑花。[4]

楊牧運用這樣的文字畫出花蓮的風貌時，心情想必是充滿了幸福和愉悅。從寧靜的小城出發，他生命的觸鬚開始探索城鎮邊緣的山脈與溪流，也開始接觸陌生的阿眉族人，更進一步搜尋成人世界，那充滿了假的與真的禁忌之成人世界。〈詩的端倪〉揭示了一顆詩的心靈是如何受到大自然的感召。這篇散文寫得頗為令人動容，因為他重建第一次遭到地震經驗所帶來的生命衝擊，從而啟發了他對神祕力量的好奇與畏懼：

> ……我驚覺我從小的生命正步入一個新的無意識的階段，在恐怖懼怕之中，在那呼嘯和震動之中，孕育了一組神話結構；或者說，那神話的起

---

[4] 楊牧，〈戰火在天外燃燒〉，《山風海雨》（臺北：洪範書店，1986 年），頁 7。

源是比這地震的春天早得多，也許在風雨洪流，山林曠野，血光淚水，在這之前在我不寧的足跡裡就已經發生了——如果是這樣的，是這春天追趕的呼嘯和暈眩的震動，促成我一組神話結構的成熟。啊，春天，黑色的春天。

假定這一切竟然非如此不可，那黑色的春天所提示給我的正是詩的端倪。[5]

在幼小的心靈裡，他絕對不可能有如此複雜的感受。這種感受，是進入中年以後的楊牧，爲早年的經驗賦予全新的詮釋。就在遙遠的幼年歲月中，他可能感覺的是一股不可解的、意義模糊的神祕力量。大約只是那樣而已。隨著那感覺而來的，是恐懼與倉惶。可能是由於那種慌亂的經驗長駐記憶，才使他反覆去想像，並且還創造新的想像。這就是後來在散文中所說的「神話結構」。神話與想像，無疑是釀造詩的重要泉源。〈瓶中稿〉所誇張的海嘯想像，正是孕育於這個時期經歷的地震經驗。詩的端倪，預告了他日後的流亡與回歸。

進入《方向歸零》之後的散文，楊牧集中於追憶寫詩欲望的營造與累積。性意識的啓蒙，國族認同的迷失，生命亡逝的惶惑，懷疑精神的抬頭，充塞他生命成長的過程。他的心智終於臻至成熟時，乃是少年時期他第一次提出了有關詩的問題之際。他問詩從哪裡來？

詩從一種激情那裡來。你將無限湧動的激情壓抑到靈魂深處；憂鬱和它融合，盪漾在你的靈魂深處；恐懼它，試探了它，有時教它變色。變色的激情在你的靈魂深處顛躓移位，有時躍起，仆落，匍匐，再無生息，有時四處飛奔，快若雷霆。它是沒有一定的形狀或性格的。我已經發覺了，我想那就是藝術的動力，是真理。[6]

---

[5]楊牧，〈詩的端倪〉，同前書，頁 155。
[6]楊牧，〈你決心懷疑〉，《方向歸零》（臺北：洪範書店，1991 年），頁 74。

　　由於表姊的死，楊牧開始思考生命的意義；也由於對她不停的懷念，而發展出「無名的傷感，青澀的惆悵」。這份機遇，竟然催化了他詩的靈感。激情與憂愁融合在一起時，會在靈魂深處產生騷動。毫無疑問的，這自然又是楊牧後來附加上去的詮釋。不過，這種傷痛的經驗，果真經過沉澱與過濾，終究會釀造極為接近詩的質素。〈程健雄和詩與我〉，回憶他自己在 15 歲以後是如何介入詩的創作。花蓮小城在那時候恐怕未曾察覺，一位充滿理想主義的青年詩人，就要宣告誕生。他漸漸耽溺於美麗的字彙與典雅的修辭，這時的楊牧還未領悟到文字與生命是如何銜接起來。然而，他一旦開始追逐文字美的建築時，便已經在學習抽象的思考與語言的表達。一位早熟的花蓮少年詩人，就在那個時期自我型塑起來。

　　楊牧自覺到成熟生命的到來，大約是離鄉之後，遠赴戰地服役。他以為自己迎接的是一個大時代，卻因目睹士兵在爆炸中死亡，他立即從一個大時代陷入一個大虛構時代的深淵之中。他之所以會變成一個安那其（anarchy），或是一位無政府主義者，似乎可以追溯到服役期間的經驗。楊牧為什麼會變成無政府主義者？他自有一番辯解：

　　……安那其之發展，養成，定型，皆有待許多政治現實因素來促進，有待整個文化社會和非文化社會之啟迪。他需要經歷一些有力的衝擊，精神和感情之衝擊，例如目睹一個或多個政府如何驕縱獨裁，司法者腐敗，立法者貪婪，目睹現有體制內再也沒有公理，沒有正義，小圈子裡的特權分子巧取公共資源與財富，大圈子外的人民遂鋌而走險，以豪奪回應。……他必曾經為這些現實痛心疾首，曾經介入對抗，然後廢然退出，才有可能轉變為一個真正，完整，良好的安那其，一個無政府主義者。[7]

---

[7]楊牧，〈大虛構時代〉，同前書，頁 174～175。

　　爲什麼不厭其煩引述楊牧變成無政府主義者的因緣？這是因爲要強調花蓮小鎮孕育的只是一位想像力特別豐饒的詩人。他的想像，得自家鄉的風土人情。然而，他一旦離開花蓮投入社會活動之中，開始見證政府權力的泛濫與社會秩序的失調。他對政治感到幻滅虛無，對社會沉淪感到無助。他的文學道路，開闢了與其他作家不同的方向；那就是並不以文學作品干涉氣象。他對政治與權力，保持冷漠的態度；但對於釀造詩魂的家鄉花蓮，則永遠具備了熱情與想像。這說明了他之所以淪爲虛無主義的緣故，畢竟他還有花蓮這片土地做爲他的信仰。

永恆的鄉愁

　　流亡的主題，將是楊牧文學不變的主題。除非他決心回歸，否則他則延續長年以來累積的雙重鄉愁，亦即空間的鄉愁與時間的鄉愁。空間的鄉愁，源自他選擇的自我放逐；時間的鄉愁，則是來自他被迫的垂老年齡。在地理上，他被放逐到太平洋以外的北美土地上；在心理上，他被放逐到青春王國的邊疆。肉體上的流亡，可能會有回歸的時候；但是精神上的流亡，將是一條永不回頭的不歸路。因爲，他有一個隨時可以返回的故鄉，卻有一個永遠回不去的青春。

　　楊牧文學的成就，在於生動刻畫了他生命中的大矛盾，一個永遠無法克服的矛盾。他只能在地理與心理的相互不斷衝突中活下去。那股衝突的力量，催趕他走向更爲長遠的文學道路。花蓮能夠獲得一位傑出的詩人，原因在此；花蓮不能永遠占有一位離鄉的詩人，原因也在此。在文學史上，如果有人問起爲什麼這個時代會出現楊牧如此卓越的詩人？原因無他，怒濤洶湧的歷史，但知每一片波浪都從花蓮開始。

——選自《第一屆花蓮文學研討會論文集》

花蓮：花蓮縣立文化中心，1998 年 6 月

輯五◎
研究評論資料目錄

作家、作品評論專書與學位論文

專書

1. 張惠菁　　楊牧　臺北　聯合文學出版社　2002 年 10 月　246 頁

本書記述楊牧學思歷程以及生活經歷。全書共 11 章：1.花蓮；2.中學；3.一九五八；4.童年的結束；5.從金門到愛荷華；6.柏克萊；7.北西北；8.搜索者；9.詩為詩人而作；10.一種安那其；11.後記。

2. Lisa Lai-Ming Wong　　Rays of the searching Sun: The Transcultural Poetics of Yang Mu　Brussels　Peter Lang　2009 年 7 月　300 頁

本書討論楊牧跨文化的詩學。全書共五章：1. On the Dialogic lyric Voice; 2. On Intertextuality；3. On time-world; 4. On Alteruatives to Historical Narrative; 5. On Transcultural Poetics。正文前有〈Preface〉、〈Author's Note〉、〈Iintroduction: Comparative Poetics in the Twenty-first Century〉，正文後有〈Chronology of Events〉、〈Select Bibliography〉、〈Index〉。

3.〔行人文化實驗室，洪範書局〕　　作家小傳：楊牧　臺北　行人文化實驗室，目宿媒體　2012 年 3 月　79 頁

本書為「他們在島嶼寫作──文學大師系列電影」之楊牧專輯《朝向一首詩的完成》所附小傳。全書共收 5 篇文章：1.童子賢〈夢想與文學歷史記憶──「他們在島嶼寫作」總序〉；2.李立亨〈楊牧的四種身分〉；3.〈作家年表〉；4.陳玠安〈詩人的故事〉；5.〈小專題──楊牧的花蓮〉。

4. 陳芳明主編　　練習曲的演奏與變奏：詩人楊牧　臺北　聯經出版公司　2012 年 5 月　432 頁

本書為「楊牧七十大壽學術研討會」論文集，全書共 13 篇：1.奚密〈楊牧──臺灣現代詩的 Game-Changer〉；2.賴芳伶〈楊牧「奇萊」意象的隱喻和實現──以《奇萊前書》、《奇萊後書》為例〉；3.郝譽翔〈抒情傳統的審思與再造──論楊牧《奇萊後書》〉；4.曾珍珍〈譯者楊牧〉；5.蔡明諺〈論葉珊的詩〉；6.上田哲二〈鳥瞰的詩學──楊牧作品中的空間美學〉；7.張依蘋〈一首詩如何完成──楊牧文學的三一律〉；8.許又方〈讀楊牧《鐘與鼓》及其《詩經》研究〉；9.楊照〈重新活過的時光──論楊牧的「奇萊前、後書」〉；10.陳義芝〈住在一千個世界上──楊牧詩與中國古典〉；11.陳芳明〈生死愛慾的辯證──楊牧詩文的協奏交響〉；12.石計生

〈孤獨的幾何——楊牧詩的數學美學〉；13.鍾怡雯〈文學自傳與詮釋主體——論楊牧《奇萊前書》與《奇萊後書》〉。正文前有陳芳明〈抒情的奧秘——「楊牧七十大壽學術研討會」前言〉。

5. **劉益州**　**意識的表述：楊牧詩作中的生命時間意涵**　臺北　新銳文創　2013年1月　253頁

本書爲《意識的表述——楊牧詩作中的生命時間意涵》學位論文出版，全書以現象學方法解析楊牧詩中的生命時間意涵與脈絡，釐清生命主體和語言表述在文學作品中的具體關係。全書共 7 章：1.緒論；2.時間流中的「倖存之軀」：在世覺知的身體時間意識；3.變動景物的時間印象；4.想像的時間表述：詠史與虛構；5.存有的終結時間：面對死亡；6.內在時間意識表述；7.結論：楊牧詩作中存有意識的確認與展開。正文前有自序〈未完成意識部署與未完成的際遇性——一種主體與意識的文學研究可能〉。

學位論文

6. **張家豪**　**楊牧散文研究**　政治大學中國文學系　碩士論文　沈謙教授指導1998年6月　107頁

本論文採內在與外緣的研究方法，一方面透過作者寫作背景、求學經歷、人生歷練之觀察分析，以求明瞭其創作的外緣因素；一方面探討作品本身的內在特性，就其表現之形式、技巧、主題加以析論，以呈現出其散文之藝術價值。全文共 6 章：1.緒論；2.楊牧散文的寫作背景與風格轉變；3.楊牧散文的理論基礎；4.楊牧散文的創作主題；5.楊牧散文的藝術技巧；6.結論。

7. **王鴻卿**　**楊牧散文的藝術風格——崇高與秀美**　東吳大學中國文學系　碩士論文　林明德教授指導　2000年7月　177頁

本論文依審美的哲思以及心靈的探索，探討楊牧如何巧妙地運用文字內涵，編織成就他散文藝術的「崇高」與「秀美」風格。全文共 5 章：1.緒論；2.虛構的自傳世界；3.崇高的奔放；4.秀美的含斂；5.結論。

8. **何雅雯**　**創作實踐與主體追尋的融攝：楊牧詩文研究**　臺灣大學中國文學系碩士論文　何寄澎教授指導　2001年5月　202頁

本論文分析楊牧詩、文以了解其「同題異類」之作，繼而探討楊牧之「文類跨越」獨特的美學理念，及形式上鬆動文類與文體，以呈現其浪漫詩人的特質。全文共 5章：1.緒論；2.詩藝：創作的基石；3.文華：體類的拓展與新生；4.最終的「詩」：

文類跨越的意義／異義；5.結論。正文後附錄〈楊牧年表及作品繫年〉。

9. 張依蘋　　隱喻的流變──楊牧散文研究（1961—2001）　臺灣大學中國文學

系　碩士論文　柯慶明教授指導　2001 年 5 月　145 頁

本論文歸納和分析楊牧的散文和詩所呈現的隱喻，以及其在長達四十年的書寫過程
中產生的變化，歸納出楊牧以「樹」、「星星」和「水」爲主的三大象徵系統，及
它們如何企圖傳遞出「自由」、「理想」和「生命」的訊息。全文共 5 章：1.緒論；
2.詩品與形式（上）；3.詩品與形式（中）；4.詩品與形式（下）；5.結論。

10. 簡文志　　楊牧詩研究　東吳大學中國文學系　碩士論文　沈謙教授指導

2001 年 6 月　191 頁

本論文以楊牧詩集爲研究的對象，從詩作的風格、內容及修辭做整體綜合性的分
析。全文共 6 章：1.緒論；2.楊牧詩藝的歷程；3.楊牧的詩論與詩風遞嬗；4.楊牧詩
抒發的內涵；5.楊牧詩的藝術與修辭；6.結論。

11. 林婉瑜　　楊牧《時光命題》語言風格研究　東吳大學中國文學系　碩士論文

竺家寧教授指導　2004 年 5 月　223 頁

本論文探討楊牧《時光命題》，運用語言風格學的觀念與方法，釐析其音韻、詞彙
風格。全文共 4 章：1.緒論；2.楊牧《時光命題》音韻風格研究；3.楊牧《時光命
題》詞彙風格研究；4.結論。

12. 徐培晃　　楊牧詩風的遞變過程　逢甲大學中國文學系　碩士論文　鄭慧如教

授指導　2006 年 6 月　161 頁

本論文從歷時的角度出發，以楊牧各時期詩作的內容主題爲骨架，再佐以形式技巧
的探勘，以呈現出楊牧詩風的遞變過程。全文共 5 章：1.前言；2.個人孤寂感的顯
示；3.生存處境的關注；4.抽象理念的思索；5.結語。

13. 孫偉迪　　楊牧詩的音樂性研究　成功大學中國文學系　碩士論文　翁文嫻教

授指導　2008 年 6 月　190 頁

本論文將詩的音樂性視爲整體的表現，不以單純的外在／內在音樂性的二分法來討
論。以具備特殊審美性的詩語言作爲主軸，分別從聲音、動力、空間三個面向展開
論述。全文共 5 章：1.緒論；2.楊牧詩的聲音；3.楊牧詩的音樂動力；4.楊牧詩的音
樂空間；5.結論。

14. 靳　瑋　　搜索／搜索者：論「學院詩人」楊牧　臺北市立教育大學中國語

文學系　碩士論文　潘麗珠教授指導　2008 年 6 月　230 頁

本論文著重以「楊牧學者身分」作爲切入角度，探討其詩文中學者面貌之呈現，以比較文學分析方法探究其如何提煉了中西文學精隨作爲創作祕密武器；以神話學爲進路分析作品中錯綜複雜之隱喻流變；以精神分析方法與原型理論分析其創作藝術手法；以後殖民主義分析方法討論楊牧的終極關懷。全文共 5 章：1.蒐索搜索者；2.搜索者的起點；3.搜索的航程；4.搜索者的港口；5.搜索者的心靈地圖 。

15. 謝旺霖　論楊牧的「浪漫」與「臺灣性」　清華大學臺灣文學研究所　碩士論文　陳萬益教授指導　2009 年 7 月　166 頁

本論文以楊牧文學世界中的「浪漫」與「臺灣性」兩大面向爲論述核心，探索楊牧爲何能始終保持著高度的創作生命力，不斷地創新與求變，且在書寫的實踐上積極，精準地創作，深具臺灣特殊質地的文學。全文共 5 章：1.緒論；2.從「浪漫」出發——論浪漫主義的楊牧與楊牧的浪漫主義；3.「浪漫」之後，之外，或者互涉；4.尋找楊牧文學世界中的「臺灣性」；5.結論。

16. 雷子瑛　楊牧詩學的隱喻程式：〈論詩詩〉研究　佛光大學文學系　碩士論文　陳芳明，陳信元教授指導　2009 年 7 月　309 頁

本論文的研究視野涵蓋楊牧所有詩集，再將研究範圍集中於《完整的寓言》、《時光命題》與《涉事》三本詩集，研究對象專對在〈論詩詩〉之上，透過「以詩證詩」的研究方法證實了楊牧確實是將其畢生詩學創作的主題，思維方法與過程以「隱喻敘事」的形式創造出〈論詩詩〉十節，並藉由《時光命題》、《完整的寓言》、《涉事》共十輯作品完成。全文共 4 章：1.緒論；2.預言裡絕對的靜；3.追尋之盲；4.結語。

17. 李秀容　楊牧詩介入與疏離研究　臺南大學國語文學系碩士在職專班　碩士論文　李漢偉教授指導　2009 年 5 月　204 頁

本論文主旨在探究楊牧詩介入與疏離兩種面向的詩風表現。全文共 6 章：1.緒論；2.楊牧介入、疏離的詩觀；3.楊牧詩之「介入」探索；4.楊牧詩之「疏離」探索；5.楊牧詩「介入/疏離」表現： 一種「疏離的介入」之姿；6.結論。正文後附錄〈楊牧詩文出版時間表〉。

18. 李麗玲　楊牧散文《奇萊前書》研究　彰化師範大學國文學系　碩士論文　王年雙教授指導　2010 年　131 頁

本論文主要以楊牧散文《奇萊前書》爲研究範疇，認爲楊牧多變的敘事風格，及其

縝密的結構設計，使得作品脫離傳統散文的敘述模式，而融合小說和詩的技巧。同時，《奇萊前書》的完成，肯定了楊牧對自己成長經驗的回溯，確立了詩人對自己故鄉的追索，除了有卓越的藝術技巧的表現，更可以作為楊牧「離鄉」、「回歸」、「再出發」的心靈回憶之旅。全文共 6 章：1.緒論；2.《奇萊前書》的創作緣起；3.《奇萊前書》的自傳散文形式；4.《奇萊前書》的散文風格；5.《奇萊前書》的散文技巧；6.結論。正文後附錄〈楊牧作品年表〉。

19. 蔡昌晉　　楊牧詩的自然書寫　佛光大學文學系　碩士論文　簡文志教授指導　2011 年 11 月　145 頁

本論文從自然書寫分析楊牧詩作，撥開層層迷霧，藉由分析楊牧自然環境的運用，體會抽象化的楊牧詩精采之處，精心安排之後的種種場景或腳色，皆有其存在之意義。全文共 5 章：1.緒論；2.楊牧的詩意內蘊；3.視野的停駐與流動；4.意象與空間；5.結論。

20. 劉益州　　意識的表述──楊牧詩作中的生命時間意涵　逢甲大學中國文學系　博士論文　鄭慧如教授指導　2011 年 12 月　136 頁

本論文藉由揭明楊牧在詩作中所呈現生命時間意涵，釐清生命主體和語言表述在文學作品中的具體關係。全文共 7 章：1.緒論；2.時間流中的「倖存之軀」：在世覺知的身體時間意識；3.變動景物的時間印象；4.想像的時間表述：詠史與虛構；5.存有的終結時間：面對死亡；6.內在時間意識表述；7.結論：楊牧詩作中存有意識的確認與展開。

作家生平資料篇目

自述

21. 葉　珊　　後記　水之湄　臺北　藍星詩社　1960 年 5 月　頁 94─95

22. 楊　牧　　《水之湄》後記　楊牧詩集 1：1956─1974　臺北　洪範書店　1981 年 9 月　頁 605─606

23. 葉　珊　　後記　花季　臺北　藍星詩社　1963 年 1 月　頁 133─135

24. 楊　牧　　《花季》後記　楊牧詩集 1：1956─1974　臺北　洪範書店　1981 年 9 月　頁 607─609

25. 楊　牧　　後記　葉珊散文集　臺北　文星書店　1966 年 8 月　頁 202─206

26. 楊　牧　　後記　葉珊散文集　臺北　大林出版社　1969 年 6 月　頁 202—206

27. 楊　牧　　自序　燈船　臺北　文星書店　1966 年 11 月　〔4〕頁

28. 楊　牧　　《燈船》自序　楊牧詩集 1：1956—1974　臺北　洪範書店　1981 年 9 月　頁 610—613

29. 葉　珊　　序　非渡集　臺北　仙人掌出版社　1969 年 8 月　頁 1—4

30. 葉　珊　　序　非渡集　臺北　晨鐘出版社　1978 年 8 月　〔4〕頁

31. 楊　牧　　第十二信——萬點星光　風格之誕生　臺北　幼獅文化公司　1970 年 6 月　頁 227—231

32. 葉　珊　　前記　傳說　臺北　志文出版社　1971 年 3 月　頁 1—2

33. 楊　牧　　《傳說》前記　楊牧詩集 1：1956—1974　臺北　洪範書店　1981 年 9 月　頁 614—615

34. 楊　牧　　《傳統的與現代的》自序　中外文學　第 2 卷第 4 期　1973 年 9 月　頁 82—85

35. 楊　牧　　自序　傳統的與現代的　臺北　志文出版社　1974 年 3 月　頁 1—4

36. 楊　牧　　自序　傳統的與現代的　臺北　洪範書店　1982 年 2 月　頁 3—6

37. 楊　牧　　後記　傳統的與現代的　臺北　志文出版社　1974 年 3 月　頁 233—239

38. 楊　牧　　《傳統的與現代的》後記　幼獅文藝　第 245 期　1974 年 5 月　頁 4—8

39. 楊　牧　　後記　傳統的與現代的　臺北　洪範書店　1982 年 2 月　頁 231—235

40. 楊　牧　　《瓶中稿》自序　中外文學　第 3 卷第 8 期　1975 年 1 月　頁 47—49

41. 楊　牧　　自序　瓶中稿　臺北　志文出版社　1975 年 8 月　頁 1—4

42. 楊　牧　　《瓶中稿》自序　楊牧詩集 1：1956—1974　臺北　洪範書店

1981 年 9 月　頁 616—619

43. 楊　牧　　後記　瓶中稿　臺北　志文出版社　1975 年 8 月　頁 161—168

44. 楊　牧　　《瓶中稿》後記　幼獅文藝　第 260 期　1975 年 8 月　頁 14—19

45. 楊　牧　　《瓶中稿》後記　楊牧詩集 1：1956—1974　臺北　洪範書店
1981 年 9 月　頁 620—626

46. 楊　牧　　楊牧詩觀　八十年代詩選　臺北　濂美出版社　1976 年 6 月　頁
356

47. 楊　牧　　《柏克萊精神》自序　中國時報　1977 年 1 月 25 日　12 版

48. 楊　牧　　自序　柏克萊精神　臺北　洪範書店　1982 年 2 月　頁 1—7

49. 楊　牧　　《柏克萊精神》自序　中華現代文學大系（臺灣 1979—1989）散文
卷（貳）　臺北　九歌出版社　1989 年 5 月　頁 1000—1005

50. 楊　牧　　《柏克萊精神》後記　中外文學　第 5 卷第 8 期　1977 年 1 月　頁
20—23

51. 楊　牧　　後記　柏克萊精神　臺北　洪範書店　1982 年 2 月　頁 169—174

52. 楊　牧　　《北斗行》後記　聯合報　1978 年 3 月 13 日　12 版

53. 楊　牧　　後記　北斗行　臺北　洪範書店　1980 年 6 月　頁 209—217

54. 楊　牧　　《北斗行》後記　楊牧詩集 2：1974—1985　臺北　洪範書店
1995 年 9 月　頁 501—507

55. 楊　牧　　我為什麼選擇了比較文學——我的第一步　中國時報　1978 年 4 月
25 日　12 版

56. 楊　牧　　大摸索——我為什麼選擇了比較文學　我的第一步（上）　臺北
時報文化出版公司　1981 年 5 月　頁 254—260

57. 楊　牧　　自序一　楊牧自選集　臺北　黎明文化公司　1978 年 4 月　頁 7—
13

58. 楊　牧　　自序二　楊牧自選集　臺北　黎明文化公司　1978 年 4 月　頁 15
—16

59. 楊　牧　　「歸來」之後——《楊牧詩集》自序　聯合報　1978 年 9 月 11 日

12 版

60. 楊　牧　重印《傳統的與現代的》自序——期待詩的地糧　聯合報　1979 年
9 月 29 日　8 版

61. 楊　牧　洪範版自序　傳統的與現代的　臺北　洪範書店　1982 年 2 月　頁
1—6

62. 楊　牧　詩餘[1]　海岸七疊　臺北　洪範書店　1980 年 10 月　頁 127—134

63. 楊　牧　海岸七疊　拿世界來換你　臺中　晨星出版社
1992 年 7 月　頁 208—215

64. 楊　牧　海岸七疊　你是我永遠的寶貝　臺中　晨星出版社　1994 年 11 月
頁 204—211

65. 楊　牧　後記——詩的自由與限制　禁忌的遊戲　臺北　洪範書店　1980 年
10 月　頁 157—170

66. 楊　牧　《禁忌的遊戲》後記：詩的自由與限制　楊牧詩集 2：1974—1985
臺北　洪範書店　1995 年 9 月　頁 508—518

67. 楊　牧　詩的自由與限制　掠影急流　臺北　洪範書店　2005 年 12 月　頁
1—8

68. 楊　牧　《海岸七疊》詩餘　洪範雜誌　第 1 期　1981 年 3 月　4 版

69. 楊　牧　《海岸七疊》詩餘　楊牧詩集 2：1974—1985　臺北　洪範書店
1995 年 9 月　頁 519—524

70. 楊　牧　《中國近代散文選》前言　洪範雜誌　第 3 期　1981 年 8 月　2 版

71. 楊　牧　前言　中國近代散文選　臺北　洪範書店　1981 年 8 月　〔9〕頁

72. 楊　牧　序　楊牧詩集 1：1956—1974　臺北　洪範書店　1981 年 9 月　頁
1—4

73. 楊　牧　自序　文學知識　臺北　洪範書店　1981 年 11 月　頁 1—4

74. 楊　牧　洪範版《年輪》　洪範雜誌　第 5 期　1981 年 12 月　1 版

75. 楊　牧　前言　吳鳳　臺北　洪範書店　1982 年 1 月　頁 1—4

---

[1]本文後改篇名為〈海岸七疊〉與〈《海岸七疊》詩餘〉。

76. 楊　　牧　　右外野的浪漫主義者——洪範版《葉珊散文集》自序　葉珊散文集
　　　　　　　臺北　洪範書店　1982 年 1 月　頁 1—11

77. 楊　　牧　　校訂後記　葉珊散文集　臺北　洪範書店　1982 年 1 月　頁 225—
　　　　　　　226

78. 楊　　牧　　洪範版《年輪》序　年輪　臺北　洪範書店　1982 年 1 月　頁 1—
　　　　　　　2

79. 楊　　牧　　後記　年輪　臺北　洪範書店　1982 年 1 月　頁 177—182

80. 楊　　牧　　《搜索者》前記　洪範雜誌　第 7 期　1982 年 4 月　2 版

81. 楊　　牧　　前記　搜索者　臺北　洪範書店　1982 年 5 月　〔3〕頁

82. 楊　　牧　　楊牧：說明性自傳　文學報　1983 年 6 月 23 日　4 版

83. 楊　　牧　　《文學的源流》自序　洪範雜誌　第 15 期　1984 年 1 月　1 版

84. 楊　　牧　　自序　文學的源流　臺北　洪範書店　1984 年 1 月　〔2〕頁

85. 楊牧講；丘彥明記　　散文的創作與欣賞　文學的源流　臺北　洪範書店
　　　　　　　1984 年 1 月　頁 79—90

86. 楊　　牧　　《陸機文賦校釋》自序　洪範雜誌　第 21 期　1985 年 4 月　4 版

87. 楊　　牧　　自序　陸機文賦校釋　臺北　洪範書店　1985 年 4 月　〔3〕頁

88. 楊　　牧　　《交流道》自序　洪範雜誌　第 22 期　1985 年 6 月　1 版

89. 王靖獻　　自序　交流道　臺北　洪範書店　1985 年 7 月　頁 9—12

90. 楊　　牧　　路上一年　交流道　臺北　洪範書店　1985 年 7 月　頁 193—196

91. 王靖獻　　路上一年　洪範雜誌　第 23 期　1985 年 9 月　3 版

92. 楊　　牧　　詩為人而作——《有人》後記　洪範雜誌　第 26 期　1986 年 4 月
　　　　　　　4 版

93. 楊　　牧　　後記——詩為人而作　有人　臺北　洪範書店　1986 年 4 月　頁
　　　　　　　173—181

94. 楊　　牧　　《有人》後記：詩為人而作　楊牧詩集 2：1974—1985　臺北　洪
　　　　　　　範書店　1995 年 9 月　頁 525—531

95. 楊　牧　《飛過火山》[2]　洪範雜誌　第 29 期　1987 年 1 月　1 版

96. 楊　牧　跋　飛過火山　臺北　洪範書店　1987 年 1 月　頁 193—199

97. 楊　牧　《一首詩的完成》[3]　洪範雜誌　第 38 期　1989 年 2 月　4 版

98. 楊　牧　又及　一首詩的完成　臺北　洪範書店　1989 年 2 月　頁 219—222

99. 楊　牧　《完整的寓言》後記　洪範雜誌　第 47 期　1991 年 9 月　2 版

100. 楊　牧　後記　完整的寓言　臺北　洪範書店　1991 年 9 月　頁 151—161

101. 楊　牧　《完整的寓言》後記　楊牧詩集 3：1986—2006　臺北　洪範書店　2010 年 9 月　頁 492—501

102. 楊　牧　一 G 弦單音　現文因緣　臺北　現文出版社　1991 年 12 月　頁 188—189

103. 楊　牧　一 G 弦單音　白先勇外集‧現文因緣　臺北　天下遠見出版公司　2008 年 9 月　頁 227—228

104. 楊　牧　《唐詩選集》編選說明　洪範雜誌　第 50 期　1993 年 2 月　1 版

105. 楊　牧　《疑神》前記　洪範雜誌　第 50 期　1993 年 2 月　4 版

106. 楊　牧　前記　疑神　臺北　洪範書店　1993 年 2 月　頁 1—2

107. 楊　牧　楊牧的散文觀　簷夢春雨　臺北　朱衣出版社　1994 年 5 月　頁 214

108. 楊　牧　楊牧的散文觀　更生日報　1994 年 8 月 11 日　11 版

109. 楊　牧　無垠時空的長歌——楊牧篇——楊牧的散文觀　散文教室　臺北　九歌出版社　2002 年 2 月　頁 209

110. 楊　牧　二十五開本新版《葉珊散文集》後記　洪範雜誌　第 53 期　1994 年 11 月　1 版

111. 楊　牧　自序　楊牧詩集 2：1974—1985　臺北　洪範書店　1995 年 9 月　頁 1—3

---

[2]本文爲《飛過火山》之跋文。
[3]本文後改篇名爲〈又及〉。

112. 楊　牧　　《楊牧詩集 2》自序　洪範雜誌　第 54 期　1995 年 11 月　1 版

113. 楊　牧　　後記——瑤光星散爲鷹　亭午之鷹　臺北　洪範書店　1996 年 4
　　　　　　　月　頁 201—207

114. 楊　牧　　瑤光星散爲鷹——《亭午之鷹》後記　洪範雜誌　第 55 期　1996
　　　　　　　年 5 月　4 版

115. 楊牧講；黃涵穎記　　山風海雨詩故鄉　拜訪文學系列講座專輯　花蓮　花
　　　　　　　蓮縣立文化中心　1996 年 6 月　頁 7—27

116. 楊　牧　　爲《葉慈詩選》致編者書　中國時報　1997 年 5 月 8 日　42 版

117. 楊　牧　　後記　時光命題　臺北　洪範書店　1997 年 12 月　頁 152—156

118. 楊　牧　　《時光命題》後記　洪範雜誌　第 59 期　1998 年 4 月　1 版

119. 楊　牧　　《時光命題》後記　楊牧詩集 3：1986—2006　臺北　洪範書店
　　　　　　　2010 年 9 月　頁 502—506

120. 楊　牧　　譯前小記　自由時報　1998 年 12 月 28 日　41 版

121. 楊　牧　　《暴風雨》後序　洪範雜誌　第 62 期　1999 年 9 月　1 版

122. 楊　牧　　後序　暴風雨　臺北　洪範書店　1999 年 9 月　頁 269—271

123. 楊　牧　　序　隱喻與實現　臺北　洪範書店　2001 年 3 月　頁 1—6

124. 楊　牧　　後記　涉事　臺北　洪範書店　2001 年 6 月　頁 134—138

125. 楊　牧　　《涉事》後記　楊牧詩集 3：1986—2006　臺北　洪範書店　2010
　　　　　　　年 9 月　頁 507—510

126. 楊牧講；吳月蕙記　　例證一首詩的完成　中央日報　2001 年 7 月 10 日　18
　　　　　　　版

127. 楊牧講；吳月蕙記　　例證一首詩的完成　現代詩的語言與教學　彰化　彰
　　　　　　　化師範大學國文學系　2001 年 11 月　頁 9—22

128. 楊　牧　　後記　現代散文選・續編　臺北　洪範書店　2002 年 8 月　頁
　　　　　　　365—367

129. 楊　牧　　失去的樂土——代序　失去的樂土　臺北　洪範書店　2002 年 8
　　　　　　　月　頁 1—15

130. 楊　牧　　後記　失去的樂土　臺北　洪範書店　2002 年 8 月　頁 379—380

131. 楊　牧　　《失去的樂土》後記　洪範雜誌　第 68 期　2002 年 12 月 31 日　4 版

132. 〔楊牧著；Susanne Hornfeck，汪珏譯〕　　小傳　Patt beim Go　München　Al Verlag　2002 年 10 月　頁 211

133. 楊　牧　　《現代散文選續編》後記摘錄　洪範雜誌　第 68 期　2002 年 12 月　1 版

134. 楊　牧　　《奇萊前書》序　奇萊前書　臺北　洪範書店　2003 年 1 月　頁 1—6

135. 楊　牧　　春光乍現　文訊雜誌　第 226 期　2004 年 8 月　頁 120

136. 楊　牧　　〔自序〕　Quelqu'un m'interroge à propos de la vérité et de la justice　Paris　Libraire Editeur　2004 年　〔1〕頁

137. 楊　牧　　自序　人文踪跡　臺北　洪範書店　2005 年 8 月　頁 3—5

138. 楊　牧　　後記　掠影急流　臺北　洪範書店　2005 年 12 月　頁 243—247

139. 楊　牧　　《介殼蟲》後序　中國時報　2006 年 4 月 18 日　E7 版

140. 楊　牧　　後序[4]　介殼蟲　臺北　洪範書店　2006 年 4 月　頁 148—155

141. 楊　牧　　《介殼蟲》後序　楊牧詩集 3：1986—2006　臺北　洪範書店　2010 年 9 月　頁 511—517

142. 楊　牧　　豈殊蠹書蟲，生死文字間　臺港文學選刊　2012 年第 1 期　2012 年 2 月　頁 12—14

143. 楊　牧　　設定一個起點　在地與遷移・第三屆花蓮文學研討會論文集　花蓮　花蓮縣文化局　2006 年 5 月　頁 7—12

144. 楊　牧　　後記　譯事　香港　天地圖書公司　2007 年 5 月　頁 119—120

145. 楊　牧　　跋　英詩漢譯集　臺北　洪範書店　2007 年 7 月　頁 395—396

146. 楊　牧　　《奇萊後書》跋　奇萊後書　臺北　洪範書店　2009 年 4 月　頁 399—403

---

[4]本文後改篇名為〈豈殊蠹書蟲，生死文字間〉。

147. 楊　牧　　奇萊書前後　地方感・全球觀——第五屆花蓮文學研討會　花蓮
　　　　　　　花蓮縣文化局主辦；東華大學中國文學系協辦　2009 年 10 月 17
　　　　　　　—18 日

148. 楊　牧　　奇萊書前後　地方感・全球觀：第五屆花蓮文學研討會論文集
　　　　　　　花蓮　花蓮縣文化局　2009 年 12 月　〔1〕頁

149. 楊　牧　　自序　楊牧詩集 3：1986—2006　臺北　洪範書店　2010 年 9 月
　　　　　　　頁 17—21

150. 楊　牧　　〈蕨歌〉作者自述　2011 臺灣詩選　臺北　二魚文化事業公司
　　　　　　　2012 年 2 月　頁 167

151. 楊　牧　　跋　長短歌行　臺北　洪範書店　2013 年 8 月　頁 134—139

他述

152. 瘂　弦　　水湄的少年：葉珊　新文藝　第 99 期　1964 年 6 月　頁 30

153. 聶華苓　　序　葉珊散文集　臺北　文星書店　1966 年 8 月　頁 1—4

154. 聶華苓　　序　葉珊散文集　臺北　大林出版社　1969 年 6 月　頁 1—4

155. 楚　卿　　我記得的葉珊　幼獅文藝　第 200 期　1970 年 8 月　頁 228—231

156. 余光中　　在水之湄　純文學　第 49 期　1971 年 1 月　頁 101

157. 余光中　　在水之湄　焚鶴人　臺北　純文學出版社　1972 年 4 月　頁 165
　　　　　　　—166

158. 余光中　　在水之湄　焚鶴人　臺北　純文學出版社　1981 年 7 月　頁 165
　　　　　　　—166

159. 余光中　　在水之湄　余光中集（第五卷）　天津　百花文藝出版社　2004
　　　　　　　年 1 月　頁 125—126

160. 〔書評書目〕　　葉珊　書評書目　第 8 期　1973 年 11 月　頁 35—37

161. 陳芳明　　初識葉珊　龍族詩刊　第 11 期　1974 年 1 月　頁 6—7

162. 陳芳明　　初識葉珊　詩和現實　臺北　洪範書店　1977 年 2 月　頁 151—
　　　　　　　154

163. 顏元叔　　致楊牧——《柏克萊精神》代序　聯合報　1977 年 2 月 4 日　12

版

164. 顏元叔　　致楊牧——代序　柏克萊精神　臺北　洪範書店　1982 年 2 月
　　　　　　　頁 1—3

165. 陳信元　　右外野的浪漫主義者——楊牧　中學白話文選　臺北　故鄉出版
　　　　　　　社　1979 年 7 月　頁 268—269

166. 王文興　　《北斗行》序　北斗行　臺北　洪範書店　1980 年 6 月　頁 1—6

167. 劉龍勳　　楊牧　中國新詩賞析 2　臺北　長安出版社　1981 年 4 月　頁 181
　　　　　　　—182

168. 蕭　蕭　　楊牧　現代詩入門　臺北　故鄉出版社　1982 年 2 月　頁 103—
　　　　　　　104

169. 周政保　　詩人楊牧印象散記　新疆日報　1984 年 9 月 9 日　4 版

170. 何寄澎　　楊牧（一九四〇——）　中國現代散文選析 2　臺北　長安出版社
　　　　　　　1985 年 3 月　頁 845—847

171. 黃美惠　　楊牧談寫詩・妙語如珠　民生報　1986 年 8 月 16 日　9 版

172. 沈君山　　序《飛過火山》　洪範雜誌　第 29 期　1987 年 1 月　1 版

173. 沈君山　　序　飛過火山　臺北　洪範書店　1987 年 1 月　頁 1—3

174. 歐陽子　　鄉土・血統・根　生命的軌跡　臺北　九歌出版社　1988 年 5 月
　　　　　　　頁 166—167

175. 游輝弘　　楊牧寫個不停、總有記掛，葉珊歲月匆匆、讀者仍多　民生報
　　　　　　　1989 年 4 月 1 日　26 版

176. 李綠桐　　漏網詩訊七則——楊牧——盈眶熱淚釋前嫌　創世紀　第 87 期
　　　　　　　1992 年 1 月　頁 112

177. 瘂　弦　　現代詩人與酒——飲者點將錄〔楊牧部分〕　國文天地　第 81 期
　　　　　　　1992 年 2 月　頁 43

178. 蔡珠兒　　楊牧　中國時報　1993 年 3 月 5 日　31 版

179. 〔編輯部〕　楊牧小傳　簷夢春雨　臺北　朱衣出版社　1994 年 5 月　頁
　　　　　　　211

180. 陳錦標　　又見楊牧　更生日報　1994 年 8 月 13 日　11 版

181. 王浩威　　楊牧的童年時代　更生日報　1994 年 8 月 13 日　11 版

182. 張　默　　楊牧（一九四〇—）　聯合文學　第 128 期　1995 年 6 月　頁 87

183. 黃　尹　　千里歸來！——楊牧回國執教「東華大學」事錄　更生日報
　　　　　　　1996 年 9 月 15 日　20 版

184. 回予倪　　楊牧展開花蓮新生活　中國時報　1996 年 12 月 19 日　39 版

185. 莊宜文　　楊牧：遠揚之鷹　1996 臺灣文學年鑑　臺北　行政院文建會
　　　　　　　1997 年 6 月　頁 137

186. 謝金蓉　　楊牧替花蓮文學譜下「定音」的反高潮——第一屆花蓮文學研討
　　　　　　　會紀實　新新聞　第 563 期　1997 年 12 月 21 日　頁 77—78，83

187. 吳琬瑜　　釀鄉愁成詩篇——楊牧　天下雜誌　第 200 期　1998 年 1 月　頁
　　　　　　　233

188. 芳　生　　一九九八作家的成績單（下）——楊牧詩文翻譯都有大斬獲　中
　　　　　　　央日報　1999 年 1 月 1 日　22 版

189. 李奭學　　當楊牧遇上莎士比亞《暴風雨》啊，美麗的新世界　聯合報
　　　　　　　1999 年 10 月 18 日　48 版

190.〔姜耕玉選編〕　　楊牧　20 世紀漢語詩選（三）　上海　上海教育出版社
　　　　　　　1999 年 12 月　頁 388

191. 李　逵　　東海啊！東海——兼致詩人楊牧　東海岸評論　第 138 期　2000
　　　　　　　年 1 月　頁 52—53

192.〔自由時報〕　　楊牧小檔案　自由時報　2000 年 8 月 25 日　39 版

193. 耕　雨　　的啟蒙師父　臺灣新聞報　2000 年 9 月 5 日　B8 版

194. 牧　野　　不忘傳統不隨俗　臺灣新生報　2000 年 9 月 15 日　15 版

195. 陳　穎　　他是我們的秘密武器——側寫第四屆國家文藝獎得主楊牧　東海
　　　　　　　岸評論　第 150 期　2001 年 1 月　頁 59—61

196. 李令儀　　楊牧：依賴這塊土地，無悔回臺灣　聯合報　2001 年 5 月 6 日
　　　　　　　14 版

197. 李令儀　楊牧：漢賦唐詩算是現代詩　聯合報　2001 年 6 月 4 日　14 版

198. 林俊楓　全方位浪漫的星棋──側記詩人楊牧　青年日報　2001 年 7 月 14
　　　　　日　13 版

199. 〔陳義芝編〕　楊牧小傳　散文教室　臺北　九歌出版社　2002 年 2 月
　　　　　頁 205

200. 許榮哲　臺灣文學地圖舉例──東部作家〔楊牧部分〕　2000 臺灣文學年
　　　　　鑑　臺北　行政院文建會　2002 年 4 月　頁 105

201. 陳延宗　楊牧──延續鄉愁的傳說　2000 臺灣文學年鑑　臺北　行政院文
　　　　　建會　2002 年 4 月　頁 198—201

202. 〔蕭蕭，白靈主編〕　作者簡介　臺灣現代文學教程：新詩讀本　臺北
　　　　　二魚文化公司　2002 年 8 月　頁 272

203. 洪士惠　楊牧接掌中研院文哲所　文訊雜誌　第 202 期　2002 年 8 月　頁
　　　　　80

204. 林德俊　楊牧，文學旅途上的搜索者　中央日報　2002 年 9 月 24 日　15
　　　　　版

205. 張惠菁　從西雅圖到花蓮故鄉的海邊──楊牧的北西北時期（上、中、
　　　　　下）　臺灣日報　2002 年 10 月 8—10 日　25 版

206. 張惠菁　從金門到愛荷華，楊牧向世界出發　聯合報　2002 年 10 月 15 日
　　　　　39 版

207. 張惠菁　一本書的三城記　中央日報　2003 年 1 月 10 日　16 版

208. 史迪曼（Tilman Spengler）著；汪玨譯　詩裡行間的世界──楊牧詩選
　　　　　（Patt beim Go，《和棋》）精裝出版　中外文學　第 31 卷第 8 期
　　　　　2003 年 1 月　頁 110—113

209. 金　劍　戰地文思──金門訪問追記〔楊牧部分〕　聯合報　2003 年 4 月
　　　　　27 日　E7 版

210. 陳　紅　楊牧請辭中研院所長職務　聯合報　2004 年 6 月 26 日　E7 版

211. 〔書香遠傳〕　楊牧創作與人生一樣豐富　書香遠傳　第 13 期　2004 年 6

月　頁 40—41

212. 〔方群，孟樊，須文蔚主編〕　　一九六〇年代臺灣新詩概論〔楊牧部分〕
　　　　　現代新詩讀本　臺北　揚智文化公司　2004 年 8 月　頁 109

213. 〔陳萬益選編〕　　楊牧　國民文選・散文卷 2　臺北　玉山社出版公司
　　　　　2004 年 8 月　頁 170

214. 孫梓評　　自節約路湧出的巨大波浪——楊牧　自由時報　2004 年 9 月 6 日
　　　　　47 版

215. 邱上林　　寫詩與讀詩的窗口　東海岸評論　第 197 期　2004 年 12 月　頁
　　　　　10

216. 賴秀美　　詩人的父親楊水盛與東益印書館點滴　東海岸評論　第 197 期
　　　　　2004 年 12 月　頁 11—24

217. 劉潔妃　　六年級生寄望楊牧奪諾貝爾獎　大成報　2005 年 8 月 2 日　A8 版

218. 〔聯合報〕　　楊牧，6 年級心中諾貝爾首選　聯合報　2005 年 8 月 2 日
　　　　　C6 版

219. 宇文正　　時光〔楊牧部分〕　聯合報　2006 年 2 月 9 日　E7 版

220. 周芬伶　　夜宴西北飯店　中華日報　2006 年 6 月 30 日　9 版

221. 〔蕭　蕭主編〕　　詩人簡介　優游意象世界　臺北　聯合文學出版社
　　　　　2006 年 6 月　頁 133

222. 陳翠娟　　「原來姹紫嫣紅開遍」——記第九屆花蹤文學獎　明報月刊　第
　　　　　499 期　2007 年 7 月　頁 25—27

223. 吳明津　　作家瞭望臺——楊牧　比整個世界還要大：散文選讀　臺北　三
　　　　　民書局　2007 年 9 月　頁 279—280

224. 〔封德屏主編〕　　楊牧　2007 臺灣作家作品目錄　臺南　國立臺灣文學館
　　　　　2008 年 7 月　頁 1092

225. 〔鹽分地帶文學〕　　前輩作家寫真簿——楊牧：孤獨是一匹衰老的獸——
　　　　　潛伏在我亂石磊磊的心裡　鹽分地帶文學　第 17 期　2008 年 8 月
　　　　　頁 18

226. 陳義芝　作者簡介　散文新四書・秋之聲　臺北　三民書局　2008 年 9 月　頁 11

227. 〔賴芳伶主編〕　作者簡介[5]　山海書──宜花東文學選輯 1　臺北　二魚文化公司　2008 年 9 月　頁 103

228. 〔賴芳伶主編〕　作者簡介[6]　山海書──宜花東文學選輯 1　臺北　二魚文化公司　2008 年 9 月　頁 114

229. 〔九彎十八拐〕　楊牧　九彎十八拐　第 22 期　2008 年 11 月　頁 13

230. 陳芳明　樓外　晚天未晚　臺北　聯合文學出版社　2009 年 3 月　頁 151 ──154

231. 杜秀卿　九十七年度散文紀事〔楊牧部分〕　九十七年散文選　臺北　九歌出版社　2009 年 3 月　頁 369

232. 林佛兒　秋夕──給葉珊　記憶的明信片──林佛兒四十年散文選　臺南　臺南縣政府　2009 年 12 月　頁 52──54

233. 曾珍珍　楊牧專號編輯始末　新地文學　第 10 期　2009 年 12 月　頁 268 ──271

234. 曾珍珍　楊牧簡介　新地文學　第 10 期　2009 年 12 月　頁 272

235. 上田哲二著；高嘉勵譯　日譯《楊牧詩集》經由記述　新地文學　第 10 期 2009 年 12 月　頁 287──289

236. 林　冷　普世的行為　新地文學　第 10 期　2009 年 12 月　頁 294──295

237. 陳義芝　遙望或者親近──楊牧記載　新地文學　第 10 期　2009 年 12 月 頁 296──300

238. 陳義芝　遙望或者親近──楊牧記載　書城　2009 年第 11 期　2009 年 頁 25──27

239. 劉克襄　初見楊牧　新地文學　第 10 期　2009 年 12 月　頁 304──306

240. 蘇紹連　飲詩作樂・葉戲葉珊　中國時報　2010 年 6 月 11 日　E4 版

---

[5] 本文為〈他們的世界〉作者簡介。
[6] 本文為〈瓶中稿〉作者簡介。

241. 楊佳嫻　掌故俱樂部──楊牧・手機夢想家　中國時報　2010 年 9 月 22 日
　　　E4 版

242. 楊佳嫻　掌故俱樂部──楊牧・自找的　中國時報　2010 年 9 月 22 日
　　　E4 版

243. 方　明　掌故俱樂部──楊牧・比鄰飲詩　中國時報　2010 年 9 月 22 日
　　　E4 版

244. 陳克華　掌故俱樂部──楊牧・長睫毛　中國時報　2010 年 9 月 22 日
　　　E4 版

245. 許又方　楊牧與棒球　聯合報　2010 年 9 月 23 日　D3 版

246. 陳　敏　詩人楊牧二三事──記年少時光並賀老友 70 大壽　聯合報　2010
　　　年 9 月 23 日　D3 版

247. 楊佳嫻　掌故俱樂部──楊牧・我的書　中國時報　2010 年 9 月 23 日
　　　E4 版

248. 方　明　掌故俱樂部──楊牧・是否日本人？　中國時報　2010 年 9 月 23
　　　日　E4 版

249. 陳　黎　掌故俱樂部──楊牧・拿掉飛彈再說　中國時報　2010 年 9 月 23
　　　日　E4 版

250. 陳　黎　掌故俱樂部──楊牧・堅持純粹　中國時報　2010 年 9 月 23 日
　　　E4 版

251. 楊欣誼　楊牧 70 大壽・依然有年輕的振奮　中國時報　2010 年 9 月 25 日
　　　A12 版

252. 李承宇　70 有話要說──楊牧：創作初衷同初中　聯合報　2010 年 9 月 25
　　　日　A14 版

253. 林皇德　從花蓮開始的波浪──楊牧　國語日報　2011 年 2 月 12 日　5 版

254. 溫知儀　跟隨惟一的嚮導，惟一的星　印刻文學生活誌　第 91 期　2011 年
　　　3 月　頁 89─92

255. 李佳靜　那些詩人們〔楊牧部分〕　人間福報　2011 年 5 月 25 日　15 版

256. 黃以曦　楊牧《朝向一首詩的完成》　人籟辯論月刊　第 83 期　2011 年 6 月　頁 82—83

257. 林皇德　楊牧——從花蓮開始的波浪　用愛釀成篇章：臺灣文學家的故事　臺南　國立臺灣文學館　2011 年 7 月　頁 137—141

258. 許佳琳　陳義芝：楊牧詩作跨越時空‧開創傳統　更生日報　2011 年 9 月 25 日　3 版

259. 鄭可欣　蔡明諺：論楊牧與陳黎的異同　更生日報　2011 年 9 月 26 日　3 版

260. 周美惠　朗誦楊牧詩‧雙語大 PK——《綠騎——楊牧詩選》瑞典版問世　聯合報　2011 年 11 月 14 日　A14 版

261. 〔行人文化實驗室，洪範書局〕　小專題——楊牧的花蓮　作家小傳：楊牧　臺北　行人文化實驗室，目宿媒體　2012 年 3 月　頁 62—63

262. 林衡哲　追夢的人生（八）——開發「新潮叢書系列」〔楊牧部分〕　臺灣文學評論　第 12 卷第 2 期　2012 年 4 月　頁 115—118

訪談、對談

263. 劉　菲　從比較文學看現代詩的批評——楊牧訪問記　中華文藝　第 45 期　1974 年 11 月　頁 60—69

264. 陳芳明　兩岸的對話——訪問楊牧先生　幼獅文藝　第 256 期　1975 年 4 月　頁 45—62

265. 陳芳明　兩岸的對話——訪問楊牧先生　詩和現實　臺北　洪範書店　1977 年 2 月　頁 155—176

266. 桂文亞　詩話——楊牧訪問記　聯合報　1976 年 2 月 6 日　12 版

267. 桂文亞　詩話——楊牧訪問記　心靈的果園　臺北　皇冠出版社　1976 年 10 月　頁 211—220

268. 桂文亞　詩話——楊牧訪問記　柏克萊精神　臺北　洪範書店　1982 年 2 月　頁 175—184

269. 夏祖麗　詩、酒、有限的溫暖——楊牧訪問記　書評書目　第 48 期　1977

年 4 月　頁 74—85

270. 夏祖麗　　詩、酒、有限的溫暖——楊牧訪問記　握筆的人　臺北　純文學
　　　　　　　出版社　1977 年 12 月　頁 135—150

271. 楊　牧等[7]　　座談——散文類型的再探討　文訊雜誌　第 14 期　1984 年 10
　　　　　　　月　頁 30—54

272. 蔡詩萍訪問記錄　　楊牧談臺灣現代詩三十年　創世紀　第 65 期　1984 年
　　　　　　　10 月　頁 202—207

273. 李　昂　　且把真實作虛幻——葉珊、楊牧、王靖獻訪問記　新書月刊　第
　　　　　　　17 期　1985 年 2 月　頁 30—36

274. 李　昂　　且把真實作虛幻——葉珊・楊牧・王靖獻訪問記　當代作家對話
　　　　　　　錄　臺北　傳記文學雜誌社　1986 年 10 月　頁 233—253

275. 劉克襄　　愛是我們的嚮導——劉克襄訪楊牧　中國時報　1986 年 6 月 11 日
　　　　　　　8 版

276. 林燿德　　絕無半點出世思想——丁卯秋日與楊牧筆談　臺北評論　第 3 期
　　　　　　　1988 年 1 月　頁 116—122

277. 林燿德　　絕無半點出世思想——與楊牧對話　觀念對話：當代詩言談錄
　　　　　　　臺北　漢光文化公司　1989 年 8 月　頁 140—149

278. 沈花末　　冷靜的尋求與追隨之心——專訪楊牧談創作　洪範雜誌　第 45 期
　　　　　　　1991 年 2 月　2 版

279. 林　芝　　令人悠然神往的學院作家——楊牧　望向高峯：速寫現代散文作
　　　　　　　家　臺北　幼獅文化公司　1992 年 12 月　頁 72—78

280. 陳　辛　　專訪楊牧先生談《唐詩選集》的編纂　聯合報　1993 年 2 月 11 日
　　　　　　　25 版

281. 陳　辛　　古典的驚悸——楊牧談《唐詩選集》的編纂　洪範雜誌　第 51 期
　　　　　　　1993 年 9 月　3 版

---

[7] 與會者：張法鶴、吳宏一、顏崑陽、楊牧、沈謙、公孫嬿、齊邦媛、張曉風、林錫嘉、鳳兮；紀錄：何聖芬。

282. 楊　牧等[8]　百年追尋——「懷疑、探索」座談會記實　幼獅文藝　第 489 期　1994 年 9 月　頁 24—33

283. 沈冬青　進入源頭，參與創造——內心風景的搜索者楊牧　幼獅文藝　第 502 期　1995 年 10 月　頁 4—10

284. 王威智　楊牧享受豪華的寂寞，竟在花蓮引發文學海嘯——楊牧、陳列與陳黎的文學對談　新新聞　第 499 期　1996 年 9 月 29 日　頁 49—51

285. 林素芬　英雄回家——楊牧和王文進談散文歷程　幼獅文藝　第 513 期　1996 年 9 月　頁 6—12

286. 華　威　歡迎楊牧歸來——楊牧、陳列、陳黎太平洋畔談文學　東海岸評論　第 99 期　1996 年 10 月　頁 34—40

287. 趙又箴　對話——楊牧、楚戈「文學與美術」演講紀實　更生日報　1996 年 11 月 24 日　20 版

288. 吳婉茹　詩的創作與累積——楊牧公開獨門秘笈（上、下）　中央日報　1996 年 12 月 7—8 日　18 版

289. 徐文臺　談心中理想的學院與文人的典型，詩為人而作——楊牧　自立晚報　1996 年 12 月 23 日　20 版

290. 黃臨甄　世界總是守候他——詩人學者楊牧談書　聯合報　1997 年 1 月 6 日　37 版

291. 陳祖彥　「文學的代言人」或是「文學的預言者」——生命論述在花蓮轉折的楊牧　幼獅文藝　第 521 期　1997 年 5 月　頁 8—14

292. 陳祖彥　「文學的代言人」或是「文學的預言者」？——生命論述在花蓮轉折的楊牧　我其實仍然在花園裡　臺北　幼獅文化公司　1998 年 8 月　頁 168—179

293. 郝譽翔　花蓮，我永遠的秘密——訪問楊牧　聯合報　1997 年 9 月 15 日

---

[8] 主持人：楊牧；與會者：陳信元、江煜坤、曾昭人、吳士偉、龐凱文、簡竹君、洪凌、張玉英、陳祖彥、林志銘；紀錄：黃智溶。

41 版

294. 郝譽翔　　花蓮，我永遠的秘密　洪範雜誌　第 59 期　1998 年 4 月　3 版

295. 黃鳳鈴　　因為山水的關係依舊是花蓮的——楊牧　明道文藝　第 269 期
　　　　　　　1998 年 8 月　頁 136—141

296. 楊照訪問；王妙如記　　楊牧專訪（1—6）　中國時報　1999 年 12 月 18—
　　　　　　　23 日　37 版

297. 楊　照等[9]　　在海的潮汐裡與詩遊戲——楊牧座談會　中國時報　2000 年 1
　　　　　　　月 18 日　37 版

298. 郝譽翔　　臺灣／楊牧談詩——給年輕學子的詩祕密[10]　幼獅文藝　第 555 期
　　　　　　　2000 年 3 月　頁 44—49

299. 郝譽翔　　唯詩真理是真理規範時間——訪問楊牧　大虛構時代　臺北　聯
　　　　　　　合文學出版社　2008 年 9 月　頁 339—345

300. 郝譽翔　　右外野的浪漫主義者——專訪楊牧　自由時報　2000 年 6 月 17 日
　　　　　　　39 版

301. 郝譽翔　　右外野的浪漫主義者——訪問楊牧　大虛構時代　臺北　聯合文
　　　　　　　學出版社　2008 年 9 月　頁 334—338

302. 江中明　　楊牧：臺灣文學應超越地域性　聯合報　2000 年 8 月 22 日　14
　　　　　　　版

303. 陳文芬　　楊牧：漢語文學還在期待當代大創造　中國時報　2000 年 10 月 9
　　　　　　　日　11 版

304. 蔡逸君　　搜索者夢的方向——楊牧 VS.陳芳明對談　聯合文學　第 192 期
　　　　　　　2000 年 10 月　頁 32—40

305. 楊　牧等[11]　　花蓮的楊牧‧世界的楊牧，楊牧歸國五年文學座談會　聯合報
　　　　　　　2001 年 5 月 21 日　37 版

306. 李宛澍　　用故鄉的山水寫詩——楊牧導覽詩意花蓮　遠見雜誌　第 179 期

[9]與會者：楊牧、曾珍珍、曾淑美、楊照；盧佳慧記錄。
[10]本文後改篇名為〈唯詩真理是真理規範時間——訪問楊牧〉。
[11]與會者：楊牧、何寄澎、賴芳伶、李奭學、張惠菁；主持人：陳義芝；紀錄：楊美紅。

2001 年 5 月　頁 286—293

307. 李宛澍　用故鄉的山水寫詩——楊牧導覽詩意花蓮　探索名人的精采人
　　　　　　生：林懷民、幾米、羅曼菲、楊牧、李雅卿、卓有瑞　臺北　天
　　　　　　下遠見出版公司　2002 年 4 月　頁 119—138

308. 李宛澍訪談　　楊牧：文學是我安身立命的地方　遠見雜誌　第 179 期
　　　　　　2001 年 5 月　頁 296—300

309. 王威智　護衛完整的學術自由——專訪人文社會科學院院長楊牧　東海岸
　　　　　　評論　第 155 期　2001 年 6 月　頁 25—34

310. 楊　牧等[12]　華文寫作的前景　明報月刊　第 427 期　2001 年 7 月　頁 48
　　　　　　—49

311. 丁文玲　從《一首詩的完成》到《為了詩》——從楊牧，到楊照　中國時
　　　　　　報　2002 年 10 月 6 日　33 版

312. 李奭學　楊牧六問　中外文學　第 31 卷第 8 期　2003 年 1 月　頁 97—102

313. 黃千芳　王文興與楊牧對談詩詞　中外文學　第 31 卷第 8 期　2003 年 1 月
　　　　　　頁 77—96

314. 須文蔚　回故鄉創生人文精神的詩人——訪前東華大學人文社會科學院院
　　　　　　長楊牧　文訊雜誌　第 216 期　2003 年 10 月　頁 54—56

315. 廖玉蕙　緩緩打開瓶中稿——楊牧教授訪談錄（上、中、下）　聯合報
　　　　　　2003 年 11 月 16—18 日　E7 版

316. 廖玉蕙　楊牧——緩緩打開瓶中稿　打開作家的瓶中稿：再訪捕蝶人　臺
　　　　　　北　九歌出版社　2004 年 5 月　頁 221—237

317. 陳宛茜　楊牧矮櫃當書桌·耳朵是寫作指揮家　聯合報　2004 年 4 月 5 日
　　　　　　A12 版

318. 謝美萱　固執追求真與美的終極——詩人楊牧　人本教育札記　第 182 期
　　　　　　2004 年 8 月　頁 8—13

319. 許榮哲，鄭順聰採訪記錄　　颱風過後，詩的星空：楊牧談創作與生活　聯

---

[12]與會者：聶華苓、鄭愁予、劉再復、瘂弦、楊牧；紀錄整理：周立民。

　　　　　合文學　第 250 期　2005 年 8 月　頁 69

320. 郝譽翔　　因為「破缺」，所以完美——訪問楊牧　聯合文學　第 291 期
　　　　　2009 年 1 月　頁 18—23

321. 蔡逸君記錄整理　　路曼曼其修遠兮——楊照對談楊牧　印刻文學生活誌
　　　　　第 65 期　2009 年 1 月　頁 50—63

322. 曾珍珍　　離離和鳴——楊牧談詩歌翻譯藝術　人籟論辯月刊　第 57 期
　　　　　2009 年 2 月　頁 40—46

323. 栩　栩　　未知者的抒情——楊牧專訪　風球詩雜誌　第 2 期　2009 年 6 月
　　　　　頁 13—16

324. 陳義芝訪問，曾琮琇記錄　　詩藝與學識的問題——有人問楊牧，關於「學
　　　　　院詩人」　聯合文學　第 299 期　2009 年 9 月　頁 92—100

325. 奚密著；葉佳怡譯　　楊牧斥堠：戍守藝術的前線，尋找普世的抽象性——
　　　　　二〇〇二年奚密訪談楊牧　新地文學　第 10 期　2009 年 12 月
　　　　　頁 277—281

326. 曾珍珍　　多識草木蟲魚鳥獸——訪楊牧談解識自然　新地文學　第 10 期
　　　　　2009 年 12 月　頁 282—286

327. 高俊傑　　《朝向一首詩的完成》——內外，兩個楊牧　字花　第 35 期
　　　　　2012 年 2 月　頁 32—33

328. 翟　月　　「文字是我們的信仰」：訪談詩人楊牧　揚子江評論　2013 年第
　　　　　1 期　2013 年　頁 25—33，97

年表

329. 楊　牧　　年表　楊牧自選集　臺北　黎明文化公司　1978 年 4 月　頁 1—5

330. 張定綺　　楊牧大事記　中國時報　1999 年 12 月 16—18 日　37 版

331. 何雅雯　　楊牧年表及作品繫年　創作實踐與主體追尋的融攝：楊牧詩文研
　　　　　究　臺灣大學中國文學系　碩士論文　何寄澎教授指導　2001 年
　　　　　5 月　頁 179—202

332.〔編輯部〕　　Yang Mu, repères bio-bibliographiques〔年表部分〕

Quelqu'un m'interroge à propos de la vérité et de la justice　Paris
Libraire Editeur　2004 年　頁 115—120

333. 曾珍珍　　楊牧出版書目　新地文學　第 10 期　2009 年 12 月　頁 273—276

334. 李麗玲　　楊牧作品年表　楊牧散文《奇萊前書》研究　彰化師範大學國文
學系　碩士論文　王年雙教授指導　2010 年　頁 123—126

335. 〔行人文化實驗室，洪範書局〕　　作家年表　作家小傳：楊牧　臺北　行
人文化實驗室，目宿媒體　2012 年 3 月　頁 36—43

其他

336. 潘彥蓉　　第四屆國家文學獎揭曉——文學：楊牧、美術：夏陽、音樂：朱
宗慶、舞蹈：羅曼菲、戲劇：王海玲　自由時報　2000 年 8 月 22
日　40 版

337. 黃寶萍　　文藝獎五得主倍享尊榮〔楊牧部分〕　民生報　2000 年 10 月 1 日
A6 版

338. 〔民生報〕　　國家文藝獎第四屆得獎者——文學類：楊牧　民生報　2003
年 1 月 8 日　A10 版

作品評論篇目

綜論

339. 瘂　弦　　葉珊小評　六十年代詩選　高雄　大業書店　1961 年 1 月　頁
144

340. 〔張默，洛夫，瘂弦主編〕　　葉珊小評：古典的狂想　七十年代詩選　高
雄　大業書店　1967 年 9 月　頁 67

341. 徐秉鉞　　中國果真沒有真正的短篇小說？〔楊牧部分〕　臺灣日報　1969
年 12 月 13 日　8 版

342. 周伯乃　　現代詩的廣度和深度〔楊牧部分〕　現代詩的欣賞　臺北　三民
書局　1970 年 4 月　頁 267—284

343. 趙天儀　　第一次全省詩展（下）〔葉珊部分〕　臺灣文藝　第 33 期　1971

年 8 月　頁 81

344. 趙天儀　第一次全省詩展〔楊牧部分〕　裸體的國王　臺北　香草山出版
公司　1976 年 6 月　頁 57—58

345. 傅敏，陳鴻森　蓋棺話葉珊　笠　第 48 期　1972 年 4 月　頁 64—67

346. 傅　敏　談詩的語言性兼及葉珊　大地詩刊　第 4 期　1973 年 3 月　頁 52
—55

347. 溫任平　葉珊與思朵的散文　幼獅文藝　第 239 期　1973 年 11 月　頁 51
—60

348. 唐文標　新詩中三種錯誤的舊詩觀——周夢蝶、葉珊、余光中　文學，休
走——現代文學的考察　臺北　遠景出版社　1976 年 7 月　頁
107—110

349. 溫瑞安　雄偉與秀美——略論余光中、葉珊的散文風格　文藝月刊　第 85
期　1976 年 7 月　頁 158—165

350. 溫瑞安　散文的意象：雄偉與秀美——略論余光中、葉珊的散文風格　幼
獅文藝　第 271 期　1976 年 7 月　頁 13—20

351. 陳芳明　七位詩人素描——葉珊　詩和現實　臺北　洪範書店　1977 年 2
月　頁 189—191

352. 古　丁　風格能夠說變就變嗎？〔楊牧部分〕　秋水　第 15 期　1977 年 7
月　頁 7—8

353. 王文興　讀楊牧的詩　聯合報　1978 年 3 月 5 日　12 版

354. 楊子澗　深得古典風味的楊牧　中學白話詩選　臺北　故鄉出版社　1980
年 4 月　頁 252—253

355. 蕭　蕭　楊牧（1940—）　聯合文學　第 128 期　1981 年 5 月　頁 87

356. 蕭　蕭　詩人與詩風（上、下）〔楊牧部分〕　臺灣日報　1982 年 6 月 24
—25 日　8 版

357. 蕭　蕭　詩人與詩風——楊牧　現代詩縱橫觀　臺北　文史哲出版社
1991 年 6 月　頁 78—79

358. 流沙河　　孤吟的虎　星星　第 80 期　1982 年 7 月　頁 92—96

359. 落　蒂　　論評──散文的界說與欣賞〔楊牧部分〕　中華文藝　第 139 期　1982 年 9 月　頁 189

360. 苦　苓　　誰是大詩人──青年詩人心目中的十大詩人[13]　陽光小集　第 10 期　1982 年 10 月　頁 79—91

361. 苦　苓　　誰是大詩人？青年詩人心目中的十大詩人　書中書　臺北　希代書版公司　1986 年 9 月　頁 210

362. 亞　菁　　從「抒情」到「敘事」──楊牧（葉珊）作品的綜合考察　現代文學評論　臺北　東大圖書公司　1983 年 2 月　頁 19—26

363. 葉維廉　　散文的藝術〔楊牧部分〕　中外文學　第 13 卷第 8 期　1985 年 1 月　頁 124—125

364. 葉維廉　　散文的藝術〔楊牧部分〕　七十四年文學批評選　臺北　爾雅出版社　1986 年 4 月　頁 77—78

365. 旅　人　　中國新詩論史（九）第二節：蛻變說〔楊牧部分〕　笠　第 132 期　1986 年 4，5 月　頁 63—34，74—76

366. 張　錯　　千曲之島──關於《臺灣現代詩選》〔楊牧部分〕　文訊雜誌　第 25 期　1986 年 8 月　頁 182—183

367. 鄭明娳　　鍛接的鋼──論現代詩中古典素材的運作〔楊牧部分〕　文訊雜誌　第 25 期　1986 年 8 月　頁 58—63

368. 齊邦媛　　留學「生」文學──由非常心到平常心〔楊牧部分〕　七十五年文學批評選　臺北　爾雅出版社　1987 年 3 月　頁 253—255

369. 〔張　錯編〕　　楊牧詩選──楊牧（1940—）　千曲之島　臺北　爾雅出版社　1987 年 7 月　頁 1—2

370. 宋田水　　要死不活的臺灣文學──透視臺灣作家的良心──楊牧　臺灣新文化　第 14 期　1987 年 11 月　頁 42

---

[13]本文為「陽光小集」所舉辦「青年詩人心目中的十大詩人」的票選活動紀錄。十位詩人分別為：余光中、白萩、楊牧、鄭愁予、洛夫、瘂弦、周夢蝶、商禽、羅門、羊令野，並略述十人作品風格及技巧。

371. 陳嘉宗　　我讀不懂 YM 的詩　笠　第 143 期　1988 年 2 月　頁 86—87

372. 鄭明娳　　中國新詩概說〔楊牧部分〕　當代文學氣象　臺北　光復書局
　　　　　　　1988 年 4 月　頁 172—174

373. 鄭明娳　　現代詩中古典素材的運用〔楊牧部分〕　當代文學氣象　臺北
　　　　　　　光復書局　1988 年 4 月　頁 184—185，193—194

374. 王志健　　楊牧　文學四論（上）——新詩論、戲劇論　臺北　文史哲出版
　　　　　　　社　1988 年 7 月　頁 284—285

375. 何寄澎　　永遠的搜索者——論楊牧的散文[14]　當代中國文學（1949 以後）
　　　　　　　研討會　臺北　淡江大學　1988 年 11 月 18—19 日

376. 何寄澎　　永遠的搜索者——論楊牧散文的求變與求新　臺大中文學報　第 4
　　　　　　　期　1991 年 6 月　頁 143—176

377. 何寄澎　　永遠的搜索者——論楊牧散文的求變與求新　當代臺灣文學評論
　　　　　　　大系・散文批評卷　臺北　正中書局　1993 年 5 月　頁 319—366

378. 陳　斌　　我最喜愛的當代中國詩人——十四位文化人的意見——楊牧，勇
　　　　　　　於創新的詩人　文訊雜誌　第 43 期　1989 年 5 月　頁 27

379. 陳　斌　　我最喜愛的當代中國詩人：楊牧，勇於創新的詩人　洪範雜誌
　　　　　　　第 41 期　1989 年 10 月　4 版

380. 古繼堂　　藍星詩社和它的詩人群——楊牧　臺灣新詩發展史　臺北　文史
　　　　　　　哲出版社　1989 年 7 月　頁 236—246

381. 公仲，汪義生　　楊牧　臺灣新文學史初編　南昌　江西人民出版社　1989
　　　　　　　年 8 月　頁 284—287，304—305

382. 潘亞暾　　演化而常新——楊牧近期的新詩　國文天地　第 55 期　1989 年
　　　　　　　12 月　頁 85—89

383. 周文龍　　濃與淡：淺論楊牧和羅青的詩[15]　中外文學　第 18 卷第 12 期

---

[14]本文藉由探討其散文理念、剖析其創作演變，及其胸懷與傳承，以呈現其散文求新求變的特質。
　全文共 4 小節：1.前言；2.楊牧的散文理念；3.理念的實踐——不斷求變求新的搜索歷程；4.餘
　論。

[15]本文透過「由意而義」之理論比較楊牧、羅青兩人的詩，並分為濃淡二派作為分界。全文共 4 小

1990 年 5 月　頁 32—58

384. 朱雙一　現代主義詩歌運動的第一次高潮〔楊牧部分〕　臺灣新文學概觀
（下）　廈門　鷺江出版社　1991 年 6 月　頁 122—123

385. 黃重添　海外文學批評家〔楊牧部分〕　臺灣新文學概觀（下）　廈門
鷺江出版社　1991 年 6 月　頁 353—356

386. 陳芳明　典範的追求——楊牧散文與臺灣抒情傳統　洪範雜誌　第 46 期
1991 年 6 月　4 版

387. 陳芳明　典範的追求——楊牧散文與臺灣抒情傳統　典範的追求　臺北
聯合文學出版社　1994 年 2 月　頁 205—211

388. 陳芳明　典範的追求——楊牧散文與臺灣抒情傳統　典範的追求　臺北
聯合文學出版社　2008 年 4 月　頁 205—211

389. 李勇吉　蛻變說延續期：張健與葉珊　中國新詩論史　臺中　臺中縣立文
化中心　1991 年 12 月　頁 183—190

390. 鄭明娳　以創作指標或個人品味建立的文論〔楊牧部分〕　現代散文現象
論　臺北　大安出版社　1992 年 8 月　頁 160—162

391. 劉登翰　現代主義詩歌運動及其詩人創作——覃子豪、余光中與「藍星」
詩人群〔楊牧部分〕　臺灣文學史（下）　福州　海峽文藝出版
社　1993 年 1 月　頁 168—171

392. 徐　學　散文創作（上）——梁實秋、張秀亞與 50 年代的散文創作〔楊牧
部分〕　臺灣文學史（下）　福州　海峽文藝出版社　1993 年 1
月　頁 450—451

393. 徐　學　文學批評（上）——夏志清、余光中等的主體派文學批評〔楊牧
部分〕　臺灣文學史（下）　福州　海峽文藝出版社　1993 年 1
月　頁 474—475

394. 徐　學　文學批評（下）——鄭明娳等的散文批評〔楊牧部分〕　臺灣文

節：1.前言——理論；2.語言；3.結構；4.主題。

　　　　　　　　學史（下）　福州　海峽文藝出版社　1993 年 1 月　頁 875—876

395. 石計生　　布爾喬亞詩學論楊牧[16]　當代臺灣文學評論大系・新詩批評卷　臺
　　　　　　　　北　正中書局　1993 年 5 月　頁 375—389

396. 古繼堂　　楊牧　臺灣新文學理論批評史　瀋陽　春風文藝出版社　1993 年
　　　　　　　　6 月　頁 425—430

397. 古繼堂　　臺灣散文理論批評現狀——爲臺灣散文尋本探源的——楊牧　臺
　　　　　　　　灣新文學理論批評史　臺北　秀威資訊科技公司　2009 年 3 月
　　　　　　　　頁 421—423

398. 王浩威　　地方文學與地方認同——花蓮文學，或者，在花蓮的文學〔楊牧
　　　　　　　　部分〕　東海岸評論　第 59 期　1993 年 6 月　頁 56—68

399. 王浩威　　地方文學與地方認同〔楊牧部分〕　鄉土與文學：臺灣地區區域
　　　　　　　　文學會議實錄　臺北　文訊雜誌社　1994 年 3 月　頁 28—30

400. 王浩威　　地方文學與地方認同——花蓮文學，或者，在花蓮的文學〔楊牧
　　　　　　　　部分〕　臺灣文學二十年集 1978—1998：評論二十家　臺北　九
　　　　　　　　歌出版社　1998 年 3 月　頁 429—431

401. 王志健　　夢土上的坐月人——楊牧　中國新詩淵藪（中）　臺北　正中書
　　　　　　　　局　1993 年 7 月　頁 1913—1927

402. 王志健　　黃土地上的抒情詩——楊牧　中國新詩淵藪（下）　臺北　正中
　　　　　　　　書局　1993 年 7 月　頁 3186—3199

403. 張芬齡　　山風海雨詩鄉——花蓮三詩人楊牧、陳黎、陳克華初論[17]　現代詩
　　　　　　　　復刊第 21 期　1994 年 2 月　頁 44—59

404. 張芬齡　　山風海雨詩鄉——花蓮三詩人楊牧、陳黎、陳克華初論　鄉土與
　　　　　　　　文學：臺灣地區區域文學會議實錄　臺北　文訊雜誌社　1994 年
　　　　　　　　3 月　頁 38—60

405. 徐　學　　當代臺灣散文中的遊戲精神〔楊牧部分〕　中華文學的現在和未

---

[16]本文探討楊牧所處環境以及學養對其詩作的影響。
[17]本文分析楊牧、陳黎以及陳克華三位詩人詩作，以探討其詩作對於家鄉懷念。

　　　　　　來——兩岸暨港澳文學交流研討會論文集　香港　鑪峰學會
　　　　　　1994 年 6 月　頁 179

406. 張芬齡　山風海雨——論楊牧的詩　更生日報　1994 年 8 月 10 日　11 版

407. 古遠清　楊牧文學評論的智慧之光　臺灣當代文學理論批評史　武漢　武
　　　　　　漢出版社　1994 年 8 月　頁 420—425

408. 徐　學　訴說與獨白〔楊牧部分〕　走向新世紀：第六屆世界文學國際學
　　　　　　術研討會論文集　北京　人民文學出版社　1994 年 11 月　頁 234
　　　　　　—235，238

409. 劉登翰　楊牧論　臺灣文學隔海觀　臺北　風雲時代出版公司　1995 年 3
　　　　　　月　頁 269—272

410. 方　忠　詩心情魂，文質並重——楊牧散文　臺港散文 40 家　鄭州　中原
　　　　　　農民出版社　1995 年 5 月　頁 377—380

411. 王浩威　肉身菩薩——九〇年代臺灣現代詩的性和宗教〔楊牧部分〕　臺
　　　　　　灣詩學季刊　第 11 期　1995 年 6 月　頁 22—23

412. 楊宗翰　擺盪：論楊牧近期的詩創作　臺灣詩學季刊　第 14 期　1996 年 3
　　　　　　月　頁 114—120

413. Chiang Jonathan P. F.　Kissing Through the Veil〔楊牧部分〕　Free China
　　　　　　Review　第 46 卷第 4 期　1996 年 4 月　頁 48—53

414. 曾珍珍　楊牧作品中的海洋意象　臺灣的文學與環境　高雄　麗文文化公
　　　　　　司　1996 年 6 月　頁 33—66

415. 陳　黎　有人問楊牧翻譯的問題　洪範雜誌　第 57 期　1997 年 6 月　2 版

416. 楊昌年　散文的崛起〔楊牧部分〕　二十世紀中國新文學史　臺北　駱駝
　　　　　　出版社　1997 年 10 月　頁 310—311

417. 陳芳明　讀楊牧　自由時報　1997 年 12 月 8 日　41 版

418. 陳芳明　讀楊牧　洪範雜誌　第 59 期　1998 年 4 月　3 版

419. 陳芳明　讀楊牧　深山夜讀　臺北　聯合文學出版社　2001 年 3 月　頁
　　　　　　181—183

420. 陳芳明　　讀楊牧　深山夜讀　臺北　聯合文學出版社　2008 年 9 月　頁 181—183

421. 賴素玲　　好山好水孕育花蓮文學　民生報　1997 年 12 月 11 日　34 版

422. 何寄澎　　「詩人」散文的典範——論楊牧散文之特殊格調與地位[18]　臺大中文學報　第 10 期　1998 年 5 月　頁 115—134

423. 何寄澎　　「詩人」散文的典範——論楊牧散文之特殊格調與地位　第一屆花蓮文學研討會論文集　花蓮　蘆葦地帶文化工作室　1998 年 6 月　頁 150—163

424. 陳芳明　　永恆的鄉愁——楊牧文學的花蓮情結[19]　第一屆花蓮文學研討會論文集　花蓮　花蓮縣立文化中心　1998 年 6 月　頁 138—149

425. 陳芳明　　永恆的鄉愁——楊牧文學的花蓮情結　後殖民臺灣：文學史論及其周邊　臺北　麥田出版公司　2002 年 4 月　頁 219—242

426. 陳芳明　　永恆的鄉愁——楊牧文學的花蓮情結　後殖民臺灣：文學史論及其周邊　臺北　麥田出版公司　2007 年 6 月　頁 219—240

427. 鍾怡雯　　臺灣當代散文〔楊牧部分〕　中日文學交流——臺灣現代文學會議——座談會論文　臺北　行政院文建會主辦，輔仁大學外語學院承辦　1999 年 3 月 21—27 日　頁 48

428. 王鴻卿　　楊牧「文人」散文風貌一隅　幼獅文藝　第 546 期　1999 年 6 月　頁 50—55

429. 張芬齡，陳黎　　楊牧詩藝備忘錄（上、中、下）[20]　幼獅文藝　第 546—548 期　1999 年 6—8 月　頁 56—59，50—59，42—48　430. 張芬齡，陳黎　　楊牧詩藝備忘錄　臺灣現代詩經緯　臺北　聯合

---

[18] 本文透過以經解經之方式，析理楊牧文本，呈現其迥異眾人之特殊「詩人散文」格調，凸顯作家在臺灣散文史上的特殊地位。

[19] 本文以為楊牧文學的最大動力來自於原鄉花蓮。全文共 5 小節：1.引言；2.每一片波浪都從花蓮開始；3.對家鄉的俯視與仰望；4.無政府主義者楊牧；5.永恆的鄉愁。

[20] 本文歸納楊牧詩作的特質。全文共 10 小節：1.抒情功能的執著；2.愛與死，時間與記憶；3.中國古典文學的融入；4.西方世界的探觸；5.常用的詩的形式；6.楊牧詩中的自然；7.本土元素的運用；8.家鄉的召喚；9.現實的關照；10.結語。

文學出版社　2001 年 6 月　頁 239—270

431. 孫維民　自由詩的音樂性──以楊牧詩爲例　臺灣詩學季刊　第 27 期
1999 年 6 月　頁 124—127

432. 陳芳明　孤獨深邃的浪漫象徵（1—3）　中國時報　1999 年 12 月 16—18
日　37 版

433. 陳芳明　孤獨深邃的浪漫象徵──楊牧的詩與散文　洪範雜誌　第 63 期
2000 年 11 月　2 版

434. 陳芳明　孤獨深邃的浪漫象徵──楊牧的詩與散文　深山夜讀　臺北　聯
合文學出版社　2001 年 3 月　頁 171—177

435. 陳芳明　孤獨深邃的浪漫象徵──楊牧的詩與散文　陳芳明精選集　臺北
九歌出版社　2003 年 7 月　頁 171—177

436. 陳芳明　孤獨深邃的浪漫象徵──楊牧的詩與散文　深山夜讀　臺北　聯
合文學出版社　2008 年 9 月　頁 171—177

437. 賴芳伶　承傳古典、鎔鑄歐西、落實當代；試論楊牧的人文理想與實踐
地誌書寫與城鄉想像：第二屆花蓮文學研討會　花蓮　花蓮縣文
化局　2000 年 5 月 5—6 日

438. 賴芳伶　承傳古典・鎔鑄歐西・落實當代：試論楊牧的人文理想與實踐
地誌書寫與城鄉想像：第二屆花蓮文學研討會論文集　花蓮　花
蓮縣文化局　2000 年 12 月　頁 55—72

439. 曾珍珍　從神話構思到歷史銘刻：讀楊牧以現代陳黎以後現代詩筆書寫立
霧溪　地誌書寫與城鄉想像：第二屆花蓮文學研討會　花蓮　花
蓮縣文化局　2000 年 5 月 5—6 日

440. 曾珍珍　從神話構思到歷史銘刻：讀楊牧以現代陳黎以後現代詩筆書寫立
霧溪　地誌書寫與城鄉想像：第二屆花蓮文學研討會論文集　花
蓮　花蓮縣文化局　2000 年 12 月　頁 31—53

441. 章亞昕　楊牧傳奇　美國華文文學論　濟南　山東文藝出版社　2000 年 5
月　頁 163—168

442. 郝譽翔　　右外野的浪漫主義者——閱讀楊牧　幼獅文藝　第 558 期　2000
　　　　　　　年 6 月　頁 46—49

443. 王文進　　楊牧的散文志業　自由時報　2000 年 8 月 25 日　39 版

444. 向　陽　　在意象與聲籟的跌宕中——楊牧文本風格的主調　自由時報
　　　　　　　2000 年 8 月 25 日　39 版

445. 陳芳明　　用最美文字關懷生命　聯合報　2000 年 8 月 30 日　14 版

446. 張德本　　詩中羅漢　臺灣時報　2000 年 9 月 23 日　16 版

447. 方　忠　　臺灣新詩——鄭愁予、楊牧　二十世紀中國文學史（下）　臺北
　　　　　　　文史哲出版社　2000 年 9 月　頁 941—943

448. 奚　密　　讀詩筆記：楊牧　聯合文學　第 192 期　2000 年 10 月　頁 26—
　　　　　　　31

449. 簡文志　　楊牧詩論探析[21]　中國現代文學理論　第 20 期　2000 年 12 月
　　　　　　　頁 484—509

450. 王威智　　楊牧——用詩文和故鄉相互應許　遠見雜誌　第 179 期　2001 年
　　　　　　　5 月　頁 304—307

451. 王威智　　楊牧——用詩文和故鄉相互應許　探索名人的精采人生：林懷
　　　　　　　民、幾米、羅曼菲、楊牧、李雅卿、卓有瑞　臺北　天下遠見出
　　　　　　　版公司　2002 年 4 月　頁 139—150

452. 林燿德　　傳統之軸與前衛之輪——半世紀的臺灣散文面目〔楊牧部分〕
　　　　　　　新世代星空　臺北　華文網公司　2001 年 10 月　頁 206

453. 古繼堂　　臺灣散文創作的繁榮——張曉風、楊牧、林清玄　簡明臺灣文學
　　　　　　　史　北京　時事出版社　2002 年 6 月　頁 361—362

454. 何雅雯　　楊牧——詩演化而常新　誠品好讀　第 22 期　2002 年 6 月　頁
　　　　　　　62—64

---

[21]本文探討楊牧詩作，了解其楊牧的詩論。全文共 6 小節：1.體認詩的自由與限制；2.以創作現代
的中國詩為當務；3.強調失的生命力；4.介入現實與緣情體物；5.強調詩的音樂性；6.結語。

455. 賴芳伶　　楊牧篇　新詩典範的追求——以陳黎、路寒袖、楊牧為中心[22]　臺北　大安出版社　2002 年 7 月　頁 132—331

456. 張惠菁　　柏克萊——《傳說》以前的楊牧（上、中、下）　中國時報　2002 年 10 月 21—23 日　39 版

457. Susanne Hornfeck，汪珏　　Nachwort[23]　Patt beim Go　München　Al Verlag　2002 年 10 月　頁 201—205

458. 楊　照　　浪漫主義者的強大生命力量——讀張惠菁的《楊牧》　聯合報　2002 年 12 月 15 日　23 版

459. 楊　照　　浪漫主義者的強大生命力量——讀張惠菁的《楊牧》　霧與畫：戰後臺灣文學史散論　臺北　麥田出版・城邦文化公司　2010 年 8 月

460. 陳芳明　　現代詩藝的追求與成熟〔楊牧部分〕　聯合文學　第 218 期　2002 年 12 月　頁 162—163

461. 陳芳明　　現代詩藝的追求與成熟——現代詩的抒情傳統〔楊牧部分〕　臺灣新文學史　臺北　聯經出版社　2011 年 10 月　頁 440—444

462. 黃麗明　　何遠之有？楊牧詩中的本土與世界[24]　中外文學　第 31 卷第 8 期　2003 年 1 月　頁 133—160

463. 曾珍珍　　生態楊牧——析論生態意象在楊牧詩歌中的運用[25]　中外文學　第 31 卷第 8 期　2003 年 1 月　頁 161—191

464. 石計生　　印象空間的涉事——以班雅明的方法論楊牧詩[26]　中外文學　第 31 卷第 8 期　2003 年 1 月　頁 234—252

---

[22]本文以符號詩學出發，一探《時光命題》、《涉事》的詩美學架構。全文共 3 小節：1.詩心幽邃的《時光命題》；2.《涉事》之美學旨趣；3.〈俯視——立霧溪 1983〉和〈仰望——木瓜山 1995〉的山水美感世界。正文後附錄〈介入社會與超越流俗的人文理念〉。

[23]本文為 Patt beim Go 後記，簡述楊牧生平與創作流變。

[24]本文探討「本土」與「世界」在楊牧詩中的呈現，以及兩者之間的互動，突顯本土與世界的異同。全文共 4 小節：1.家國之思；2.臺灣本土的政治社會動態；3.全球的邊緣：弱勢族群；4.結語。

[25]本文從生態象徵系統的形成析論生態意象在楊牧詩歌中的運用，加以分期，並考察各時期中楊牧以生態入詩的代表作對其象徵系統形成的貢獻。

[26]本文以班雅明方法論分析楊牧詩作中的形式、內涵與創作背景間的關係。

465. 蔡明諺　在一個黑潮洶湧的海岸──論七〇年代的楊牧　臺灣文藝　第 187
期　2003 年 4 月　頁 71─85

466. 鄭慧如　新詩的音樂性──臺灣詩例〔楊牧部分〕　兩岸現代詩學國際學
術研討會　臺北　佛光人文社會學院文學研究所，當代詩學研究
中心主辦　2003 年 12 月 6─7 日　頁 13─14

467. 陳室如　〈作別〉作者簡介　遇見現代小品文　臺北　麥田出版公司
2004 年 1 月　頁 173─177

468. AP. I.R.　Yang Mu, repères bio-bibliographiques　Yang Mu：Quelqu'un
m'interroge à propos de la vérité et de la justice　Paris　Libraire
Editeur　2004 年　頁 111─114

469. 羅任玲　楊牧：自然與人文的思索者　臺灣現代詩自然美學：以楊牧、鄭
愁予、周夢蝶為中心　臺灣師範大學國文學系在職進修碩士班
碩士論文　楊昌年教授指導　2004 年 12 月　頁 11─63

470. 羅任玲　楊牧：自然與人文的思索者　臺灣現代詩自然美學：以楊牧、鄭
愁予、周夢蝶為中心　臺北　爾雅出版社　2005 年 10 月　頁 33
─138

471. 蔣美華　新世紀臺灣長詩美學的航向──楊牧「抽象疏離」的抒情敘述
臺灣詩學學刊　第 5 期　2005 年 6 月　頁 122─126

472. 奚　密　落地生根是落葉歸根──海外中文詩隨想──深厚的雙文化感性
和視界　誰與我詩奔　臺北　麥田出版公司　2005 年 11 月　頁
123─127

473. 蔣美華　簡政珍與當代詩人長詩書寫的參差對照──楊牧、簡政珍「死
亡」詩藝的參差對照　彰化師大文學院學報　第 4 期　2005 年 11
月　頁 190─225

474. 黃萬華　臺灣文學〔楊牧部分〕　中國現當代文學　濟南　山東文藝出版
社　2006 年 3 月　頁 441─442

475. 上田哲二　詩人楊牧の世界──訳者解説　カッコウアザミの歌──楊牧

詩集　東京　思潮社　2006 年 3 月　頁 238—254

476. 上田哲二著；林道生譯　詩人楊牧的世界　東海岸評論　第 214 期　2007
年 10 月　頁 6—18

477. 曾珍珍　花蓮是我的秘密武器──楊牧《涉事》以來的戰爭想像[27]　在地與
遷移・第三屆花蓮文學研討會論文集　花蓮　花蓮縣文化局
2006 年 5 月　頁 167—191

478. 陳芳明　昨夜雪深幾許　聯合文學　第 269 期　2007 年 3 月　頁 10—15

479. 陳芳明　昨夜雪深幾許　昨夜雪深幾許　臺北　印刻出版公司　2008 年 9
月　頁 134—146

480. 古遠清　藍星詩人群──《中國詩歌通史》之一章──楊牧：始終不喪失
抒情氣質　荊門職業技術學院學報　2007 年第 5 期　2007 年 5 月
頁 41—42

481. 古遠清　「藍星」詩人群──楊牧：始終不喪失抒情氣質　長江師範學院
學報　第 24 卷第 6 期　2008 年 11 月　頁 18—19

482. 陳政彥　論戰史第二階段：文化轉型的年代──關唐事件論戰──葉珊暴
民說的爭議　戰後臺灣現代詩論戰史研究　中央大學中國文學系
博士論文　李瑞騰教授指導　2007 年 6 月　頁 166—167

483. 李家欣　各創作類型之表現：現代詩創作的搖籃之一──楊牧　夏濟安與
《文學雜誌》研究　中央大學中國文學系　碩士論文　李瑞騰教
授指導　2007 年 7 月　頁 67

484. 黃麗明　「遙遠那邊確實有一個未完的故事」──楊牧散文詩歌的特質與
內涵　明報月刊　第 499 期　2007 年 7 月　頁 28—31

485. 王正良　楊牧詩論：真與美的完成　戰後臺灣現代詩論研究　中興大學中
國文學系　博士論文　賴芳伶教授指導　2007 年 8 月　頁 91—
132

---

[27]本文探討楊牧的遊子情感與戰爭描寫的關聯，並分析其作品的思想。全文共 5 小節：1.前言：「英雄回家」與「武士遠行」；2.楊牧與戰爭書寫；3.〈預言九九〉：先知式的厭戰告白；4.〈失落的指環〉：青春版的抵殖民羅曼史；5.〈以薩斥堠〉：失鄉者的共產烏托邦狂想。

486. 王正良　吳潛誠詩論：介入詩學——臺灣介入詩學的實證——楊牧：地誌
　　　詩的變格　戰後臺灣現代詩論研究　中興大學中國文學系　博士
　　　論文　賴芳伶教授指導　2007 年 8 月　頁 167—171

487. 林道生　我爲楊牧的新詩譜曲　東海岸評論　第 214 期　2007 年 10 月　頁
　　　19—28

488. 謝佳芳　就是，奇萊山　東海岸評論　第 214 期　2007 年 10 月　頁 29—
　　　33

489. 林　平　人文與歷史兩種價值的交合——談楊牧政治抒情詩的審美價值取
　　　向　當代文壇　2007 年第 6 期　2007 年 11 月　頁 155—157

490. 上田哲二　殖民地城市的記憶——花蓮築港與楊牧[28]　歷史記憶與敘事：現
　　　當代華文文學及影像文化論文集　臺北　中研院文哲所　2007 年
　　　12 月　頁 55—69

491. 古遠清　楊牧：重統精神的現代中國詩　臺灣當代新詩史　臺北　文津出
　　　版社　2008 年 1 月　頁 263—266

492. 董恕明　平易的人情，深邃的世界——試探楊牧詩文中的原住民圖像[29]　第
　　　四屆花蓮文學研討會論文集　花蓮　花蓮縣文化局　2008 年 3 月
　　　頁 165—184

493. 曾萍萍　太陽兀自照耀著：《文學季刊》內容分析——讓戰爭在雙人床外
　　　進行：現代詩及其他文類表現〔楊牧部分〕　「文季」文學集團
　　　研究——以系列刊物爲觀察對象　中央大學中國文學系　博士論
　　　文　李瑞騰教授指導　2008 年 7 月　頁 119

494. 劉益州　楊牧古典戲劇性敘事詩的時空書寫與轉折——以「延陵季子」主
　　　題書寫爲中心　文學人　第 15 期　2008 年 8 月　頁 57—76

---

[28] 本文尋求日治時代花蓮港的原像，並剖析楊牧作品中的涵義。全文共 6 小節：1.前言；2.被遺忘
的「母」港——花蓮築港；3.殖民地摩登的光芒；4.帝國之南進政策；5.外來政權與文化主體
性；6.花蓮港——母性形象、探索、回歸。

[29] 本文探討楊牧詩文中對臺灣原住民族圖像的描繪，及其中的生命美感。全文共 5 小節：1.引言：
山海中人；2.起步：山歌海舞間撈拾一朵雲；3.跨進：雲落地成山林田野中草木青青的心；4.跨
出：心是世界躬身掬起的微光；5.代結語：一閃一閃是時間在凝神靜聽。

495. 吳明益　書寫沉默的島嶼——當代臺灣散文——文學的憶術：當代臺灣散文的演化簡史〔楊牧部分〕　文學　臺灣——11 位新銳臺灣文學研究者帶你認識臺灣文學　臺南　國立臺灣文學館　2008 年 9 月頁 225

496. 陳芳明　回望一個大象徵　印刻文學生活誌　第 65 期　2009 年 1 月　頁 64—67

497. 陳芳明　回望一個大象徵　楓香夜讀　臺北　聯合文學出版社　2009 年 9 月　頁 26—33

498. 張瑞芬　隱喻的實現——楊牧散文的美學傳承與文學史意義　2009 古典與現代文化表現學術研討會　臺中　逢甲大學中國文學系主辦　2009 年 5 月 22—23 日

499. 鄭慧如　原型、敘事、經典化——大荒、楊牧、羅智成、陳大為詩例　2009 古典與現代文化表現學術研討會　臺中　逢甲大學中國文學系主辦　2009 年 5 月 22—23 日

500. 謝旺霖　尋找楊牧文學世界中的「臺灣性」　第三屆臺大、清大臺灣文學研究所研究生學術交流會　臺北　臺灣大學臺灣文學研究所主辦　2009 年 5 月 23 日

501. 奚　密　楊牧詩評析[30]　臺灣現代詩論　香港　天地圖書公司　2009 年 7 月　頁 159—185　。

502. 顧蕙倩　知識份子的浪漫革命——以楊牧、楊澤為例[31]　臺灣現代詩的浪漫特質　臺北　秀威資訊科技公司　2009 年 12 月　頁 133—218

503. 顧蕙倩　知識份子的浪漫革命——以楊牧、楊澤為例　臺灣現代詩的浪漫特質（修訂版）　臺北　秀威資訊科技公司　2012 年 5 月　頁 133—218

504. 郭　楓　蒼茫時空‧楊牧古典詩風的形成——《楊牧論》楔子　新地文學

---

[30]本文論述楊牧人生歷程，及其各時期作品特色。

[31]本文以浪漫特質角度，比較楊牧與楊澤詩作。全文共 4 小節：1.理論探微；2.楊牧：右外野的抒情意象；3.楊澤：薔薇騎士的革命精神；4.楊牧與楊澤。

---

[32] 本文聚焦於楊牧詩文中以原住民入題的作品。

[33] 本文論述楊牧詩作戲劇獨白體在其開創期至成熟期的變化。全文共 5 小節：1.前言；2.另一種現代；3.假面的詩學；4.臉與臉之間；5.結語。

第 35 期　2011 年 12 月　頁 289—328

516. 上田哲二　　鳥瞰的詩學——楊牧作品中的空間美學[34]　一首詩的完成——楊
　　　　　　　　牧七十大壽學術研討會　臺北　政治大學臺灣文學研究所　2010
　　　　　　　　年 9 月 24—26 日

517. 上田哲二　　鳥瞰的詩學——楊牧作品中的空間美學　練習曲的演奏與變
　　　　　　　　奏：詩人楊牧　臺北　聯經出版公司　2012 年 5 月　頁 189—212

518. 陳義芝　　　住在一千個世界上——楊牧詩與中國古典[35]　一首詩的完成——楊
　　　　　　　　牧七十大壽學術研討會　臺北　政治大學臺灣文學研究所　2010
　　　　　　　　年 9 月 24—26 日

519. 陳義芝　　　住在一千個世界上——楊牧詩與中國古典　淡江中文學報　第 23
　　　　　　　　期　2010 年 12 月　頁 99—128

520. 陳義芝　　　住在一千個世界上——楊牧詩與中國古典　練習曲的演奏與變
　　　　　　　　奏：詩人楊牧　臺北　聯經出版公司　2012 年 5 月　頁 297—335

521. 曾珍珍　　　譯者楊牧[36]　一首詩的完成——楊牧七十大壽學術研討會　臺北
　　　　　　　　政治大學臺灣文學研究所　2010 年 9 月 24—26 日

522. 曾珍珍　　　譯者楊牧　練習曲的演奏與變奏：詩人楊牧　臺北　聯經出版公
　　　　　　　　司　2012 年 5 月　頁 125—162

523. 蔡明諺　　　論葉珊的詩[37]　一首詩的完成——楊牧七十大壽學術研討會　臺北

---

[34]本文自楊牧散文作品中常見的「鳥瞰」構圖為研究起點，自俯瞰全景的三次元視野析論楊牧散文中文化空間的建構意義與其想像力來源，以及著者如何構築一個藝術空間。全文共六小節：1.導言；2.我是聽得見山的言語的；3.城市俯瞰的意義；4.詩人和高處——全景視野的詩學；5.從上帝被轉移到民眾的視點；6.結語：鳥的視點。

[35]本文自楊牧的美學關照、學術師承，申述其對於《尚書》、《詩經》中憂患意識的發揚，對初民聲韻的掌握，與陸機〈文賦〉的輝映，進而詳析楊牧如何有意識的應用傳統，活化傳統。全文共有七小節：1.引言：學院詩人典範；2.楊牧的創作之道；3.楊牧做學術論文同時以詩抒感；4.楊牧對師承與真理的發揚；5.楊牧輝映前賢的現代「文賦」；6.楊牧的抒情自我與表現體式；7.餘論：楊牧創作的啟示。

[36]本文以《葉慈詩選》與《暴風雨》為研究文本，將研究視線聚焦在楊牧具體的外語漢譯活動及吸取晚近文化研究翻譯學轉向的理論視野，自譯作選目的歷史脈絡、譯文的修辭策略，和譯詩音樂性的再現、轉化三個面相檢視多重文化認同如何影響楊牧的翻譯修辭及楊牧對於詩藝的追求如何影響他的翻譯倫理取向。全文共有五小節：1.前言；2.譯作選目的歷史脈絡；3.譯文的修辭策略；4.譯詩音樂性的再現與轉化；5.結語。

[37]本文以楊牧早年以葉珊作為筆名期間（1957～1971）詩作為研究焦點，分析該階段詩作中出現的

政治大學臺灣文學研究所　2010 年 9 月 24—26 日

524. 蔡明諺　論葉珊的詩　練習曲的演奏與變奏：詩人楊牧　臺北　聯經出版
公司　2012 年 5 月　頁 163—188

525. 張依蘋　一首詩如何完成——楊牧文學的三一律[38]　一首詩的完成——楊牧
七十大壽學術研討會　臺北　政治大學臺灣文學研究所　2010 年
9 月 24—26 日

526. 張依蘋　一首詩如何完成——楊牧文學的三一律　練習曲的演奏與變奏：
詩人楊牧　臺北　聯經出版公司　2012 年 5 月　頁 213—243

527. 奚　密　楊牧：臺灣詩壇的 Game-Changer[39]　一首詩的完成——楊牧七十
大壽學術研討會　臺北　政治大學臺灣文學研究所　2010 年 9 月
24—26 日

528. 奚　密　楊牧：臺灣現代詩的 Game-Changer　臺灣文學學報　第 17 期
2010 年 12 月　頁 1—26

529. 奚　密　楊牧：臺灣現代詩的 Game-Changer　練習曲的演奏與變奏：詩人
楊牧　臺北　聯經出版公司　2012 年 5 月　頁 1—42

530. 奚　密　楊牧：現代漢詩的 Game-Changer　揚子江評論　2013 年第 1 期
2013 年　頁 34—45

531. 趙衛民　六十年代：學院與鄉土——楊牧的崇高詩風　新詩啓蒙　臺北
里仁書局　2011 年 2 月　頁 256—262

532. 楊　照　以記錄來詮釋一個時代〔楊牧部分〕　印刻文學生活誌　第 91 期
2011 年 3 月　頁 99

533. 應鳳凰，傅月庵　葉珊——《非渡集》　冊頁流轉——臺灣文學書入門 108

現代性特徵與楊牧創作軌跡的轉變與完成。

[38] 本文以 Art Creation（藝術創造）之「文學創作」（Creative Writing）爲思考主軸，引詩劇的三一
律（Three Unities）爲闡釋軸線，以作爲學者、作者、譯者三個身分間彼此的流轉與碰撞與銜接
視爲一種檢視的途徑，爬梳楊牧創作的軌跡。全文共三小節。

[39] 本文著眼於楊牧 1960～1970 年代的文本與文學實踐，以 Game-Changer 理論模式論定此十年時間
奠定了楊牧在臺灣詩壇的地位與新生代詩人的影響。全文共八小節：Game-Changer 理論架構；2.
戰後臺灣的新詩場域；3.浪漫與現代；4.重新評價徐志摩；5.古典與現代；6.現代詩史的梳理；7
「學院派詩人」；8.結論。

臺北　印刻文學生活雜誌出版公司　2011 年 3 月　頁 94—95

534. 陳玠安　　詩人的故事　印刻文學生活誌　第 91 期　2011 年 3 月　頁 93—
　　　　　　　95

535. 陳玠安　　詩人的故事　作家小傳：楊牧　臺北　行人文化實驗室，目宿媒
　　　　　　　體　2012 年 3 月　頁 50—60

536. 丁旭輝　　在天地性靈之間：楊牧情詩的巨大張力[40]　第二十屆詩學會議——
　　　　　　　現代情詩研討會　彰化　彰化師範大學國文系主辦　2011 年 5 月
　　　　　　　20 日

537. 丁旭輝　　在天地性靈之間：楊牧情詩的巨大張力　彰師大國文學誌
　　　　　　　第 23 期　2011 年 12 月　頁 1—28

538. 陳義芝編　　楊牧　Contemporary Taiwanese Literature and Art Series——
　　　　　　　Poetry（當代臺灣文學藝術系列——詩歌卷）　臺北　中華民國筆
　　　　　　　會　2011 年 7 月　頁 64

539. 廖淑妙　　楊牧、陳黎和林韻梅的地誌書寫　日人在臺移民村的建構與再現
　　　　　　　——從地誌書寫到《風前塵埃》　中正大學臺灣文學研究所　碩
　　　　　　　士論文　江寶釵教授指導　2011 年 7 月　頁 41—43

540. 蔡昌晉　　楊牧詩的蒙太奇手法　佛光大學文學系 2011 年研究生論文發表會
　　　　　　　宜蘭　佛光大學文學系主辦　2011 年 8 月 23 日

541. 陳義芝　　記憶的，與隱喻的——楊牧詩中的花蓮語境[41]　第六屆花蓮文學研
　　　　　　　討會　花蓮　花蓮縣文化局主辦；慈濟大學東方語文學系，慈濟
　　　　　　　技術學院，東華大學人文社會科學院協辦；牛稠頭文化工作室承
　　　　　　　辦　2011 年 9 月 24—25 日

542. 陳義芝　　記憶的，與隱喻的——楊牧詩中的花蓮語境　第六屆花蓮文學研
　　　　　　　討會論文集　花蓮　花蓮縣文化局　2012 年 3 月　頁 3—19

---

[40]本文主要討論楊牧不同時期詩作發展變化下所形成的張力。全文共 5 小節：1.前言；2.甜蜜憂愁
　的初貌；3.苦悶蕩動的轉變；4.性靈合一的巔峰；5.結論。
[41]本文從語境切入，探討楊牧詩中指涉，以及未曾說明的意涵、反諷、歧義及語言表現，以呈現楊
　牧詩藝與花蓮色彩。全文共小節：1.引言；2.以花蓮為情感認同中心；3.啟動文化歸宿的心理；4.
　回返花蓮的前奏；5.以源頭，以情人看待花蓮；6.小結。

543. 陳義芝　　記憶的，與隱喻的——楊牧詩中的花蓮語境　淡江中文學報　第 26 期　2012 年 6 月　頁 177—196

544. 蔡明諺　　洄瀾雙重奏——論楊牧和陳黎的交疊主題[42]　第六屆花蓮文學研討會　花蓮　花蓮縣文化局，牛稠頭文化工作室主辦　2011 年 9 月 24—25

545. 蔡明諺　　洄瀾雙重奏——論楊牧與陳黎的交疊詩題　第六屆花蓮文學研討會論文集　花蓮　花蓮縣文化局　2012 年 3 月　頁 285—308

546. 張　健　　楊牧情詩十二式[43]　情與韻：兩岸線代詩集錦　臺北　秀威資訊科技公司　2011 年 9 月　頁 144—175

547. 曾巧雲　　楊牧：浪漫的安那其詩人 70 歲了，首度舉辦楊牧學術研討會 2010 年臺灣文學年鑑　臺南　國立臺灣文學館　2011 年 11 月 頁 147

548. 馬悅然著；曾珍珍譯　　楊牧與西方　中國時報　2012 年 3 月 6 日　E4 版

549. 李立亨　　楊牧的四種身分　作家小傳：楊牧　臺北　行人文化實驗室，目宿媒體　2012 年 3 月　頁 14—34

550. 林明理　　追尋深化藝術的儒者——楊牧詩歌的風格特質　全國新書資訊月刊　第 160 期　2012 年 4 月　頁 27—30

551. 林明理　　追尋深化藝術的儒者——楊牧詩歌的風格特質　用詩藝開拓美：林明理談詩　臺北　秀威資訊科技　2013 年 1 月　頁 50—54

552. 丁威仁　　典律的生成（上）——論「十大詩人票選」〔楊牧部分〕　戰後臺灣現代詩的演變與特質（1949—2010）　臺北　秀威資訊科技公司　2012 年 5 月　頁 253—263

553. 劉益州　　時間的表述：楊牧詩作中的植物時間的書寫策略[44]　臺灣詩學學刊

---

[42]本文分析楊牧與陳黎的詩藝發展，以勾勒出臺灣當代詩歌的風貌與走向。

[43]本文根據詩作題材特質、表現的特殊模式，將楊牧情詩分為十二式並論述之。全文共 12 小節：1.惆悵式；2.身體式；3.自然式；4.宇宙式；5.追憶式；6.風暴式；7.冷吟式；8.性愛式；9.點水蜻蜓式；10.有餘不盡式；11 展望未來式；12.異國情調式。

[44]本文以楊牧的詩作為觀察對象，發現植物是作品中「生命時間意識」表述的主要意向物。全文共 6 小節：1.前言；2.「拉遠」的意象所展現自為的生命時間意識；3.擬人際的意向活動——對植物

第 19 期　2012 年 7 月　頁 67—95

554. 丁旭輝　新左岸詩話〔楊牧部分〕　臺灣詩學吹鼓吹論壇　第 15 期　2012
　　　　　　年 9 月　頁 12—13

555. 陳政彥　現代詩運動革命期（1956—1959）——詩人群像——葉珊　跨越
　　　　　　時代的青春之歌——五、六○年代臺灣現代詩運動　臺南　國立
　　　　　　臺灣文學館　2012 年 10 月　頁 111—115

556. 方　忠　現代主義時代的浪漫精魂——楊牧散文論　徐州師範大學學報
　　　　　　第 38 卷第 6 期　2012 年 11 月　頁 16—21

557. 鄭智仁　寧靜致和——論楊牧詩中的樂土意識[45]　臺灣詩學學刊　第 20 期
　　　　　　2012 年 11 月　頁 127—160

558. 鄭智仁　戰後臺灣詩人的樂園書寫——寧靜致和：楊牧詩中的樂土意識
　　　　　　戰後臺灣新詩樂園書寫研究　東華大學中國語文學系　博士論文
　　　　　　賴芳伶，蔣淑貞教授指導　2012 年　頁 220—242

559. 丁旭輝　楊牧現代詩中的樂府書寫　樂府學　第 7 期　2012 年　頁 219—
　　　　　　234

560. 陸敬思　一個臺灣詩人在移民社群中的發展——楊牧遊歷海外的散文[46]　臺
　　　　　　灣文學研究學報　第 16 期　2013 年 4 月　頁 251—281

561. 鍾怡雯　臺灣現代散文史綜論（1949～2012）〔楊牧部分〕　華文文學
　　　　　　2013 年第 4 期　2013 年 8 月　頁 95，99

分論

◆單行本作品

---

[45]「移情」的時間意識；4.多元植物象徵所共構的客體時間情境；5.當下「植物」的時間延伸：未來及永恆；6.結語。

[45]本文剖析楊牧詩中樂土意識的層面，並探討其情懷與理想如何構築和諧的生命秩序。全文共 6 小節：1.前言；2.抒情政治與文化關涉；3.歸返家園；4.靜，一切的頂峰；5.和棋：理想的生命秩序；6.結語。

[46]本文藉由探討楊牧散文，以了解其旅居海外對其文學創作的影響。全文共小節：1.Introduction:Yang Mu's Inimitable Syncretism;2.Narratives of an Aesthetic in the Making;3.Autobiographical Threads Woven in Biographical Remembrances;4.Conclusion: Yang Mu's Aesthetic Identity。

論述

《鐘鼓集》

562. 宋穎豪　試評《鐘鼓集》　幼獅文藝　第 256 期　1975 年 4 月　頁 68—78

563. 陳慧樺　套語詩理論與《鐘鼓集》[47]　中外文學　第 4 卷第 3 期　1975 年 8 月　頁 208—221

564. 陳慧樺　套語詩理論與楊牧的《鐘鼓集》　文學的創作與神思　臺北　國家出版社　1976 年 6 月　頁 109—124

565. 許又方　讀楊牧《鐘與鼓》及其《詩經》研究[48]　一首詩的完成——楊牧七十大壽學術研討會　臺北　政治大學臺灣文學研究所　2010 年 9 月 24—26 日

566. 許又方　讀楊牧《鐘與鼓》及其《詩經》研究　練習曲的演奏與變奏：詩人楊牧　臺北　聯經出版公司　2012 年 5 月　頁 245—279

《文學的源流》

567. 林錫嘉　中國現代散文理論簡介〔《文學的源流》部分〕　文訊雜誌　第 14 期　1984 年 10 月　頁 92—93

568. 沈　謙　探索現代散文的源流——評楊牧《文學的源流》　書本就像降落傘　臺北　黎明文化公司　1992 年 8 月　頁 134—141

《陸機文賦校釋》

569. 高大鵬　濁世之文華——試論《陸機文賦校釋》　文訊雜誌　第 19 期　1985 年 8 月　頁 105—109

570. 許又方　楊牧《陸機文賦校釋》述評[49]　第一屆人文典範的探尋學術研討會　花蓮　東華大學中國文學系，臺灣大學中國文學系　2007 年 4 月 28 日

571. 許又方　楊牧《陸機文賦校釋》述評　東華人文學報　第 12 期　2008 年 1

---

[47]本文論述楊牧之套語詩理論之特點，並敘述其發展脈絡。

[48]本文以套語理論分析楊牧對於《詩經》的研究論述。全文共五小節：1.《詩經》的套語與口述傳統；2.套語創作的「過渡時期」；3.「主題」與「興」；4.「周文史詩」；5.《詩經》的修辭分析。

[49]本文探討楊牧《陸機文賦校釋》之內容與觀點，加以考察並評論其特殊之見解。

月　頁 197—232

《隱喻與實現》

572. 李奭學　人文主義的典範　聯合報　2001 年 4 月 23 日　30 版

573. 李奭學　人文主義的典範——評楊牧著《隱喻與實現》　書話臺灣：1991
—2003 文學印象　臺北　九歌出版社　2004 年 5 月　頁 294—296

詩

《水之湄》

574. 張　健　評《水之湄》　文星　第 41 期　1961 年 3 月　頁 34—35

575. 孫鍵政　葉珊著《水之湄》評介　大學生　第 31 期　1964 年 3 月　頁 10
—12

576. 張　默　《水之湄》裡的漣漪——論葉珊的詩　現代詩的投影　臺北　臺
灣商務印書館　1967 年 10 月　頁 111—120

577. 劉益州　楊牧《水之湄》的「水」意象試探　創世紀　第 143 期　2005 年
6 月　頁 149—158

《燈船》

578. 柳文哲〔趙天儀〕　詩壇散步——《燈船》　笠　第 23 期　1968 年 2 月
頁 61—62

579. 趙天儀　詩壇散步——中國現代詩評論——《燈船》　裸體的國王　臺北
香草山出版公司　1976 年 6 月　頁 257—260

580. 陳芳明　論《燈船》時期的葉珊　書評書目　第 4 期　1973 年 3 月　頁 4
—19

581. 陳芳明　燃燈人——論《燈船》時期的葉珊　鏡子和影子——現代詩評論
臺北　志文出版社　1974 年 3 月　頁 91—114

《傳說》

582. 葉維廉　葉珊詩集《傳說》序　幼獅文藝　第 189 期　1970 年 6 月　頁
132—147

583. 葉維廉　葉珊的《傳說》　中國現代作家論　臺北　聯經出版公司　1979

年 7 月　頁 259—276

584. 葉維廉　　葉珊的《傳說》　從現象到表現：葉維廉早期文集　臺北　東大
　　　　　　　圖書公司　1994 年 7 月　頁 337—355

585. 葉維廉　　葉珊的《傳說》　葉維廉文集（三）　合肥　安徽教育出版社
　　　　　　　2002 年 8 月　頁 238—251

586. 葉維廉　　跋　傳說　臺北　志文出版社　1971 年 3 月　頁 117—136

587. 趙夢娜〔張芬齡〕　　開闢一個蘋果園——論《傳說》以來楊牧的愛情詩
　　　　　　　大地　第 17 期　1976 年 6 月　頁 54—64

588. 張芬齡　　開闢一個蘋果園——論《傳說》以來楊牧的愛情詩　現代詩啓示
　　　　　　　錄　臺北　書林出版公司　1992 年 6 月　頁 18—38

589. 陳維信　　臺灣文學經典名家特寫——楊牧／另一個野心時代的來臨　聯合
　　　　　　　報　1999 年 2 月 5 日　37 版

590. 陳維信　　楊牧特寫——另一個野心時代的來臨　臺灣文學經典研討會論文
　　　　　　　集　臺北　行政院文建會，聯經出版公司　1999 年 6 月　頁 317

591. 向　陽　　看到樹的真實　中國時報　1999 年 3 月 19 日　37 版

592. 向　陽　　樹的真實——論楊牧《傳說》[50]　臺灣文學經典研討會論文集　臺
　　　　　　　北　行政院文建會，聯經出版公司　1999 年 6 月　頁 299—313

593. 向　陽　　《傳說》楊牧的詩　沿波討源，雖幽必顯——認識臺灣作家的二
　　　　　　　十堂課　桃園　中央大學　2005 年 8 月　頁 44—81

《楊牧詩集 1》

594. 孟　樊　　《楊牧詩集 1》　錦囊開卷　臺北　國家文藝基金管理委員會
　　　　　　　1993 年 6 月　頁 138—140

595. 楊　照　　滄桑與浪漫天真的長期角力——楊牧的《楊牧詩集》　中國時報
　　　　　　　1999 年 2 月 23 日　37 版

596. 楊　照　　滄桑與浪漫天真的長期角力——楊牧的《楊牧詩集》　洪範雜誌

---

[50]本文比較楊牧《傳說》與前期作品《水之湄》、《花季》與《燈船》，以呈現《傳說》創作風格，
　並宣告葉珊時期結束，楊牧時期的來臨。

第 64 期　2001 年 4 月　3 版

《海岸七疊》

597. 洪淑苓　新娘與老妻──男詩人筆下的妻子〔《海岸七疊》部分〕　現代
　　　　　詩新版圖　臺北　威秀資訊科技公司　2004 年 9 月　頁 166

《有人》

598. 盧玟秀　有人問我公理和正義的問題　印刻文學生活誌　第 13 期　2004 年
　　　　　9 月　頁 240

《完整的寓言》

599. 吳潛誠　《完整的寓言》　中國時報　1991 年 10 月 4 日　34 版

600. 吳潛誠　《完整的寓言》　洪範雜誌　第 48 期　1992 年 1 月　2 版

《楊牧詩集 2》

601. 向　陽　在年輪的漩渦裡──評楊牧《楊牧詩集 2》　聯合文學　第 136 期
　　　　　1996 年 2 月　頁 164

602. 向　陽　在年輪的漩渦裡──評楊牧《楊牧詩集 2》　洪範雜誌　第 55 期
　　　　　1996 年 5 月　4 版

603. 向　陽　在年輪的漩渦裡──讀《楊牧詩集》　喧嘩、吟哦與嘆息：臺灣
　　　　　文學散論　臺北　駱駝出版社　1996 年 11 月　頁 115—117

《時光命題》

604. 張　殿　98 文學類書榜導讀──世紀末星圖〔《時光命題》部分〕　聯合
　　　　　報　1998 年 12 月 21 日　48 版

605. 蘇　林　得獎作家近況掃描──歡樂的開始〔《時光命題》部分〕　聯合
　　　　　報　1998 年 12 月 21 日　48 版

606. 〔聯合報〕　讀書人 1998 最佳書獎──文學類・非文學類專號──《時光
　　　　　命題》　聯合報　1998 年 12 月 21 日　41 版

607. 賴芳伶　《時光命題》暗藏的深邃繁複[51]　興大人文學報　第 14 期　2002

---

[51] 本文藉《時光命題》探研楊牧現代詩之變化與特色。全文共 5 小節：1.前言；2.非現實境界三
態：夢境、幻境、妖境；3.社會角色三型：文士、刺客、游俠；4.主題寓意：人生觀的轉向；5.

年 2 月　頁 21—64

608. 林婉瑜　楊牧《時光命題》音韻風格研究[52]　東吳中文研究集刊　第 9 期　2002 年 9 月　頁 181—214

609. 陳大爲　詮釋的縫隙與空白──細讀楊牧的《時光命題》[53]　當代詩學　第 2 期　2006 年 9 月　頁 48—62

《涉事》

610. 賴芳伶　《涉事》楊牧最新詩集　洪範雜誌　第 65 期　2001 年 7 月　1 版

611. 賴芳伶　美麗與憂鬱的迴環辯證　聯合報　2001 年 8 月 20 日　30 版

612. 曾珍珍　落日照大旗　中央日報　2001 年 10 月 15 日　19 版

613. 曾珍珍　落日照大旗　中央日報　2002 年 1 月 7 日　18 版

614. 陳鵬翔　《涉事》楊牧最新詩集　中央日報　2001 年 10 月 17 日　18 版

615. 何雅雯　「詩是我所涉事」──讀楊牧《涉事》　文學經典與臺灣文學　臺北　富春文化公司　2002 年 1 月　頁 62—66

616. 奚　密　抒情的雙簧管──讀楊牧近作《涉事》　中外文學　第 31 卷第 8 期　2003 年 1 月　頁 208—216

《カッコウアザミの歌──楊牧詩集》

617. 高嘉勵　文化翻譯與意象的轉變──以楊牧日譯詩集爲中心[54]　地方感・全球觀──第五屆花蓮文學研討會　花蓮　花蓮縣文化局主辦；東華大學中國文學系協辦　2009 年 10 月 17—18 日

618. 高嘉勵　文化翻譯與意象的轉變──以楊牧日譯詩集爲中心　地方感・全

結語。

[52] 本文分析《時光命題》之押韻形式、聲音的頂真現象、雙韻疊韻構詞的運用，以探討楊牧如何掌握語言韻律，以創造《時光命題》的音韻風格。全文共 7 小節：1.前言；2.聲情與押韻；3.聲音的頂真現象；4.雙聲疊韻的構詞；5.頭韻的運用；6.句中韻的安排；7.結語。

[53] 本文以局部翦影方式、地理自覺、人格取向、生命愛慾、藝術創造、歷史興替以及時間輪迴分類，勾勒楊牧作品中的海洋意象。全文共 4 小節：1.地理自覺：每一片波浪都從花蓮開始；2.人格的取向：你當如大海，如那浩浩瀚瀚的大海；3.生死愛慾與藝術創造：你的誕生即是死；4.結語：歷史的興替與時間的輪迴。

[54] 本文以上田哲二《カッコウアザミの歌》爲中心，從語言文化角度，探討上田哲二翻譯楊牧原詩間，中、日、西的交流、被翻譯、被轉化，以及融合至原文化之中。

球觀：第五屆花蓮文學研討會論文集　花蓮　花蓮縣文化局
2009 年 12 月　頁 1—16

《介殼蟲》

619. 許悔之　自然與尚古——評《介殼蟲》　聯合報　2006 年 5 月 14 日　E5
版

620. the mus　《介殼蟲》　自由時報　2006 年 5 月 22 日　E7 版

621. 須文蔚　深刻與多樣的抒情聲音　中國時報　2006 年 5 月 28 日　B2 版

《長短歌行》

622. 黃文鉅　猗蘭琴操將歸兮　聯合文學　第 347 期　2013 年 9 月　頁 94

散文

《葉珊散文集》

623. 李　瑋　散文回味——三十年來散文暢銷書介紹　洪範雜誌　第 16 期
1984 年 4 月　3 版

624. 郭玉文　《葉珊散文集》　錦囊開卷　臺北　國家文藝基金管理委員會
1993 年 6 月　頁 277—279

625. 陳韻如　大自然的頌歌　中國時報　1999 年 7 月 22 日　46 版

626. 葉淑美　徐志摩現象：臺灣文藝界對徐志摩的接受——「志摩體」抒情美
文在臺灣文壇的延續——浪漫唯美、自然崇拜——楊牧《葉珊散
文集》　徐志摩在臺灣的接受與傳播　政治大學臺灣文學系　碩
士論文　陳芳明教授指導　2009 年 1 月　頁 121—125

《年輪》

627. 溫任平　從楊牧的《年輪》看現代散文的變　中外文學　第 8 卷第 3 期
1979 年 8 月　頁 112—118

628. 游　喚　三十年來最前衛的一部散文——論楊牧《年輪》的表現藝術　散
文季刊　第 3 期　1984 年 7 月　頁 120—126

629. 游　喚　三十年來最前衛的一部散文——《年輪》的表現藝術　文學批評
的實踐與反思　臺中　臺中縣立文化中心　1993 年 6 月　頁 173

—185

630. 張堂錡　臺灣現代文學（三）——現代散文的新趨向〔《年輪》部分〕
　　　國文天地　第 145 期　1997 年 6 月　頁 77

《柏克萊精神》

631. 王克文　詩人與鄉土——談《柏克萊精神》　自立晚報　1977 年 10 月 30
　　　日　3 版

632. 王克文　詩人與鄉土——談《柏克萊精神》　書評書目　第 54 期　1977 年
　　　10 月　頁 45—48

633. 李漢呈　從《柏克萊精神》看楊牧的「變」　出版與研究　第 9 期　1977
　　　年 11 月　頁 3

634. 亮　軒　東門町的《柏克萊》　愛書人　第 107 期　1979 年 4 月 11 日　3
　　　版

635. 郭明福　知識與真理的尋求　琳瑯書滿目　臺北　爾雅出版社　1985 年 7
　　　月 20 日　頁 285—288

636. 李漢呈　從《柏克萊精神》看楊牧的變　洪範雜誌　第 4 期　1981 年 10 月
　　　1 版

《蒐索者》

637. 劉竹華　如詩的行版　洪範雜誌　第 23 期　1985 年 9 月　3 版

638. 周昭翡　《搜索者》　洪範雜誌　第 24 期　1985 年 12 月　3 版

639. 陳維信　臺灣文學經典名家特寫——楊牧／真切風格的展現　聯合報
　　　1999 年 2 月 8 日　37 版

640. 陳維信　楊牧特寫——真切風格的展現　臺灣文學經典研討會論文集　臺
　　　北　行政院文建會，聯經出版公司　1999 年 6 月　頁 388

641. 鍾怡雯　無盡的搜索者——論楊牧《搜索者》（上、中、下）　臺灣新聞
　　　報　1999 年 5 月 12—14 日　13 版

642. 鍾怡雯　無盡的搜尋——論楊牧《搜索者》　臺灣文學經典研討會論文集
　　　臺北　行政院文建會，聯經出版公司　1999 年 6 月　頁 376—386

643. 鍾怡雯　無盡的搜尋——論楊牧《搜索者》　無盡的追尋：當代散文的詮釋與批評　臺北　聯合文學出版社　2004 年 9 月　頁 88—99

《山風海雨》

644. 董　橋　《山風海雨》（評審意見）　昆蟲紀事——第十屆「時報文學獎」得獎作品集　臺北　時報文化出版公司　1987 年 12 月　頁 118

645. 林燿德　讀楊牧《山風海雨》　文訊雜誌　第 35 期　1988 年 4 月　頁 156—161

646. 林耀德　開啓詩的端倪——評楊牧《山風海雨》　當代臺灣文學評論大系·散文批評卷　臺北　正中書局　1993 年 5 月　頁 479—490

647. 陳信元　夏日炎炎書解悶——好書推薦：現代散文書單——楊牧《山風海雨》　國文天地　第 39 期　1988 年 8 月　頁 29

648. 書　宇　彩筆生花——推介楊牧散文集《山風海雨》　洪範雜誌　第 45 期　1991 年 2 月　4 版

649. 張芬齡　《山風海雨》詩鄉——論楊牧的詩　更生日報　1994 年 8 月 10 日　11 版

650. 許俊雅　記憶與認同——臺灣小說的二戰經驗書寫——文學作品中的二戰（太平洋戰事）記憶：太平洋戰爭——空襲經驗及其他〔《山風海雨》部分〕　臺灣文學研究學報　第 2 期　2006 年 4 月　頁 63

《一首詩的完成》

651. 李祖琛　中年詩人的執著與憂患——評楊牧的《一首詩的完成》　聯合文學　第 55 期　1989 年 5 月　頁 185—187

652. 吳潛誠　評《一首詩的完成》——融議論、記述、抒情於一爐　中國時報　1989 年 12 月 25 日　20 版

653. 吳潛誠　《一首詩的完成》　洪範雜誌　第 42 期　1990 年 1 月　4 版

654. 江奇龍　楊牧《一首詩的完成》的幾種修辭格　國文天地　第 106 期　1994 年 3 月　頁 29—35

655. 小　葉　　右外野之歌——讀楊牧《一首詩的完成》　書評雜誌　第 27 期　1997 年 4 月　頁 32—34

656. 陳秀玲　　給青年詩人的信——評楊牧《一首詩的完成》　書評雜誌　第 63 期　2003 年 4 月　頁 14—18

657. 米　卡　　讀楊牧《一首詩的完成》　更生日報　2006 年 1 月 1 日　9 版

《方向歸零》

658. 向　陽　　《方向歸零》　洪範雜誌　第 47 期　1991 年 9 月　3 版

659. 李奭學　　憤怒少年行——評楊牧《方向歸零》　洪範雜誌　第 48 期　1992 年 1 月　3 版

660. 李奭學　　憤怒少年行——評楊牧著《方向歸零》　書話臺灣：1991—2003 文學印象　臺北　九歌出版社　2004 年 5 月　頁 205—207

661. 羅智成　　收放自如的四重奏——評楊牧的《方向歸零》　聯合文學　第 88 期　1992 年 2 月　頁 102—104

662. 羅智成　　收放自如的四重奏——評楊牧的《方向歸零》　新地文學　第 10 期　2009 年 12 月　頁 301—303

《疑神》

663. 吳潛誠　　《疑神》　中國時報　1993 年 2 月 26 日　42 版

664. 吳潛誠　　楊牧著《疑神》　洪範雜誌　第 51 期　1993 年 9 月　3 版

665. 吳潛誠　　楊牧的《疑神》　洪範雜誌　第 52 期　1994 年 2 月　2 版

666. 張娟芬　　楊牧疑「神」疑「權」　中國時報　1993 年 12 月 23 日　43 版

667. 丁存煦　　讀《疑神》　洪範雜誌　第 52 期　1994 年 2 月　2 版

668. 邱　婷　　楊牧自述文學創作理念　民生報　1994 年 7 月 14 日　15 版

669. 王之樵　　疑神的楊牧　洪範雜誌　第 53 期　1994 年 11 月　3 版

《星圖》

670. 李奭學　　雪紅鱒的旅程——評楊牧散文新作《星圖》　中時晚報　1995 年 4 月 9 日　14 版

671. 李奭學　　雪紅鱒的旅程——評楊牧著《星圖》　書話臺灣：1991—2003 文

學印象　臺北　九歌出版社　2004 年 5 月　頁 221—224

672. 徐望雲　哲學放兩旁，詩心擺中間——讀楊牧《星圖》　洪範雜誌　第 54
期　1995 年 11 月　3 版

673. 何寄澎　《星圖》　聯合報　1996 年 1 月 1 日　41 版

674. 何寄澎　評介《星圖》　洪範雜誌　第 55 期　1996 年 5 月　2 版

675. 顏艾琳　攤開一張心靈的航圖——楊牧《星圖》　臺灣日報　1996 年 11 月
5 日　23 版

676. 陳　黎　星圖，心圖？——評介《星圖》　洪範雜誌　第 57 期　1997 年 6
月　2 版

677. 羅智成　生命與大自然的奇遇　中國時報　1996 年 6 月 6 日　39 版

《亭午之鷹》

678. 羅智成　生命與大自然的奇遇——評介《亭午之鷹》　洪範雜誌　第 56 期
1996 年 9 月　3 版

679. 夏　玉　鷹隼之姿，絕妙之美——楊牧的《亭午之鷹》　自由時報　1996
年 6 月 9 日　34 版

680. 夏　玉　鷹隼之姿，絕妙之美——楊牧的《亭午之鷹》　洪範雜誌　第 57
期　1997 年 6 月　2—3 版

681. 張　讓　耽美之歌《亭午之鷹》　聯合報　1996 年 6 月 10 日　43 版

682. 吳　浩　楊牧寫《亭午之鷹》　文訊雜誌　第 128 期　1996 年 6 月　〔1〕
頁

683. 江寶釵　在寂寂停頓中——評楊牧的散文集《亭午之鷹》[55]　中外文學　第
25 卷第 2 期　1996 年 7 月　頁 167—173

684. 王文進　三十五歲以後的葉慈，三十五歲以後的楊牧——兼談《亭午之
鷹》　幼獅文藝　第 513 期　1996 年 9 月　頁 13—17

685. 林　式　典範的追求　臺灣新聞報　1997 年 1 月 19 日　13 版

---

[55] 本文探討《亭午之鷹》的內容與作者境界所帶出的藝術美感。全文共 3 小節：1. 遊戲於分別之區
界；2. 惜誦以致愍的心境；3. 結語：介乎枯槁與黃金的色彩。

686. 張春榮　　寧靜中充滿大合唱的聲音——楊牧《亭午之鷹》　1996 臺灣文學
　　　　　　　年鑑　臺北　行政院文建會　1997 年 6 月　頁 187—188

687. 張春榮　　寧靜中充滿大合唱的聲音——楊牧《亭午之鷹》　現代散文廣角
　　　　　　　鏡　臺北　爾雅出版社　2001 年 5 月 1 日　頁 143—147

688. 張慧珍　　試析楊牧的《亭午之鷹》　中國語文　第 83 卷第 2 期　1998 年 9
　　　　　　　月　頁 84—88

689. 陳嘉英　　具體設事，抽象提鍊的《亭午之鷹》　景女學報　第 7 期　2007
　　　　　　　年 1 月　頁 1—23

《昔我往矣》

690. Ccharles 等[56]　　讀書人周報：「一千零一頁」網站跨媒體連線 3 月份主題書
　　　　　　　——《昔我往矣》　聯合報　1998 年 3 月 30 日　46 版

691. 呂澤加　　《昔我往矣》　中央日報　1998 年 8 月 31 日　22 版

《奇萊後書》

692. 王乾任　　《奇萊後書》・楊牧著・洪範　書香兩岸　第 8 期　2009 年 6 月
　　　　　　　頁 100

693. 栩　栩　　當我們破缺地敘說著　風球詩雜誌　第 2 期　2009 年 6 月　頁
　　　　　　　113

694. 張瑞芬　　亂石纍纍的心裡——評楊牧《奇萊後書》　文訊雜誌　第 284 期
　　　　　　　2009 年 6 月　頁 108—110

695. 邱上容　　初夏，在島上——詩人楊牧《奇萊後書》出版　文訊雜誌　第 284
　　　　　　　期　2009 年 6 月　頁 116

696. 郝譽翔　　詩的完成——論楊牧《奇萊後書》　新地文學　第 10 期　2009 年
　　　　　　　12 月　頁 323—330

697. 郝譽翔　　抒情傳統之重審與再造——論楊牧《奇萊後書》[57]　一首詩的完成

---

[56] 評論者：Ccharles、林宗容、u960453、bmp、文殊。
[57] 本文以《奇萊後書》(2009) 為研究文本，探討楊牧如何植根於抒情傳統，進而再造。最後透過
　　審視詩人與社會的關係，構築詩人所謂的「詩的真實」與「詩的完成」。本書共三小節：1.審思
　　抒情傳統；2.抽象疏離：詩言志；3.象徵：詩與真實。

——楊牧七十大壽學術研討會　臺北　政治大學臺灣文學研究所
2010 年 9 月 24—26 日

698. 郝譽翔　抒情傳統的審思與再造——論楊牧《奇萊後書》　臺北教育大學
語文集刊　第 19 期　2011 年 1 月　頁 209—236

699. 郝譽翔　抒情傳統的審思與再造——論楊牧《奇萊後書》　練習曲的演奏
與變奏：詩人楊牧　臺北　聯經出版公司　2012 年 5 月　頁 101
—123

戲劇

《吳鳳》

700. 謝惠林　楊牧入選《二十世紀中國戲劇》　聯合報　1983 年 10 月 29 日　8
版

701. 潘亞暾　「犧牲是爲了愛」：評臺灣詩人楊牧的詩劇《吳鳳》　黔南民族
師專學報　1984 年第 3 期　1984 年 3 月　頁 26—32

702. 潘亞暾　「犧牲是爲了愛」：評臺灣詩人楊牧的詩劇《吳鳳》　臺灣研究
集刊　1985 年第 3 期　1985 年 9 月　頁 75—79

703. 楊宗翰　現代詩劇，休走！——從楊牧《吳鳳》談起　國文天地　第 160
期　1998 年 9 月　頁 80—88

704. 楊宗翰　現代詩劇，休走！——從楊牧《吳鳳》談起　臺灣文學的當代視
野　臺北　文津出版社　2002 年 6 月　頁 45—56

◆多部作品

《傳說》、《年輪》

705. 楊子澗　《傳說》中的葉珊與《年輪》裡的楊牧——談王靖獻十年的思想
歷程[58]　中華文藝　第 71 期　1977 年 1 月　頁 161—204

706. 楊子澗　《傳說》中的葉珊與《年輪》裡的楊牧——談王靖獻十年的思想
歷程　中國現代文學評論集　臺北　中華文藝月刊社　1977 年 2

---

[58]本文以《傳說》爲分水嶺，探究王靖獻的感情思想歷程。全文共 3 小節：1.前言；2.《傳說》裡
的葉珊；3.《年輪》中的楊牧。

月　頁 158—201

707. 楊子澗　《傳說》中的葉珊與《年輪》裡的楊牧——談王靖獻十年的思想
　　　歷程　現代詩導讀‧批評篇　臺北　故鄉出版社　1979 年 11 月
　　　頁 329—375

《山風海雨》、《方向歸零》

708. 徐　學　八〇年代臺灣政治文化與臺灣散文〔《山風海雨》、《方向歸
　　　零》部分〕　當代臺灣政治文學論　臺北　時報文化出版公司
　　　1994 年 7 月　頁 296

709. 吳潛誠　「虛構」的自傳：閱讀楊牧[59]　更生日報　1997 年 11 月 23 日
　　　20 版

710. 吳潛誠講；黃振富記　詩人少年時的一幅畫像——楊牧的「虛構」自傳文
　　　集　洪範雜誌　第 59 期　1998 年 4 月　2—3 版

711. 吳潛誠　詩人少年時的一幅畫像——楊牧的（虛構）自傳散文　島嶼巡
　　　航：黑倪和臺灣作家的介入詩學　臺北　立緒文化公司　1999 年
　　　11 月　頁 91—102

《亭午之鷹》、《下一次假如你去舊金山》

712. 王鴻卿　緬懷國度裡的楊牧——兼談楊牧近作《亭午之鷹》、《下一次假
　　　如你去舊金山》、《葉慈詩選》、《徐志摩散文選》　幼獅文藝
　　　第 521 期　1997 年 5 月　頁 15—18

《時光命題》、《昔我往矣》

713. 許悔之　少年之眼‧哀愁之心　聯合報　1998 年 3 月 2 日　47 版

714. 廖咸浩　《時光命題》、《昔我往矣》　中國時報　1998 年 3 月 12 日　42
　　　版

715. 廖咸浩　評介《時光命題》、《昔我往矣》　洪範雜誌　第 60 期　1998 年
　　　11 月　3 版

716. 焦　桐　真實的蜃樓——楊牧自傳體散文中的半虛構世界　幼獅文藝　第

---

[59]本文後改篇名為〈詩人少年時的一幅畫像——楊牧的「虛構」自傳文集〉。

532 期　1998 年 4 月　頁 15—18

《山風海雨》、《方向歸零》、《昔我往矣》

717. 石曉楓　楊牧自傳體散文中的虛實鑑照　中國現代文學理論　第 15 期
1999 年 9 月　頁 439—462

718. 郝譽翔　浪漫主義的交響詩：論楊牧《山風海雨》、《方向歸零》、《昔
我往矣》[60]　地誌書寫與城鄉想像：第二屆花蓮文學研討會論文集
花蓮　花蓮縣文化局　2000 年 12 月　頁 73—86

719. 郝譽翔　浪漫主義的交響詩：論楊牧《山風海雨》、《方向歸零》、《昔
我往矣》　臺大中文學報　第 13 期　2000 年 12 月　頁 163—186

720. 郝譽翔　浪漫主義的交響詩——論楊牧《山風海雨》、《方向歸零》、
《昔我往矣》　大虛構時代　臺北　聯合文學出版社　2008 年 9
月　頁 13—38

721. 陳嘉英　展開時間膠卷與過去對話——談楊牧的三本文學自傳　景女學報
第 2 期　2002 年 1 月　頁 39—54

722. 陳嘉英　展開時間膠卷與過去對話——談楊牧的三本文學自傳　國文天地
第 211 期　2002 年 12 月　頁 56—63

《疑神》、〈孤獨〉

723. 陳芳明　孤獨是一匹獸〔《疑神》、〈孤獨〉部分〕　聯合文學　第 279
期　2008 年 1 月　頁 10—15

724. 陳芳明　孤獨是一匹獸——論楊牧等 5 位詩人詩中的獸〔《疑神》、〈孤
獨〉〕　文學人　第 22 期　2010 年 12 月　頁 43—49

《葉珊散文集》、《搜索者》

725. 徐　學　從何其芳到王鼎鈞——獨白體散文詩漫論〔《葉珊散文集》、
《搜索者》部分〕　和而不同　南寧　廣西人民出版社　2008 年
10 月　頁 578

---

[60]本文藉由討論《山風海雨》系列，一窺詩人成長歷程、詩的發端、成型。全文共 3 小節：1.《山風海雨》；2.《方向歸零》；3.《昔我往矣》。

《奇萊前書》、《奇萊後書》

726. 張瑞芬　隱喻的實現——楊牧《奇萊前書》與《奇萊後書》的美學策略
　　　2009 古典與現代文化表現學術研討會　臺中　逢甲大學中國文學
　　　系主辦　2009 年 5 月 22—23 日

727. 賴芳伶　永恆的奇萊，深情的楊牧　新地文學　第 10 期　2009 年 12 月
　　　頁 318—322

728. 賴芳伶　楊牧「奇萊」意象的隱喻與實現[61]　一首詩的完成——楊牧七十大
　　　壽學術研討會　臺北　政治大學臺灣文學研究所　2010 年 9 月 24
　　　—26 日

729. 賴芳伶　楊牧「奇萊」意象的隱喻和實現——以《奇萊前書》、《奇萊後
　　　書》爲例　練習曲的演奏與變奏：詩人楊牧　臺北　聯經出版公
　　　司　2012 年 5 月　頁 43—100

730. 楊　照　重新活過的時光：論楊牧的奇萊前後書[62]　一首詩的完成——楊牧
　　　七十大壽學術研討會　臺北　政治大學臺灣文學研究所　2010 年
　　　9 月 24—26 日

731. 楊　照　重新活過的時光——讀楊牧《奇萊前書》、《奇萊後書》（上、
　　　下）　聯合報　2010 年 10 月 13—14 日　D3 版

732. 楊　照　重新活過的時光：論楊牧的「奇萊前後書」　練習曲的演奏與變
　　　奏：詩人楊牧　臺北　聯經出版公司　2012 年 5 月　頁 281—295

《時光命題》、《論詩詩》

733. 雷子瑛　楊牧〈論詩詩〉第一節與《時光命題・變奏》之研究　第三屆文
　　　學視野——青年學者論文研討東部交流會　宜蘭　佛光大學文學
　　　系　2009 年 6 月 17 日

《年輪》、《星圖》

---

[61] 本文以重出「奇萊」意象，探討其對楊牧的隱喻之意，並規劃出其內心深處的回歸地圖。全文共
小節：1.前言：山海原鄉；2.「奇萊」的史地地緣；3.顯身爲「家鄉守護神，母親」的奇萊；4.
「詩關涉」：奇萊的隱喻和實現；5.智慧之源，風格典範；6.結語：「我心縈繞的島嶼」。

[62] 本文聚焦於《奇萊前書》、《奇萊後書》中跳脫既定回憶懷舊的直線時序，點出楊牧在寫作時的時
序憑依乃藉由捕捉不具有「書寫正當性」的瑣碎靈光片段而成，並以文字加深內化。

734. 陳芳明　　愛慾生死的辯證——楊牧詩文的協奏交響[63]　一首詩的完成——楊
　　　　　　　牧七十大壽學術研討會　臺北　政治大學臺灣文學研究所　2010
　　　　　　　年 9 月 24—26 日

735. 陳芳明　　生死愛欲的辯證——楊牧詩文的協奏交響　聯合文學　第 312 期
　　　　　　　2010 年 10 月　頁 74—83

736. 陳芳明　　生死愛慾的辯證——楊牧詩文的協奏交響　練習曲的演奏與變
　　　　　　　奏：詩人楊牧　臺北　聯經出版公司　2012 年 5 月　頁 337—360

《年輪》、《奇萊前書》、《奇萊後書》

737. 鍾怡雯　　自傳寫作與詮釋主體——論楊牧《奇萊前書》[64]　一首詩的完成—
　　　　　　　—楊牧七十大壽學術研討會　臺北　政治大學臺灣文學研究所
　　　　　　　2010 年 9 月 24—26 日

738. 鍾怡雯　　文學自傳與詮釋主體——論楊牧《奇萊前書》與《奇萊後書》
　　　　　　　練習曲的演奏與變奏：詩人楊牧　臺北　聯經出版公司　2012 年
　　　　　　　5 月　頁 399—421

739. 鍾怡雯　　文學自傳與詮釋主體——論楊牧《奇萊前書》與《奇萊後書》
　　　　　　　世界華文文學論壇　2011 年第 4 期　2011 年 12 月　頁 13—18

單篇作品

740. 尉天驄等[65]　評葉珊〈十二星象練習曲〉——第一屆詩宗獎（創作）綜合評
　　　　　　　審意見　詩宗季刊　第 5 期　1972 年 3 月　頁 2—6

741. 陳慧樺　　從神話的觀點看現代詩〔〈十二星象練習曲〉部分〕　創世紀
　　　　　　　第 37 期　1974 年 7 月　頁 42—45

742. 陳慧樺　　從神話的觀點看現代詩〔〈十二星象練習曲〉部分〕　中華現代
　　　　　　　文學大系（臺灣 1970—1989）評論卷（貳）　臺北　九歌出版社

---

[63]本文以創作橫跨 19 年，反映著者中年前後感情起伏與心境變化的《年輪》與《星圖》為論述文本。全文分兩部分：1.《年輪》的藝術；2.《星圖》的寓言。
[64]本文以作為文學自傳的《年輪》與「奇萊書」（《奇萊前書》、《奇萊後書》）為論述中心，探究文學自傳的目的與其和現代散文傳統的對話，最後探究楊牧的學者身分如何介入參與了散文的創作。全書共三小節：1.為甚麼文學自傳；2.與前行者的對話；3.結論。
[65]評審委員：尉天驄、白萩、姚一葦、洛夫、瘂弦、羅門、葉維廉。

1989 年 5 月　頁 972—974

743. 馬蘇菲著；李家沂譯　「造物」——臺灣現代詩的序列形式〔〈十二星象
練習曲〉〕[66]　中外文學　第 31 卷第 8 期　2003 年 1 月　頁 192
—207

744. 陳芳明　楊牧現代抒情的詩藝——閱讀〈十二星象練習曲〉[67]　臺灣前行代
詩家論　臺北　萬卷樓圖書公司　2003 年 11 月　頁 123—138

745. 陳芳明　愛慾即真理〔〈十二星象練習曲〉部分〕　聯合文學　第 286 期
2008 年 8 月　頁 18—19

746. 陳芳明　一點螢火從廢園舊樓處流來〔〈流螢〉〕　大地詩刊　第 4 期
1973 年 3 月　頁 56—60

747. 陳芳明　一點螢火從廢園舊樓處流來〔〈流螢〉〕　鏡子和影子——現代
詩評論　臺北　志文出版社　1974 年 3 月　頁 123—131

748. 梁實秋　金縷衣與金縷玉衣——梁實秋先生函〔〈驚識杜秋娘〉〕　中外
文學　第 1 卷第 12 期　1973 年 5 月　頁 69

749. 周策縱　金縷衣與金縷玉衣——周策縱先生函〔〈驚識杜秋娘〉〕　中外
文學　第 1 卷第 12 期　1973 年 5 月　頁 69—72

750. 賴瑞和　釋葉珊的〈給時間〉　龍族詩刊　第 9 期　1973 年 7 月　頁 205
—206

751. 陳芳明　真和美的情詩——葉珊的〈松村〉　鏡子和影子——現代詩評論
臺北　志文出版社　1974 年 3 月　頁 115—121

752. 羅　青　楊牧的〈松村〉（上、下）　大華晚報　1979 年 10 月 7，14 日
7 版

753. 羅　青　〈松村〉　詩的照明彈　臺北　爾雅出版社　1994 年 8 月　頁
225—238

754. 莫　渝　〈松村〉解說　情願讓雨淋著　臺北　業強出版社　1991 年 9 月

---

[66] 本文透過楊牧〈十二星象練習曲〉探討「主題變化」之組詩的形式，及臺灣組詩的形式。
[67] 本文論述楊牧〈十二星象練習曲〉之價值地位，並探討探討其中戰爭與情慾間的描寫。全文共 4
小節：1.前言；2.不快樂的情詩；3.戰爭與性愛之間；4.結語。

　　　　　　　頁 191

755. 余光中　傳奇以外〔〈鄭愁予傳奇〉〕　聽聽那冷雨　臺北　純文學出版
　　　　　　　社　1974 年 8 月　頁 187—189

756. 余光中　傳奇以外〔〈鄭愁予傳奇〉〕　聽聽那冷雨　臺北　純文學出版
　　　　　　　社　1981 年 2 月　頁 187—189

757. 余光中　傳奇以外〔〈鄭愁予傳奇〉〕　聽聽那冷雨　臺北　九歌出版社
　　　　　　　2002 年 3 月　頁 163—165

758. 余光中　傳奇以外〔〈鄭愁予傳奇〉〕　聽聽那冷雨　臺北　九歌出版社
　　　　　　　2008 年 4 月　頁 163—165

759. 余光中　傳奇以外〔〈鄭愁予傳奇〉〕　余光中集（第五卷）　天津　百
　　　　　　　花文藝出版社　2004 年 1 月　頁 303—306

760. 黃肇南　論楊牧〈孤獨〉　中央日報　1977 年 5 月 9 日　10 版

761. 羅　青　楊牧的〈孤獨〉（上、下）　大華晚報　1978 年 4 月 16，23 日
　　　　　　　7 版

762. 羅　青　楊牧的〈孤獨〉　從徐志摩到余光中　臺北　爾雅出版社　1978
　　　　　　　年 12 月　頁 177—185

763. 羅　青　〈孤獨〉　從徐志摩到余光中　臺北　爾雅出版社　1999 年 8 月
　　　　　　　頁 177—186

764. 劉龍勳　〈孤獨〉賞析　中國新詩賞析 2　臺北　長安出版社　1981 年 4
　　　　　　　月　頁 232—233

765. 陳義芝　流雲迎面撞擊的飛行──詩的美感體驗〔〈孤獨〉部分〕　文字
　　　　　　　結巢　臺北　三民書局　2007 年 1 月　頁 236—238

766. 石計生　孤獨的幾何〔〈孤獨〉〕　新地文學　第 10 期　2009 年 12 月
　　　　　　　頁 307—310

767. 謝材俊　讀楊牧的〈林沖夜奔〉　守著陽光守著你　臺北　皇冠出版社
　　　　　　　1978 年 7 月　頁 134—156

768. 劉龍勳　〈林沖夜奔──聲音的戲劇〉賞析　中國新詩賞析 2　臺北　長安

出版社　1981 年 4 月　頁 218—230

769. 耘　之　　回歸傳統的一種嘗試——楊牧〈林沖夜奔〉評析　當代文藝探索
1985 年第 4 期　1985 年 8 月　頁 94

770. 劉益州　　瘂弦〈山神〉與楊牧〈林沖夜奔〉中「山神」形象與敘事策略研
究[68]　東華大學中國語文學系第一次研究生論文研討會　花蓮　東
華大學中國語文學系　2001 年 5 月 29 日

771. 劉益州　　瘂弦〈山神〉與楊牧〈林沖夜奔〉中「山神」形象與敘事策略研
究　創世紀　第 134 期　2003 年 3 月　頁 151—159

772. 李瑞騰　　釋楊牧的〈向遠古〉　幼獅文藝　第 299 期　1978 年 11 月　頁
20—26

773. 李瑞騰　　釋楊牧的〈向遠古〉　詩的詮釋　臺北　時報文化出版公司
1982 年 6 月　頁 104—112

774. 李瑞騰　　釋楊牧的〈向遠古〉　新詩學　臺北　駱駝出版社　1997 年 3 月
頁 217—226

775. 林明德　　靜觀「竹里館」——楊牧〈隨劉守宜先生訪竹里館〉讀後　藍星
季刊　新 10 號　1978 年 12 月　頁 114—128

776. 蕭　蕭　　現代名詩賞析舉隅〔〈水之湄〉部分〕　臺灣新聞報　1979 年 5
月 21 日　12 版

777. 劉龍勳　　〈水之湄〉賞析　中國新詩賞析 2　臺北　長安出版社　1981 年 4
月　頁 183—186

778. 傅天虹　　賞析楊牧〈水之湄〉　漢語新詩 90 年代名作選析　香港　銀河出
版社　2008 年 5 月　頁 281—282

779. 張漢良　　現代詩導讀——〈冰涼的小手〉　中華文藝　第 106 期　1979 年
12 月　頁 185—187

---

[68] 本文比較瘂弦〈山神〉與楊牧〈林沖夜奔〉中「山神形象」，以了解兩者在形象塑造上的差異。
全文共 6 小節：1.前言；2.歷史上和唐詩有關「山神」記載的文獻；3.瘂弦〈山神〉之「山神」
形象與敘事策略；4.楊牧〈林沖夜奔〉之「山神」形象與敘事策略；5.第一人稱的「山神」形象
研究與比較；6 結語。

780. 落　蒂　　　讓我輕握你冰涼的小手——談楊牧詩作〈冰涼的小手〉　大家來
　　　　　　　　讀詩——臺灣新詩品賞　臺北　文史哲出版社　2012 年 2 月　頁
　　　　　　　　139—141

781. 文曉村　　　〈徒然草〉評析　寫給青少年的新詩評析一百首（上）　臺北
　　　　　　　　布穀出版社　1980 年 4 月　頁 111—112

782. 文曉村　　　〈徒然草〉評析　新詩評析一百首（上）　臺北　黎明文化公司
　　　　　　　　1981 年 3 月　頁 126—127

783. 蓉　子　　　〈徒然草〉　青少年詩國之旅　臺北　業強出版社　1990 年 10 月
　　　　　　　　頁 89—91

784. 渡　也　　　楊牧的心情〔〈你的心情〉〕　渡也論新詩　臺北　黎明文化公
　　　　　　　　司　1983 年 9 月　頁 149—153

785. 林亨泰等[69]　詩的欣賞比較〔〈子〉部分〕　笠　第 98 期　1980 年 8 月
　　　　　　　　頁 22

786. 思　鐸　　　楊牧的作品——〈揀花落〉　明道文藝　第 58 期　1981 年 1 月
　　　　　　　　頁 14

787. 劉龍勳　　　〈微雨牧馬場〉賞析　中國新詩賞析 2　臺北　長安出版社　1981
　　　　　　　　年 4 月　頁 186—189

788. 落　蒂　　　一排風蝕的斷水描出異鄉的荒邈——談楊牧詩作〈微雨的牧馬
　　　　　　　　場〉　大家來讀詩——臺灣新詩品賞　臺北　文史哲出版社
　　　　　　　　2012 年 2 月　頁 142—143

789. 劉龍勳　　　〈延陵季子掛劍〉賞析　中國新詩賞析 2　臺北　長安出版社
　　　　　　　　1981 年 4 月　頁 189—205

790. 張松建　　　「新傳統的奠基石」——吳興華、新詩、另類現代性——「另類
　　　　　　　　現代性」：現代漢詩的新視野〔〈延陵季子掛劍〉部分〕　中外
　　　　　　　　文學　第 33 卷第 7 期　2004 年 12 月　頁 185—187

791. 吳　晟　　　楊牧〈料羅灣的漁舟〉　大家文學選‧散文卷　臺中　明光出版

[69]評論者：林亨泰、王灝、黃乙、張志華、陳秋月、何豐山、傅梅如、石瑛、桓夫。

社　1981 年 10 月　頁 168—171

792. 流沙河　不說淒涼更淒涼〔〈淒涼三犯〉〕　文譚　1982 年第 3 期　1982
年 3 月　頁 27

793. 季　季　〈多來之小簡〉：編者的話　1982 年臺灣散文選　臺北　前衛出
版社　1983 年 2 月　頁 102

794. 沈　謙　文學評介——詩人楊牧的散文之緣〔〈多來之小簡〉〕　幼獅少
年　第 91 期　1984 年 5 月　頁 116—120

795. 沈　謙　詩人楊牧的散文之緣——評〈多來之小簡〉　獨步，散文國：現
代散文評析　臺北　讀冊文化公司　2002 年 10 月　頁 143—151

796. 苦　苓　楊牧〈不尋常的浪〉　詩人坊季刊　第 6 期　1983 年 10 月　頁
59—61

797. 陳義芝　〈狼〉賞析　聯合文學　第 2 期　1984 年 12 月　頁 115

798. 向　明　〈狼〉編者按語　七十三年詩選　臺北　爾雅出版社　1985 年 3
月　頁 199

799. 何寄澎　〈一九七二〉簡析　中國現代散文選析 2　臺北　長安出版社
1985 年 3 月　頁 862—864

800. 李春林　〈一九七二〉　臺灣散文鑑賞辭典　太原　北嶽文藝出版社
1991 年 12 月　頁 833—835

801. 紀大偉　圈內圈外：1970 年代——楊牧〈一九七二〉　正面與背影——臺
灣同志文學簡史　臺南　國立臺灣文學館　2012 年 10 月　頁 67
—69

802. 何寄澎　〈山谷記載〉簡析　中國現代散文選析 2　臺北　長安出版社
1985 年 3 月　頁 871—873

803. 李春林　〈山谷記載〉　臺灣散文鑑賞辭典　太原　北嶽文藝出版社
1991 年 12 月　頁 824—825

804. 洪富連　當代主題散文鑑賞舉隅〔〈山谷記載〉部分〕　當代主題散文研
究　高雄　復文圖書出版社　1998 年 4 月　頁 266—270

805. 〔編輯部〕　　人情觀照〔〈山谷記載〉部分〕　階梯作文 2　臺北　三民書
　　　　局　1999 年 10 月　頁 144—146

806. 卓翠鑾　　另類的鄉情書寫──淺析楊牧的〈山谷記載〉　國文天地　第 188
　　　　期　2001 年 1 月　頁 70—72

807. 何寄澎　　〈水井和馬燈〉簡析　中國現代散文選析 2　臺北　長安出版社
　　　　1985 年 3 月　頁 851—852

808. 何寄澎　　〈搜索者〉簡析　中國現代散文選析 2　臺北　長安出版社　1985
　　　　年 3 月　頁 881—883

809. 洪富連　　當代主題散文鑑賞舉隅〔〈搜索者〉部分〕　當代主題散文研究
　　　　高雄　復文圖書出版社　1998 年 4 月　頁 149—152

810. 李瑞騰　　〈春歌〉編者按語　七十四年詩選　臺北　爾雅出版社　1986 年
　　　　4 月　頁 43—44

811. 陳幸蕙　　〈古典文學〉編者註　七十五年散文選　臺北　九歌出版社
　　　　1987 年 2 月　頁 106—107

812. 陳幸蕙　　〈詩和詩的結構──林燿德作品試論〉編者按語　七十五年文學
　　　　批評選　臺北　爾雅出版社　1987 年 3 月　頁 57—58

813. 張默　　楊牧／〈黑衣人〉　小詩選讀　臺北　爾雅出版社　1987 年 5 月
　　　　頁 146—149

814. 鄭明娳　　特殊結構的類型〔〈給青年詩人的信〉部分〕　現代散文類型論
　　　　臺北　大安出版社　1987 年 6 月　頁 198—200

815. 蕭蕭　　〈閒適〉編者註　七十六年散文選　臺北　九歌出版社　1988 年
　　　　3 月　頁 119

816. 〔鄭明娳，林燿德選註〕　　〈戰火在天外燃燒〉　童年　臺北　正中書局
　　　　1990 年 5 月　頁 56

817. 陳大為　　〈戰火在天外燃燒〉評析　臺灣現代文學教程：當代文學讀本
　　　　臺北　二魚文化公司　2002 年 8 月　頁 170—171

818. 鄭明娳　　〈花蓮白燈塔〉欣賞　青少年散文選　臺北　業強出版社　1990

年 6 月　頁 97

819. 焦　桐　　地方文學〔〈花蓮白燈〉部分〕　臺灣文學的街頭運動（一九七
　　　　　　　七—世紀末）　臺北　時報文化出版公司　1998 年 11 月　頁 33

820. 方　忠　　〈守望〉賞析　古今中外朦朧詩鑑賞辭典　鄭州　中州古籍出版
　　　　　　　社　1990 年 11 月　頁 509—510

821. 李春林　　〈山窗下〉　臺灣散文鑑賞辭典　太原　北嶽文藝出版社　1991
　　　　　　　年 12 月　頁 793—795

822. 李春林　　〈柏克萊的精神〉　臺灣散文鑑賞辭典　太原　北嶽文藝出版社
　　　　　　　1991 年 12 月　頁 802—804

823. 李春林　　〈西雅圖志〉　臺灣散文鑑賞辭典　太原　北嶽文藝出版社
　　　　　　　1991 年 12 月　頁 811—813

824. 李春林　　〈作別〉　臺灣散文鑑賞辭典　太原　北嶽文藝出版社　1991 年
　　　　　　　12 月　頁 815—817

825. 張　健　　現代散文欣賞——〈作別〉賞析　明道文藝　第 269 期　1998 年
　　　　　　　8 月　頁 147—148

826. 陳室如　　〈作別〉　遇見現代小品文　臺北　麥田出版公司　2004 年 1 月
　　　　　　　頁 177—184

827. 奚　密　　中國現代詩十四行初探〔〈十四行詩十四首〉部分〕　中外文學
　　　　　　　第 20 卷第 10 期　1992 年 3 月　頁 64—66

828. 林錫嘉　　〈完整的寓言〉編者註　八十年散文選　臺北　九歌出版社
　　　　　　　1992 年 3 月　頁 176

829. 李瑞騰　　〈黃雀〉　八十年詩選　臺北　爾雅出版社　1992 年 4 月　頁
　　　　　　　141—142

830. 簡　媜　　〈亭午之鷹〉編者註　八十一年散文選　臺北　九歌出版社
　　　　　　　1993 年 3 月　頁 94

831. 張慧珍　　試析楊牧的〈亭午之鷹〉　中國語文　第 83 卷第 3 期　1998 年 9
　　　　　　　月　頁 84—88

832. 張慧珍　　試析楊牧的〈亭午之鷹〉　國學教學論文集　臺北　萬卷樓圖書
　　　　　　　　公司　2001 年 9 月　頁 336—341

833. 陳大為　　從猛禽特寫探討自然寫作的讀者意識（上）〔〈亭午之鷹〉部
　　　　　　　　分〕　國文天地　第 195 期　2001 年 8 月　頁 50—61

834. 陳芳明　　孤獨是一種倨傲〔〈亭午之鷹〉〕　寫作教室：閱讀文學名家
　　　　　　　　臺北　麥田出版公司　2004 年 3 月　頁 413—417

835. 孟　樊　　當代臺灣女性詩學〔〈讓風朗誦〉部分〕　當代臺灣女性文學史
　　　　　　　　臺北　時報文化出版公司　1993 年 5 月　頁 159

836. 向　陽　　〈讓風朗誦〉賞析　臺灣現代文選　臺北　三民書局　2004 年 5
　　　　　　　　月　頁 196

837. 陳芳明　　撥霧見日是中年的心情〔〈完整的寓言・十二月十七日與小名對
　　　　　　　　霧〉部分〕　我最喜愛的一首詩（二）　高雄　河畔出版社
　　　　　　　　1993 年 5 月　頁 181—182

838. 陳芳明　　撥霧見日是中年的心情〔〈完整的寓言・十二月十七日與小名對
　　　　　　　　霧〉部分〕　深山夜讀　臺北　聯合文學出版社　2001 年 3 月
　　　　　　　　頁 178—180

839. 陳芳明　　撥霧見日是中年的心情〔〈完整的寓言・十二月十七日與小名對
　　　　　　　　霧〉部分〕　深山夜讀　臺北　聯合文學出版社　2008 年 9 月
　　　　　　　　頁 178—180

840. 鴻　鴻　　〈時光命題〉編者按語　八十二年詩選　臺北　現代詩季刊社
　　　　　　　　1994 年 6 月　頁 213

841. 吳潛誠　　九〇年代臺灣詩（人）的國際視野〔〈時光命題〉部分〕　臺灣
　　　　　　　　現代詩史論：臺灣現代詩史研討會實錄　臺北　文訊雜誌社
　　　　　　　　1996 年 3 月　頁 514

842. 〔瘂弦主編〕　〈時光命題〉品賞　天下詩選 1：1923—1999 臺灣　臺北
　　　　　　　　天下遠見出版公司　1999 年 9 月　頁 109—110

843. 陳萬益　　原住民的世界——楊牧、黃春明與陳列散文的觀點〔〈他們的世

界〉〕 第一屆臺灣本土文化學術研討會論文集 臺北 臺灣師
範大學文學院，人文教育研究中心 1995 年 4 月 頁 339—345

844. 陳萬益 原住民的世界——楊牧、黃春明與陳列散文的觀點〔〈他們的世
界〉〕 山海文化 第 10 期 1995 年 5 月 頁 70—72

845. 陳萬益 原住民的世界——楊牧、黃春明與陳列散文的觀點〔〈他們的世
界〉〕 于無聲處聽驚雷 臺南 臺南市立文化中心 1996 年 5
月 頁 167—180

846. 陳萬益 原住民的世界——楊牧、黃春明與陳列散文的觀點〔〈他們的世
界〉〕 臺灣文學二十年集 1978—1998：評論二十家 臺北 九
歌出版社 1998 年 3 月 頁 37—38

847. 王正良 〈他們的世界〉導讀賞析 山海書——宜花東文學選輯 1 臺北
二魚文化公司 2008 年 9 月 頁 104—107

848. 柯慶明 六十年代現代主義文學？〔〈陽光海岸〉部分〕 四十年來中國
文學 臺北 聯合文學出版社 1995 年 6 月 頁 131—132

849. 許悔之 美學演練與精神象徵——關於〈循行大島〉 自由時報 1995 年
11 月 6 日 34 版

850. 陳明柔 楊牧詩作〈禾〉之語意分析 國文天地 第 157 期 1998 年 6 月
頁 58—66

851. 吳 當 詩人故鄉的版圖——試析楊牧〈瓶中稿〉 更生日報 1996 年 11
月 17 日 20 版

852. 吳 當 詩人故鄉的版圖——試析楊牧〈瓶中稿〉 新詩的智慧 臺北
爾雅出版社 1997 年 2 月 1 日 頁 187—193

853. 陳義芝 〈瓶中稿〉作品賞析 繁花盛景：臺灣當代文學新選 臺北 正
中書局 2003 年 8 月 頁 46—47

854. 佘佳燕 每一片波浪都從花蓮開始——楊牧〈瓶中稿〉的現代主義美學
創世紀 第 138 期 2004 年 3 月 頁 142—154

855. 楊瀅靜 〈瓶中稿〉導讀賞析 山海書——宜花東文學選輯 1 臺北 二魚

　　　　　　文化公司　2008 年 9 月　頁 115—118

856. 吳岱穎　　夢中潮聲侵岸——讀楊牧〈瓶中稿〉　幼獅文藝　第 674 期
　　　　　　2010 年 2 月　頁 36—39

857. 吳岱穎　　夢中潮聲侵岸——楊牧〈瓶中稿〉　更好的生活　臺北　聯經出
　　　　　　版公司　2011 年 5 月　頁 85—95

858. 李瑞騰　　梨樹・梨花・梨子———組寫物作品的解讀法〔〈梨〉部分〕
　　　　　　新詩學　臺北　駱駝出版社　1997 年 3 月　頁 52—54

859. 瘂　弦　　〈細雪〉小評　八十五年詩選　臺北　現代詩季刊社　1997 年 6
　　　　　　月　頁 109

860. 張　默　　從〈秋晚的江上〉到〈時間進行式〉——「七行詩」讀後筆記
　　　　　　〔〈細雪〉部分〕　小詩・牀頭書　臺北　爾雅出版社　2007 年
　　　　　　3 月　頁 187

861. 吳潛誠　　閱讀花蓮：地誌書寫——楊牧與陳黎〔〈俯視——立霧溪一九八
　　　　　　三〉部分〕　更生日報　1997 年 11 月 9 日　20 版

862. 吳潛誠　　地誌書寫，城市想像——楊牧與陳黎〔〈俯視——立霧溪一九八
　　　　　　三〉部分〕　島嶼巡航：黑倪和臺灣作家的介入詩學　臺北　立
　　　　　　緒文化公司　1999 年 11 月　頁 84—86

863. 須文蔚　　〈俯視——立霧溪一九八三〉作品賞析　閱讀文學地景・新詩卷
　　　　　　臺北　行政院文建會　2008 年 4 月　頁 359—360

864. 蕭　蕭　　〈前生〉賞析　八十六年詩選　臺北　現代詩季刊社　1998 年 5
　　　　　　月　頁 181—182

865. 游喚，張鴻聲，徐華中　　〈又是風起的時候〉　現代散文精讀　臺北　五
　　　　　　南圖書出版公司　1998 年 8 月　頁 89—92

866. 焦　桐　　地方文學〔〈帶你回花蓮〉部分〕　臺灣文學的街頭運動（一九
　　　　　　七七—世紀末）　臺北　時報文化出版公司　1998 年 11 月　頁
　　　　　　26—28

867. 顏崑陽　　〈自然的悸動〉　沒有圍牆的花園　臺北　幼獅文化公司　1999

年 4 月　頁 6—8

868. 石曉楓　楊牧〈野櫻〉的主題意涵——兼論其散文創作的理論與實踐　國文天地　第 169 期　1999 年 6 月　頁 85—92

869. 楊錦富　試探楊牧散文——〈野櫻〉　中國語文　第 88 卷第 5 期　2001 年 5 月　頁 90—93

870. 林啓誠　從楊牧的散文創作過程看〈野櫻〉之寫作[70]　語文學報　第 10 期　2003 年 12 月　頁 241—280

871. 游淑如　楊牧植在我們心中的〈野櫻〉　聯合文學　第 255 期　2006 年 1 月　頁 81

872. 陳巍仁　臺灣現代散文詩文類析論〔〈你決心懷疑〉部分〕　一九九九竹塹文學獎得獎作品集　新竹　新竹市立文化中心　1999 年 6 月　頁 326—328

873. 焦　桐　〈兔——七月二十日東華大學所見〉賞析　八十七年詩選　臺北　創世紀詩雜誌社　1999 年 6 月　頁 16

874. 鍾怡雯　故土與古土——論臺灣返「鄉」散文〔〈北方〉部分〕　解嚴以來臺灣文學國際學術研討會論文集　臺北　萬卷樓圖書公司　2000 年 9 月　頁 495—496

875. 李敏勇　〈航向愛爾蘭〉　臺灣詩閱讀——探觸五十位臺灣詩人的心　臺北　玉山社出版公司　2000 年 9 月　頁 100—105

876. 楊顯榮　多情再感無感傷〔〈水妖〉〕　國語日報　2000 年 11 月 12 日　5 版

877. 劉益州　楊牧〈水妖〉的敘事結構　創世紀　第 147 期　2006 年 6 月　頁 155—161

878. 落　蒂　多情・再無傷感——析楊牧〈水妖〉　大家來讀詩——臺灣新詩品賞　臺北　文史哲出版社　2012 年 2 月　頁 28—31

---

[70]本文除了探討〈野櫻〉的主題和內涵外，亦藉其散文創作的過程理解〈野櫻〉之象徵。全文共 4 小節：1.前言；2.楊牧散文作品風格之演變；3.〈野櫻〉賞析——從楊牧的散文創作過程看〈野櫻〉之寫作；4.結語。

879. 蕭　　蕭　　〈地震後八十一日在東勢〉編者按語　八十九年詩選　臺北　臺
　　　　　灣詩學季刊雜誌社　2001 年 4 月　頁 98

880. 浦基維，涂玉萍，林聆慈　　辭章創作與個人際遇——親情、愛情——親情
　　　　　〔〈十一月的白芒花〉部分〕　散文・新詩義旨古今談　臺北
　　　　　萬卷樓圖書公司　2002 年 1 月　頁 70

881. 許婉姿　　在我開始尋覓之前……——再讀楊牧〈十一月的白芒花〉　幼獅
　　　　　文藝　第 618 期　2005 年 6 月　頁 98—102

882. 王基倫等[71]　　〈十一月的白芒花〉賞析　國文 5　臺北　東大圖書公司
　　　　　2008 年 8 月　頁 128—129

883. 向　　陽　　〈蠹蝕〉編者案語　九十年詩選　臺北　臺灣詩學季刊雜誌社
　　　　　2002 年 5 月　頁 130

884. 鍾怡雯　　〈那一個年代〉評析　臺灣現代文學教程：散文讀本　臺北　二
　　　　　魚文化公司　2002 年 8 月　頁 108—109

885. 廖玉蕙　　〈那一個年代〉作品賞析　繁花盛景：臺灣當代文學新選　臺北
　　　　　正中書局　2003 年 8 月　頁 161

886. 蕭　　蕭　　作品賞析——〈昨日以前的星光〉　臺灣現代文選・散文卷　臺
　　　　　北　三民書局　2002 年 8 月　頁 66—67

887. 唐　　捐　　〈悲歌為林義雄作〉評析　臺灣現代文學教程：當代文學讀本
　　　　　臺北　二魚文化公司　2002 年 8 月　頁 75—76

888. 葉振富〔焦桐〕　　臺灣現代散文的地圖意象〔〈詩的端倪〉部分〕　涵養
　　　　　用敬：國立中央大學中文系專任教師論著集 1　桃園　中央大學中
　　　　　國文學系　2002 年 9 月　頁 521—522

889. 焦　　桐　　散文地圖〔〈詩的端倪〉部分〕　中華現代文學大系（貳）臺灣
　　　　　一九八九—二〇〇三評論卷（一）　臺北　九歌出版社　2003 年
　　　　　10 月　頁 858—859

---

[71]編著者：王基倫、王學玲、朱孟庭、林偉淑、林淑芬、范宜如・高嘉謙、曾守正、黃俊郎、謝佩
　芬、簡淑寬、顏瑞芳、羅凡政。

890. 蕭　蕭　〈詩的端倪〉賞析　攀登生命顛峰　臺北　聯合文學出版社
　　　2005 年 3 月　頁 316—317

891. 吳明津　密門之鑰——〈詩的端倪〉　比整個世界還要大：散文選讀　臺
　　　北　三民書局　2007 年 9 月　頁 280—282

892. 賴芳伶　楊牧〈近端午讀 Eisenstein〉的色／空拼貼[72]　中外文學　第 31 卷
　　　第 8 期　2003 年 1 月　頁 217—233

893. 王昌煥　談「窗外」一文的引導寫作〔〈紐約日記〉〕　國文天地　第 214
　　　期　2003 年 3 月　頁 98—104

894. 簡文志　楊牧〈水田地帶〉　跨國界詩想：世華新詩評析　臺北　唐山出
　　　版社　2003 年 12 月　頁 109—113

895. 李敏勇　〈主題〉解說　啊，福爾摩沙！　臺北　本土文化公司　2004 年
　　　1 月　頁 71

896. 焦　桐　〈戰爭〉編者案語　九十一年詩選　臺北　臺灣詩學季刊雜誌社
　　　2003 年 4 月　頁 220

897. 焦　桐　遇見一首詩（11 首）〔〈戰爭〉部分〕　臺港文學選刊　第 223
　　　期　2005 年 6 月　頁 48

898. 〔向　陽主編〕　〈沙婆礑〉作品賞析　2003 臺灣詩選　臺北　二魚文化
　　　公司　2004 年 6 月　頁 280

899. 孫玉石　〈聲音〉賞析　星光燦爛的文學花園：現代文學知識精華散文・
　　　詩歌　臺北　雅書堂文化公司　2005 年 2 月　頁 509—511

900. 陳芳明　以擦亮每一顆文字刷新歷史〔〈抽象疏離：那裡時間將把我們遺
　　　忘〉部分〕　聯合報　2005 年 3 月 4 日　E7 版

901. 〔陳義芝主編〕　〈沼地〉鑑評　2004 臺灣詩選　臺北　二魚文化公司
　　　2005 年 3 月　頁 140

902. 賴芳伶　孤傲深隱與曖昧激情——試論《紅樓夢》和楊牧的〈妙玉坐禪〉[73]

---

[72]本文用「蒙太奇」理論來探討楊牧作品中的寫作手法與寓意、境界。
[73]本文以詩美學的角度考索二者傳承與變異的軌跡。全文共 5 小節：1.前言；2.吾有大患，為吾有

　　　　　　　　東華漢學　第 3 期　2005 年 5 月　頁 283—316

903. 康來新　　〈疑神集〉　臺灣宗教文選　臺北　二魚文化公司　2005 年 5 月
　　　　　　　　頁 86

904. 簡文志　　楊牧〈瑤光星散為鷹〉　多元的交響：世華散文評析　臺北　唐
　　　　　　　　山出版社　2005 年 6 月　頁 86—91

905. 王德威　　從文學看歷史——慾望之島〔〈熱蘭遮城〉〕　自由時報　2005
　　　　　　　　年 8 月 31 日　E7 版

906. 王德威　　慾望之島〔〈熱蘭遮城〉部分〕　臺灣：從文學看歷史　臺北
　　　　　　　　麥田出版公司　2005 年 9 月　頁 374—375

907. 解昆樺　　大洋濱城熱蘭遮：楊牧〈熱蘭遮城〉之手稿版本與海戰時空書寫
　　　　　　　　意識研究　多重視野的人文海洋：海洋文化學術研討會　高雄
　　　　　　　　中山大學文學院主辦　2009 年 10 月 23 日

908. 蕭　蕭　　〈心兵四首〉賞析　2005 臺灣詩選　臺北　二魚文化公司　2006
　　　　　　　　年 2 月　頁 48

909. 邱如君　　從洄瀾的碎浪開始游航——山海雙重奏響時光之命題：楊牧〈七
　　　　　　　　星潭〉　在地與遷移・第三屆花蓮文學研討會論文集　花蓮　花
　　　　　　　　蓮縣文化局　2006 年 5 月　頁 94—97

910. 陳沛淇　　〈七星潭〉隨詩去旅遊　走入歷史的身影：讀新詩遊臺灣（人文
　　　　　　　　篇）　臺北　幼獅文化公司　2007 年 6 月　頁 135—137

911. 〔蕭　蕭主編〕　　〈有人問我公理和正義的問題〉詩作賞析　優游意象世
　　　　　　　　界　臺北　聯合文學出版社　2006 年 6 月　頁 134—135

912. 陳芳明　　早熟脆弱如一顆二十世紀梨〔〈有人問我公理和正義的問題〉〕
　　　　　　　　文訊雜誌　第 254 期　2006 年 12 月　頁 9—11

913. 陳芳明　　早熟脆弱如一顆二十世紀梨〔〈有人問我公理和正義的問題〉〕
　　　　　　　　楓香夜讀　臺北　聯合文學出版社　2009 年 9 月　頁 20—25

身？——慾望、宿命與隨機；3.詩美學的傳統和現代——用典及文類轉換；4.語言修辭與面具問
題；5.結語。

914. 陳義芝　〈那不是氾濫的災害〉　為了測量愛　臺北　聯合文學出版社
　　　2006 年 6 月　頁 89

915. 曾琮琇　從扮裝到變裝〔〈北斗行〉部分〕　嬉遊記：八〇年代以降臺灣
　　　「遊戲」詩論　成功大學中國文學系　碩士論文　陳昌明教授指
　　　導　2006 年 7 月　頁 114

916. 曾琮琇　從扮裝到變裝〔〈北斗行〉部分〕　臺灣當代遊戲詩論　臺北
　　　爾雅出版社　2009 年 1 月　頁 116

917. 焦　桐　〈佐倉：薩孤肋〉賞析　2006 臺灣詩選　臺北　二魚文化公司
　　　2007 年 7 月　頁 37

918. 陳義芝　臺灣「學院詩人」的名與實──《學院詩人群年度詩集》綜論
　　　〔〈鄭玄寤夢〉部分〕　學院作家學術研討會大會手冊及論文集
　　　臺北　臺北教育大學語文與創作學系　2007 年 9 月　頁 20—21

919. 陳芳明　純粹與粉碎〔〈背手看雪〉部分〕　聯合文學　第 280 期　2008
　　　年 2 月　頁 15

920. 鄭順聰　〈程建雄和詩與我〉賞析　閱讀文學地景・散文卷　臺北　行政
　　　院文建會　2008 年 4 月　頁 602

921. 李翠瑛　〈臺南古榕〉作品賞析　閱讀文學地景・新詩卷　臺北　行政院
　　　文建會　2008 年 4 月　頁 268—269

922. 陳義芝　〈天涼〉作品導讀──憤怒以抒情　散文新四書・秋之聲　臺北
　　　三民書局　2008 年 9 月　頁 11—13

923. 張松建　一個杜甫，各自表述：馮至、楊牧、西川、廖偉棠──楊牧：為
　　　故國文化招魂〔〈秋祭杜甫〉〕　中外文學　第 37 卷第 3 期
　　　2008 年 9 月　頁 116—124

924. 向　陽　〈逝水〉作品導讀　青少年臺灣文庫 2──新詩讀本 1：春天在我
　　　的血管裡歌唱　臺北　國立編譯館　2008 年 12 月　頁 21

925. 向　陽　〈霜夜作〉作品導讀　青少年臺灣文庫 2──新詩讀本 1：春天在
　　　我的血管裡歌唱　臺北　國立編譯館　2008 年 12 月　頁 34

926. 葉　櫓　　楊牧〈如何抵抗樹影〉　大海洋詩刊　第 84 期　2012 年 1 月　頁 22

927. 楊　寒　　典範模習的連漪效應——楊牧〈秋探〉與楊佳嫻〈花園〉二詩　臺灣詩學吹鼓吹詩論壇　第 16 期　2013 年 3 月　頁 252—257

928. 楊　寒　　季節的聲音——楊牧〈秋探〉　臺灣詩學吹鼓吹論壇　第 17 期　2013 年 9 月　頁 146—148

929. 楊佳嫻　　〈六朝之後酒中仙〉筆記　靈魂的領地：國民散文讀本　臺北　麥田出版・城邦文化公司　2013 年 4 月　頁 171

930. 哲明　　尋找詩的聲音——楊牧〈最憂鬱的事〉　臺灣詩學吹鼓吹論壇　第 17 期　2013 年 9 月　頁 156—157

多篇作品

931. 蕭　蕭　　詩的各種面貌〔〈水之湄〉、〈會話〉部分〕　燈下燈　臺北　東大圖書公司　1980 年 4 月　頁 221—229

932. 楊子澗　　〈你的心情〉、〈經學〉（夢遊儀徵阮大學士祠）解說　中學白話詩選　臺北　故鄉出版社　1980 年 4 月　頁 256—262

933. 落　蒂　　〈孤獨〉、〈松村〉、〈寄你以薔薇〉、〈水之湄〉賞析　青青草原　雲林　青草地雜誌出版社　1981 年 4 月　頁 91—103

934. 落　蒂　　〈孤獨〉、〈松村〉、〈寄你以薔薇〉、〈水之湄〉賞析　中學新詩選讀　雲林　青草地雜誌社　1982 年 2 月　頁 96—97

935. 紀璧華　　〈水之湄〉、〈秋已離去〉、〈你住的鎮上〉、〈松村〉　臺灣抒情詩賞析　香港　南粵出版社　1983 年 9 月　頁 99—103

936. 渡　也　　楊牧如何寫情詩〔〈情詩〉、〈你的心情〉〕　渡也論新詩　臺北　黎明文化公司　1983 年 9 月　頁 143—153

937. 朱貴平　　〈水之湄〉、〈冰涼的小手〉、〈足印〉、〈不尋常的浪〉賞析　愛情新詩鑑賞辭典　西安　陝西師範大學出版社　1990 年 3 月　頁 864—871

938. 吳禮權　　〈秘密〉、〈秋天的樹〉賞析　愛情新詩鑑賞辭典　西安　陝西

師範大學出版社　1990 年 3 月　頁 872—876

939. 鄭明娳　八〇年代臺灣散文現象〔〈愚騃之多〉、〈一些假的和真的禁忌〉部分〕　世紀末偏航——八〇年代臺灣文學論　臺北　時報文化出版公司　1990 年 12 月　頁 47—48

940. 鄭明娳　臺灣現代散文現象觀測——八〇年代臺灣散文創作特色〔〈愚騃之多〉、〈一些假的和真的禁忌〉部分〕　現代散文現象論　臺北　大安出版社　1992 年 8 月　頁 34—36

941. 陳義芝　六十年代名家詩選注——楊牧詩選〔〈延陵季子掛劍〉、〈瓶中稿〉、〈狼〉〕　不盡長江滾滾來：中國新詩選注　臺北　幼獅文化公司　1993 年 6 月　頁 056—278

942. 〔張默，蕭蕭編〕　　〈微雨牧馬場〉、〈第二次的空門〉、〈十二星象練習曲〉鑑評　新詩三百首（一九一七——九九五）（下）　臺北　九歌出版社　1995 年 9 月　頁 1055—1057

943. 焦　桐　臺灣當代文學中的花蓮意識〔〈瓶中稿〉、〈帶你回花蓮〉部分〕　第一屆花蓮文學研討會論文集　花蓮　花蓮縣立文化中心　1998 年 6 月　頁 128—129，132—133

944. 焦　桐　地方文學〔〈詩的端倪〉、〈瓶中稿〉部分〕　臺灣文學的街頭運動（一九七七—世紀末）　臺北　時報文化出版公司　1998 年 11 月　頁 17—19

945. 丁旭輝　早期新詩跨行研究〔〈我等候你〉、〈秋月〉、〈泰山〉部分〕　中國現代文學理論季刊　第 17 期　2000 年 3 月　頁 48—50

946. 賴芳伶　楊牧山水詩的深邃美——以〈俯視——立霧溪一九八三〉、〈仰望——木瓜山一九九五〉為例（上、下）[74]　臺灣日報　2001 年 6 月 4—5 日　23，31 版

947. 賴芳伶　楊牧山水詩的深邃美——以〈俯視——立霧溪一九八三〉和〈仰望——木瓜山一九九五〉為例　第五屆現代詩學研討會論文集—

---

[74]本文藉〈俯視——立霧溪一九八三〉、〈仰望——木瓜山一九九五〉探討楊牧山水詩之特色。

—現代詩語言與教學 彰化 彰化師範大學國文學系 2001 年 11 月 頁 355—392

948. 賴芳伶 釋／試讀楊牧《時光命題》四首〔〈客心變奏〉、〈宗將軍挽詩并誄〉、〈時光命題〉、〈論詩詩〉〕 臺灣歷史與文學研習專輯 臺北，臺中 行政院文建會，國立臺中圖書館 2001 年 10 月 頁 36—49

949. 鄒建軍 語意的朦朧和詩語的斷裂之美——楊牧海洋詩三首賞析〔〈你住的小鎮〉、〈瓶中稿〉、〈從沙灘上回來〉〕 中國海洋文學大系：二十世紀海洋詩精品賞析選集 臺北 詩藝文出版社 2002 年 4 月 頁 401—403

950. 賴芳伶 有限的英雄主義，無盡的悲劇意識——楊牧〈卻坐〉與〈失落的指環〉的深沉內蘊[75] 興大人文學報 第 32 期 2002 年 6 月 頁 55—88

951. 陳幸蕙 〈徒然草〉、〈山杜鵑〉、〈鷹〉、〈松下〉 小詩森林：現代小詩選 1 臺北 幼獅文化公司 2003 年 11 月 頁 130—131

952. 〔陳萬益選編〕 〈最後的狩獵〉、〈他們的世界〉賞析 國民文選·散文卷 2 臺北 玉山社出版公司 2004 年 8 月 頁 192

953. 林瑞明 〈帶你回花蓮〉、〈孤獨〉、〈有人問我公理和正義的問題〉賞析 國民文選·現代詩卷 2 臺北 玉山社出版公司 2005 年 2 月 頁 185

954. 〔向 陽主編〕 〈熱蘭遮城〉、〈有人問我公理和正義的問題〉作品賞析 臺灣現代文選新詩卷 臺北 三民書局 2005 年 6 月 頁 163—165

955. 〔吳東晟，陳昱成，王浩翔主編〕 導讀賞析〈玄學〉、〈薔香薊之歌〉 織錦入春闌：現代詩精選讀本 臺中 京城文化公司 2005 年 8

---

[75]本文探討〈卻坐〉與〈失落的指環〉的詩藝經營，以及其中之哲學論述、美學層次與道德旨歸。全文共 5 小節：1.前言；2.流離精緻的敘事抒情；3.遠行追求之必要；4.存有與虛無的迴環辯證；5.結語。

月　頁 99—106

956. 李敏勇　〈水之湄〉、〈鷹〉、〈細雪〉作品導讀　青少年臺灣文庫——
新詩讀本 3：花與果實　臺北　五南圖書出版公司　2006 年 1 月
頁 117

957. 鍾怡雯　楊牧〈自然的悸動〉、〈最後的狩獵〉導讀　二十世紀臺灣文學
金典：散文卷（第二部）　臺北　聯合文學出版社　2006 年 5 月
頁 45

958. 賴芳伶　與遼闊繽紛的世界詩壇比肩——當代臺灣新詩〔〈孤獨〉、〈悲
歌爲林義雄作〉部分〕　文學　臺灣：11 位新銳臺灣文學研究者
帶你認識臺灣文學　臺南　國立臺灣文學館　2008 年 9 月　頁
243—244

959. 李敏勇　〈心之鷹〉、〈拾起〉作品導讀　青少年臺灣文庫 2——新詩讀本
3：天門開的時候　臺北　國立編譯館　2008 年 12 月　頁 49—50

960. 黃麗明著；施俊州譯　臺灣、中國，以及楊牧的另類民族敘事〔〈熱蘭遮
城〉、〈五妃記〉、〈行路難〉〕[76]　新地文學　第 10 期　2009
年 12 月　頁 342—357

作品評論目錄、索引

961.〔封德屏主編〕　楊牧　臺灣現當代作家評論資料目錄（五）　臺南　國
立臺灣文學館　2010 年 11 月　頁 3544—3585

其他

962. 楓　堤　談一首梅士菲爾詩的翻譯〔〈西風歌〉部分〕　笠　第 7 期
1965 年 6 月　頁 52

963. 林燿德　《中國近代散文選》　文學星空：適合大專學生文藝作品簡介
臺北　國家文藝基金管理委員會　1982 年 9 月　頁 239—241

964. 季　季　《中國近代散文選》　洪範雜誌　第 30 期　1987 年 3 月　1 版

---

[76]本文以楊牧〈熱蘭遮城〉、〈五妃記〉、〈行路難〉三首以「後」歷史脈絡（"post" context）爲背景
的詩作爲論述中心，將其解讀爲歷史戲劇，藉詩中各種聲音的發聲打破正統敘事，是一種去迷解
密的嘗試，亦爲一種政治批判。

965. 林燿德　《中國近代散文選》　明道文藝　第 99 期　1992 年 10 月　頁 158—159

966. 林燿德　《中國近代散文選》　錦囊開卷　臺北　國家文藝基金管理委員會　1993 年 6 月　頁 113—115

967. 陳信元　夏日炎炎書解悶——好書推薦：現代散文書單——楊牧《豐子愷文選》　國文天地　第 39 期　1988 年 8 月　頁 27

968. 亮　軒　《豐子愷文選》　錦囊開卷　臺北　國家文藝基金管理委員會　1993 年 6 月　頁 232—234

969. 白　靈　在新詩的河流上淘金——評《現代中國詩選》　文訊雜誌　第 43 期　1989 年 5 月　頁 53

970. 林水福　《周作人文選 1、2》　錦囊開卷　臺北　國家文藝基金管理委員會　1993 年 6 月　頁 214—216

971. 魏可風　《許地山散文選》　錦囊開卷　臺北　國家文藝基金管理委員會　1993 年 6 月　頁 223—225

972. 陳　黎　有人問楊牧・翻譯的問題〔〈西班牙浪人吟〉、〈自我靈魂的對話〉〕　聯合報　1996 年 9 月 13 日　37 版

973. 吳潛誠　假面之魅惑——楊牧翻譯《葉慈詩選》（上、下）　中國時報　1997 年 4 月 2—3 日　27 版

974. 張　讓　愛爾蘭式天問〔《葉慈詩選》〕　聯合報　1997 年 4 月 7 日　47 版

975. 彭鏡禧　大師詩藝的最大挑戰〔《葉慈詩選》〕　中國時報　1997 年 5 月 1 日　42 版

976. 彭鏡禧　《中國時報》〈開卷周報〉拒／懼刊的投書——再談楊牧《葉慈詩選》的三處翻譯　中外文學　第 26 卷第 2 期　1997 年 7 月　頁 164—168

977. 蕭　蕭　文學類——《葉慈詩選》推薦理由　百人百書百緣——百位名家推薦百本好書　臺北　賴國洲書房　1997 年 9 月　頁 125

978. 陳超明　　文字與意象的雙重挑戰——讀楊牧的《葉慈詩選》　中央日報
　　　　　　　1998 年 4 月 8 日　22 版

979. 彭鏡禧　　評楊牧編譯《葉慈詩選》　摸象——文學翻譯評論集（第二版）
　　　　　　　臺北　書林出版公司　2009 年 12 月　頁 211—218

980. 彭小妍　　燦爛詩筆・雋永散文〔《徐志摩散文選》〕　聯合報　1997 年 4
　　　　　　　月 21 日　47 版

981. 王基倫　　用心之作：推介楊牧編校《徐志摩散文選》　文訊雜誌　第 140
　　　　　　　期　1997 年 6 月　頁 15—16

982. 葉海煙　　散文的詩人・詩人的散文——推薦《徐志摩散文選》　文訊雜誌
　　　　　　　第 177 期　2000 年 7 月　頁 46—47

983. 邱錦榮　　莎學普及化的推手〔《暴風雨》〕　中央日報　1999 年 9 月 27 日
　　　　　　　22 版

984. 張錦忠　　戲劇的翻譯：以臺灣晚近莎劇新譯爲例〔《暴風雨》部分〕　中
　　　　　　　外文學　第 30 卷第 7 期　2001 年 12 月　頁 201—203

985. 顏崑陽　　前言〔《現代散文選續編》〕　現代散文選續編　臺北　洪範書
　　　　　　　店　2002 年 8 月　頁 1—10

986. 曾建綱　　論楊牧英詩中譯之問題：以鄧約翰〈良辰〉（The good-morrow）
　　　　　　　爲例[77]　興大人文學報　第 44 期　2010 年 6 月　頁 289—310

987. 林燿德　　新世代星空——《臺灣新世代詩人大系》編後記〔《現代中國小
　　　　　　　說選》、《中國現代詩選》部分〕　新世代星空　臺北　華文網
　　　　　　　公司　2001 年 10 月　頁 22—24

---

[77]本文針對楊牧所譯的〈良辰〉(The Good Morrow)一詩，細說其譯文之缺失（如字面之錯譯、措辭、韻腳等方面），並提供作者自己及其他名家的譯文，以利學界比較參照，提升臺灣「英詩中譯」之水準。

國家圖書館出版品預行編目資料

楊牧 / 須文蔚編選. -- 初版. -- 臺南市：臺灣文學館,
2013.12
　　面；　　公分. -- (臺灣現當代作家研究資料彙編；50)
ISBN 978-986-03-9160-2 (平裝)

1.楊牧 2.作家 3.文學評論

783.3886　　　　　　　　　　　　　　102024151

【臺灣現當代作家研究資料彙編】50

楊牧

發 行 人／　李瑞騰
指導單位／　文化部
出版單位／　國立台灣文學館
　　　　　　地址／70041 台南市中西區中正路 1 號
　　　　　　電話／06-2217201　　　　傳真／06-2218952
　　　　　　網址／www.nmtl.gov.tw　　電子信箱／pba@nmtl.gov.tw

總 策 畫／　封德屏
顧　　問／　林淇瀁　張恆豪　許俊雅　陳信元　陳義芝　須文蔚　應鳳凰
工作小組／　王雅嫺　杜秀卿　汪黛妏　張純昌　張傳欣　莊雅晴　陳欣怡
　　　　　　黃寁婷　練麗敏　蘇琬鈞
編　　選／　須文蔚
責任編輯／　黃寁婷
校　　對／　林英勳　黃敏琪　黃寁婷　趙慶華　潘佳君　蘇琬鈞
計畫團隊／　財團法人台灣文學發展基金會
美術設計／　翁國鈞・不倒翁視覺創意
印　　刷／　松霖彩色印刷事業有限公司

著作財產權人／國立台灣文學館
本書保留所有權利。欲利用本書全部或部分內容者，須徵求著作財產權人同意或書面授
權。請洽國立台灣文學館研典組（電話：06-2217201）

經銷展售／　國家書店松江門市（02-25180207）
　　　　　　國立台灣文學館－雪芙瑞文學咖啡坊（06-2214632）
　　　　　　南天書局（02-23620190）　　　唐山出版社（02-23633072）
　　　　　　府城舊冊店（06-2763093）　　　台灣的店（02-23625799）
　　　　　　啓發文化（02-29586713）　　　三民書局（02-23617511）
　　　　　　草祭二手書店（06-2216872）　　五南文化廣場（04-22260330）
網路書店／　國家書店網路書店 www.govbooks.com.tw
　　　　　　五南文化廣場網路書店 www.wunanbooks.com.tw
　　　　　　三民書局網路書店 www.sanmin.com.tw

初版一刷／2013 年 12 月
定　　價／新臺幣 410 元整
　　　　　　第一階段 15 冊新臺幣 5500 元整　　第二階段 12 冊新臺幣 4500 元整
　　　　　　第三階段 23 冊新臺幣 8500 元整　　全套 50 冊新臺幣 18500 元整
　　　　　　全套 50 冊合購特惠新臺幣 16500 元整

GPN／1010202826（單本）　　ISBN／978-986-03-9160-2（單本）
　　　1010000407（套）　　　　　　　978-986-02-7266-6（套）

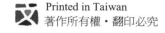

Printed in Taiwan
著作所有權・翻印必究